Geschichte und Gesellschaft
Sonderheft 3:
Theorien in der Praxis
des Historikers

D1941643

Ln

Geschichte und Gesellschaft

Zeitschrift für Historische Sozialwissenschaft

Herausgegeben von

Helmut Berding / Klaus von Beyme / Dietrich Geyer / Albert Jeck / Jürgen Kocka / Reinhart Koselleck / Wolf Lepenies / Wolfgang J. Mommsen / Hans-Jürgen Puhle / Reinhard Rürup / Fritz Sack / Wolfgang Schieder / Hans-Christoph Schröder / Richard H. Tilly / Hans-Ulrich Wehler / Heinrich August Winkler

Geschäftsführend

Wolfgang J. Mommsen, Hans-Jürgen Puhle, Hans-Ulrich Wehler

Sonderheft 3:

Theorien in der Praxis des Historikers

Vandenhoeck & Ruprecht in Göttingen

Theorien in der Praxis des Historikers

Forschungsbeispiele und ihre Diskussion

Herausgegeben von

Jürgen Kocka

Vandenhoeck & Ruprecht in Göttingen

Max-Planck-Institut für Geschichte
• Bibliothek •

CIP-Kurztitelaufnahme der Deutschen Bibliothek

Theorien in der Praxis des Historikers : Forschungsbeispiele u. ihre Diskussion / hrsg. von Jürgen Kocka. — 1. Aufl. — Göttingen : Vandenhoeck & Ruprecht, 1977. (Geschichte und Gesellschaft : Sonderh. ; 3)

ISBN 3-525-36402-4

NE: Kocka, Jürgen [Hrsg.]

© Vandenhoeck & Ruprecht, Göttingen 1977. — Printed in Germany.
Ohne ausdrückliche Genehmigung des Verlages ist es nicht gestattet,
d der Teile daraus auf foto- oder akustomechanischem Wege
Gesamtherstellung: E. Rieder, Schrobenhausen.

Inhalt

Vorbemerkung

Dieses 3. Sonderheft von „Geschichte und Gesellschaft" faßt die Referate und Diskussionen auf der 2. Bielefelder Tagung für Sozialgeschichte zusammen, die am 11./12. Juli 1975 unter dem Thema „Theorien in der Sozial- und Wirtschaftsgeschichte" stattfand. Sie wurde von Hans-Ulrich Wehler und dem Herausgeber dieses Heftes geleitet. Die Förderung seitens der Thyssen-Stiftung machte sie finanziell möglich. Ihr Ziel war es, das Verhältnis von Theorie und Empirie in der Sozial- und Wirtschaftsgeschichte und darüber hinaus in der Geschichtswissenschaft bzw. in den historisch orientierten Sozialwissenschaften einmal nicht allgemein und theoretisch, sondern an konkreten Forschungsbeispielen zu diskutieren. Fünf Referate wurden gehalten und diskutiert, die sowohl thematisch wie zeitlich stark voneinander abwichen, die ihren gemeinsamen Nenner jedoch in dem Bezug auf bestimmte theoretisch-methodologische Fragen haben sollten; diese, nicht aber die einzelnen empirischen Informationen und Teilergebnisse der Referate, sollten auch die Diskussion beherrschen. Das Ziel bestand darin, die Chancen, Eigenarten und Schwierigkeiten theorieorientierter Geschichtswissenschaft, wie sie in den letzten Jahren auch hierzulande zunehmend diskutiert und auch ansatzweise praktisch versucht worden ist, nicht nur abstrakt-theoretisch-methodologisch, sondern in Verknüpfung mit konkreten Forschungsproblemen zu diskutieren und damit der Klärung näher zu bringen. Daß die einzelnen Referate und die sich daran anschließenden Diskussionen zugleich klarere Einsichten und neue Fragestellungen in bezug auf die jeweiligen Gegenstände (also z. B.: Schichtenbildung im Mittelalter oder Widerstand im Dritten Reich) bringen würden, war nicht das Hauptziel der Tagung, wenn auch ein sehr erwünschtes Nebenergebnis, das geeignet sein würde, den Nutzen theorieorientierter Geschichtswissenschaft unmittelbar zu demonstrieren.

Dieses Heft enthält die Referate, die auf dieser Tagung gehalten und von den Verfassern freundlicherweise für den Druck zur Verfügung gestellt wurden. Sämtliche Diskussionsteilnehmer wurden im Anschluß an die Tagung gebeten, ihre Beiträge auf der Basis eigener Notizen und auf der Basis von Stichpunkten, die während der Tagung mitgeschrieben und ihnen zur Verfügung gestellt wurden, schriftlich zusammenzufassen. Die Mehrheit der Diskussionsteilnehmer sah sich dazu dankenswerterweise in der einen oder anderen Form in der Lage; die so entstandenen Zusammenfassungen der Diskussionsbeiträge wurden redaktionell überarbeitet, z. T. gekürzt und in diesen Tagungsbericht aufgenommen. Diskussionsbeiträge, die von den jeweiligen Teilnehmern nicht zusammengefaßt werden konnten, sind nicht einbezogen worden. Statt die ursprünglichen Reaktionen der Referenten auf die sie speziell angehenden Diskussionsbeiträge in ähnlicher Weise nachzuzeichnen, wurden die Referenten gebeten, nachträglich zu den sie unmittelbar angehenden schriftlich zusammengefaßten und ihnen zugänglich gemachten Diskussionsbeiträgen Stellung zu nehmen und ihre Ausführungen zu ergänzen. Diese Stellungnahmen sind im folgenden ebenso abgedruckt wie die einige mögliche, gemeinsame Fragestellungen skizzierenden Bemerkungen des Herausgebers, die einleitend auf der Tagung vorgetragen wurden und in vorläufiger Form den Teilnehmern mit der Einladung mitgeteilt worden waren. Am Ende werden einige der Brennpunkte der Diskussion, einige ihrer Ergebnisse und vor allem einige der offenbleibenden Fragen zusammenfassend und aus der Sicht des Herausgebers skizziert. Diese zugleich umständliche und unfertige Art der Präsentation sollte geeignet sein, die besonderen Schwierigkeiten dieses nach Themen, vertretenen Fächern, anwesenden Personen und benutzten Sprachen so heterogenen und der Sache nach sehr komplizierten Unternehmens ebenso sichtbar zu machen wie dessen Erträge, die notwendig weniger in eindeutig formulierbaren fertigen Resultaten als in Thesen, Zweifeln und Denkanstößen liegen. Im Anhang finden sich ein Rezensionsartikel und ein Beitrag zu Methodenproblemen quantitativer Wirtschaftsgeschichte, die das Thema des Heftes weiterverfolgen.

Die Veröffentlichung dieses Tagungsberichts sollte dazu anregen, die hierzulande immer noch nicht allzusehr ausgeschöpften Chancen theorieorientierter Geschichtswissenschaft konsequenter als bisher auszunutzen; zu einem Zeitpunkt, da der einige Jahre recht laute, wenn auch weitgehend uneingelöst bleibende Ruf nach „mehr Theorie" in der Geschichte wieder leiser wird und theorieskeptische bzw. gegenüber theoretischen Problemen unverständige Strömungen in der deutschen Geschichtswissenschaft wieder an Bedeutung – wenn auch nicht gerade an Argumenten – dazugewinnen, sollte dieses Heft mithelfen, die gegenstandsbezogene Theoriediskussion in Gang zu halten und zu konkretisieren, die für die praktische historisch-sozialwissenschaftliche Arbeit so wichtig ist.

Jürgen Kocka

Einleitende Fragestellungen

von Jürgen Kocka

Diese Tagung steht unter dem Titel „Theorien in der Sozial- und Wirtschaftsgeschichte“. Ihr Ziel ist es, anhand von ausgewählten konkreten Beispielen das Verhältnis von Theorie und Empirie in der Geschichtswissenschaft zu diskutieren. Der hoffentlich realisierbare rote Faden der Konferenz, der gemeinsame Nenner der Referate und Diskussionen besteht nicht in deren *thematischer* Zusammengehörigkeit, sondern in bestimmten theoretisch-methodologischen Fragen, die anhand der verschiedenen Themenreferate diskutiert werden sollten. Es wird deshalb wichtig sein, vor allem in den Diskussionen, zwar vom jeweiligen Gegenstand und jeweiligen Ergebnis seiner Erforschung nicht abzusehen, ihn jedoch primär unter generellen Aspekten der Anwendung und Bildung von Theorien zu diskutieren. Einige dieser Aspekte und Fragestellungen seien zusammen mit einigen Definitionen und Prämissen vorweg skizziert.

1. Eine scharfe Definition von Sozial- und Wirtschaftsgeschichte scheint für den Zweck dieser Tagung unnötig. Nur ganz grob schlage ich vor, den Begriff in einer von zwei Bedeutungen zu gebrauchen: *einmal* im Sinne einer historischen Teildisziplin mit bestimmtem Gegenstand, also als Geschichte des „Sektors“ (bzw. der „Sektoren“) Wirtschaft und Soziales im Unterschied zur Politikgeschichte, zur Ideengeschichte oder anderen Teildisziplinen, wenn auch hierbei schwierige Abgrenzungsprobleme auftauchen und die implizierte Verknüpfung von Wirtschaftsgeschichte und Sozialgeschichte ebenfalls nicht selbstverständlich ist, ja bei zunehmender Theorieorientierung der Sozial- und Wirtschaftsgeschichte sogar zunehmend problematischer werden könnte. *Zum andern,* und davon deutlich abzuheben, kann Sozial- und Wirtschaftsgeschichte soviel wie sozialgeschichtliche oder auch sozialökonomische Interpretation der allgemeinen Geschichte heißen. In diesem Verständnis kann sie in vielerlei Weise und Schattierungen realisiert werden, sie zielt jedoch jeweils auf eine Interpretation der gesamten Geschichte eines Systems, einer Gesellschaft (also einschließlich des politisch-staatlichen Sektors), und dies unter sozialgeschichtlichem oder sozial- und wirtschaftsgeschichtlichem Blickwinkel, unter Betonung, wenn auch natürlich nicht unter Verabsolutierung, der sozialen bzw. sozialökonomischen Dimension. Für Sozial- und Wirtschaftsgeschichte in diesem zweiten, umfassenden Sinn kann das Wort „Gesellschaftsgeschichte“ gebraucht werden. Die Problematik der Bildung und Anwendung von Theorien sollte auf dieser Tagung mit Hinblick auf beide Bedeutungen von Sozial- und Wirtschaftsgeschichte diskutiert werden.

2. Mit „Theorien" sollte zunächst einmal nicht mehr gemeint sein als dies: explizite und konsistente Begriffs- und Kategoriensysteme, die der Identifikation, Erschließung und Erklärung von bestimmten zu untersuchenden historischen Gegenständen dienen sollen und sich nicht hinreichend aus den Quellen ergeben, nicht aus diesen abgeleitet werden können.

3. In dieser Weise „Theorien" gewissermaßen dem Gegenstand, den Quellen gegenüber anzusiedeln, ist nicht möglich ohne einige erkenntnistheoretische Voraussetzungen. Zum einen wird davon ausgegangen — dies ist fast überflüssig zu sagen — daß die Quellen nicht — oder doch nicht hinreichend — aus sich selbst heraus sprechen, daß sie vielmehr durch Instrumente zum Sprechen gebracht werden müssen, die nicht ihnen selbst entnommen sind. Zum andern wird vorausgesetzt, daß der Gegenstand die Kategorien und Begriffe, die seiner Erschließung dienen sollen, nicht hundertprozentig determiniert, daß also mehrere Theorien zur Erfassung ein und desselben Gegenstandes dienen können, dieser also, ohne die Grenze zum Irrtum oder zur Verzerrung zu überschreiten, in mehrfacher Weise begrifflich erfaßt werden kann, wobei diese verschiedenen Weisen seiner Erfassung, diese verschiedenen Theorien, sowohl in einem ergänzenden, wie in einem konkurrierenden, vielleicht sogar in einem indifferenten Verhältnis zueinander stehen können. Es ist nicht notwendig und widerspräche auch wohl der Erfahrung wissenschaftlichen Arbeitens, anzunehmen, daß *beliebige* Theorien an ein und denselben Gegenstand legitim herangetragen werden könnten. Zweifellos erlaubt der Gegenstand nicht *jede* Konzeptualisierung, verbietet er manche, doch einen begrenzten *Spielraum* wird man wohl annehmen müssen, innerhalb dessen verschiedene Theorien zur Erschließung ein und desselben Gegenstandes gewählt werden können, ohne die Grenze zum Falschen, Verzerrten zu überschreiten. Damit wird zugleich angenommen, daß geschichtswissenschaftliche Erkenntnis (wie andere sozialwissenschaftliche Erkenntnis auch) notwendig partialen Charakter hat, weder Abbildung von Wirklichkeit noch Substanzerkenntnis im Hegelianischen Sinn ist. Solche Prämissen mögen bestreitbar sein, doch möchte ich sie hier wenigstens angedeutet haben, weil sie m. E. Bedingungen der Möglichkeit sind, die Probleme so zu stellen, wie wir das für diese Tagung vorschlagen.

4. Von dieser Denkfigur des Spielraums her drängt sich vor allem die Frage auf, nach welchen Kriterien einigermaßen rational geklärt und begründet, wenn auch nicht bewiesen und abgeleitet werden kann, welche Theorie einer anderen vorgezogen werden soll. Eine solche Begründung ist notwendig, wenn die Theorienwahl dem Vorwurf des Dezisionismus entgehen will. Neben der inneren Konsistenz und Stimmigkeit scheint die eine *Kriterienebene* im zu untersuchenden Gegenstand selbst, die andere in den (diskutierbaren) Erkenntniszielen zu liegen, die ihrerseits, wenn auch vermittelt, lebensweltliche (auch interessenmäßige) Bezüge haben.

5. Diese Frage nach den Kriterien, gewisse Theorien gewissen anderen vorzuziehen, ließe sich in mehrere Teilfragen auflösen. Ich nenne nur zwei. Wächst die Nützlichkeit einer Theorie für geschichtswissenschaftliche Erkenntnis mit ihrem Abstraktionsniveau? Ich vermute: nein. Wonach aber bemißt sich das optimale Abstraktionsniveau einer Theorie? — Oder: Verlieren Theorien an Nützlichkeit, an Aufschließungs- und Erklärungskraft, wenn sie auf geschichtliche Gegenstandsbereiche verwandt werden, die zeitlich und qualitativ sehr stark von *jener* geschichtlich-gesellschaftlichen Situation entfernt sind, aus der heraus die betreffende Theorie entstand? Wie steht es mit der Anwendbarkeit von modernen Theorien, deren reales Substrat die Wirklichkeit des 19. und 20. Jahrhunderts ist, auf weiter zurückliegende und soziokulturell stark unterschiedene Wirklichkeitsbereiche? Dies ist die Frage, ob sich nicht doch ein Schuß Begriffs- und Theorienhistorismus empfiehlt, eine Frage, die in der geschichtswissenschaftlichen Diskussion meist mit Hinblick auf Otto Brunner diskutiert wird, aber kaum als ausdiskutiert gelten kann.

6. Damit hängt die Frage eng zusammen, inwieweit Theorien aus den systematischen Nachbarwissenschaften übernommen, quasi ausgeborgt werden können, und wie sie ggf. modifiziert werden müssen, um geschichtswissenschaftlich realisiert zu werden. Gibt es Unterschiede zwischen geschichtswissenschaftlichen und sozialwissenschaftlichen Theorien oder zwischen geschichtswissenschaftlicher und sozialwissenschaftlicher Theorieverwendung?

7. Bisher wurde unterstellt, daß Theorien, jedenfalls unter bestimmten Bedingungen, die Qualität geschichtswissenschaftlicher Einsicht fördern. Zu fragen wäre aber auch, ob und ggf. in welcher Weise sie sich nachteilig auswirken, ob also vielleicht doch in dem weitverbreiteten Mißtrauen gegenüber in diesem Sinne theoretischer Geschichte ein rationaler Kern stecken könnte. Unter den möglichen Nachteilen wäre insbesondere an die Erschwerung der Kommunikation mit einem nicht-wissenschaftlichen Publikum zu denken.

8. Weiterhin bliebe zu klären, ob die Verfahren der Anwendung von Theorien in geschichtswissenschaftlichen Arbeiten solche sind, die durch die Regeln der analytischen Wissenschaftstheorie angemessen beschrieben werden, ob also — z. B. — die historischen Daten als Fälle den Theorien subsumiert und die Verifikation bzw. Falsifikation und Umformulierung allgemeiner Sätze als Ziel der Erkenntnis angestrebt werden sollten etc. *Oder* ob sich die historische Forschung damit begnügen sollte, ad hoc und jeweils nur punktuell einzelne Begriffe und Hypothesen aus Theorien zu übernehmen und in einen historisch-narrativen Darstellungszusammenhang als Teil einzubauen. *Oder* ob das Verhältnis von Theorie und Empirie eher im Sinne idealtypischer Verfahren beschrieben und praktiziert werden sollte?

9. Zu thematisieren wäre weiterhin das, was häufig als Eklektizismus ange-

griffen oder verteidigt wird. Was spricht für, was eigentlich gegen die Verknüpfung verschiedener Theorieansätze in der historischen Forschung und Darstellung?

10. In diesen Andeutungen wurde davon ausgegangen, daß Theorien als Instrumente historischer Erkenntnis dienen können und sollen. Aber läßt sich nicht auch argumentieren, daß Theorien am Ende des Forschungsprozesses stehen sollen, also nicht nur dessen Mittel, sondern auch dessen Ziel bedeuten? Was kann historische Erkenntnis zur Kritik, Modifikation, Reformulierung oder Bestätigung von sozialwissenschaftlichen Theorien beitragen? Wie ist die formale Struktur von Theorien zu bestimmen, die als *Ergebnis* historischer Forschung wünschenswert sind? Sicher nicht als Bündel von Wenn-Dann-Sätzen, aus denen empirisch überprüfbare Hypothesen abgeleitet werden können. Sicher nicht als System von Allgemeinaussagen, denen individuelle historische Konstellationen als Fälle untergeordnet werden können. Wie aber dann?

Es wäre gut, wenn diese und ähnliche Fragen durch die folgenden Referate und Diskussionen weiter geklärt werden könnten. Sicherlich wird nicht jedes Referat jede dieser Fragen anschneiden, und sicher werden diese Fragen häufig nur indirekt zu diskutieren sein. Doch als Fluchtpunkte der Diskussion sollten sie möglichst dienen.

Probleme der Stratifikation in mittelalterlichen Gesellschaftssystemen

von Michael Mitterauer

Die historische Analyse von sozialer Schichtung stellt sicher ein Thema dar, das sich für die Diskussion um das Verhältnis von Theorie und Empirie in der Sozial- und Wirtschaftsgeschichte an Hand konkreter Beispiele ganz besonders eignet.[1] Gerade wenn dabei das Untersuchungsmaterial einem weit zurückliegenden Zeitraum entnommen wird — nämlich der Geschichte des europäischen Mittelalters[2] — lassen sich Möglichkeiten und Grenzen, Chancen und Schwierigkeiten einer Übertragung sozialwissenschaftlicher Theorien in die historische Dimension anschaulich vor Augen führen.

Die Schwierigkeiten beginnen für den Historiker bereits bei der Auswahl innerhalb des Theorieangebots, das ihm in der soziologischen Literatur zur Verfügung gestellt wird.[3] Die Situation ist ja keineswegs so, daß bezüglich der Analyse von sozialer Schichtung seitens der Soziologie eine einheitliche, allgemein anerkannte Theoriekonzeption bestünde. Ganz im Gegenteil — es wird wenige Teilgebiete der Soziologie geben, in denen die Meinungen derart auseinandergehen. Für den an Stratifikationsanalysen interessierten Historiker erscheint es unumgänglich, gegenüber solchen divergierenden Meinungen Stellung zu beziehen — auch wenn ihm die unmittelbare Fachkompetenz fehlt.

Das Problem der Entscheidung zwischen kontroversen Standpunkten stellt sich schon beim begrifflichen Instrumentarium. In einem zusammenfassenden Überblick über die Forschungssituation meinte Celia Heller 1969, daß das Fehlen eines standardisierten Basisvokabulars das Hauptproblem soziologischer Stratifikationsstudien sei. Ein Großteil der Gelehrtenenergie gehe in der Kontroversliteratur im Streit um Worte auf. Ein Weg, der aus dieser babylonischen Sprachenverwirrung herausführe, zeichne sich nicht

1 J. Kocka, Theorien in der Sozial- und Gesellschaftsgeschichte. Vorschläge zur historischen Schichtungsanalyse, in: GG, Bd. 1, 1975, S. 32.

2 Eine nähere Erörterung, was unter europäischem Mittelalter zu verstehen sei, erübrigt sich wohl im Zusammenhang mit der hier gestellten Thematik. Die Beispiele werden vorwiegend aus hoch- und spätmittelalterlichen Gegebenheiten ausgewählt. Räumlich steht Mitteleuropa im Vordergrund. Daraus ist freilich keine Beschränkung hinsichtlich der Geltung getroffener Aussagen abzuleiten.

3 Einen ausführlichen Literaturüberblick bietet diesbezüglich K. M. Bolte, Vertikale Mobilität, in: Handbuch der empirischen Sozialforschung, Bd. 2, 1969, S. 33 ff.; ders., D. Kappe u. F. Neidhardt, Soziale Schichtung, Opladen 1966, S. 113 ff.; C. S. Heller, Unresolved Issues in Stratification Theory, in: dies. (Hg.), Structured Social Inequality. A Reader in Comparative Social Stratification, London 1969, S. 487.

ab.[4] Sieht man in Begriffen Theoriestücke, so läßt sich beim Versuch, soziologische Schichtungstheorie auf mittelalterliche Gesellschaftsverhältnisse zu übertragen, das leidige Terminologieproblem sicher nicht umgehen.

Neben solchen terminologischen Fragen stellen sich Fragen der Abgrenzung. Stratifikationstheorie ist kein so einfach isolierbarer Theoriekomplex. Über jeweilige „schichtspezifische Bedingungen" hängt das Stratifikationsproblem mit vielfältigen Teilbereichen soziologischer Forschung zusammen. Auch diesbezüglich aufgestellte Hypothesen über Bewirkungszusammenhänge — z. B. zwischen Schicht und Erziehung, Schicht und Heiratsverhalten, Schicht und generativem Verhalten etc. — ließen sich als Theorieansätze in die historische Dimension übertragen.[5] Zudem ist die Stratifikationstheorie aufs engste mit der Mobilitätstheorie verbunden. Untersuchungen über vertikale Mobilität setzen Vorstellungen über Schichtung voraus. Aus einer solchen Vielfalt möglicher Theorieansätze muß hier notwendig eine Auswahl getroffen werden.

Vier Fragenkomplexe sollen im folgenden im Mittelpunkt der Überlegungen stehen: Zunächst geht es um die Anwendbarkeit des Schichtbegriffs für gesellschaftliche Verhältnisse des Mittelalters. In Anschluß daran soll die Übertragbarkeit soziologischer Schichtungsdimensionen auf die Sozialgeschichte des Mittelalters geprüft werden. Weiters wird dann der Systemrahmen zu diskutieren sein, innerhalb dessen für das Mittelalter von Schichtung gesprochen werden kann. Schließlich ist die Frage zu stellen, welche Bedeutung der Beschäftigung mit Stratifikationsfragen für die mittelalterliche Sozialgeschichte zukommt — darüber hinaus vielleicht überhaupt für die Sozialgeschichte der vorindustriellen Zeit.

I. Ist der Schichtbegriff auf soziale Gegebenheiten des Mittelalters anwendbar?

In der stratifikationssoziologischen Literatur wird im allgemeinen die *Universalität von Schichtung* in Gesellschaften aller Zeiten und Räume angenommen.[6] Damit erscheint von dieser Seite die Anwendung soziologischer Schichtungskategorien und Schichtungsmodelle auch für das europäische Mittelalter legitimiert. Einschränkende Feststellungen, wie die Helmut Schelskys auf der Internationalen Soziologentagung in Lüttich 1953, sind eher die Ausnahme. Schelsky meinte: „Der Begriff der sozialen

4 Heller, S. 487.
5 Eine geraffte Zusammenfassung derartiger Ansätze, gegliedert nach schichtspezifischen Lebensbedingungen einerseits, schichtspezifischen Lebensstilen andrerseits bei M. M. Tumin, Schichtung und Mobilität, München 1968, S. 83 ff. und S. 94 ff.
6 Etwa Tumin, S. 35.

Schichtung scheint zunächst eine formal-soziologische Grundkategorie zu sein, die auf alle Gesellschaften zu allen Zeiten gleichmäßig anwendbar ist... Tatsächlich stammt er aus der Selbstdeutung der Klassengesellschaft des 19. Jahrhunderts... Seine analytische Fruchtbarkeit bleibt daher begrenzt auf den Bestand einer Klassenstruktur der Gesellschaft."[7] Schelskys damalige Argumentation zielte darauf, die Bedeutung des Schichtungsbegriffs für die Analyse der deutschen Gegenwartsgesellschaft in Frage zu stellen. Dieses Problem braucht uns hier nicht näher zu beschäftigen. Sein Hinweis auf die semantische Bindung des Begriffs an soziale Gegebenheiten des 19. Jahrhunderts sollte jedoch auch bei der Anwendung auf Verhältnisse des Mittelalters zu denken geben.

In auffallendem Gegensatz zur vorherrschenden Meinung der soziologischen Literatur wird seitens der *Sozialanthropologie* bzw. Ethnologie die Universalität von Schichtung in Abrede gestellt.[8] Auf einige der von dieser Seite vorgebrachten Argumente wird im Zusammenhang mit den Schichtungsdimensionen bzw. dem Systemrahmen von Schichtung noch zurückzukommen sein. Für den Mediävisten, der es ja auch mit weniger entwickelten Gesellschaftsverhältnissen zu tun hat, könnten solche Bedenken ein Warnzeichen sein.

Seitens der *Mediävistik* wurde das Problem der sozialen Schichtung bisher kaum theoretisch angegangen. Eine Ausnahme bildet hier Karl Bosl, der 1966 im Rahmen eines internationalen Kolloquiums über Probleme der sozialen Stratifikation[9] die Gesellschaft des deutschen Mittelalters behandelte. Im allgemeinen wird in der mediävistischen Literatur der Schichtbegriff völlig unreflektiert aufgrund eines vagen, nicht ausformulierten Vorverständnisses übernommen, ähnlich wie vielfach auch der Klassenbegriff. Schließt man aus der Terminologie, so ist die durchgängige Schichtung der mittelalterlichen Gesellschaft für viele Forscher eine Selbstverständlichkeit. Gerade in der neuesten Literatur nimmt die Verwendung

7 H. Schelsky, Die Bedeutung des Schichtungsbegriffes für die Analyse der deutschen Gesellschaft, Liège 1953. ISA SSM. Conf. 2/21 (Manuskr.), zit. n. R. Dahrendorf, Gibt es noch Klassen? in: Annales Universitatis Saraviensis, Philosophie — Lettres II, 1953, wd. in: B. Seidel u. S. Jenkner (Hg.), Klassenbildung und Sozialschichtung, Darmstadt 1968, S. 281 f.

8 M. Smith, Pre-Industrial Stratification Systems, in: S. M. Lipset u. N. Smelser, Social Structure and Mobility in Economic Development, Chicago 1960, S. 146 ff.

9 K. Bosl, Castes, ordres et classes en Allemagne (d'après un choix d'exemples allemands), in: R. Mousnier (Hg.), Problèmes de stratification sociale, Actes du Colloque International 1966, Paris 1968, S. 13 ff., dt.: Kasten, Stände, Klassen im mittelalterlichen Deutschland, in: ZBLG, Bd. 32, 1969, S. 477 ff. Als empirische Untersuchungen, die mit einem exakt ausgewiesenen sozialwissenschaftlichen Schichtbegriff arbeiten, sind zu nennen: E. Maschke, Die Unterschichten der mittelalterlichen Städte Deutschlands, in: ders. u. J. Sydow (Hg.), Gesellschaftliche Unterschichten in den südwestdeutschen Städten, Stuttgart 1967, S. 1 ff.; ders., Mittelschichten in deutschen Städten des Mittelalters, in: ders. u. J. Sydow (Hg.), Städtische Mittelschichten, Stuttgart 1972, S. 1 ff.

von Begriffen wie Führungsschichten, Oberschichten, Unterschichten sprunghaft zu. Eine zunehmende Beschäftigung mit Stratifikationsproblemen kommt darin nicht zum Ausdruck, eher ein modisches Angleichen der Terminologie, durch die eine real nie vollzogene Aufarbeitung sozialwissenschaftlicher Kategorien vorgegeben wird. Der Schicht-Begriff wird vielfach völlig auswechselbar mit Klasse oder Stand oder Gruppe verwendet — auch hier eine babylonische Sprachverwirrung, freilich ohne die grundsätzliche Bemühung um terminologische Klarheit, wie sie die soziologische Diskussion zeigt.

Es kann nicht Aufgabe dieser Ausführungen sein zu versuchen, in die Vielfalt terminologischer Bestimmungen durch Abwiegen der Vor- und Nachteile Klärung zu bringen; schon gar nicht, sie um weitere Definitionen zu erweitern. Es soll nur kurz dargelegt werden, für welchen *Wortgebrauch* sich der Verfasser entschieden hat, um im weiteren Mißverständnisse auszuschließen.

Schicht im hier gebrauchten Wortverständnis ist nicht bloß eine Vielzahl merkmalsgleicher Personen, also eine *Merkmalsgruppe.* Sie ist auch nicht bloß eine Menge von Personen, die hinsichtlich eines bestimmten sozial relevanten Merkmals untereinander übereinstimmen; in diesem Falle würde von einer *Sozialkategorie* gesprochen;[10] etwa: die Kaufleute sind aufgrund des sozial sicher relevanten Merkmals „Handel treiben" noch nicht eine Schicht. Schicht ist auch nicht eine Menge von Personen, die hinsichtlich eines numerisch skalierbaren Merkmals gleich sind; dies muß besonders betont werden, weil Schichtung mit einem Höher und Tiefer, einem Mehr oder Minder zu tun hat; mittelalterliche Stadtbürger mit einem steuerbaren Vermögen von 100—200 Gulden sind keine soziale Schicht, sondern eine *statistische Klasse.* In dieser Hinsicht finden sich in der mediävistischen Literatur — soweit sie sich mit Stratifikationsfragen überhaupt beschäftigt hat — besonders schwerwiegende Mißverständnisse.[11]

Was Schicht von Merkmalsgruppen bzw. Sozialkategorien entscheidend absetzt, ist das *Kriterium der gesellschaftlichen Bewertung* bestimmter Merkmale.[12] Es genügt nicht, daß ein Merkmal objektiv gegeben ist, es muß

10 Zu Schicht und Sozialkategorie Bolte, Kappe u. Neidhardt, S. 16; Art. „Schichtung", in: Das Fischer Lexikon. Soziologie, Frankfurt 1967, S. 266.

11 So etwa bei A. v. Brandt, Die gesellschaftliche Struktur des spätmittelalterlichen Lübeck, in: Untersuchungen zur gesellschaftlichen Struktur der mittelalterlichen Städte in Europa, Konstanz 1966, S. 215 ff., der nach willkürlichen Kriterien abgegrenzte „Steuerklassen" mit „Sozialschichten" gleichsetzt (besonders S. 227 und 230).

12 Diesbezüglich ergibt sich eine Abweichung gegenüber der von Kocka, S. 37, in Anschluß an Th. Geiger für historische Schichtanalysen vorgeschlagenen Begriffsbestimmung, die sich in der Abgrenzung gegenüber sozialer Kategorie und Klassifikation am Kriterium von Interessen und Haltungen orientiert. Das Merkmal Interessengleichheit scheint dem Autor eher dem Klassenbegriff zuordenbar (vgl. unten S. 17).

von den Zeitgenossen subjektiv bewertet worden sein.[13] Bei unterschiedlicher Werteinschätzung bestimmter Merkmale ergibt sich eine Abstufung von Sozialprestige. Dieses Höher und Tiefer in der Wertschätzung ist für das Wesen von Schichtung essentiell. Der *Begriff Schicht* (Stratum) impliziert ja — genauso wie in der Geologie — ein höher oder tiefer Gelagertsein. In diesem Sinne erscheint die Definition Karl Martin Boltes überzeugend: „Mit Schichtung oder Schichten haben wir es zu tun, wenn sich im Statusaufbau der Mitglieder eines sozialen Gebildes deutliche Einschnitte erkennen lassen, d. h. die Personen in einem bestimmten Abschnitt des Statusaufbaus eine grundsätzlich höhere oder niedere Wertschätzung zugeordnet erhalten als die Angehörigen anderer Abschnitte."[14] Bolte spricht hier von „sozialen Gebilden", nicht von „der Gesellschaft"; darauf werden wir beim Systemrahmen von Schichtung (Teil III) zurückzukommen haben, ebenso auf die „deutlich erkennbaren Einschnitte" im Zusammenhang mit Skalierungsproblemen.

Schicht in diesem Verständnis muß nicht notwendig *soziale Gruppe* sein. Aus der gleichwertigen Einschätzung von Personen durch ihre soziale Umwelt ergibt sich nicht zwingend ein Interaktionszusammenhang. Ein gewisses Bewußtsein der Gemeinsamkeit wird hingegen aufgrund der Gemeinsamkeit einer bestimmten gesellschaftlichen Wertschätzung in der Regel anzunehmen sein. Es kommt am deutlichsten im Konnubium zum Ausdruck, das stets einen besonders guten Gradmesser von Selbst- und Fremdeinschätzung darstellt. Ein solches Bewußtsein der Gemeinsamkeit muß nicht notwendig mit Solidarität zu tun haben. Solidaritätsbewußtsein ist eher Ausdruck gleicher Interessenlage.

Merkmalsgleichheit, die zu Gleichheit von Interessen führt, wird hier betont von Merkmalsgleichheit, die zu gleicher Einschätzung führt, abgesetzt. Diesbezüglich ist der *Schichtbegriff* vom *Klassenbegriff* abzugrenzen. Schichtung kann mit Klassenlage und Klassengegensatz zu tun haben, sie setzt jedoch nicht notwendig Klassenstruktur voraus.

Für die Problematik der Stratifikation mittelalterlicher Gesellschaftssy-

13 Zur Problematik, wessen Bewertung der Statusbestimmung bzw. Schichtzuordnung zugrundegelegt werden soll, ausführlich R. Mayntz, Begriff und empirische Erfassung des sozialen Status in der heutigen Soziologie, in: KZSS, Bd. 10, 1958, S. 58 ff. sowie K. M. Bolte, Einige Anmerkungen zur Problematik der Analyse von „Schichtungen" in sozialen Systemen, in: D. V. Glass u. R. König (Hg.), Soziale Schichtung und soziale Mobilität (Sonderheft 5 der KZSS, 1961), wd. in: Seidel u. Jenkner, S. 372 ff.

14 Art. „Schichtung", Fischer-Lexikon. Soziologie, S. 269. Ähnlich auch derselbe, Einige Anmerkungen zur Problematik der Analyse von „Schichtungen" in sozialen Systemen, in: Glass u. König, S. 43: „Unter Schichten sollen dabei sich durch das ganze soziale System hindurchziehende, klar voneinander abzugrenzende und aufgrund der Wertung des jeweils betrachteten Merkmals als über- oder untereinander, als höher oder tiefer liegend empfundene Gruppierungen von Mitgliedern eines sozialen Systems bezeichnet werden." Dieser Definition folgt für mittelalterliche Schichtungsanalysen Maschke, Unterschichten, S. 2.

steme erscheint das Verhältnis von *Schicht und Stand* von besonderer Bedeutung. Hier ergeben sich große Schwierigkeiten aufgrund der äußerst vielfältigen Bedeutung des Wortes „Stand" im heutigen Wortgebrauch wie auch in dem des Mittelalters, wobei hier noch die Übersetzungsproblematik seiner verschiedenen lateinischen Gegenstücke wie „ordo" und „status" hinzukommt.[15] In Hinblick auf die unterschiedlichen Bedeutungsfelder, die beim Gebrauch des Begriffes „Stand" angesprochen sind, scheint dieser Begriff für eine sozialwissenschaftlich-historische Analyse als Kategorie wenig geeignet.

Einige Beispiele für die Vielfalt der Wortverwendung: Wir sprechen von ledigem und verheiratetem Stand, von geistlichem und weltlichem Stand, von Geburtsständen, Berufsständen, Land- und Reichsständen etc. Alle diese Formen des Wortverständnisses lassen sich schwer auf einen Nenner bringen. Das gilt noch mehr für den mittelalterlichen Wortgebrauch. In der im Spätmittelalter sehr verbreiteten Ständeliteratur werden oft in einer Liste die verschiedensten Merkmalsgruppen, Sozialkategorien, sozialen Gruppen und mitunter auch durchaus soziale Schichten in einer Liste aufgezählt. Otto Brunner zitiert eine derartige Liste aus der 1. Hälfte des 15. Jahrhunderts: Sie beginnt mit „Konzil, Päpste, Kardinäle..." leitet mit „Regelnonnen, Begarden und wichtige Arme, weltliche Bettler, Klausner, Kinder, weltliche Frauen, Jungfrauen, Witwen, Ehefrauen, Kaiser und Könige" von den geistlichen zu den weltlichen Ständen über, zählt dann zahlreiche Typen von Amtsträgern und Handwerkern auf und schließt mit der bunt gemischten Reihe: „Armbrustmacher, Rebleute, Misttrager, Schiffleute, Wagenknechte, Narren, Schulmeister, Meßner, der Pfaffen Weiber, Spielleute, kluges Gesinde, edle hohe Weiber, edle Jungfrauen, Mägde, Hebammen, Bäuerinnen, Bauern, Hirten, Räuber, Mörder, Wirte."[16] Unter einem gemeinsamen sozialwissenschaftlichen Ordnungsbegriff werden alle diese Stände kaum zu fassen sein.

Auf eine Art mittelalterlicher Stände muß noch besonders eingegangen werden, weil sie vielfach als soziale Schichten oder Klassen oder als Vertreter von solchen eingestuft werden. Zudem ist dieser spezielle Ständebegriff für unser heutiges Wortverständnis in besonderer Weise bestimmend geworden. Gemeint sind die *Land- bzw. Reichsstände*. Als wesentlichem Strukturelement spätmittelalterlicher Herrschaftsstruktur kommt ihnen besondere Bedeutung zu. Entscheidendes Kriterium für die Zugehörigkeit zu den Landständen ist die Unmittelbarkeit zum Landesfürsten, nicht eine bestimmte Lebensweise, eine bestimmte ökonomische Situation, eine bestimmte Interessengemeinsamkeit und auch nicht ein bestimmtes Gruppenprestige. Nur der landesfürstliche Ritter gehört zum Ritterstand, nicht der ritterliche Vasall eines landsässigen Herren, der ihm geltungsmäßig

15 W. Schwer, Stand und Ständeordnung im Weltbild des Mittelalters, 1970², S. 5ff.; O. Brunner, Land und Herrschaft, Wien 1959⁴, S. 395 ff.

16 Brunner, S. 400.

durchaus gleichberechtigt sein mag. Nur der vom Landesfürsten bevogtete Klostervorsteher sitzt in den Landständen auf der Prälatenbank, nicht der unter adeliger Schirmherrschaft stehende Abt oder Propst, wenn er auch noch so angesehen ist. Nur die Bürger der landesfürstlichen Städte schicken ihre Vertreter zu den Landtagen, nicht die der oft viel reicheren von geistlichen oder weltlichen Herren. Dieses auch in der mediävistischen Literatur bis heute vielfach mißverstandene System des Ständewesens hat mit sozialen Schichten nichts zu tun.[17] Das Mißverständnis der mittelalterlichen Landstände als Schichten oder Klassen bzw. als Vertreter von solchen erklärt sich aus neuzeitlichen Entwicklungen des Ständewesens, vor allem in Frankreich, die tatsächlich zu einer gewissen Parallelität geführt haben.[18] Es würde zu weit führen, hier im einzelnen auf diese sehr komplizierten Entwicklungsprozesse einzugehen.

Allgemein sei auf die Schwierigkeit hingewiesen, selbst bei Beschränkung auf Land- bzw. Reichsstände — also die herrschaftsständische Ordnung — eine sozialwissenschaftlich praktikable Allgemeinkategorie „Stand" zu konstituieren. Der inhaltliche Wandel des dahinterstehenden historischen Phänomens scheint zu groß. Würde man eine an der Spätphase des Ständewesens orientierte Begriffsbedeutung wählen — etwa als „privilegierte Klasse" — so müßte das in der Anwendung eines so verstandenen Terminus auf mittelalterliche Verhältnisse zu gröbsten Verzerrungen führen.

Will man aus der herrschaftsständischen Ordnung des vorindustriellen Europa allgemeine Merkmale des Terminus „Stand" hervorheben — etwa in Gegenüberstellung zu dem an Gesellschaftsverhältnissen des industriellen Zeitalters orientierten Schichtbegriff — so wäre vor allem auf das Charakteristikum rechtlich fixierter Machtunterschiede zu verweisen, die primär durch Abstammung, also nach dem Geblütsprinzip weitergegeben werden. Solche Unterschiede herrschaftlicher Machtverhältnisse sind natürlich auch Prestigeunterschiede; sie sind aber weit mehr als solche. Man würde mit der Charakteristik als soziale Schichten über Stände zu wenig aussagen, genauso wie man über Kasten zu wenig aussagt, wenn man sie als soziale Schichten bezeichnet. Kasten sind eben nicht nur durch Abstufungen sozialer Wertschätzung voneinander getrennt, sondern durch Schranken religiös bzw. sakralrechtlich fixierter Ungleichheit. Das ist wohl qualitativ etwas anderes als Schichtung. Analoges gilt auch für die innere

17 Zu den Grundlagen der Landstandschaft bei den einzelnen Ständen am Beispiel der österreichischen Länder Brunner, S. 404 ff.; sowie E. Bruckmüller u. a., Herrschaftsstruktur und Ständebildung 1—3, Wien 1973.

18 Dazu demnächst M. Mitterauer, Grundlagen der politischen Berechtigung im mittelalterlichen Ständewesen, in: K. Bosl (Hg.), Parlamentarismus und Ständewesen. Beispiele für ein relativ frühes Verständnis traditioneller Stände als Klassen oder Schichten im modernen Sinn der Worte in Frankreich bringt der Diskussionsbeitrag R. Mousniers zu H. Stuke, La signification du mot „Stand" dans le pays de langue Allemande, in: Mousnier, Problèmes, S. 77.

Differenzierung herrschaftsständisch geordneter Gesellschaftssysteme. Selbst wo der Stand eine geschlossene Prestigegruppe darstellt, was, wie betont, weithin nicht der Fall ist, scheint die Qualifikation als Schicht für ihn unzureichend. Weiters wird zu bedenken sein, ob Land- oder Reichsstände überhaupt als ein bestimmtes Lagerungsphänomen innerhalb eines umgreifenden Sozialsystems angesehen werden können. Brunner hat im Anschluß an Quellenzeugnisse den vielzitierten, seinem Aussagegehalt nach jedoch viel zu wenig berücksichtigten Satz formuliert: „Die Stände ‚vertreten' nicht das Land, sondern sie ‚sind' es."[19] Bilden die Stände als Landesgemeinde selbst ein Sozialsystem, so lassen sie sich nicht als eine Schicht begreifen.

Der Versuch einer Begriffsbestimmung der Kategorien Schicht und Stand und die damit notwendig gewordene Bezugnahme auf konkrete Formen des Ständewesens hat vorwegnehmend bereits Hinweise auf den möglichen Bezugsrahmen von Schichtung im Mittelalter gegeben: Von sozialen Schichten im skizzierten Sinne kann am ehesten dort gesprochen werden, wo in Teilsystemen der herrschaftsständischen Ordnung rechtliche Gleichheit gegeben ist bzw. rechtlich fixierte Abhängigkeitsverhältnisse zwischen Angehörigen des Systems fehlen. Unser moderner Schichtbegriff ist ja auch seiner Genese nach an eine Konzeption gesellschaftlicher Organisation gebunden, die von der Vorstellung rechtlicher Gleichheit aller Angehörigen des Sozialsystems ausgeht — ein Kontext, der im Wortgebrauch assoziativ miteinfließt.[20]

Daß in verschiedenen Sozialgebilden mittelalterlicher Gesellschaftssysteme Personen bzw. Personengruppen als höher- oder tieferstehend bewertet wurden, ohne daß dahinter eine herrschaftsständische Abhängigkeit der einen von den anderen zu sehen wäre, läßt sich in den *Quellen* vielfältig belegen. Besonders eindrucksvoll kommen derartige *Abstufungen* in Bezeichnungen wie „maiores", „meliores", „potentiores", „honestiores" bzw. deren Gegenstücken zum Ausdruck.[21] Gerade solche komparativischen Bildungen weisen besonders deutlich auf Rangdifferenzierungen im Sinne von Schichtung. Derartige Bezeichnungen finden sich im Mittelalter vor allem in städtischen Gemeinwesen, und zwar vom Mittelmeerraum bis in den Norden

19 Brunner, S. 423.

20 Inwieweit allgemeine Homogenität der Rechtsstellung tatsächlich für die Gegenwart als Ausgangsbasis von Schichtenmodellen angenommen werden darf, kann hier nicht Gegenstand der Erörterung sein. Die Frage stellt jedoch sicher ein Problem dar, mit dem sich die Stratifikationstheorie auseinanderzusetzen hätte.

21 H. Planitz, Zur Geschichte des städtischen Meliorats, in: ZRG GA, Bd. 67, 1950, S. 141 ff.; derselbe, Die deutsche Stadt im Mittelalter von der Römerzeit bis zu den Zunftkämpfen, 1954, S. 122 ff.; E. Ennen, Die europäische Stadt des Mittelalters, Göttingen 1972, S. 117; vor allem Maschke, Unterschichten, S. 6; I. Batori, Das Patriziat der deutschen Stadt, in: Zs. f. Stadtgeschichte, Stadtsoziologie und Denkmalspflege, Bd. 2, 1975, S. 1.

und Osten Europas.[22] Bei Thomas von Aquin heißt es: „In civitatibus triplex ordo hominum“ — das schillernde Wort „ordo“ wird hier ruhig mit „Schicht“ wiedergegeben werden dürfen — „quidam sunt supremi, ut optimates, quidam autem sunt infimi, ut vilis populus, quidam autem sunt medii, ut populus honorabilis“.[23] Hier liegt die Vorstellung einer dreifach geschichteten städtischen Gesellschaft zugrunde. Wir finden sie auch anderwärts gelegentlich, etwa wenn von „Mittelburgern“ die Rede ist,[24] oder abseits der Städte von „Mittelfreien“, oder schlechthin von „mediocres“. Wir können hier ohne weiteres in unserem heutigen Wortsinn von Ober-, Mittel- und Unterschichten sprechen. Häufiger begegnet das Modell einer Zweischichtengesellschaft. Die komparativischen Bezeichnungen sind ja allgemein als Ausdruck solcher Vorstellungen anzusehen.

Zeugnisse über generelle Zuordnungen höherer oder tieferer Positionen in mittelalterlichen Gesellschaftssystemen sind zahlreich. Nicht alle sind von so klarer Aussagekraft wie die referierten Bezeichnungen. Und nicht alle sind für eine Stratifikationsanalyse im skizzierten Verständnis von Schichtung verwendbar.[25] Es würde zu weit führen, Quellengattungen, die als Zeugnis subjektiver Bewertung von Rangstufen aufgefaßt werden können, hier vorzutragen. Ebensowenig kann auf die mit ihnen verbun-

22 Solche Bezeichnungen im Zusammenhang mit einer groben Zweischichtung der Stadtbevölkerung finden sich etwa noch in Nowgorod. Dazu C. Goehrke, Die Sozialstruktur des mittelalterlichen Nowgorod, in: Untersuchungen zur gesellschaftlichen Struktur, S. 357.

23 Schwer, S. 41 f.

24 G. Wunder, Die Sozialstruktur der Reichsstadt Schwäbisch-Hall im späten Mittelalter, in: Untersuchungen zur gesellschaftlichen Struktur, S. 49. Frühneuzeitliche Beispiele für Mittelschichtsbezeichnungen in südwestdeutschen Städten: Diskussionsbeitrag A. Rieber in: Maschke u. Sydow, Unterschichten, S. 172.

25 Das hier angesprochene Problem des Verhältnisses von zeitgenössischer Quellenaussage und sozialwissenschaftlichem Ordnungsbegriff wird für mittelalterliche Gesellschaftsverhältnisse von W. Schlesinger in einem Diskussionsbeitrag bei Maschke u. Sydow, Unterschichten (S. 171) erörtert. Schlesinger meint: „Dabei muß man sich allerdings bewußt sein, daß dann moderne Fragestellungen an das Problem herangetragen und die Probleme mit modernen Begriffen erörtert werden; der Begriff ‚Unterschicht‘ ist damit ein moderner wissenschaftlicher Ordnungsbegriff. Davon ist streng zu scheiden der Begriff, den die Zeit selbst von Ober- und Unterschicht hat.“ Nun sagt Schlesinger selbst: „Diese Wörter gibt es damals nicht“; die Zeitgenossen hatten also diesbezüglich gar keinen Begriff. Wenn Schlesinger meint, dafür die Quellentermini „dives“ und „pauper“ einsetzen zu können, so vermag er das bloß aufgrund eines bestimmten modernen Schichtungsbegriffs, der freilich einer näheren Reflexion bedürfte. Die strenge Scheidung ist also gar nicht durchführbar. Der in den hier vorgetragenen Überlegungen im Anschluß an K. M. Bolte verwendete Schichtbegriff kompliziert die Situation insofern, als er nicht wie Schlesinger vom objektiven Merkmal Besitz, sondern von subjektiven Kriterien ausgeht. Das dem modernen Ordnungsbegriff entnommene Bestimmungsstück Prestige muß also mit wechselnden historischen Quellenaussagen über die jeweiligen Formen sozialer Bewertung ausgefüllt werden.

denen Interpretationsprobleme hier eingegangen werden. Exemplarisch sei bloß ein Quellentypus herausgegriffen, weil er aufs erste scheinbar besonders schön einen Gesamtüberblick über Rangschichtungen vermittelt — zudem weil er in der Mittelalterliteratur allzu oft als tatsächliche Schilderung von Sozialstrukturen aufgefaßt wird. Gemeint sind die sogenannten „Ständepredigten".[26] Diese im Spätmittelalter weitverbreitete Literaturgattung bietet immer wieder in vielfältigen Varianten Bilder gesellschaftlicher Vertikalgliederung. Besonders beliebt sind diesbezüglich etwa neunteilige Gliederungsschemata in Analogie zu den neun Chören der Engel. Die Christenheit wird dabei als ein hierarchisch geordnetes Abbild der himmlischen Ordnung gedacht. Beim Minoritenprediger Berthold von Regensburg sieht das etwa so aus: 1. Pfaffen, 2. geistliche Leute, 3. Herren und Ritter, 4. Handwerker, die sich mit der Bekleidung beschäftigen, 5. Schmiede, 6. Kaufleute, 7. Lebensmittelgewerbe, 8. Bauern und Winzer, 9. Ärzte. Den gefallenen Engeln werden als 10. Gruppe die Berufsgruppen zugeordnet, die keine nützlichen Dienste verrichten, z. B. die Spielleute.[27] Die Fragwürdigkeit solcher Zeugnisse als Quellen des Denkens über Ränge der Zeit besteht in zweifacher Hinsicht: Einesteils ist für das Gliederungsschema primär der Symbolgehalt der jeweils gewählten biblischen Metapher ausschlaggebend. Diese prägt die Darstellung, nicht der Wunsch, gesellschaftliche Verhältnisse wiederzugeben. Andernteils geht es den Predigern um ein pastorales Anliegen. Die Zuordnung richtiger Verhaltensweisen zu einzelnen „ordines" — was immer das auch bedeutet — steht im Vordergrund. Die Wiedergabe einer zeitgenössischen Prestigebewertung ist bestenfalls Nebeneffekt. Das Beispiel schiene nicht der Erwähnung wert, würden nicht vielfach Beschreibungen mittelalterlicher Sozialstrukturen in der Literatur solchen Quellen verhaftet bleiben.[28] Ein grundlegendes Quellen- bzw. Interpretationsproblem stellt sich für jede Stratifikationsanalyse, die von einem an subjektiver Bewertung orientierten Schichtbegriff ausgeht: Ein einheitliches Schichtungssystem einer Sozietät setzt *Einheitlichkeit der Bewertung von Positionen* innerhalb dieser Sozietät voraus. Es müßte also ein Konsens aller Mitglieder über die für sie geltende Prestigeskala bestehen. Wie läßt sich nun feststellen, ob tatsächlich in einem Gesellschaftssystem bzw. einem gesellschaftlichen Teilsystem ein derartiger Konsens bestand? Wie läßt sich aus Einzelzeugnissen schließen, daß die hier zum Ausdruck kommende Bewertung allgemein verbindlich war? Die ohnehin nicht sehr zahlreichen Quellen des Mittelalters zu dieser Frage sind stark einseitig. Sie zeigen uns die

26 Über sie Schwer, S. 65 ff.

27 Franz Pfeiffer, Berthold von Regensburg, Wien 1862, Bd. 1, S. 130 ff.

28 Dies ist etwa besonders deutlich der Fall bei J. Le Goff, Kultur des europäischen Mittelalters (Knaurs Große Kulturgeschichte), München 1970; er formuliert (S. 432) im Zusammenhang mit derartigen Quellen: „Eine gesellschaftliche Umwälzung ist darin erkennbar. Die dreigeteilte Gesellschaft wird von einer Ständegesellschaft abgelöst, d. h. von einer Aufgliederung nach Rang und Beruf ..."

Verhältnisse vornehmlich aus der Perspektive von Personen oder Gruppen, die an der Erhaltung ihres hohen Prestiges interessiert waren. Wie weit ihre Selbst- und Fremdeinschätzung geteilt wurde, läßt sich meist nicht feststellen.

Das Problem ist freilich weit mehr als eine Quellenfrage. Gibt es überhaupt je in einer Gesellschaft bzw. einem sozialen Teilsystem eine von allen in gleicher Weise anerkannte Prestigeskala?[29] Empirisch-soziologische Untersuchungen erweisen immer von neuem gewisse Abweichungen, je nachdem wer bzw. welche Gruppe die jeweiligen Positionen bewertet.[30] Muß eine gewisse Unschärfe bei der Bestimmung von Prestigeschichtungen eben in Kauf genommen werden? Oder soll man von der Annahme mehrerer nebeneinander bestehender Schichtungsvorstellungen ausgehen? Das Problem scheint letztlich nicht befriedigend zu lösen zu sein. Es stellt sich jedenfalls für die relativ statischen Gesellschaftssysteme des Mittelalters in viel geringerer Schärfe als für die Gegenwart. Jedoch auch für diese Epoche müssen wir mitunter mit sehr bedeutsamen Abweichungen in den Vorstellungen über die Prestigeverteilung rechnen. Alte Führungsgruppen, deren Ansehen historisch fundiert ist, verteidigen traditionelle Wertmaßstäbe; nachdrängende Gruppierungen versuchen neue Maßstäbe nach anderen Prestigemerkmalen zu setzen.[31] Zumindest phasenweise verhindert eine solche Konkurrenz verschiedener werthaltiger Merkmale einen Konsens über die in der Sozietät gültige Prestigeskala. Die Orientierung an unterschiedlichen Wertungskriterien führt hinüber zum Fragenkomplex der Schichtungsdimensionen.

II. Wieweit lassen sich soziologische Schichtungsdimensionen auf die Sozialgeschichte des Mittelalters übertragen?

Bei einer Definition von Schichtung, die sich an der gegenseitigen Bewertung von Angehörigen eines Sozialgebildes orientiert, kann in der historischen Analyse logisch nicht von den Wertungskriterien der Gegenwartsgesellschaft ausgegangen werden. Den *Maßstab der Einstufung* müssen vielmehr die von den Zeitgenossen als mehr oder minder werthaltig beur-

29 Mayntz, S. 63.

30 Bolte, Anmerkungen, S. 373 ff.

31 In diesem Zusammenhang wäre etwa auf die konkurrierenden Prinzipien stadtadeliger Herkunft und Vermögen in städtischen Führungsschichten des Spätmittelalters zu verweisen (für Nürnberg z. B. H. H. Hofmann, Nobiles Norimbergenses, in: Untersuchungen zur gesellschaftlichen Struktur, S. 70 f., 81). Zu Divergenzen zwischen traditionellen und neuen Wertmaßstäben kam es in diesem Milieu im ausgehenden Mittelalter auch hinsichtlich der Stellung der gelehrten Juristen, die sich als „milites iuris“ oder „nobiles propter scientiam“ den „nobiles ex genere“ gleichrangig fühlten (Hofmann, S. 86).

teilten Merkmale bilden. Welche Schichtungsdimensionen in weit zurückliegenden Zeiten überhaupt eine Rolle gespielt haben könnten, läßt sich andererseits nur aus der Kenntnis möglicher Schichtungsdimensionen feststellen, wie sie aus der Analyse der Gegenwartsgesellschaft gewonnen wird. Ein gewisses Vorverständnis wird also wohl miteinfließen. Die Gefahr liegt darin, daß dieses Vorverständnis des Forschers ziemlich unreflektiert zur Beurteilungsgrundlage gemacht wird. Die wenigen Ansätze zu einer Darstellung von Stratifikationsverhältnissen des Mittelalters zeigen, daß diese Gefahr sehr ernst zu nehmen ist. Forscher wählen einzelne Schichtungskriterien nach ihrem „Gefühl", nach ihrer „Schätzung" als Ausgangspunkt, oder einfach deswegen, weil die Quellenlage dafür günstig scheint.[32] Die Frage, wieweit heutige Schichtungsdimensionen für mittelalterliche Gesellschaftsverhältnisse anwendbar sind, wieweit andere an ihre Stelle zu treten hätten, scheint daher einer näheren Beschäftigung wert.

In der Gegenwartsgesellschaft erscheint der *Beruf* als die wichtigste Position, die für die Verteilung von Prestige entscheidend ist. Der Beruf bestimmt die Einkommenshöhe und über das Einkommen maßgeblich auch das Vermögen. Es ist also ein ganzes Statusbündel, das mit dem Beruf verknüpft erscheint.[33]

Fragen wir nach der Bedeutung des Kriteriums Beruf in geschichteten Sozialgebilden des Mittelalters, so stehen wir vor dem Problem, daß wir von einer einheitlichen in sich rangmäßig abgestuften Berufswelt aufgrund der *Eigenart der mittelalterlichen Arbeitsorganisation* gar nicht sprechen können. Die Einheit der Arbeitsorganisation ist im Mittelalter fast ausschließlich die Hausgemeinschaft. Innerhalb der Hausgemeinschaft gibt es klar abgegrenzte, ihrem Rang nach unterschiedlich bewertete Positionen, mit denen auch verschiedene Arbeitsaufgaben verbunden sind. Die Bewertung dieser Positionen ist jedoch weder ausschließlich noch primär von der Stellung im Arbeitsprozeß bestimmt. Und lassen sich solche Positionen innerhalb der Hausgemeinschaft als Berufe fassen? Die der Hausväter wohl schon — also die des Kaufmanns, des Handwerkmeisters, vielleicht auch die des Bauern. Bei Gesellen, Lehrlingen, Knechten und Mägden werden wir diese Frage vielleicht aufgrund der heutigen Situation stark aus der Hausgemeinschaft desintegrierter Mitarbeiter auf den ersten Blick ebenfalls bejahen. Bei näherem Zusehen wohl zu Unrecht. Mit derselben Berechtigung müßten wir dann bei den mitarbeitenden Frauen und Kindern von „Berufspositionen" sprechen. Die Stellung des Gesindes ist ja weitgehend der der Kinder analog. Konsequent könnte man nur entweder bei allen Mitgliedern der Hausgemeinschaft als Produktionsgemeinschaft von schichtungsrelevanten Berufspositionen sprechen oder bei keiner

32 Letzteres gilt vor allem für die einseitige Zugrundelegung von Steuerlisten bei Stratifikationsuntersuchungen über die mittelalterliche Stadtbevölkerung.

33 Tumin, S. 30.

— den Hausvater ausgenommen. Eine Mischform, in der Dienstboten oder Gesellen als Zugehörige der Unterschicht in ein Schichtungsschema aufgenommen werden, wie sich das gelegentlich in der Literatur findet, ist unlogisch.[34] Mir scheint der letztere der beiden Wege als der einzig gangbare. Eine zur modernen Berufsschichtung analoge Schichtung nach Tätigkeitsbereichen müßte demnach alle hausrechtlich abhängigen Personen ausklammern.

Das hier berührte Problem scheint auch für soziologische Gegenwartsanalysen nicht ganz unbedeutend. Soll mit der Bewertung des Kriteriums Beruf die Schichtung einer Gesamtpopulation erfaßt werden oder bloß die der Berufstätigen? Die Literatur setzt sich mit dieser Frage wenig auseinander. Ob die nichtberufstätigen Frauen und die Kinder generell der Schicht des Familienerhalters zugeordnet werden können, erscheint einer Überlegung wert.[35]

Auch bei einer auf Hausväter beschränkten „Berufsschichtung" ergeben sich für das Mittelalter in manchen Bereichen aufgrund des *geringen Grades der Arbeitsteilung* gewisse Schwierigkeiten. In ländlichen Gebieten bildet die landwirtschaftliche Betätigung in mehr oder minder starkem Maße für die Gesamtbevölkerung die entscheidende Basis.[36] Die unterschiedliche Bewertung sich spezialisierender Tätigkeitsbereiche spielt hier für die Prestigeschichtung eine ganz untergeordnete Rolle.[37] Ganz anders in

34 So Brandt, S. 224; Maschke, Unterschichten, S. 28; besonders L. Stone, Social Mobility in England 1500—1700, in: Past & Present, Bd. 30, 1966, zit. nach: D. K. Rowney u. J. Q. Graham (Hg.), Quantitative History, Homewood 1969, S. 240. Eine solche Zusammenfassung des Dienstpersonals zu einer einheitlichen Schicht übersieht auch, daß es sich bei ihm um sehr unterschiedliche Tätigkeitsbereiche handelt, die auch sehr unterschiedlich bewertet wurden. Das Prestige eines Handlungsdieners, der es selbst bis zum Kaufherrn bringen konnte, übertraf sicherlich das vieler selbständiger Handwerker. Genauso wie bei Frauen und Kindern ist wohl beim Gesinde anzunehmen, daß die persönliche Einschätzung mit der des jeweiligen Hausherren bzw. Dienstgebers korrelierte. Schließlich wird bei der sozialen Bewertung von in Dienst stehenden Personen auch deren familiale Herkunft mitgespielt haben. In Adelshaushalten etwa sind vielfach neben Gesinde niedriger Abstammung auch junge Adelige in Dienstfunktionen anzutreffen. Sie einer einheitlichen Unterschicht der „Dienenden" zuzurechnen, ginge völlig an den Wertmaßstäben der Zeit vorbei.

35 Allgemein zur Frage, ob der einzelne oder die Familie die kleinste Einheit bei schichtrelevanter soizaler Bewertung darstellt: B. Barber, Social Stratification, New York 1957, S. 73 ff., T. Parsons, An Analytical Approach to the Theory of Social Stratification, in: AJS, Bd. 45, 1940, S. 850 ff.

36 Das Fehlen einer Berufsschichtung im eigentlichen Sinne ist ganz allgemein für vorindustrielle Agrargebiete charakteristisch. Für Afrika vgl. dazu L. A. Fallers, Social Stratification and Economic Processes in Africa, in: R. Bendix u. S. M. Lipset (Hg.), Class, Status and Power, New York 1966², S. 148.

37 Eine gewisse Spezialisierung setzt primär bei den ländlichen Unterschichten ein, vor allem bei den Inhabern der Kleinstellen. Für eine Rangordnung nach „Berufsprestige" ergeben sich hier insofern Schwierigkeiten, als vielfach zwei oder

der Stadt. Hier ist der Prozeß der Arbeitsteilung viel weiter fortgeschritten. Analogien zu moderner Berufsschichtung lassen sich hier schon leichter herstellen, wie überhaupt das städtische Milieu im Mittelalter viel eher jene gesellschaftlichen Voraussetzungen aufweist, aufgrund derer heutige Schichtungsvorstellungen angemessen erscheinen.

Eine weitere Schwierigkeit, für mittelalterliche Sozialgebilde Maßstäbe der Berufsschichtung zu verwenden, ergibt sich aus dem Verhältnis von *Beruf und Amt*. Aus unserer heutigen Perspektive liegt es nahe, Amtstätigkeit in Berufstätigkeit miteinzubeziehen. Aufgrund der zusätzlichen und zum Teil ehrenhalber ausgeübten Amtstätigkeit im Mittelalter erschiene das freilich unzutreffend. Für das persönliche Prestige war das Ausüben eines Amtes jedoch von außerordentlicher Bedeutung. Wir müßten daher im Ämterwesen in geschichteten Sozialgebilden des Mittelalters eine zusätzliche Schichtungsdimension sehen.[38]

Allen diesen Schwierigkeiten liegt zugrunde, daß das *Berufsspektrum der Gegenwartsgesellschaft* eben *aus sehr unterschiedlichen Wurzeln* zusammengewachsen ist und daß nicht alle diese Ursprungsbereiche für das Mittelalter als „Berufssphäre" gefaßt werden können. Wie ist etwa die „berufliche Position" des Adeligen zu formulieren? Als Gutsbesitzer? Als Richter? Als militärische Führungsposition? Alles das ist in seiner Stellung eingeschlossen. Und trotzdem wird sie innerhalb keiner dieser Funktionsbereiche und auch nicht durch ihre Zusammenfassung befriedigend zu beschreiben sein. Ähnliche Fragen ließen sich für den Klerus stellen. Kriterien der Berufsschichtung sind jedenfalls nur sehr beschränkt in die soziale Welt des Mittelalters übertragbar.

Und auch dort, wo eine analoge Vorgangsweise möglich erscheint, wie im hochgradig arbeitsteiligen Milieu der mittelalterlichen Stadt, muß bedacht werden, daß die Bewertung beruflicher Tätigkeit nach Prestigemaßstäben erfolgt, die für uns völlig untergeordnet sind. So erfolgt etwa die Einstufung verschiedener Gewerbe nach der Bewertung des bearbeiteten Stoffs. Das hohe Prestige von Goldschmieden oder Kürschnern hängt z. B. damit zusammen. Ähnliches gilt für den Warenhandel; Kaufleute, die mit Metallen, Textilien, Spezereien handeln, stehen in der Rangordnung höher als die übrigen.[39] Magische Faktoren können eine Rolle spielen, etwa bei der Diskriminierung gewisser „unehrlicher Gewerbe".[40]

mehrere Tätigkeiten nebeneinander ausgeübt wurden, z. B. Weber und Maurer, Weber und Taglöhner etc. Die jahreszeitlich unterschiedlichen Verdienstmöglichkeiten spielen bei dieser Bevölkerungsgruppe eine besondere Rolle.

38 Beispiele für die Bedeutung von Landesämtern für die Rangpositionen von Adeligen bei P. Feldbauer, Rangprobleme und Konnubium österreichischer Landherrenfamilien, in: ZBLG, Bd. 35, 1972, S. 573.

39 Hofmann, S. 79.

40 Etwas überbetont bei W. Danckert, Unehrliche Leute. Die verfemten Berufe, Bern 1963; allgemein dazu Maschke, Unterschichten, S. 49 ff.

Wie uns verschiedene Quellen — etwa Prozessionsordnungen[41] — zeigen, kannten mittelalterliche Stadtgemeinden gerade unter den Gewerben sehr klare Rangabstufungen. In diesem Bereich wird man wohl zu Recht — ohne sich eines Anachronismus schuldig zu machen — von einer deutlichen Berufsschichtung sprechen können, hinsichtlich des Konsenses über die Einordnung als höher und tieferstehend vielleicht sogar mit mehr Berechtigung als für die Gegenwart. Gerade auch die für geschichtete Sozialgebilde charakteristischen klaren Einschnitte in der Rangabstufung waren hier ausgeprägt vorhanden. Hinzugefügt werden muß freilich, daß solche Rangabstufungen von Stadt zu Stadt stark voneinander abweichen konnten.[42] Allein schon von der unterschiedlichen Wirtschaftsstruktur her ergaben sich Differenzierungen. Wenn etwa in manchen Salinenstädten die Salzsieder an der Spitze stehen, so ist das sicher ein ökonomisch bedingtes Spezifikum.[43] Für den Bezugsrahmen von Schichtung sind solche Überlegungen von Bedeutung.

In engstem Zusammenhang mit der Berufszugehörigkeit wirkt in der Gegenwartsgesellschaft das *Einkommen* als schichtbestimmend.[44] Das Berufsprestige richtet sich ja in starkem Maß nach der Einkommenshöhe. Eine derartige Bemessung am Einkommen entspricht der Dominanz von Lohn- und Gehaltsempfängern. Wollen wir diese Schichtungsdimension für das Mittelalter anwendbar gestalten, so müssen wir sehr radikal umdenken. An die Stelle des Einkommens sind die *Vermögens- bzw. Besitzverhältnisse* zu setzen.[45]

Vermögens- und Besitzverhältnisse ergeben jedoch nicht in gleicher Weise klare Rangabstufungen, an denen sich Prestigewertung orientieren könnte, wie Einkommensschichtungen. Ein Messen des Besitzes an der Höhe seines Geldwerts ist im Mittelalter ein Spezifikum der Stadt. Hier wird ja die Steuerleistung danach berechnet.[46]

Ländlicher Grundbesitz läßt sich in seiner Prestigewertigkeit nicht in ein solches Schema einordnen. Der Zusammenhang von Besitz und sozialer Geltung ist im ländlichen Raum überhaupt in anderer Weise zu sehen. Dabei ist zunächst zu bedenken, daß eine Gleichartigkeit von Eigentumsrechten hier grundsätzlich nicht vorliegt.

41 Vgl. etwa die Prozessionsordnung der Stadt Regensburg von 1470 bei F. Bastian, Das Runtingerbuch 1883—1907, Bd. 3, Regensburg 1943, S. 72 ff.

42 Zur Rangordnung von Handwerkerzünften K. Bücher, Die Bevölkerung von Frankfurt am Main im XIV. und XV. Jahrhundert, Tübingen 1886, S. 82 f. und 86 ff.

43 G. Wunder, Die Sozialstruktur der Reichsstadt Schwäbisch-Hall im späten Mittelalter, in: Untersuchungen zur gesellschaftlichen Struktur, S. 26.

44 Bolte, Kappe u. Neidhardt, S. 77 ff.

45 Vgl. dazu die prinzipiellen Erörterungen bei Wunder, S. 38.

46 Über Steuerlisten als Quelle von Stratifikationsanalysen ausführlich mit weiterführenden Literaturhinweisen Maschke, Unterschichten, S. 17 ff.

Adeliges Eigentum kann freies Eigen, Inwärtseigen, Lehen etc. sein.[47] Die Besitzqualität steht stets in Zusammenhang mit einer bestimmten herrschaftlichen Abhängigkeit. Andererseits kann sie selbst wiederum Ausdruck verschiedener Herrschaftsformen gegenüber Abhängigen sein. Mittelalterliche Adelsherrschaft ist eben mehr als bloß Grundbesitz. Sie ist „Herrschaft über Land und Leute“ (Brunner).[48] Nicht die Besitzgröße ist primäres Kriterium adeliger Rangigkeit, sondern die Besitzqualität, die wiederum im Zusammenhang mit derartigen Abhängigkeitsverhältnissen zu sehen ist. Aus der Besitzqualität ergeben sich Abstufungen in Edelfreie und Ministerialen, in Herren und Ritter, in „ministeriales maiores“ und „minores“ etc.[49] Erst innerhalb dieser durch unterschiedliche Besitzqualität konstituierten Adelsränge bestehen dann weitere Differenzierungen nach dem Umfang des Besitzes.

Von *bäuerlichem Eigentum* läßt sich im Mittelalter — sieht man von den wenigen Freibauerngruppen ab — überhaupt nicht sprechen. Alle übrigen Bauerngüter stehen im „Obereigentum“ des Grundherren. Auch bei ihnen ergibt sich aus der Einordnung in den umfassenden Herrschaftsverband eine starke rechtliche Differenzierung. Die jeweilige soziale Geltung des Bauern hängt stark mit dieser Vielfalt von Rechtsbeziehungen zusammen. Die weitgehende Gleichheit des Leiherechts innerhalb eines Herrschaftsverbands bedingt jedoch, daß innerhalb von Lokalgruppen auf diese Weise keine allzu starken Schichtungsdifferenzen auftreten. Die Größe des Guts fällt somit stärker ins Gewicht. Vielfach besteht diesbezüglich — bedingt durch die ursprüngliche Größengleichheit gleichzeitig angelegter Höfe — eine klare Abstufung in Vollhöfe, halbe Höfe, Viertel etc. Halblehner oder Viertellehner stehen in ihrem Prestige jedenfalls den Vollstellenbesitzern nach. Die deutlichste Schichtung der Dorfgemeinschaft ergibt sich jedoch aus dem Gegenüber von Höfebesitzern und Inhabern von Kleinstellen, von Häuseln, Sölden, Katen etc.[50] Den Hofbauern und Häuslern könnten als dritte Gruppe die „Inwohner“ oder „Herbergsleute“ angereiht werden, die überhaupt nicht über Land verfügten und auf Höfen von

47 H. Ebner, Das freie Eigen. Ein Beitrag zur Verfassungsgeschichte des Mittelalters, Klagenfurt 1969, S. 58 ff.

48 Land und Herrschaft, S. 240 ff.

49 Daß der alte Unterschied zwischen den über freieigenes Gut verfügenden Hochfreien und den ursprünglich mit Inwärtseigen ausgestatteten Ministerialen auch nach der Nivellierung dieser Besitzqualitäten sich lange auf die Vorrangordnung im Adel auswirkte, zeigt Feldbauer, S. 572, am Beispiel des österreichischen Herrenstandes.

50 K. S. Bader, Dorfgenossenschaft und Dorfgemeinde, Weimar 1962, S. 281 ff., vor allem von Quellen des südwestdeutschen Raumes ausgehend. Für Bayern mit allgemeinen Überlegungen zur Entstehung solcher Unterschichten P. Fried, Herrschaftsgeschichte der altbayerischen Landgerichte Dachau und Kranzberg im Hoch- und Spätmittelalter sowie in der frühen Neuzeit, München 1962, S. 195 ff. und 219.

Bauern in hausrechtlicher Abhängigkeit lebten.[51] Bei ihnen stellt sich freilich das Problem, ob sie aufgrund dieser hausrechtlichen Abhängigkeit überhaupt als Schicht der ländlichen Gemeinde angesehen werden können.[52] Für die Prestigegeschichtung der Landgemeinde erscheint jedenfalls die Gutsgröße als der entscheidende Faktor.

Grund- und Hausbesitz spielt auch *in der Stadt* als Faktor der Schichtung eine gewisse Rolle. Rechtliche Differenzierungen der Besitzqualität fallen hier weg. Der Größe des Grundes kommt — weil landwirtschaftliche Nutzung nicht im Vordergrund steht — eine weitaus geringere Bedeutung zu. Die maßgebliche Schichtungsgrenze verläuft daher unter diesem Gesichtspunkt zwischen Hausbesitzern und Inwohnern bzw. Mietern.[53]

In der städtischen Gesellschaftsordnung tritt gegenüber dem Grundbesitz das Gesamtvermögen als Schichtungskriterium in den Vordergrund. Über die Vermögensverhältnisse spätmittelalterlicher Stadtbewohner liefern uns die *Steuerlisten* reiches Material. Sie führen uns die Bürgerschaft in der vielfältigen Abstufung des Besitzes anschaulich vor Augen. Die Versuche, die Sozialstruktur mittelalterlicher Städte zu rekonstruieren, sind vorwiegend an dieser Quellengattung orientiert. Zwei Gründe scheinen dafür maßgeblich: Zunächst gibt kein anderer Quellentypus einen derart klaren Gesamtüberblick über quantitativ faßbare Differenzierungen innerhalb der Stadtbevölkerung nach einem zweifelsohne sozial relevanten Merkmal.[54] Dann erscheint es vielen Forschern aus ihrem Vorverständnis von Schichtung als evident, daß die Besitzverhältnisse das maßgebliche Kriterium von Rangabstufungen darstellen.[55] Beide Zugänge enthalten Gefahren, nämlich die, einesteils aufgrund der günstigen Quellenlage, andererseits aufgrund eines nicht weiter überprüften Vorverständnisses ein bestimmtes Kriterium zu verabsolutieren. Es gilt daher nach dem spezifischen Stellenwert der Vermögensverhältnisse für die Wertung von Personen in der städtischen Gesellschaft des Mittelalters zu fragen, wobei natürlich zeitlich und räumlich stark zu differenzieren wäre. Ein paar Hinweise mögen zur Relativierung des Ansatzes genügen.

Alle jene Quellen, die uns unmittelbare Hinweise auf die Prestigeschichtung mittelalterlicher Städte geben — etwa Kleiderordnungen, Bestim-

51 Für das Mittelalter liegen über diese Bevölkerungsgruppen kaum Untersuchungen vor.

52 Dazu M. Mitterauer, Familiengröße — Familientypen — Familienzyklus, in: GG, Bd. 1, 1975, S. 235 ff.

53 Über Mietverhältnis und Unterschichtenzugehörigkeit Maschke, Unterschichten, S. 21 ff.

54 B. Kirchgäßner, Probleme quantitativer Erfassung städtischer Unterschichten, in: Maschke u. Sydow, Unterschichten, S. 75 ff.

55 Man vergleiche etwa die selbstverständliche Gleichsetzung von „Steuerklasse" und „sozialer Schicht" bei Brandt, S. 227. Zweifel, ob es genügt, rein ökonomisch quantifizierbare Tatbestände zu erörtern, um die Schichtung mittelalterlicher Stadtgesellschaften in den Griff zu bekommen, äußert W. Schlesinger in einem Diskussionsbeitrag bei Maschke u. Sydow, Unterschichten, S. 171.

mungen über die Zulassung zu Festen, zum Tanz oder zu bestimmten Trinkstuben[56] — differenzieren nicht nach Kriterien des Vermögens, sondern nach Kriterien der Macht, d. h. nach der Teilnahme am Stadtregiment.[57] Nun sind vielfach die mächtigsten Bürger auch die reichsten bzw. die reichsten die mächtigsten. Daß die „potentes" mit den „divites" gänzlich zusammenfallen, ist jedoch nicht die Regel.[58] In den Städten mit patrizischem Stadtregiment liegt die Macht in den Händen stadtadeliger Geschlechter, meist aus der Ministerialität des Stadtherren stammend. Diese alten Geschlechter stehen in den Steuerlisten keineswegs durchgehend an der Spitze. An ihrem Machtvorrang und — oft über den Verlust dessen hinaus — an ihrem Prestigevorrang besteht jedoch kein Zweifel. Ihr Konnubium zeigt sie als eine streng abgeschlossene Gruppe — ein deutlicher Hinweis für ihr Rangbewußtsein und die Distanzierung der nächstfolgenden Gruppierungen.[59]

Vergleicht man städtische Steuerlisten des Mittelalters über mehrere Jahrzehnte, so ergibt sich das erstaunliche Phänomen, daß viele Personen, die zunächst in den untersten Vermögensrängen genannt werden, später in hohen Steuerklassen begegnen — mitunter mit mehr als dem zehnfachen Betrag. Sieht man von den echten sozialen Aufsteigern ab, so handelt es sich in solchen Fällen meist um Söhne aus wohlhabenden Familien, die zunächst als junge Hausväter kurz nach ihrer Hausstandsgründung erfaßt wurden.[60] Es wäre nun wohl gänzlich verfehlt, solche Personen zu Beginn ihres Familienzyklus der Unterschicht, am Ende der Mittel- und Oberschicht zuzurechnen. Ihr familiäres Ansehen wird sich wohl trotz unterschiedlicher Steuerleistung kaum verändert haben. Die Fragwürdigkeit einer Vorgangsweise, die Schichtungsverhältnisse einer Stadt allein oder primär aus Steuerlisten rekonstruieren möchte, wird an solchen Beispielen deutlich.

Ein dritter Hinweis betrifft das Verhältnis von Vermögensprestige und Berufsprestige. Zwar gibt es im städtischen Handwerk typische Staffelungen zwischen in der Regel wohlsituierten Gewerbezweigen — etwa den Lebensmittelgewerben — und solchen mit schlechten Erwerbschancen. Andererseits lassen sich aber wiederum innerhalb eines Gewerbes enorme Vermögensstreuungen nachweisen.[61] Nun besitzen wir genug Zeugnisse dafür, daß die einzelnen Gewerbe untereinander prestigemäßig gestaffelt

56 Über solche für die Erkenntnis der Statusdifferenzierung in mittelalterlichen Städten wichtige Quellengattungen allgemein Maschke, Unterschichten, S. 9 ff., mit weiterführenden Literaturhinweisen.

57 Für Nürnberg etwa Hofmann, S. 79.

58 Hofmann, S. 70 ff.; Wunder, S. 51.

59 Wunder, S. 31 ff.

60 Wunder, S. 44, 51.

61 Unter den Metzgern von Schwäbisch-Hall ergibt sich etwa im Jahre 1460 eine Vermögensstreuung zwischen 13 und 2 800 Gulden (Wunder, S. 41).

waren.[62] Die Vermutung liegt nahe, daß — genauso wie die Familienzugehörigkeit — auch die Zugehörigkeit zu einem bestimmten Gewerbe krasse Vermögensunterschiede in ihrer Auswirkung auf die Prestigezurechnung ausgeglichen haben wird. Auch diese Überlegungen sprechen dagegen, Steuerlisten als den Spiegel städtischer Sozialschichtung schlechthin anzusehen.[63]

Als dritte bedeutsame Schichtungsdimension nennt die soziologische Literatur die *Machteinstufungen*.[64] Daß politische Macht auch im Mittelalter als prestigebildender Faktor eine eminent wichtige Rolle gespielt hat, bedarf keiner besonderen Beweisführung. Schon in den bisherigen Ausführungen wurde wiederholt auf die vorrangige Bedeutung dieser Schichtungsdimension für die mittelalterlichen Gesellschaftsverhältnisse hingewiesen.

Um die näheren Übertragungsbedingungen dieses aufs erste so evident angemessenen Schichtungskriteriums zu bestimmen, wäre es notwendig, auf den allgemeinen Wandel der Herrschaftsstruktur seit dem Mittelalter einzugehen. Das ist im Rahmen dieser Ausführungen nicht einmal in skizzenhaften Andeutungen möglich. Ein einziger Aspekt sei zur Veranschaulichung eines für Schichtungsprobleme wichtigen Unterschieds herausgegriffen.

Mittelalterliche Herrschaftsordnung ist durch eine vielfältige vertikale und horizontale Gliederung in Teilsysteme eigenständiger Herrschaftsrechte charakterisiert. Der neuzeitliche Fürstenstaat hat die intermediären Gewalten ausgeschaltet — sowohl die adeligen und geistlichen Herrschaftsrechte wie auch die genossenschaftlich-autonomen der Städte. Erst durch diese Prozesse der Machtkonzentration ist es zur Ausbildung einer einheitlichen Staatsgewalt gekommen, der zunächst ein einheitlicher Untertanenverband und im Anschluß daran eine integrierte staatsbürgerliche Gesellschaft gegenübersteht.

Ausübung politischer Macht ist seither häufig auf den staatlichen Verband

62 Neben schriftlichen Quellen (vgl. Anm. 41 und 42) wäre in diesem Zusammenhang auch die Sozialtopographie der Stadt zu bedenken. Von Gewerben abgeleitete Gassenbezeichnungen lassen je nach Lage auf ein mehr oder minder hohes Ansehen der betreffenden Gruppe schließen.

63 Allgemein läßt sich zur Interpretation dieser Quellengattung im Rahmen von Stratifikationsanalysen sagen, daß sie zwar das für Schichtung wesentliche Kriterium einer deutlich erkennbaren Abstufung erfüllt, die klar erfaßbaren Einschnitte innerhalb dieses Kontinuums jedoch in der Regel fehlen. Die Zusammenfassung zu Gruppen erfolgt also meist durch den bearbeitenden Forscher. Dementsprechend handelt es sich bei solchen „Steuerklassen“ um statistische Klassen, deren Abgrenzung nichts mit einer sozialen Distanz zwischen Gruppierungen des jeweils analysierten Sozialsystems zu tun hat. Die Gefahr, sie in diesem Sinne zu interpretieren, ist freilich groß. Typisch dafür etwa das methodische Vorgehen bei Brandt, S. 225 ff.

64 Tumin, S. 29; S. M. Lipset u. H. L. Zetterberg, Eine Theorie der sozialen Mobilität, in: Seidel u. Jenkner, S. 338 ff.

als ganzen bezogen. Inhaber politischer Machtpositionen treffen oft Entscheidungen, die für die gesamte Sozietät der Staatsbürger relevant sind. Das gilt für den Parlamentarier genauso wie für den hohen Beamten oder den Gewerkschaftsführer. Führungsschichten üben Macht aus, die innerhalb der Gesamtpopulation des Staatsgebiets wirksam wird.

Mittelalterliche Adelsherrschaft hat demgegenüber ganz anderen Charakter. Der Adelige übt über die lokalen Gruppierungen seiner Untertanen funktional undifferenzierte Herrschaftsrechte aus. Sein adeliger Standesgenosse kann ihn diesbezüglich ebensowenig beeinträchtigen wie der Landesfürst.[65] Es ist also ein Nebeneinander einer Vielzahl von Herrschaftsträgern gegeben, die als einzelne innerhalb eines isolierten lokalen Personenverbandes Macht ausüben — nicht eine Gruppe, die innerhalb einer größeren Gruppe Führungspositionen besetzt hält.

Es erscheint sehr fragwürdig, ob unter diesen strukturellen Voraussetzungen der mittelalterliche Adel als eine Führungsschicht innerhalb eines Machtschichtungssystems angesprochen werden kann, wie dies in der Literatur immer wieder geschieht.[66] Machtschichtung setzt eine Mehrzahl machtgleicher Personen innerhalb eines Sozialgebildes voraus. Einzelherrschaft innerhalb eines Sozialgebildes schließt damit Schichtung aus.

Mit mehr Berechtigung als vom Adel als Führungs- oder Oberschicht läßt sich innerhalb des Adels von einer Oberschicht sprechen. In jeder adeligen Landesgemeinde zeichnen sich einige Geschlechter durch besonders hohes Ansehen aus, das sie wiederum primär ihrer politischen Machtstellung verdanken. Landesfürstliche Ämter spielen bei dieser Machtschichtung innerhalb des Landesadels eine wichtige Rolle. Jedenfalls ist die adelige Landesgemeinde ein in sich nach Rängen gestuftes Sozialgebilde, in dem jede Stufe von einer Mehrzahl von Personen eingenommen wird.[67]

65 Zu einer Beeinträchtigung dieser alleinigen Zuständigkeit des adeligen Herren für die von ihm abhängigen Untertanen kommt es erst, als mit der Entfaltung und Fortentwicklung der land- bzw. reichsständischen Verfassung gemeinsame Beschlüsse aller adeligen Herrn in zunehmendem Maße für die Gesamtheit der von ihnen Beherrschten verbindlich werden. Den entscheidenden Ansatz dazu bildet das adelige Steuerbewilligungsrecht. Die Steuerbewilligung ist jedoch erst eine sekundäre Funktion der Ständeversammlungen. Durch die älteren Funktionen als Gerichts- und Heeresversammlung ist die abhängige Bevölkerung nicht unmittelbar betroffen (zum Funktionswandel der Ständeversammlungen vgl. Mitterauer, Grundlagen). In Westeuropa setzen solche Wandlungsprozesse früher ein als in Mitteleuropa. Dort gelingt es auch den Fürsten schon zu einem früheren Zeitpunkt, die intermediäre Herrschaftsgewalt des Adels zu beeinträchtigen und partiell zu durchbrechen.

66 Die fraglose Charakteristik des mittelalterlichen Adels als Führungsschicht findet sich etwa in den zeitlich einschlägigen Beiträgen zum Themenschwerpunkt „Les classes dirigeantes de l'Antiquité aux temps modernes" auf dem 12. Welthistorikerkongreß in Wien, 1965 (Rapports, Bd. 1, S. 317 ff.).

67 Einen guten Zugang zur Feststellung der jeweiligen Rangpositionen adeliger Personen bzw. Geschlechter bieten die Zeugenreihen von Urkunden. Wie aus der Vielzahl solcher Einzelinformationen ein Gesamtbild der inneren Schichtung

Am deutlichsten läßt sich Schichtung nach Graden der *Teilhabe an politischer Macht in autonomen Stadtgemeinden* beobachten. Von den Verfassungsbedingungen her ist hier Einzelherrschaft auf Dauer grundsätzlich ausgeschlossen; Kollektivorgane dominieren.[68] Durch das Wahlprinzip wechseln die Herrschaftsträger. Die Machtbefugnisse sind auf eine Mehrzahl von Gremien wie etwa den äußeren und inneren Rat verteilt. Der zur Beschickung dieser Gremien berechtigte Personenkreis ist deutlich gestuft. Dementsprechend ergeben sich innerhalb der Bürgerschaft unterschiedliche Grade der Machtbeteiligung, die sich auch im Prestige der betreffenden Gruppierungen ausdrücken. Das Kriterium unterschiedlicher politischer Beteiligung scheint vor allen anderen — Beruf, Vermögen etc. — bei weitem den Vorrang für die Prestigebewertung gehabt zu haben. Es war freilich, wie schon gezeigt wurde, von jenen nicht völlig unabhängig.
Wo sich im ländlichen Raum autonome Organe von *Dorfgemeinden* ausgebildet haben, dort lassen sich in Ansätzen analoge Verhältnisse beobachten.[69] Dasselbe gilt für Pfarrgemeinden, die ja durchaus nicht mit den Dorfgemeinden identisch waren.[70] Hier bildete das von der Gemeinde gewählte Amt des Zechpropsts den Ansatzpunkt für eine gewisse Machtschichtung.
Grundsätzlich ergibt sich im Mittelalter überall dort die Möglichkeit einer Schichtbildung nach Machtpositionen, wo Gemeinden autonom gewisse Rechte ausüben, bzw. allgemeiner, wo es innerhalb eines Herrschaftsverbandes zu genossenschaftlichen Mitspracherechten kommt.
Zwei Schichtungsdimensionen, auf die sich die soziologische Literatur bezüglich der behaupteten Universalität von Schichtung besonders beruft, sind *Alter und Geschlecht*.[71] Es wird argumentiert, Unterschiede in Alter und Geschlecht schaffen selbst dort soziale Ungleichheit, wo wirtschaftliche, berufliche oder machtpolitische Differenzierungen fehlen. Alter und Geschlecht seien daher die primären Schichtungskriterien. Implizit wird damit ausgesagt, daß alle soziale Ungleichheit Schichtung bewirkt — eine fragwürdige Annahme, auf die wir abschließend noch bei den erkenntnisleitenden Interessen von Stratifikationsstudien zurückkommen werden.
Dieser grundsätzliche Ansatz von Alter und Geschlecht als Schichtungs-

einer adeligen Landesgemeinde gewonnen werden kann, zeigt methodisch vorbildlich Feldbauer, Rangprobleme (wie Anm. 38).

68 Zur Entwicklung der städtischen Ratsverfassung H. Rabe, Der Rat der niederschwäbischen Reichsstädte, Köln 1966, mit weiterführenden Literaturangaben.

69 Bader, S. 288 ff. Die Analogien zur städtischen Oberschicht kommen auch in den übereinstimmenden komparativischen Bezeichnungen zum Ausdruck. Es finden sich in mittelalterlichen Dorfgemeinden ebenso die „maiores“, „meliores“, „seniores“, „potiores“ etc. (Bader, S. 285 f.).

70 Bader, S. 207; M. Mitterauer, Pfarre und ländliche Gemeinde in den österreichischen Ländern, in: Blätter f. deutsche Landesgeschichte, Bd. 109, 1973, S. 1 ff.

71 Tumin, S. 34 f., 72; G. Lenski, Macht und Privileg. Eine Theorie der sozialen Schichtung, Frankfurt 1973, S. 530 ff.; kritisch dazu Heller, S. 487; Smith, S. 145.

dimension findet sich freilich in der stratifikationssoziologischen Literatur praktisch nirgends eingelöst. Es gibt weder speziellere theoretische Konzeptionen über eine solche Alters- und Geschlechtsschichtung, noch erscheinen diese Kriterien in empirischen Schichtungsanalysen entsprechend berücksichtigt. Der Versuch, von der Soziologie für die Gegenwart formulierte Ansätze auf das Mittelalter zu übertragen, stößt hier auf Schwierigkeiten. Die Praxis empirisch arbeitender Stratifikationssoziologen steht übrigens insgesamt in einem gewissen Widerspruch zu der prinzipiellen Annahme, daß es sich auch bei Alter und Geschlecht um schichtungsrelevante Faktoren handelt. Man gewinnt aus solchen Studien den Eindruck, daß die schichtungsrelevanten Kriterien der Soziologie nur auf Erwachsene und hier wiederum primär auf erwachsene Männer bezogen sind. Obwohl eine solche Einschränkung nie ausgesprochen wird, so ist sie durch die Dominanz der Dimensionen Beruf, Einkommen, Teilhabe an politischer Macht de facto gegeben. Auch die hier nicht näher behandelte Schichtungsdimension Bildung bzw. Ausbildung, die ja als abgeschlossen zu denken ist, wenn sie schichtdifferenzierend wirken soll, deutet in diese Richtung.

Mit dem grundsätzlichen Ansatz, wonach Alter und Geschlecht als primäre Schichtungsfaktoren betrachtet werden, ist es auch schwer zu vereinbaren, wenn in empirisch-soziologischen Stratifikationsstudien den Kindern der Status der Eltern, der Frau der des Mannes zugeordnet wird.[72] Diese Zuordnung bedeutet ja doch einen weitgehenden Verzicht auf die beiden zur Diskussion stehenden Schichtungsdimensionen.

Dies scheinen Fragen zu sein, die für die Stratifikationssoziologie noch zur Lösung anstehen. Antworten auf diese Fragen wären für die Anwendung von Schichtungsmodellen in der mittelalterlichen Sozialgeschichte deswegen von besonderer Bedeutung, weil es sich hierbei um Gesellschaftssysteme mit einem *Altersaufbau* handelt, der sich von dem heutiger Industrienationen grundlegend unterscheidet. Bei einem Anteil von Kindern und Jugendlichen von 40 %, 50 % und darüber fällt eine Beschränkung auf Schichtungsdimensionen, die nur für erwachsene Personen Geltung haben, ganz anders ins Gewicht.

Die Berufung der Soziologen auf die sozial differenzierende Wirkung des Alters gerade in primitiven Gesellschaften besteht sicher zu Recht. Von

72 Etwa G. Kleining u. H. Moore, Soziale Selbsteinstufung (SSE). Ein Instrument zur Messung sozialer Schichten, in: KZSS, Bd. 20, 1968, S. 514 ff. unter Berufung auf L. Warner u. a., Social Class in America, Chicago 1949, S. 10; T. Parsons, The Social System, Glencoe 1959³, S. 172; und Barber, S. 73. Wie unbefriedigend eine solche schematische Zuordnung ist, zeigen freilich die Erhebungen der beiden Forscher sehr deutlich. Stuft man berufstätige Frauen nach ihrem eigenen Beruf ein, so ergeben sich sehr wesentliche Abweichungen gegenüber einer Bewertung nach der Berufsposition des Mannes (S. 516). Das Beharren auf der Kernfamilie als „kleinster Einheit der sozialen Schicht" erscheint unter diesen Voraussetzungen als eine petitio principii.

Seite der Sozialanthropologie werden freilich gerade Stammesgesellschaften mit extremen *Altersklassensystemen* als Beispiele nicht geschichteter Sozietäten gegen die behauptete Universalität von Schichtung ins Treffen geführt.[73] Wo im individuellen Lebenslauf mit Erreichung eines bestimmten Lebensalters grundsätzlich eine höhere Macht- und Prestigestufe erreicht wird — durchgehend bis zur höchsten —, dort könne nicht von sozialer Stratifikation gesprochen werden. Das damit angesprochene Problem der regelhaften Statusveränderung im individuellen Lebenslauf scheint auch eine von der Stratifikationssoziologie noch ungelöste Frage. Von vertikaler Mobilität läßt sich ja in einem solchen Fall kaum sprechen.

Altersklassensysteme im skizzierten Sinne sind in der Geschichte des europäischen Mittelalters unbekannt. Nirgends läßt sich feststellen, daß Menschen ab der Erreichung eines bestimmten Alters prinzipiell vorrangig gewesen wären. Kalendarisches Alter ist nicht unmittelbar Schichtungsmerkmal. Fixierte Altersgrenzen wirken nicht prinzipiell statusverändernd. Das gilt auch für die diversen Volljährigkeitstermine. Sie schaffen ja bloß die Möglichkeit zur Selbständigkeit, Heirat, Haushaltsgründung etc. Die Statusveränderung tritt aber erst durch deren Vollzug ein. Volljährigkeitstermine sind daher bloß Untergrenzen möglicher Statusveränderung.[74]

So wenig absolutes Alter im Mittelalter für Schichtung eine Rolle spielt, so sehr *Altersrelationen* für *Vorrangordnungen.* Die enorme Rolle, die Altersvorrang in der europäischen Frühzeit gespielt haben muß, kommt in Bezeichnungen von Typus „seniores", die „Ältesten" „alderman" etc. zum Ausdruck.[75] Sie sind sekundär zur Bezeichnung von Macht- und Herrschaftspositionen geworden, ohne an Altersrelationen gebunden zu sein. Erwähnenswert erscheint in diesem Zusammenhang auch das Prinzip der Senioratserbfolge, wie es sich in Resten bei slawischen Fürstenhäusern im Mittelalter ziemlich lange gehalten hat (Přemysliden, Piasten, Rurikiden). Es hängt mit einer Geschlechtsherrschaft des jeweils Ältesten zusammen, bezieht sich also auf einen umfassenden Sippenverband.

Erwähnenswert erscheint als Beispiel von Altersvorrang die Vorrangordnung mittelalterlicher Klostergemeinschaften, und zwar in zweifacher Hinsicht: Zunächst besteht eine Rangabstufung nach Alter unter den Mitbrüdern eines Ordenshauses, und zwar nicht nach Lebensalter, sondern nach Dauer der Zugehörigkeit zur Gemeinschaft;[76] dann gibt es auch inner-

73 Smith, S. 145.

74 In diesem Zusammenhang von „Statuserwerb durch Reifung" zu sprechen (Tumin, S. 72), ist sicherlich unbefriedigend, da die betreffenden Veränderungen ja keineswegs durch einen höheren Grad physischer oder geistiger „Reife" bedingt sind.

75 R. Wenskus, Stammesbildung und Verfassung, Köln 1961, S. 324 ff.

76 Die Berechnung nicht nach dem individuellen Lebensalter, sondern nach dem Zeitpunkt der Aufnahme in das Kloster hängt wohl mit der Auffassung zusammen, daß mit dem Eintritt ein neues Leben beginne. Der Eintritt gewinnt damit die Bedeutung einer „zweiten Geburt", wie das ja auch in der Namensänderung zum Ausdruck kommt.

halb des Ordens eine Rangstufung der einzelnen Häuser, also der örtlichen Gemeinschaften, nach dem Gründungsalter — eine interessante Übertragung des generell gültigen Prinzips des Altersvorrangs.
Altersvorrang bezieht sich im Mittelalter — wie gerade das Beispiel Klostergemeinschaft zeigt — immer auf einen Verband prinzipiell Gleichgestellter, also bloß auf genossenschaftliche Organisationsformen. Ein älterer Knecht wird nie vor seinem jüngeren Herren Vorrang haben. Innerhalb von Sozialformen Gleichberechtigter stellt Alter durchweg ein wesentliches Rangkriterium dar. Es kann über seinen Einfluß auf andere Rangkriterien noch vermittelt prestigeverstärkend wirken, z. B. durch die Übertragung von Ämtern an ältere Gruppenmitglieder aufgrund ihrer größeren Erfahrung oder aufgrund des Vermögenszuwachses mit zunehmendem Alter. Auf den letztgenannten Faktor wurde ja bereits verwiesen.
Ob die rangbildende Wirkung von Alter in genossenschaftlichen Sozialformen auch als schichtbildend bezeichnet werden kann, sei dahingestellt. Der Schichtbegriff setzt klare Stufung von Prestige mit angebbaren Abgrenzungen voraus, wobei die einzelnen Stufen jeweils von einer Mehrzahl von Individuen besetzt sein müssen. Die Skala der Altersstaffelung aber kennt keine deutlichen markanten Einschnitte. Die Frage wird nach Größe, Typ und Altersstreuung innerhalb der Sozialform unterschiedlich zu beantworten sein.
Zwei letzte Schichtungsdimensionen der soziologischen Literatur können — auf das Mittelalter bezogen — relativ kurz behandelt werden, nämlich *Ethnos- und Religionszugehörigkeit*. Es ist kein Zufall, daß die Bedeutung von Ethnos und Religion gerade von amerikanischen Soziologen so stark betont wird. Sie haben es eben mit einer Gesellschaft zu tun, in der Angehörige verschiedenster Volks- und Konfessionsgruppen, de jure einander gleichgestellt, in relativ starker Mischung zusammenleben. In dieser auch für eine moderne Industrienation besonderen Situation werden beide Kriterien sicher in hohem Grade schichtungsrelevant.
Für das europäische Mittelalter ist die Situation eine ganz andere: Religiöse Differenzierung gibt es zunächst nur in Ausnahmefällen. Am bedeutendsten ist in diesem Zusammenhang die Sonderstellung der *Juden*. Sie stehen grundsätzlich außerhalb der christlichen Gesellschaftsordnung. Innerhalb ihrer jeweiligen örtlichen Umgebung — in der Regel in Städten — bilden sie eine streng abgegrenzte Sondergemeinde. Von Schicht kann hier nicht gesprochen werden, höchstens von Schichtung innerhalb dieser Gemeinde.[77]
Auch ethnische Gruppierungen bilden vielfach im Mittelalter gesonderte Gemeinden, obwohl hier nie vergleichbare soziale Distanzierungsformen auftreten wie gegenüber den Juden. Das gilt vor allem für jene Gebiete Europas, in denen sich archaische Prinzipien der Gentilordnung länger

77 Als besondere „Schicht" behandelt etwa bei Y. M. Burg, Die unteren Volksschichten in Hagenau, in: Maschke u. Sydow, Unterschichten, S. 96 ff.

erhalten haben, so vor allem für Nord- und Osteuropa. In den Handelsstädten bilden hier die fremden Kaufleute jeweils *ethnische Sondergruppen* mit eigenem Wohnviertel, eigenem Kultzentrum, eigenem Recht etc.[78] Es liegt hier also ein Nebeneinander von Lokalgruppen vor, nicht ein umgreifendes System mit Schichtung nach ethnischen Kriterien. In West-, Mittel- und Südeuropa hat sich in den Städten die ethnische Sonderung nicht so stark ausgewirkt. Fremdstämmische Zuwanderer wurden hier rasch assimiliert. Auch dadurch blieb Ethnos für Schichtung irrelevant. Im ländlichen Raum spielte bei ethnischer Differenz die gemeindliche Sonderung allgemein eine viel größere Rolle als in der Stadt.[79] Auch hier also ein Nebeneinander, kein Höher- oder Tiefer-Gestellt-Sein innerhalb eines einheitlichen Systems. Zu einem Übereinander kam es bloß bei ethnischen Überlagerungsprozessen, bei kriegerischer Unterwerfung eines Volkes durch ein anderes.[80] Bei solchen Überlagerungsprozessen wurde das Verhältnis der beiden Ethnien zueinander zu einem Element der Herrschaftsstruktur. Die Frage, wieweit Herrschaftsabhängigkeit als Schichtung verstanden werden kann, wurde schon wiederholt berührt. Sie soll im Zusammenhang mit dem Fragenkomplex Systemrahmen von Schichtung im Mittelalter ausführlicher Behandlung finden.

III. Systemrahmen von Schichtung im Mittelalter

Die Besprechung der einzelnen Schichtungsdimensionen hat gezeigt, daß man für das Mittelalter von einer Prestigeabstufung im Sinne von Schichtung vielfach nur für bestimmte gesellschaftliche Teilbereiche sprechen kann. Der damit aufgeworfenen Problematik wäre unter systematischen Gesichtspunkten weiter nachzugehen.

Daß jedes Schichtungsmodell nur in einem angebbaren Bezugsrahmen Geltung haben kann, liegt auf der Hand. Es ist eigenartig, daß in der soziologischen Schichtungstheorie so wenig über den Bezugsrahmen der jeweiligen Modellvorstellungen ausgesagt wird. In der Regel scheint an *Schichtungssysteme der Bevölkerung von Staatsgebieten* gedacht zu sein.

78 P. Johansen, Die Kaufmannskirche im Ostseegebiet, in: Studien zu den Anfängen des europäischen Städtewesens, Konstanz 1958, S. 499 ff.; Goehrke, S. 369; M. Hellmann, Probleme früher städtischer Sozialstruktur in Osteuropa, in: Untersuchungen zur gesellschaftlichen Struktur, S. 393 ff. Beachtenswert sind die Parallelen dieser Verhältnisse zur orientalischen Stadt. Vgl. dazu E. Wirth, Die soziale Stellung und Gliederung der Stadt im Osmanischen Reich des 19. Jahrhunderts, in: Untersuchungen zur gesellschaftlichen Struktur, vor allem S. 408.

79 Zur Sonderstellung der ländlichen Gemeinden fremdstämmischer Zuwanderer vgl. etwa zahlreiche Einzelbeiträge sowie K. Zernack, Zusammenfassung, in: Die hochmittelalterliche Kolonisation in Ostmitteleuropa und ihre Stellung in der europäischen Geschichte, 1975, besonders S. 794 ff.

80 Bosl, Castes, S. 13; Wenskus, S. 445 ff.

Das läßt sich etwa aus den jeweiligen Ausführungen über die Rolle der Machtpositionen für die Schichtung schließen. In einem auffälligen Gegensatz zur Weite dieses in den theoretischen Konzeptionen offenbar angesprochenen Systemrahmens stehen die empirisch-soziologischen Untersuchungen über Stratifikation. Sie beschäftigen sich im allgemeinen mit Lokalgruppen, mit Orts- oder Stadtgemeinden.[81]

Allgemeine Betrachtungen von Mediävisten über „den" Aufbau der mittelalterlichen Gesellschaft wählen meist auch sehr globale Modelle. Über den näheren Bezugsrahmen schweigen sie sich in der Regel ebenso aus. Von der spezifischen Quellenlage her bedingt, greifen sie mitunter dabei sogar noch weiter aus als moderne Soziologen: Da die einschlägigen Quellen meist kirchlicher Herkunft sind, werden die Gliederungssysteme oft auf die „Christianitas" als ganze bezogen.[82] Vom Aussagewert der geistlichen Ständeliteratur für Schichtungsfragen war schon ausführlich die Rede. Es sind bestenfalls Merkmalsklassen, nicht aber Schichten, die auf diese Weise zur Darstellung gelangen. Wie unbefriedigend solche Klassifizierungen wie Adel, Klerus, Bürger, Bauern für eine Sozialstrukturanalyse mittelalterlicher Gesellschaftssysteme ist, wird einem klar, wenn man bedenkt, welche Vielfalt ganz unterschiedlich gegliederter Sozialgebilde damit abgedeckt werden soll: ein schottischer Klan genauso wie eine italienische Großstadt, ein alpines Bergbaurevier genauso wie der Hofstaat des französischen Königs. Selbst als Merkmalsklassen sind solche Kategorien ungenügend, geschweige denn als Grundlage eines umfassenden Schichtungsmodells.

Geht man von einem Schichtbegriff aus, der die gegenseitige Bewertung der Angehörigen des geschichteten Systems zur Grundlage nimmt, so wird man sich für das Mittelalter in räumlich sehr engem Rahmen halten müssen. Gegenseitige Einschätzung konnte den Kommunikationsbedingungen der Zeit entsprechend im wesentlichen nur auf der Basis von persönlichem Kontakt erfolgen. Im Hinblick auf die Interaktionsmöglichkeiten des mittelalterlichen Menschen erscheinen daher primär *Lokal- bzw. Regionalgruppen als Rahmen von Schichtungssystemen* realistisch. Bei Adel und Klerus als Gruppierungen mit überregionalen Kontakten wird man über diesen räumlichen Rahmen hinausgehen können. Auf derart begrenzte soziale Systeme sind auch jene Quellenzeugnisse bezogen, die für Schichtung im hier vorgetragenen Verständnis relevante Aussagen machen: z. B. Gruppenbezeichnungen, die Rangabstufungen erkennen lassen, Ordnungen bezüglich äußerer Ausdrucksformen von Prestigeabstufungen (Prozessionsordnungen, Kleiderordnungen etc.). Nur innerhalb solcher begrenzter

81 Bolte, Einige Anmerkungen, S. 370 f. Dasselbe gilt übrigens auch für historische Schichtungsanalysen auf empirischer Basis; vgl. dazu Kocka, S. 34; sowie J. Modell, Literaturbericht. Die „Neue Sozialgeschichte" in Amerika, in: GG, Bd. 1, S. 155 ff.

82 Charakteristisch dafür etwa Le Goff, S. 425 ff. („Die christliche Gesellschaft").

Systeme ist — wie die Besprechung der Schichtdimensionen gezeigt hat — hinsichtlich prestigehaltiger Kriterien überhaupt Vergleichbarkeit gegeben.

Der Ansatz, die Gesamtpopulation eines Territoriums, eines Landes oder Reiches, als eine in sich geschichtete Sozietät zu verstehen, wird also für das Mittelalter wohl fallenzulassen sein. Wenn der soziologischen Forschung für die Gegenwart ein derart weiter räumlicher Rahmen eines Schichtungssystems möglich erscheint, so mag das in Hinblick auf die seither grundlegend gewandelten Kommunikationsverhältnisse vielleicht seine Berechtigung haben. Eine auf staatliche Einheiten bezogene Schichtungsvorstellung setzt ein hohes Maß an Integration gesellschaftlicher Teilsysteme voraus. Auf Zeiten, in denen diese Teilsysteme noch relativ selbständig und untereinander nur schwach verbunden nebeneinanderstanden, sind solche Vorstellungen jedenfalls nicht übertragbar.

Sieht man soziale Stratifikationen auf — im Vergleich zur Gegenwart — kleinere Sozialgebilde beschränkt, so stellt sich weiters die Frage, welche solcher Einheiten in sich geschichtet gedacht werden können. Dabei soll — sicher vereinfachend — nach *zwei Grundtypen von Sozialformen* unterschieden werden: der an Haus bzw. Familie orientierten und den gemeindlich-genossenschaftlichen. In diese zwei Haupttypen sozialer Organisation lassen sich mittelalterliche Personenverbände im wesentlichen einordnen.[83]

Von der *Familie* — für das Mittelalter unter Einschluß von Gesinde und Mitbewohnern zu verstehen — wird von vornherein gesagt werden können, daß sie eine nicht geschichtete Sozialform darstellt. In der Familie gibt es zwar vielfältige *Rangabstufungen* — im Mittelalter der größeren Personenzahl entsprechend im allgemeinen stärker als heute; eine Mehrzahl von ranggleichen Personen, wie sie beim Begriff Schicht vorausgesetzt ist, liegt jedoch nicht vor. Das führt uns zu einem nicht unwesentlichen Gesichtspunkt von Schichtung, der erst dann in Erscheinung tritt, wenn wir uns den potentiell geschichteten Systemen von der Seite der Kleingruppen her nähern: Schichtung setzt Personenverbände einer gewissen Größenordnung voraus, innerhalb derer sich ranggleiche Personen von anderen Gruppen Ranggleicher abgrenzen können. In Kleingruppen gibt es nur Rangordnungen, keine Schichtung. Wichtiger für unser Problem ist jedoch ein anderer Sachverhalt: Die Familie ist ein dominant herrschaftlich strukturierter Verband. Sie ist durch unterschiedliche Formen der Abhängigkeit der Familienangehörigen vom Hausvater geprägt, nicht durch Rangabstufungen unter prinzipiell Gleichen. Dieses Prinzip charakterisiert nun alle Typen von Hausgemeinschaften bzw. von *Sozialformen, die an der Hausgemeinschaft orientiert sind.* In Hinblick auf die adelige Grundherrschaft, die sich durchaus als ein „Rahmenhaushalt" von Hausgemeinschaften verstehen läßt, wurde ja bereits darauf hingewiesen. Das Ver-

83 M. Mitterauer, Haus und Gemeinde in der mittelalterlichen Gesellschaft, in: Beiträge zur historischen Sozialkunde, Bd. 5, 1975, S. 22 ff.

hältnis eines einzelnen Herren zu den von ihm herrschaftlich Abhängigen kann nicht als Schichtung aufgefaßt werden. Schichtung im Sinne von Prestigeabstufung ist innerhalb solcher herrschaftlich geprägter Sozialformen nur unter der Gruppe der Herrschaftsabhängigen möglich. Das setzt aber wiederum eine gewisse Größenordnung des Personenverbandes voraus, die bei Hausgemeinschaften im allgemeinen nicht gegeben ist. So ist etwa in grundherrlichen „familiae" des Früh- und Hochmittelalters von „honestiores de familia" die Rede — also von einer „Oberschicht" der grundherrlich Abhängigen.[84] Diese Sozialform führt aber bereits hinüber zum zweiten Haupttyp, den gemeindlich-genossenschaftlichen Personenverbänden.

Unter den *gemeindlich-genossenschaftlichen Sozialformen* lassen sich hinsichtlich des erfaßten Personenkreises drei Arten unterscheiden:

1. die *Landesgemeinde,* im wesentlichen die Gruppierung der landsässigen Adeligen,[85]
2. die *ländliche Gemeinde* — mit ihren beiden wichtigen Ausformungen als Gerichtsgemeinde und Pfarrgemeinde — und schließlich als wichtigste
3. die *Stadtgemeinde.* Innerhalb dieser finden sich wiederum zahlreiche genossenschaftliche Bildungen als soziale Teilsysteme, so vor allem die Handwerkerverbände.

Die Gemeindemitglieder stehen rechtlich untereinander nicht in einem herrschaftlichen Abhängigkeitsverhältnis. Ihr Verhältnis zueinander ist vielmehr durch Rangabstufung charakterisiert. Dieser Sachverhalt entspricht voll der Wortbedeutung von Schichtung. Bei mittelalterlichen Gemeinden können wir also grundsätzlich mit geschichteten Systemen rechnen.

Gemeindemitglieder in allen Formen von Gemeinden des Mittelalters sind prinzipiell *die Hausväter* und nur diese. Über die Position des adeligen, bürgerlichen oder bäuerlichen Hausvaters ist die Sozialform Gemeinde mit der Sozialform Familie verbunden. Durch die Lösung aus hausrechtlicher Abhängigkeit können bisherige Angehörige der Hausgemeinschaft gemeindefähig werden. Solche *Emanzipationsprozesse* sind für Schichtung von eminenter Bedeutung. Die bisherige hausrechtliche Abhängigkeit kann nämlich über die Verselbständigung hinaus statusmindernd wirken. Ein Großteil gemeindlicher Unterschichten stammt aus ehemaliger hausrechtlicher Abhängigkeit. Vielfach erinnern Bezeichnungen noch an den früheren Gesindestatus, z. B. die „ministeriales"[86] und die „edlen Knechte"[87]

84 Zu Schichtungsprozessen innerhalb der grundherrlichen „familia" im Hochmittelalter K. Bosl, Die „familia" als Grundstruktur der mittelalterlichen Gesellschaft, ZBLG, Bd. 38, 1975, S. 414 ff.

85 Zum Begriff Landesgemeinde Brunner, S. 187 ff. sowie 404.

86 Über deren Aufstieg Bosl, Castes, S. 14 ff.; ders., Soziale Mobilität in der mittelalterlichen Gesellschaft. Soziale Aufstiegsbewegungen im europäischen Mittelalter, in: Die Gesellschaft in der Geschichte des Mittelalters, 1969², S. 44 ff. Zur

in der adeligen Landesgemeinde oder die Berg-„Knappen“ in Montangebieten.[88] Besonders stark wirkt sich dieser Prozeß der Unterschichtbildung durch Verselbständigung von Gesindefunktionen in der mittelalterlichen Stadt aus.[89] Die Entstehung von Frühformen der Lohnarbeit hängt damit zusammen.

Das wichtigste geschichtete Sozialgebilde der mittelalterlichen Gesellschaftsordnung ist die Bürgergemeinde. Stratifikation tritt in ihr am stärksten ausgeprägt in Erscheinung. Eine Vielzahl von Menschen ist hier in ein System der Abstufung eingeordnet. Mit zunehmender *Urbanisierung* wächst dieser Personenkreis immer mehr an.[90] Von der Stadt ausgehend werden in der neuzeitlichen Entwicklung auch im ländlichen Raum die feudal-ständischen Ordnungen der Abhängigkeit zunehmend aufgelöst und durch ein System der Abstufung ersetzt.[91] Das Ergebnis dieser säkularen Entwicklung ist die bürgerliche Gesellschaft des 19. Jahrhunderts. Erst in ihr wird Schichtung im skizzierten Verständnis als ein gesamtgesellschaftliches Phänomen möglich.

IV. Erkenntniswert von mittelalterlichen Stratifikationsanalysen

Wenn soziale Schichtung im Mittelalter nur in sehr beschränktem Rahmen vorzufinden ist, so stellt sich die Frage, welcher Stellenwert Stratifikations-

Konstanz des Rangunterschieds zwischen Ministerialen und Hochfreien innerhalb des Herrenstandes Feldbauer, S. 572.

87 Zu den „edlen Knechten“ oder „Knappen“ Brunner, S. 407. Sie werden bei der Aufzählung landständischer Adelsgruppen stets an letzter Stelle genannt.

88 M. Mitterauer, Produktionsweise, Siedlungsstruktur und Sozialformen im österreichischen Montanwesen des Mittelalters und der frühen Neuzeit, in: M. Mitterauer (Hg.), Österreichisches Montanwesen. Festschrift für Alfred Hoffmann, München 1974, S. 284 ff.

89 Zu frühneuzeitlichen Beispielen, die jedoch in mittelalterlichen Stadtgemeinden volle Entsprechung finden, vgl. ausführlich M. Mitterauer, Vorindustrielle Familienformen. Zur Funktionsentlastung des ganzen Hauses im 17. und 18. Jahrhundert, in: Wiener Beiträge zur Geschichte der Neuzeit, Bd. 2, 1975, S. 148 ff.

90 Auf die Urbanisierung als entscheidenden Faktor für die Verbreitung der Stratifikation westlicher Prägung außerhalb Europas verweist B. Hoselitz, Interaction between industrial and pre-industrial Stratification Systems, in: Heller, S. 421 ff. Hoselitz charakterisiert vorindustrielle Schichtungssysteme in außereuropäischen Räumen als „dualistisch“ und scheidet sie deutlich von denen des industriellen Zeitalters.

91 Die gerade für die Beschreibung historischer Sozialstrukturen äußerst fruchtbare Unterscheidung in „Schemata der Abstufung“ und „Schemata auf der Basis von Abhängigkeitsverhältnissen“ stammt von St. Ossowski, Old Notions and New Problems: Interpretation of Social Structure in Modern Society, in: Transactions of the Third World Congress of Sociology, Amsterdam 1956, III, deutsch in: Seidel u. Jenkner, S. 319 ff. Ossowski bringt den Begriff Schichtung nur mit den Schemata der Abstufung in Verbindung.

analysen im Rahmen der mittelalterlichen Sozialgeschichte zukommt. Auch diesbezüglich scheint eine Gegenüberstellung mit der Schichtungssoziologie weiterführend.

Das soziologische Interesse an der Schichtungsproblematik liegt wesentlich im *Phänomen Ungleichheit* begründet.[92] Für eine emanzipatorisch engagierte Geschichtswissenschaft kommt der Frage nach Ursachen und Folgen, nach Wandlungen und Veränderbarkeit sozialer Ungleichheit ebenso zentrale Bedeutung zu.[93] Im Bereich der mittelalterlichen Geschichte läßt sich dieser Fragenkomplex freilich keineswegs ausschließlich und wohl auch nicht primär an geschichteten Sozialgebilden untersuchen. Neben den in Strata gegliederten großen Sozialformen vom gemeindlich-genossenschaftlichen Typ verdienen Rangordnungen in Kleingruppen in diesem Zusammenhang gleiche Beachtung. Vor allem aber wird dabei über die *Systeme der Abstufung* hinaus auf die *Systeme der Abhängigkeit* besonders einzugehen sein. In ihnen ist ja Ungleichheit in viel krasseren Formen anzutreffen. Die nichtgeschichteten Personenverbände herrschaftlicher Prägung von der Hausgemeinschaft aufwärts verdienen unter emanzipatorischem Aspekt spezielles Interesse. Diese Ausweitung des Gegenstandes gilt auch für den Fragenkomplex der Veränderbarkeit sozialer Positionen, die dann nicht nur als vertikale Mobilität im Sinne des Wechsels der Schichtzugehörigkeit aufgefaßt werden darf.

Auch in einem anderen Sinn erscheint die Frage nach Ursachen und Folgen sozialer Ungleichheit durch Schichtungsanalysen unbefriedigend bearbeitet. Stratifikation zeigt die Auswirkung von Differenzierungen verschiedener objektiver Merkmale auf die gesellschaftliche Wertschätzung. Auswirkungen solcher Merkmale auf Verhaltensweisen, auf Lebensbedingungen, auf Glückschancen können viel wesentlicher sein, als solche auf die Einschätzung im Selbst- und Fremdverständnis. Viele solcher Zusammenhänge lassen sich im Kontext von Stratifikationsstudien nicht zufriedenstellend behandeln. Methodisch kommt die Schwierigkeit hinzu, daß es sich bei Schichtungsmodellen um synthetische Schemata der Abstufung handelt. In die Gesamtbewertung von Positionen geht eine Vielzahl von objektiven Merkmalen ein. Versucht man nun Zusammenhänge etwa zwischen Schichtung und bestimmten Verhaltensweisen herzustellen, so geht die Summe dieser Merkmale in die Erklärung ein. Der Erklärungswert wäre vielfach höher, würde man von Einzeldimensionen ausgehen, etwa Beruf und generatives Verhalten vergleichen, nicht Schichtzugehörigkeit und generatives Verhalten. Bei der Analyse derartiger Zusammenhänge spielen übrigens häufig Merkmalsdifferenzierungen eine Rolle, die für die Positionsbewertung und damit für die Schichtung völlig irrelevant sind. In sozialhistorischen Untersuchungen wird in vielfältiger Weise nach Merkmalsunterschieden klassifiziert werden müssen, durch die die Strati-

92 Tumin, S. 11.
93 Kocka, S. 32.

fikationsproblematik überhaupt nicht betroffen ist. Die eingangs getroffene Unterscheidung zwischen Schicht und Merkmalsgruppe scheint diesbezüglich wichtig.

Als Untersuchung von Positions- und Merkmalsdifferenzierungen unter dem Gesichtspunkt der sozialen Wertschätzung bietet die Schichtungsanalyse einen guten Zugang zur *Erkenntnis historischer Wertmuster*. Gerade in der Betrachtung einer der Gegenwartsgesellschaft so fernen Epoche, wie sie das Mittelalter darstellt, kann der Wandel von Wertsystemen in der Kontrastwirkung besonders deutlich zum Ausdruck kommen. Um eine aktuelle Dimension anzusprechen, sei in diesem Zusammenhang beispielsweise auf die sich wandelnde Wertschätzung des Alters hingewiesen.

Die Kontrastwirkung erscheint überhaupt eine besondere Möglichkeit, durch Stratifikationsanalysen mittelalterlicher Sozialgebilde Einsichten zu vermitteln. Hier mag in *Gegenüberstellung zu Schichtungsverhältnissen der Gegenwartsgesellschaft* gerade die Begrenztheit des Bezugrahmens mittelalterlicher Schichtungssysteme besonders aufschlußreich sein. Diese Begrenztheit wird freilich nur dann einsichtig, wenn auch die nichtgeschichteten Teilbereiche der Sozialstruktur in die Analyse miteinbezogen werden. Der Erkenntniswert einer kontrastierenden Gegenüberstellung für das Verständnis gegenwärtiger sozialer Gegebenheiten setzt also einen Vergleich von Sozialstrukturen voraus, nicht nur von sozialen Schichtungen.

Eine sinnvolle Aufgabe mediävistischer Schichtungsstudien könnte schließlich darin liegen, *der soziologischen Forschung Anregungen* zu *bieten*. Genauso wie die sozialanthropologisch-ethnologische Forschung gerade durch die Übertragung soziologischer Schichtungsmodelle und -kategorien auf ganz anders strukturierte Gesellschaftssysteme zu einer kritischen Auseinandersetzung und damit zu einer fruchtbaren Rückwirkung gekommen ist — genauso könnte das die mittelalterliche Sozialgeschichte. Anregungen wären denkbar hinsichtlich der Präzisierung von Begriffen, hinsichtlich der Überprüfung von Erklärungsansätzen, hinsichtlich der Formulierung neuer Fragestellungen. Solche Anregungen wird die mittelalterliche Sozialgeschichte freilich nur dann zu bieten haben, wenn sie sich in ihrer Zuwendung zur Soziologie nicht damit begnügt, mehr oder minder unreflektiert soziologisches Vokabular zu übernehmen und die Darstellung bekannter Sachverhalte terminologisch neu einzukleiden. Fruchtbar kann sie nur werden, wenn sie sich kritisch auseinandersetzt. Dazu fehlt es ihr in der gegenwärtigen Situation zunächst an theoretischem Rüstzeug, ebenso aber an konkreten Detailanalysen. Auf beiden Ebenen besteht großer Nachholbedarf.

Aus der Diskussion

W. Schulze: Für mich ergibt sich die Frage, was mit dem Schichtungsbegriff vor allem erklärt werden soll. Zu vermuten ist jedenfalls, daß die spezifische Definition des Schichtungsbegriffs von der Lage des untersuchten Problems abhängig ist. Empfiehlt es sich nicht, wenn man am Problem des Wandels interessiert ist, die gestiegene Bedeutung des Besitzes für die Statuszuteilung in die Schichtdefinition aufzunehmen?
In welchem Verhältnis steht die Selbsteinschätzung der mittelalterlichen Gesellschaft (die funktionale Lehre von den drei Ständen) zu den genannten Schichtungskriterien?

T. Sarrazin: Es schien sich mir eher um Deskription nach Strukturmerkmalen als um die Verwendung einer Theorie zu handeln. Ordnungskriterien sind grundsätzlich beliebig und gewinnen Erkenntniswert erst durch eine theoretische Fragestellung, und eben diese schien mir zu fehlen. Sie hätte etwa lauten können: War die Stratifikation Ergebnis ökonomischer Lebensbedingungen, oder: ergab sie sich aus der mittelalterlichen Ideen- und Glaubenswelt? Oder anders: Kann die Stratifikation zur Erklärung bestimmter „typischer" Verhaltensweisen von Individuen oder Gruppen dienen, welche wieder für bestimmte historische Ereignisse oder Prozesse erklärungsrelevant sind? Mir schien die theoretische Fragestellung zu fehlen: nämlich die Formulierung einer Hypothese oder eines Hypothesenbündels anhand allgemeiner theoretischer Überlegungen für einen bestimmten historischen Kontext (in diesem Fall die mittelalterliche Gesellschaft) und die Überprüfung, Fortentwicklung bzw. Widerlegung dieser Hypothese anhand des historischen Materials.

E. Schremmer: 1. Wenn ich den von Herrn Mitterauer verwendeten Schichtbegriff richtig verstehe, so geht er davon aus, daß es in einem vorgegebenen geographischen Raum eine bestimmte Bevölkerungsmenge gibt. Aus dieser Bevölkerungsmenge bildet Herr Mitterauer Gruppen, die er Schichten nennt. Die Schichten sind so definiert, daß nicht alle Personen, die die Gesamtbevölkerung ausmachen, einer Schicht zugehören müssen. Es bleibt ein Rest von Personen übrig, die keiner Schicht zugeordnet sind. — Jetzt meine Fragen: a) Welche Bedeutung haben diese schichtlosen Personen in Ihrer Untersuchung? — b) Offenbar ist Ihre Schichteinteilung eine Untereinteilung. Sie steht im Rahmen einer übergeordneten Einteilung der Bevölkerung in Gruppen, die die gesamte Bevölkerung erfassen. Wie sieht diese Gesamtgliederung der Bevölkerung in Ihrem Ansatz aus?
2. Welche Grundfrage liegt Ihren Untersuchungen zugrunde, die Sie mit Hilfe des Schicht-Ansatzes beantworten wollen — und von der Sie vermutlich annehmen, daß sie ohne diesen Ansatz weniger gut beantwortet werden könnte?

3. Sie haben etwas, das Sie erklären wollen; und Sie erklären oder begründen das mit Hilfe der Schichten. Wenn man von einer monokausalen Erklärung absieht, muß vermutlich noch „etwas anderes" außer den Schichten mitgewirkt haben, um das hervorzubringen, was Sie erklären wollen. Welches sind diese anderen Einflußfaktoren? Wie sieht dann unter Einbeziehung jener Faktoren Ihr Gesamtmodell zur Erklärung dessen aus, was Sie erklären wollen? Wenn Sie zur Erklärung von xy eine Reihe einzelner Einflußfaktoren benennen, wie ordnen Sie dann dem einzelnen Einflußfaktor seinen faktor-spezifischen Beitrag am Erreichen des zu Erklärenden zu? Anders formuliert: Wie isolieren Sie bei einem multikausalen Ansatz die „Bedeutung" der Schichten? Wie kommen Sie zu der Aussage, die Bedeutung der Schichten zur Erklärung von xy war „groß", „klein", „größer als", „kleiner als" . . .? Irgendwie müssen Sie ja die Bedeutung der Schicht — auch wenn Sie es nicht expressis verbis so ausdrücken — als „groß" oder „größer als . . ." ansehen, denn sonst hätten Sie den Schichtansatz nicht so herausgehoben, wie es in Ihrem Referat der Fall ist.

W. Schluchter: Sieht man zunächst einmal vom Erklärungsproblem und von der Definition des Schichtbegriffs ab, so hat Herr Mitterauer in meinen Augen eine überzeugende Darstellung der Schwierigkeiten gegeben, die sich einstellen, wenn man den Schichtungsbegriff auf Phänomene des Mittelalters anwendet. Daß der Beruf keinesfalls als das einzige Kriterium für Schichtung verwendet werden kann, daß Einkommen eher eine diffuse Kategorie darstellt, daß Macht bereichs- und institutionsbezogen bestimmt werden sollte, daß die Akteure keine einheitlichen Bewertungsmaßstäbe anlegen, wenn sie ‚ihr' System der Ungleichheit beurteilen, all dies scheint mir außerordentlich überzeugend — nur, es gilt für die Anwendung des Schichtbegriffs auf die industrielle Gesellschaft auch. Freilich wird dies nur deutlich, wenn wir klar sagen, was wir mit dem Schichtungsbegriff eigentlich wollen. Ich meine, nicht einfach die sozialstatistische Gliederung der Gesellschaftsmitglieder um ihrer selbst willen, sondern die Aussonderung von einstellungs- und verhaltensrelevanten sozialen Lagen, die beispielsweise für die Erklärung von Wandlungsprozessen in sozialen Systemen wichtig sind. Nur weil wir glauben, mit sozialer Schichtung eine Strukturkonstellation zu fassen, die zu typischen differentiellen Einstellungen und Verhaltensweisen führt, haben wir doch solche Mühe mit der Bestimmung angemessener Schichtungsdimensionen. Und das Scheitern globaler, sprich: eindimensionaler Schichtungsmodelle und ihrer oft simplen Operationalisierungen hat ja die Soziologen motiviert, mehrdimensionale Schichtungsmodelle aufzustellen sowie komplexe Indices zu konstruieren, durch die die Komplexität sozialer Lebenslagen besser ‚abgebildet' werden kann. Doch auch diese Versuche sind nicht besonders erfolgreich gewesen, vor allem deshalb, weil das, was Herr Mitterauer wohl

Systemrahmen für Schichtung nennt, nicht immer klar angegeben worden ist. Freilich muß man sich dann entscheiden, was hier Rahmen bedeutet: analytische Aussonderung eines Objektbereichs oder faktischer Rahmen für den Handelnden, der Orientierungsfunktion hat. Überhaupt ist mir nicht klar geworden, was Herr Mitterauer genau wollte: welches Erklärungsproblem er hat und welchen Schichtungsbegriff er mit Rücksicht auf dieses Problem wählt. Er scheint ja dazu zu neigen, Schichtung mit Prestigedifferenzierung zu assoziieren, wobei Prestige Folge einer kombinierten Selbst- und Fremdbewertung gesellschaftlicher Merkmale ist. Eine solche Definition halte ich für sinnvoll, wenn es etwa darum geht, den Wandel der Bewertungskriterien und damit indirekt auch der ‚Kultur' von sozialen Systemen zu untersuchen. Doch habe ich nicht herausfinden können, ob Herr Mitterauer dies will. Will er dies, so ist allerdings das Durchdeklinieren verschiedener in der Literatur verbreiteter Schichtungsdimensionen am ‚mittelalterlichen Material' in meinen Augen ein wenig müßig, es sei denn, es geht dabei um eine begründete Bestimmung der Merkmale, die Gegenstand der Bewertung durch die Akteure sind. Übrigens: Die Konzentration auf den Prestigeaspekt bei der Untersuchung mittelalterlicher Phänomene ließe sich auch unter forschungspragmatischen Gesichtspunkten rechtfertigen: Wie Herr Mitterauer ja überzeugend zeigte, kennt das Mittelalter institutionalisierte Prestigeordnungen in Gestalt von Kleiderordnungen, Prozessionsordnungen u. ä., die sichtbar sind. Derjenige, der das Mittelalter untersucht, hat also unter Umständen Vorteile vor dem, der sich mit Gegenwartsgesellschaften beschäftigt: Denn hier sind diese Prestigeordnungen eher ‚unsichtbar'.

W. J. Mommsen: Das Referat von Herrn Mitterauer hat gezeigt, daß die Anwendung des Schichtungsbegriffs auf mittelalterliche Gesellschaften erheblichen Schwierigkeiten begegnet. Insbesondere ist das Argument überzeugend, daß wir es hier immer nur mit fragmentarischen Gesellschaftssystemen zu tun haben, nicht mit geschlossenen Gesellschaftssystemen, wie sie uns in der Neuzeit begegnen. Insgesamt vermag man freilich den Eindruck einer gewissen Enttäuschung nicht zu unterdrücken. Denn die hier vorgenommene sehr differenzierte Untersuchung läuft am Ende auf das Resultat hinaus, daß eine das theoretische Modell der sozialen Schichtung als Interpretationsinstrument einsetzende Analyse fragmentierter Teilsysteme mittelalterlicher Gesellschaften relativ unergiebig bleibe. Insgesamt scheinen mir die Darlegungen Mitterauers, ungeachtet des andersartigen Ansatzes, nicht über Otto Brunner hinauszukommen; ja, man möge mir diese vielleicht etwas überspitzte Formulierung verzeihen, letzten Endes kommen sie auf eine Paraphrase der historischen Methode Otto Brunners hinaus. Im Grunde handelt es sich hier um eine ausgesprochen historische Verfahrensweise, die ihre Begrifflichkeit prinzipiell an den Auffassungen der Zeitgenossen, bzw. der mittelalterlichen Quellen als

solchen, festmacht und zugleich die Übertragung von Kriterien der Gegenwart auf die mittelalterliche Welt prinzipiell für unstatthaft erklärt.
Mir scheint, daß die relative Unergiebigkeit der Schichtungsanalyse, wie sie sich als Ergebnis der Ausführungen von Herrn Mitterauer eingestellt hat, zumindest teilweise aus dieser hier angewandten historischen Methode resultiert. Die Grundentscheidung, die Zuordnung der Mitglieder mittelalterlicher Teilgesellschaften zu bestimmten Schichten allein an der subjektiven Einschätzung sowohl der Betroffenen selbst wie ihrer jeweiligen Umgebung festzumachen, begrenzt m. E. von vornherein die Aufschließungskraft der Schichtenanalyse. Gewiß sollte man die subjektive Einschätzung durch die jeweilige Umwelt als wichtigen Aspekt berücksichtigen; wählt man ihn jedoch zum entscheidenden Kriterium für eine historische Schichtungsanalyse, so muß eigentlich das herauskommen, was man ohnehin schon kennt, nämlich eine Differenzierung der Gesellschaft nach Gesichtspunkten äußeren Prestiges und nach dem jeweiligen Maß der Teilhabe an politischer Macht. Wenn Herr Mitterauer zu dem Ergebnis gekommen ist, daß die Schichtung nach Kriterien der Macht und Herrschaft von den Zeitgenossen als entscheidend empfunden worden sei, nicht so sehr jedoch jene nach Eigentum oder Berufsstand, so scheint sich dieses fast notwendig aus der Art der angesetzten Fragestellung her zu ergeben; wir erhalten im Prinzip nicht mehr als eine deskriptive Abspiegelung mittelalterlicher gesellschaftlicher Wirklichkeit, die sich der Möglichkeit, diese selbst durch Einbringung von theoretischen Kriterien von außen als bedeutsam zu interpretieren, durch die Art ihrer Fragestellung gleichsam von vornherein begibt.
Eine Schichtungsanalyse verspricht m. E. nur dann grundsätzlich neue Einsichten, wenn sie sich von den subjektiven Kriterien der Zeitgenossen löst, und dem durch subjektive Kriterien des Prestiges definierten Schichtungsmodell der Zeitgenossen ein an gleichviel welchen objektiven Kriterien orientiertes Schichtungsmodell entgegensetzt. Die Schwierigkeit, ein solches Programm einzulösen, sei voll anerkannt. Aber m. E. würde dann ein wesentlicher Erkenntnisfortschritt zu erzielen sein, während bei dem hier gewählten Ansatz die Analyse letzten Endes in der deskriptiven Nachvollziehung der subjektiv vorhandenen Schichtungsvorstellungen steckenbleibt.

E. Hinrichs: Ich stimme mit Herrn Mitterauer in der Bewertung und Betonung von „Herrschaft“ und „herrschaftlicher Berechtigung“ als statusformenden Kriterien überein. Ich möchte jedoch mehr, als Herr Mitterauer es getan hat, auf die Bedeutung einer sorgsamen chronologischen Differenzierung hinweisen. Wenn im Mittelalter auf dem Lande die herrschaftliche Berechtigung auf vielfältige Weise schichtenbildend wirksam war, in der Stadt dagegen schon Einkommensunterschiede in diesem Sinne wichtig wurden, so trat hier in der frühen Neuzeit und vor allem im 18.

Jahrhundert eine weitgehende Vermischung ein, ohne daß das mittelalterliche Rechtssystem und die entsprechende Begrifflichkeit schon verschwunden wären. In der französischen Grundherrschaft des 18. Jahrhunderts z. B. trat die „herrschaftliche" Dimension deutlich hinter anderen zurück, herrschaftliche Berechtigung ist hier nicht mehr das wesentliche oder auch nur vorherrschende schichtenbildende Merkmal. Die französische Grundherrschaft ist übrigens auch ein Beleg dafür, daß institutionelle Kriterien ebenfalls statusformend sein konnten. Infolge des Absentismus zahlreicher „seigneurs" im 17. und 18. Jahrhundert wuchs in ihr eine neue Schicht von grundherrschaftlichen Verwaltern (Intendanten, Generalpächtern) heran, die bürgerlicher oder bäuerlicher Herkunft waren und deren statusmäßige Abschichtung von den Bauerngemeinden innerhalb der Grundherrschaft im Verlauf des 18. Jahrhunderts zu Konflikten führte.

W. Mager: Mir scheint, man tut den Dingen Gewalt an, wenn man es unternimmt, Aussagen über die Schichtung der Gesellschaft im Mittelalter (in der konventionellen Erstreckung der Epoche, also ca. 500 — ca. 1500) machen zu wollen. Entsprechend einem seit den letzten Jahrzehnten weithin anerkannten Periodisierungsschema, anerkannt insbesondere für die Bereiche der Wirtschafts-, Sozial-, Rechts- und politischen Institutionengeschichte, ist es gebräuchlich geworden, den Zeitraum zwischen der Spätantike und dem 12./13. Jahrhundert einerseits (man könnte diesen Zeitraum als ‚Früheuropa' bezeichnen), und den nicht selten als ‚Alteuropa' bezeichneten Zeitraum zwischen den 12./13. Jahrhundert und dem 18./19. Jahrhundert andererseits voneinander abzuheben und als jeweils hinlänglich eigenstrukturierte Beobachtungsobjekte anzusehen. Entsprechend einer solchen Epochenabgrenzung wird man bei Aussagen über Sozialschichtung zwischen Früh- und Alteuropa differenzieren müssen. Ich möchte mich im folgenden auf Bemerkungen zur Sozialgeschichte Alteuropas beschränken, wobei ausdrücklich betont sei, daß es sich bei einem knappen Diskussionsbeitrag naturgemäß nur um grob vereinfachende, alle regional und zeitlich bedingten Unterschiedenheiten außer acht lassende Generalisierungen handeln kann.
Im mittel- und westeuropäischen Alteuropa ist, so scheint mir, von einigen verhältnismäßig konstanten Rahmenbedingungen der Sozialstratifikation auszugehen. Dazu gehören insbesondere eine — verglichen mit den Gegebenheiten Früheuropas bzw. denjenigen des Neusiedellandes im Osten — relativ dichte Besiedlung des platten Landes; ein vergleichsweise bedeutsames Städtewesen; eine, im ganzen gesehen, weitreichende Konstanz der Bevölkerungszahl trotz aller Einbrüche und Schwankungen (der Einbruch der ‚Großen Pest' im 14. Jahrhundert wurde bis gegen Ende des 15. Jahrhunderts aufgeholt, danach schwankte die Bevölkerungszahl in wellenförmigem Auf und Ab um einen Mittelwert, der im 18. Jahrhundert in vielen Gebieten Alteuropas nicht wesentlich höher lag als im 13. Jahr-

hundert — für Frankreich siehe die entsprechenden Untersuchungen von Morineau); eine ständig anwachsende wirtschaftlich-soziale Verflechtung zwischen zentralen Orten und ihrem Umland in der Reichweite der sog. historischen Landschaften, Regionen, Pays; eine (freilich unterschiedlich weit verwirklichte) politische Handlungseinheit solcher Regionen mittels eines herrschaftlich-genossenschaftlich organisierten, sich je länger je mehr Amtsträgern bedienenden Regiments; schließlich einigermaßen lockere Außenbeziehungen solcher Regionen (Zugehörigkeit zu einer übergreifenden kirchlichen oder politischen Organisation unter weitgehender Beibehaltung regionalen Eigenstands: Anschluß an Fernhandelsströme unter Beibehaltung regionaler ökonomischer Verflechtung). Die Sozialstratifikation Alteuropas wird m. E. bis weit in die frühe Neuzeit hinein vorzüglich in der Reichweite solcher historischer Regionen zu untersuchen sein.

In dem dieser Art eingegrenzten Beobachtungsrahmen lassen sich ungeachtet aller Fraktionierung in Stände (frz. Ordres) und deren hochdifferenzierte Binnengradationen die Konturen eines die Ständeschranken überspringenden sozialen Schichtungsmodells ausmachen. Durchgängiges Kriterium bei der Zuordnung sozialer Position zu einem bestimmten Rang sozialer Schichtung ist in Alteuropa m. E. der Modus der materiellen Subsistenzbegründung. Hierbei ist, so scheint mir, eine fundamentale Unterscheidung zu treffen zwischen Subsistenz aus Arbeit und Subsistenz aus Herrschaft, wobei im Sinne einer synthetischen Merkmalszuordnung Subsistenzerwerb aus Arbeit meist mit Knechtschaft (personenmäßig oder dinglich begründete Abhängigkeit von einem Herrn, ‚außerökonomischer Zwang‘) korreliert, Subsistenzerwerb aus Herrschaft meist mit ‚Muße‘ (im Sinne des antiken Otium), also mit Freistellung von (Hand-) Arbeit jeglicher Art. Um das Gesagte mit einigen Worten Thomas' v. Aquin zu illustrieren: „Ille homo proprie dicitur liber, qui non est alterius causa; sed est causa sui ipsius. Servi enim dominorum sunt, et propter dominos operantur, et eis acquirunt, quicquid acquirunt ... Unde et illae solae artes liberales dicuntur, quae ad sciendum ordinantur. Illae vero, quae ordinantur ad aliquam utilitatem per actionem habendam, dicuntur mechanicae, sive servilles“ (In I. Met. 3 ad c). Die Subsistenzbegründung aus Arbeit in Verbindung mit (unterschiedlich weitreichender) Knechtschaft ist bei einem Großteil der in der Agrarproduktion tätigen Landbewohner gegeben, ferner bei einem Gutteil der in gewerblicher Position abhängig tätigen Personen, insbesondere bei den Handwerkslehrlingen und -gesellen, sodann bei der großen Schar der im Brot und Dienst ihrer Herren stehenden Knechte und Domestiken. Nutznießer von Arbeit und Knechtschaft sind die adligen Führungsschichten (Grund-, Leib-, Gerichtsherren), weite Teile des Klerus (Zehntherren), der Landesherr (als Grund-, Leib-, Gerichtsherr im Kammergut, als Oberlehnsherr oder Steuern einfordernder Souverän im gesamten Territorium), dessen zivile und militärische Amtsträger; hinsichtlich der Subsistenzbegründung angeglichen an diese Herrschaftsschicht sind die in den artes liberales Tätigen (sie beziehen bezeichnenderweise ‚Honorar', Ehrensold, nicht Entlöhnung für ‚Arbeit'). In einer Zwischenzone zwischen den Bereichen der Herrschaft/Muße und der Knechtschaft/Arbeit liegt der Bereich der an sich servilen, jedoch nicht außerökonomischem Zwang (abgesehen von dem genossenschaftlichen Zwang der Zunft) unterworfenen (Hand-) Arbeit der Handwerksmeister, Krämer etc. und der Bereich der Organisations- und Leitungsfunktion im Handel, Kaufmannswesen, Verlagswesen, Manufakturwesen u. ä.

In Alteuropa geht sehr häufig sozialer Aufstieg (meist stufenweise über viele Generationen hinweg) von der Schicht der abhängigen Bauern (meist nach Aufstieg innerhalb der stark geschichteten bäuerlichen Gesellschaft) und/oder der Schicht der abhängigen Gewerbetreibenden zu der Schicht der selbständigen Handwerksmeister, Krämer, Ladenbesitzer etc., von dort zu der Schicht der Kaufleute, Verleger, Manufakturorganisatoren, Staatsfinanciers. Der entscheidende Schritt zur Erlangung von Herrschaft/Muße wird vollzogen, wenn der vermögend gewordene Kaufmann sich aus den Geschäften zurückzieht, den Lebensstil eines Edelmanns annimmt (im franz. „Vivre noblement", d. h. Leben ohne Arbeit und in Muße) und in seiner Person (bzw. seinen Angehörigen der nächsten Generation) die Position des städtischen Patriziers, ländlichen Grundherrn (oft nach Ankauf bankrotter adliger Grundherrschaften, und/oder Interconnubium der gut ausgesteuerten Töchter der homines novi mit verarmten Angehörigen der Grundherrenschicht), fürstlichen, ständischen, kirchlichen Amtsträgers (sehr oft nach Studium) annimmt.

Ein solches soziales Aufstiegs- und Stratifikationsmodell, auf das hier nur einige umrißartige Hinweise gegeben wurden, wird geradezu exemplarisch beschrieben von dem französischen Juristen Charles Loyseau († 1627, Traité des Seigneuries, Traité des Offices, Traité des Ordres, ausführlich referiert bei R. Mousnier, Les institutions de la France sous la monarchie absolue, Bd. 1, Paris 1974). Reiches Material über die Entgegensetzung von Herrschaft/Muße und Knechtschaft/Arbeit findet sich auch in Th. Veblens Buch über die ‚Leisure class', sodann — in begriffsgeschichtlicher Perspektive — in dem von W. Conze redigierten Artikel ‚Arbeit' des ‚Historischen Lexikons zur politisch-sozialen Sprache in Deutschland'.

Es ist keine Frage, daß mit dem skizzierten Stratifikationsmodell, in welchem Herrschaft/Muße und Knechtschaft/Arbeit einander entgegengesetzt und aufeinander bezogen sind, im Verlaufe der alteuropäischen Entwicklung immer stärker ein neues Modell konkurrierte, nach welchem die Subsistenz nicht aus Arbeit oder aus ‚außerökonomischem Zwang' resultiert, sondern aus den ökonomischen Zwangsmechanismen des sog. freien Arbeits-, Boden-, Kapitalmarktes. In diesem Sinne ist modern, nicht mehr aus Herrschaft erwachsend die in der frühen Neuzeit zunehmend verbreitete Subsistenzbegründung aus Leibrente (= verschleierte Form des Kreditzinses), aus Rendite von Staatspapieren, aus Bodenrente aufgrund von

Verpachtung (zu unterscheiden von Feudalrente aufgrund von Herrschaft), aus Hausmiete, aus Profiten im Zuge der Kapitalverwertung im Handel, im Verlags-, Manufakturwesen, aus sog. freier Lohnarbeit. Das Stratifikationsmodell, welches dem Subsistenzerwerb im Rahmen der Marktmechanismen entspricht, ist das der modernen Klassengesellschaft. Es wurde von den französischen Physiokraten um die Mitte des 18. Jahrhunderts erstmals umrißartig auf seinen Begriff gebracht, zu einem Zeitpunkt also, wo die Wirksamkeit des alteuropäischen Modells von Herrschaft/Muße versus Knechtschaft/Arbeit zunehmend verblaßte.

M. Mitterauer: In mehreren Diskussionsbeiträgen wurde die Frage aufgeworfen: Was will das Referat eigentlich? Welches Erklärungsproblem liegt den Untersuchungen zugrunde? Nun — ich glaube, diese Grundfrage einleitend klar formuliert zu haben. Sie lautet: Ist der Schichtbegriff auf soziale Gegebenheiten des Mittelalters anwendbar? Mir scheint diese Frage wesentlich, weil der Begriff Schicht immer häufiger — zumeist ohne Reflexion über seine Angemessenheit — zur Beschreibung mittelalterlicher Gesellschaftsverhältnisse verwendet wird. Ich halte es für notwendig, daß die zunehmend in Gang kommende Debatte über Stratifikationsprobleme in der Geschichte auch das Mittelalter miteinbezieht. So glaube ich, daß die Veranstalter dieser Tagung in Hinblick auf das Tagungsziel zu Recht aus den von mir angebotenen Themen gerade die Schichtungsproblematik ausgewählt haben.

Eine zweite Grundfrage habe ich — so muß ich zugeben — weniger präzise formuliert, weil ich mich für diese Fragestellung als Historiker nicht so recht kompetent fühle. Sie betrifft die Angemessenheit des Schichtbegriffs bzw. verschiedener Schichtbegriffe für die Analyse sozialer Strukturen der Gegenwart. Implizit ist diese Problematik immer wieder angesprochen worden. Ich erinnere etwa an die Ausführungen über den Systemrahmen von Schichtung oder die Schichtzurechnung von Frauen und Kindern. Ich bin sehr dankbar, daß Herr Schluchter hier klar Stellung bezogen hat: Viele der vorgetragenen Bedenken gelten analog auch für die Anwendung des Schichtbegriffs auf die industrielle Gesellschaft. Ich glaube, daß es ganz allgemein eine wesentliche Aufgabe der historischen Beschäftigung mit Theorien der systematischen Sozialwissenschaften wäre, sie nicht nur für den Gebrauch der Geschichtswissenschaft zu modifizieren, sondern darüber hinaus kritische Ansätze für eine Weiterentwicklung des theoretischen Instrumentariums in ihren Herkunftsdisziplinen zu bieten. Daß mir eine solche Rückwirkung auf die Soziologie aus dem Versuch der Übertragung von Stratifikationstheorien auf die Gesellschaft des Mittelalters möglich und fruchtbar erschiene, habe ich am Schluß meines Referats betont.

In der Diskussion sind freilich Zweifel aufgekommen, ob meinem Referat überhaupt eine Theorie zugrundegelegen hätte. Der Inhalt wurde zum

Teil bloß als Deskription von Strukturmerkmalen empfunden. Ich darf diesbezüglich darauf verweisen, wie Herr Kocka in seinen einleitenden Bemerkungen Theorie verstanden wissen wollte: als „explizite und konsistente Begriffs- und Kategoriensysteme, die zur Identifikation, Erschließung und Erklärung von bestimmten zu untersuchenden historischen Gegenständen dienen...". In diesem Sinne ist das mit der Stratifikationsproblematik angesprochene Begriffssystem sicherlich als Theorie zu verstehen. Daß seitens der soziologischen Stratifikationstheorie keineswegs ein einheitliches und unbestrittenes Begriffsangebot vorliegt, wurde einleitend betont. Meine persönliche Entscheidung für Boltes Schichtbegriff habe ich begründet: Er scheint mir präzise definiert, dem Allgemeinverständnis des Wortes am ehesten entsprechend und vor allem gegenüber verwandten Termini klar abgegrenzt. Unter den soziologischen Schichtungstheorien stellt Boltes Standpunkt nicht gerade eine Außenseiterposition dar. Wenn in der Debatte ein Verzicht auf das subjektive Kriterium der Positionsbewertung vorgeschlagen und damit die Erwartung einer an Ergebnissen reicheren Untersuchung verbunden wurde, so ist dazu zu sagen, daß für derartige Analysen bloß nach objektiven Kriterien eine Reihe anderer Termini zur Verfügung stehen. Ich habe etwa auf Sozialkategorie, statistische Klasse, Merkmalsgruppe u. a. verwiesen. Faktoren, die nicht in subjektiver Bewertung ihren Niederschlag finden, dürfen nicht ohne weiteres mit prestigehaltigen Kriterien zusammengezogen werden, will man mit exakten Begriffen arbeiten.

Das Einbeziehen subjektiver Momente in eine historische Stratifikationsanalyse bedeutet freilich nicht ein Steckenbleiben im deskriptiven Nachvollziehen der subjektiv vorhandenen Schichtungsvorstellungen der Zeitgenossen, wie Herr Mommsen meint. Hier liegt ein grundsätzliches Mißverständnis vor. Ich habe ausdrücklich betont, daß die Vorstellungen mittelalterlicher Menschen vom ständischen Aufbau ihrer Gesellschaft für uns nicht übernehmbar sind. Von „Schichtungsvorstellungen" der Zeitgenossen kann insofern nicht die Rede sein, als dem Mittelalter der Schichtbegriff fehlt. Er ist ein moderner wissenschaftlicher Ordnungsbegriff. Wenn man im Hinblick auf eine heutige Begriffsdefinition nach Wertmaßstäben vergangener Sozietäten fragt, um unsere heutige Terminologie auf die betreffende Zeit adäquat anwenden zu können, so ist dies etwas ganz anderes als Übernahme des Selbstbildes der Zeitgenossen. Insofern ist auch der Einwand von Herrn Mommsen nicht ganz verständlich, es habe sich bloß um eine „Paraphrase der historischen Methode Otto Brunners" gehandelt, „die ihre Begrifflichkeit prinzipiell an den Auffassungen der Zeitgenossen bzw. der mittelalterlichen Quellen festmacht". Mit Begriffen wie Schicht, Sozialkategorie etc. wurde eben gerade nicht die Quellensprache übernommen, andrerseits der von den Quellen in vielfältiger Weise verwendete Begriff Stand als für eine historisch-sozialwissenschaftliche Analyse wenig geeignet aus der Untersuchung herausgehalten. Ganz abgesehen davon scheint mir mit dem bloßen Verweis auf die Entlehnung von Quellentermini die Forderung Brunners nach zeitadäquater Terminologie vergröbert bzw. mißverstanden.

An die von Otto Brunner ausgelöste Debatte anschließend hat Herr Kocka einleitend die Frage gestellt, „ob sich nicht doch ein Schuß Begriffs- und Theorienhistorismus empfiehlt" und damit die zweite Frage verbunden, inwieweit Theorien aus den systematischen Sozialwissenschaften ausgeborgt werden können und wie sie gegebenenfalls modifiziert werden müssen, um geschichtswissenschaftlich realisiert zu werden. Bezüglich der soziologischen Stratifikationstheorie haben die vorgetragenen Überlegungen ergeben, daß sie für mittelalterliche Gesellschaftsverhältnisse nur sehr begrenzt anwendbar sein dürfte. Darüber enttäuscht zu sein, wie das Herr Mommsen ausgedrückt hat, scheint mir nicht die richtige Reaktion auf einen solchen Befund. Wozu unternehmen wir es dann überhaupt, theoretische Modelle der Sozialwissenschaften an historischem Material zu überprüfen, wenn ein partiell negatives Ergebnis hinsichtlich ihrer Brauchbarkeit Enttäuschung auslöst? Gerade die Erkenntnis einer bloß beschränkten Anwendbarkeit scheint mir ein durchaus wesentliches Resultat. Sie zwingt, nach zusätzlichen Erklärungsmodellen zu fragen, nach ergänzenden Theorieansätzen, die geeignet sind, soziale Strukturanalysen in adäquater Weise durchzuführen. Manche andere Zugänge werden vielleicht ebenso mit dem Ergebnis einer bloß begrenzten Nützlichkeit enden. Ich würde das etwa für die Übertragung verschiedener Klassenmodelle auf mittelalterliche Gesellschaftssysteme annehmen, ohne hier darauf im einzelnen eingehen zu können. Herrn Schremmers Frage nach der Gewichtung des Schichtansatzes in seiner Bedeutsamkeit ließe sich erst nach der Erprobung verschiedener Zugangsweisen beantworten, von denen hier eben nur eine vorgestellt werden konnte. Das spräche für einen gewissen Theorieneklektizismus im Forschungsansatz, ein Nebeneinander verschiedener Theorien bzw. Theoriestücke, wie das Herr Kocka in seiner Einleitung angedeutet hat. Ich würde dieses Experimentieren mit unterschiedlichen sozialwissenschaftlichen Theorieangeboten freilich bloß als Ausgangsposition begreifen. Herr Kocka hat darauf verwiesen, daß Theorien nicht nur Mittel, sondern auch Ziel historischer Erkenntnis sind. Die Überprüfung von Schichtmodellen und anderen sozialwissenschaftlichen Ansätzen auf ihre Brauchbarkeit für die Analyse mittelalterlicher Sozialstrukturen müßte letztlich zu einer umfassenden neuen Theoriebildung führen, die solche historischen Gesellschaftssysteme besser erklären hilft. Die vorgelegte Kritik an der Brauchbarkeit von Stratifikationstheorien hat dazu sicherlich nur Bruchstücke geliefert. Ausgehend von der Frage, innerhalb welchen Bezugrahmens im Mittelalter Schichtung in unserem heutigen Verständnis überhaupt vorstellbar wäre, habe ich sehr verkürzt eine mögliche Typologie mittelalterlicher Sozialformen vorzunehmen versucht. Die Zweiteilung in gemeindlich-genossenschaftliche Sozialformen und solche, die an der Hausgemeinschaft orientiert sind, wäre weiter zu spezifizieren. Vor allem aber müßte ihr Verhältnis zueinander in einem umfassenden Systemrahmen untersucht werden. Ein solches Gefüge einander über- und untergeordneter, in sich relativ geschlossener Kleinverbände scheint mir ein den mittelalterlichen Verhältnissen besser angemessenes Modell als eine generelle Vertikalgliederung in Schichten oder Klassen. Bezüglich Herrn Schremmers Frage nach meinen Vorstellungen über die Gesamtgliederung der Bevölkerung muß ich mich auf diese Andeutung beschränken.

Im Sinne eines solchen an der Bedeutung von Lokal- und Regionalgruppen orientierten Gesamtmodells würde ich mich mit den Ausführungen von Herrn Mager über die Möglichkeit von Schichtungsanalysen der alteuropäischen Gesellschaft im Rahmen historischer Landschaften weitestgehend identifizieren. Wählt man zentrale Orte und ihr Umland als Beobachtungsrahmen, so scheint mir allerdings bedenkenswert, ob für Mittelpunktsiedlungen analoge Bewertungskriterien angenommen werden dürfen wie für rein agrarische Gebiete. Bei der Besprechung der Schichtungsdimensionen bin ich diesbezüglich auf einige Unterschiede eingegangen.

Für sehr wesentlich halte ich Herrn Magers Hinweis auf die Rolle von Muße und Arbeit für die Statusbewertung in alteuropäischen Gesellschaftssystemen. Das Beispiel zeigt deutlich, daß die von der Stratifikationssoziologie erstellten Schichtungsdimensionen keine ausreichende Grundlage für ein den mittelalterlichen Verhältnissen angemessenes Schichtungsmodell abgeben. Das Transferproblem von sozialwissenschaftlichen Theorien bzw. Theoriestücken ist damit angesprochen. Bei der Übertragung auf historische Verhältnisse geht es eben sicher nicht einfach um die Frage: anwendbar oder nicht anwendbar. Entscheidend erscheint vielmehr die Modifikation bzw. die angemessene Reformulierung der übernommenen Theorieansätze. Dazu ist detaillierte empirische Überprüfung erforderlich. Ob man deren Resultat dann als neuformulierte sozialwissenschaftliche oder als eigenständig historische Theorie versteht, halte ich für ein eher sekundäres Problem.

Theoretische Probleme bei der Untersuchung vorrevolutionärer Gesellschaften

von Winfried Schulze

Das Problem, das auf dieser Tagung dankenswerterweise einmal zur intensiveren Diskussion gestellt wird, muß den Historiker der vorrevolutionären politisch-sozialen Ordnung besonders reizen. Zu der ohnehin schwierigen Frage des Verhältnisses von Theorie und Empirie in der neuen und neuesten Geschichte gesellt sich hier die weiterreichende Frage nach der Anwendbarkeit jener Theorien und paratheoretischen Begriffe, „deren reales Substrat die Wirklichkeit des 19. und 20. Jahrhunderts ist",[1] auf die Epoche, die diese Prämissen nicht erfüllen kann. Als weiterer Anreiz kommt hinzu, daß sich die deutsche Forschung bislang zu diesen Fragen nur sporadisch geäußert hat,[2] bzw. sich lange Zeit auf eine Methode geeinigt hat, die heute nur mehr begrenzt verwendungsfähig erscheint. Außer akzidenteller Kritik an einzelnen Arbeiten, die in der Begriffsbildung Neuland betraten, findet sich im deutschen Bereich kaum mehr als Otto Brunners gewichtige, weil prägende Auseinandersetzung mit der juristischen Begrifflichkeit des 19./20. Jahrhunderts in der Anwendung auf mittelalterliche Verfassungzustände und die daran anknüpfende Debatte. In der Mediävistik wie in der Frühneuzeitforschung haben Brunners Warnungen vor der Anwendung moderner sozialwissenschaftlicher Begrifflichkeit ihre Wirkung getan. Seine Forderungen nach quellengebundener Begriffssprache sind gerade in verfassungs- und sozialgeschichtlichen Werken weitgehend befolgt worden und haben damit bestimmte ältere Tendenzen nur noch verstärkt. Die Forderung einer Untersuchung über den Bauernkrieg aus dem Jahre 1900, ganz auf den Gebrauch des Adjektivs „sozial" zu verzichten, weil diese erst im 19. Jahrhundert entstandene Kategorie nicht geeignet sei, die Beziehungen zwischen Grundherren und Bauern im 16. Jahrhundert zu bezeichnen, mag uns heute genauso überholt erscheinen wie die auf dem Freiburger Historikertag gefallene Äußerung, „die Agrarwelt kenne keine Konjunkturen".[3] Die hier zu ver-

1 So Kocka in den „Einleitenden Fragestellungen", oben S. 11.

2 Besonders hinzuweisen ist auf R. Wittrams Analyse der „Begriffssprache der modernen Historie" in: ders., Das Interesse an der Geschichte, Göttingen 1968³, S. 33—45, der zugleich ältere Bemerkungen zu unserer Fragestellung sammelt. Wittram schlägt als Lösung der problematischen historischen Begriffsbildung „zweischichtige" Begriffe vor: „einerseits historisch zeitgerecht und von innen her präzise, andererseits zeitfremd, unscharf, von außen annähernd und generalisierend". Bei aller Vorsicht nähert sich Wittram schließlich einer Position, die moderne Begriffe „trotz allem" als „einzig sachgerecht" gelten läßt, bes. S. 43.

3 W. Stolze, Zur Vorgeschichte des deutschen Bauernkrieges. Studien zur Verfas-

mutende Kontinuität der Begründungen kann uns die Dringlichkeit unserer Diskussion noch einmal vor Augen führen.

Doch nicht nur unter dem Aspekt neuerer Kontroversen beansprucht die Begriffsproblematik unser Interesse. Über die scheinbar vordergründige Frage nach der Begrifflichkeit des Historikers sind wir auf die älteren Debatten der Geschichtswissenschaft verwiesen, wie sie sich etwa in dem Streit zwischen „darstellender" und „begrifflicher" Geschichte ausmachen lassen. Die seit dem Ende des 19. Jahrhunderts immer wieder auftauchenden Bemühungen, die Geschichte als Wissenschaft zu definieren und sie als kausal-analytische Wissenschaft zu etablieren, müssen zumindest ganz allgemein als der Hintergrund angesprochen werden, vor dem die Frage nach der Begrifflichkeit ihre volle methodologische Bedeutung erlangt. Nur mit diesem Hinweis kann eine isolierte Behandlung der Begriffsproblematik versucht werden.[4] Meine Überlegungen wollen eine insgesamt differenzierte Antwort auf die Frage geben, ob und in welchem Maße Begriffe und Theorien der systematischen Sozialwissenschaften Anwendung auf politisch-gesellschaftliche Verhältnisse der feudalen Gesellschaftsordnung finden können. Schon vorab muß freilich festgestellt werden, daß auf dem Forschungsfeld, das ich hier zu untersuchen habe, nur mit Mühe von „theoretischen Ansätzen" gesprochen werden kann. Ob diese Feststellung, die zugleich eine Unterscheidung etwa zum Forschungsstand in der neueren Geschichte sein soll, mit den methodischen Problemen korreliert, die bei solchen Forschungsvorhaben auftauchen, mag am Schluß beantwortet werden.

In folgenden Schritten will ich vorgehen: Zunächst soll noch einmal der natürliche Ausgangspunkt unseres Themas angegangen werden, die erwähnte Brunner'sche Forderung nach quellennaher Begriffssprache. Die damit verbundene Übersicht über die Behandlung des Themas im deutschen Bereich soll ergänzt werden durch einen Blick auf die französische und englische Frühneuzeitforschung, weil sich hier durchaus unterschiedliche methodische Positionen finden lassen, die das deutsche Bild überprüfbarer werden lassen. Daran anschließend soll versucht werden, einige allgemeine Bedingungen für die Anwendung sozialwissenschaftlicher Theorien und Begriffe zu formulieren. Durch exemplarische Exkurse soll die

sungs-, Verwaltungs- und Wirtschaftsgeschichte vornehmlich Südwestdeutschlands im ausgehenden Mittelalter, Leipzig 1900, S. 32, Anm. 4 u. 27. Versammlung deutscher Historiker Freiburg 1967, Beiheft GWU, Stuttgart 1969, S. 23.

4 Vgl. dazu etwa Paul Barths allgemein wenig beachtetes Eingreifen in den „Lamprechtstreit" u.d.T. Fragen der Geschichtswissenschaft. I. Darstellende und begriffliche Geschichte, in: Vierteljahresschrift für wissenschaftliche Philosophie, Bd. 23, 1899, S. 323—359 und die Bemerkungen bei Ludz und Rönsch, Theoretische Probleme (vgl. Anm. 41), S. 159 ff. — Einige allgemeine Voraussetzungen formuliert Kocka in seinen einleitenden Diskussionspunkten. Sie werden im wesentlichen auch hier zugrundegelegt.

unterschiedliche Plausibilität der vorgeschlagenen Verfahren dabei erläutert werden.

Bei meinen Überlegungen will ich von den folgenden Prämissen ausgehen, die ich, da ich sie an anderer Stelle ausführlicher erläutert habe, hier nur knapp zusammenfassen will.

Das Grundproblem der Methodologie der Geschichtswissenschaft sehe ich in der Bestimmung der Anteile systematisierender und individualisierender Erkenntnisverfahren und ihres Verhältnisses zueinander.[5] Für diese historische Sozialwissenschaft ergäbe sich also die Aufgabe, solche Aussagen zu erarbeiten, die „unter prinzipieller Einbeziehung systematischer Erkenntnisse die historische Ausformung und Veränderung des Untersuchungsgegenstandes deutlich" machen können. Dies müßte zugleich bedeuten, daß diese Wissenschaft sich sozialwissenschaftliche Theorien und Begriffe zunutze machen kann, wie sie es auch selbst unternehmen kann, solche Begriffe in einem mehrstufigen Abstraktionsverfahren zu entwickeln.

Offen muß dabei zunächst die Frage nach der sprachlichen Form der angesprochenen Begriffe und Theorien bleiben. Dies ist deshalb von Belang, weil über die sprachliche Ebene epochenspezifische Denk- und Bewußtseinsstrukturen, vorgegebene Interpretationsansätze also, an das historische Material herangetragen werden. Damit können Quellenaussagen deformiert werden, bzw. die Aussagefähigkeit des Quellenmaterials kann eingeschränkt werden.[6] Diese Gefahr bildet den Hauptansatzpunkt aller Positionen, die für eine möglichst quellennahe Begrifflichkeit plädieren. Hier ist nun noch einmal näher auf den Brunner'schen Vorschlag zur Begriffssprache einzugehen. Brunner fordert in seinem Hauptwerk „Land und Herrschaft" unter kritischem Hinweis auf die vom juristischen Positivismus des 19. Jahrhunderts beeinflußte Mediävistik, die Terminologie des Historikers soweit wie möglich den Quellen zu entnehmen, „so daß der Sinn dieser Quellen mit Hilfe dieser Begriffe richtig gedeutet werden kann". Das „tatsächliche Handeln" der mittelalterlichen Verbände könne so begriffen werden.[7] Brunner, dessen Haltung als neo-historistisch kritisiert worden ist,[8] blieb freilich nicht bei dieser Forderung stehen. „Nichts aber

5 Den Begriff einer historischen Sozialwissenschaft verwende ich hier für eine Geschichtswissenschaft, die sich auf der methodologischen Grundlage der empirischen Sozialwissenschaften mit historischen Phänomenen befaßt. Die Definition zielt also nicht auf eine Veränderung des Objektbereichs der Disziplin, sondern betont gegenüber älteren Auffassungen methodologische Gemeinsamkeiten, die freilich auch Veränderungen im Objektbereich nach sich ziehen können. Vgl. dazu meine Ausführungen in W. Schulze, Soziologie und Geschichtswissenschaft. Einführung in die Probleme der Kooperation beider Wissenschaften, München 1974, S. 178 ff.

6 Ebd., bes. S. 236 ff. Über Probleme der Begriffsbildung.

7 O. Brunner, Land und Herrschaft. Grundfragen der mittelalterlichen Verfassungsgeschichte Österreichs, Wien 1965[5], hier S. 163.

8 H.-U. Wehler spricht von Brunner als einem „dezidierten Vertreter des zeitgenös-

wäre falscher, als zu glauben, daß historische Arbeit der modernen Begriffe entbehren könne. Nur müssen sie selbst in ihrer geschichtlichen Bedingtheit erkannt werden." Deutlicher wird diese theoretisch weiterführende Position, wenn man Brunners andere Beiträge zu dieser Frage heranzieht. In einem Wiener Akademievortrag von 1948 bemerkte er zur Schwierigkeit, quantitative Angaben der Quellen sinnvoll zu benutzen, daß man „dazu auch eines gewissen Maßes theoretischer sozialwissenschaftlicher Kenntnisse" bedürfe. Im gleichen Zusammenhang sprach er von der Notwendigkeit „theoretisch geklärter Begriffe", um die innere Struktur eines historischen Gebildes „wirklich zu beschreiben": „allerdings nicht durch einfache Subsumtion unter diese, sondern durch Formung dem betreffenden Objekt angemessener historischer Individual- oder Typenbegriffe, die jedesmal eigens zu bilden sind".[9] Auch in seinem 1949 erschienenen Werk über „Adeliges Landleben und europäischen Geist" nahm Brunner zur Begriffsproblematik Stellung. Er stieß auf die „Tatsache, daß die Kategorien, unter denen die Zeiten sich selbst verstanden haben, unseren wissenschaftlichen Forderungen nicht genügen, daß aber auch die modernen Wissenschaften an einer Wirklichkeit entwickelt wurden, die erst seit dem 18. Jahrhundert entstanden ist". Für ihn blieb hier nur der Weg, „die innere Struktur dieser vergangenen Welt neu aufzubauen, die *wirklich rein theoretischen, allgemein gültigen Elemente der modernen Wissenschaften abzulösen von den Elementen einer Gegenwartsanalyse,* und zur Erfassung einer andersartigen Vergangenheit unter Verwertung von deren Kategorien fruchtbar zu machen". Brunners Position ist also nicht eindeutig. Gegenüber der landläufigen Auffassung muß hervorgehoben werden, daß er zumindest die hilfsweise Verwendung von sozialwissenschaftlichen Begriffen dann nicht ausgeschlossen hat, wenn diese „in ihrer geschichtlichen Bedingtheit" erkannt worden sind, will heißen, wenn durch bestimmte Verfahren sichergestellt wird, daß der Begriff dem Untersuchungsgegenstand adäquat gemacht wird. Auch die „rein theoretischen, allgemein gültigen Elemente der modernen Wissenschaften" wollte Brunner genutzt sehen, freilich nur in der sprachlichen Fassung der Vergangenheit, wie er es in seinen empirischen Arbeiten zeigte.[10] Auch die Reak-

sischen Neohistorismus", ders. (Hg.), Soziologie und Geschichte, Köln 1972, Einleitung S. 11.

9 Sozialgeschichtliche Forschungsaufgaben erörtert am Beispiel Niederösterreichs, in: Anzeiger der phil.-hist. Klasse der Österr. Akademie der Wissenschaften 1948, Nr. 23, S. 335—362, hier S. 351.

10 Vgl. dazu auch neuere Stellungnahmen zu Brunners Position. Etwa D. M. Nicholas, New paths of social history and old paths of historical romanticism. An essay review on the work and thought of Otto Brunner, in: JSH, Bd. 3, 1969/70, S. 277—294; W. J. Mommsen, Die Geschichtswissenschaft jenseits des Historismus, Düsseldorf 1971, S. 23, Anm. 39; R. Wohlfeil in ders. (Hg.), Der Bauernkrieg 1524—26. Bauernkrieg und Reformation, München 1975, S. 30; H. Wunder in dies. (Hg.), Feudalismus, München 1974, S. 25; H. Medick, Natur-

tionen anderer deutscher Historiker auf Brunners Einlassungen zur Begriffsproblematik beschränken sich auf die „Quellenbegriffe". Kritische Bemerkungen dazu können nicht übersehen werden. Schon Heinrich Mitteis betonte unter Verweis auf Otto Gierke in seiner Rezension von „Land und Herrschaft" die Aufgabe des Historikers, „sich und anderen den geschichtlichen Stoff zu ‚vergegenwärtigen', d. h. ihn unter Denkformen zu bringen, die der Gegenwart verständlich sind".[11] Auch Theodor Schieder konnte sich den Hinweis nicht ersparen, daß der Historiker es weder könne noch wolle, seine Begriffe ganz den Quellen zu adaptieren.[12] Der Verweis auf Gierke und Mitteis macht es auch erforderlich, auf die Begriffsdiskussion zu verweisen, die in der Rechtsgeschichte relativ intensiv geführt worden ist. Es mag hier der Hinweis auf R. H. Hoetink genügen, der in seiner Abhandlung über „anachronistische Begriffsbildung in der Rechtsgeschichte", gestützt auf eine Reihe kompetenter Aussagen, keinen Grund sah, auf den erkenntnisfördernden Wert anachronistischer Begriffe zu verzichten.[13] Ohne näher auf diese kritischen Fragen an das Brunner'sche Konzept einzugehen, untersuchte Karl Bosl 1968 in einem Vortrag die Verwendbarkeit der Begriffe „Kaste, Stand und Klasse" in ihrer Anwendung auf die mittelalterliche Geschichte und kam dabei zu dem Ergebnis, daß sich diese Begriffe „bis zum 13. Jahrhundert nicht rein vorfinden". Bosl, der statt dessen die zeitgenössischen Termini von „potens" und „pauper" benutzte, um bestimmte soziale Schichtungsphänomene zu bezeichnen, zog aus seinem Befund die radikale Konsequenz und fragte, „ob dem Historiker bei der Zusammenfassung der Realfaktoren und ihrer Fülle nach Kategorien und Kriterien zum Zwecke der Erkenntnis der Grundstrukturen der Menschheits- und Gesellschaftsentwicklung global anwendbare Idealtypen im Sinne Max Webers letztlich überhaupt nützen, ob sie vielmehr nicht zu grob und zu allgemein sind und die individuelle Entfaltung in den verschiedenen Gesellschaftskörpern, ihre individuellen Voraussetzungen, damit ihre Entwicklungsformen und -gesetze allzusehr verdunkeln".[14]

zustand und Naturgeschichte. Die Entstehung einer frühbürgerlichen Sozialtheorie und Sozialwissenschaft, Göttingen 1972, bes. S. 18; und J. Kocka, Theorien (vgl. Anm. 31), S. 24, Anm. 37. In diesem Zusammenhang bemerkenswert scheinen auch gewisse Verständnisschwierigkeiten F. Braudels gegenüber Brunners Position. Sur une conception de l'histoire sociale, in: ders., Écrits sur l'histoire, Paris 1969, S. 175—191, bes. S. 187 f., wo Braudel vor den Hintergedanken des laudator temporis acti warnt. Vgl. dazu die Diskussionsbemerkung von W. Mager.

11 H. Mitteis, Land und Herrschaft. Bemerkungen zu dem gleichnamigen Buch Otto Brunners, in: HZ, Bd. 163, 1941, S. 255—281, 471—489, hier S. 274. Gierkes Äußerung in ZRG GA, Bd. 28, 1907, S. 619 anläßlich der Rezension von P. Sander, Feudalstaat und bürgerliche Verfassung, Berlin 1906.

12 Geschichte als Wissenschaft. Eine Einführung, München u. Wien 1965, S. 116.

13 H. R. Hoetink, Über anachronistische Begriffsbildung in der Rechtsgeschichte, in: ZRG RA, Bd. 72, 1955, S. 39—53, hier S. 50.

14 K. Bosl, Kasten, Stände, Klassen im mittelalterlichen Deutschland. Zur Pro-

Die alternativ gebrauchten Begriffe „potens“ und „pauper“ wollte Bosl als „realtypische Begriffe“ bezeichnet wissen, deren methodologische Kriterien er in der nomothetischen Fixierung und in der realtypischen Relativierung sah. Bosls Bemerkungen geben Anlaß zu der Frage, ob die Diskussion um den sog. Realtypus für unsere Fragestellung etwas hergeben kann, deutet doch der Bosl'sche Vorschlag die Vermutung an, als böte der Realtypus die Chance, Quellensprache und Abstraktionsvorsprung zu verbinden. Auszugehen ist davon, daß der Realtypus in der nach-Weber'schen Diskussion meist weberkritisch gebraucht worden ist. So hatte Otto Hintze Weber gegenüber diesen Begriff gefordert, verstand dabei jedoch — im Unterschied zu Bosl — die Formulierung von „Allgemeinbegriffen“, die nicht nur wie bei Weber heuristische Funktion zu erfüllen haben, sondern den konkreten historischen Prozeß anschaulich-abstrakt selbst bezeichnen sollen, ohne freilich selbst schon wieder zu festen Elementen zu werden, die als Grundeinheiten der Geschichte zu gelten hätten. Hintzes Interesse in dieser Frage gilt zwar nicht der sprachlichen Form der „Allgemeinbegriffe“, doch wird man aufgrund seiner Weber gegenüber unterschiedlichen Haltung in der Frage der Wertbeziehungen davon ausgehen können, daß er stärker als Weber am sogenannten „Typenobjekt“ interessiert ist, am sachlichen Gegenstand eines Typenbegriffs also.[15] Damit scheint mir die Berechtigung gegeben, bei Otto Hintze von einer stärkeren sprachlichen Affinität der Begriffe gegenüber den Quellen zu sprechen. Zweifellos hat sich das idealtypische Verfahren bzw. seine realtypische Variante in vielen Forschungen zur Geschichte der frühen Neuzeit in breitem Maße durchgesetzt. Auch wenn methodisch reflektierende Passagen relativ selten sind, so bedient man sich oft unbewußt dieses Verfahrens in seinen verschiedenen Varianten. Darüber hinaus scheint sich jedoch inzwischen eine weiterführende Forschungsrichtung zu etablieren. Angeregt durch so unterschiedliche Strömungen wie die westeuropäische Geschichtsforschung, die Praxis der DDR-Geschichtswissenschaft und schließlich die strukturgeschichtliche Erforschung der deutschen Geschichte im 19. und 20. Jahrhundert, scheint sich auch in der Frühneuzeitforschung eine sozialgeschichtliche Richtung zu entwickeln, wie sie kürzlich von Rainer Wohlfeil charakterisiert worden ist.

Danach kombiniert eine Sozialgeschichte der frühen Neuzeit hermeneutische und kausalanalytische Verfahren der Sozialwissenschaften, um einerseits „zeitgenössisches Selbstverständnis“ zu erschließen, anderer-

blematik soziologischer Begriffe u. ihrer Anwendung auf die mittelalterliche Gesellschaft, in: ZBLG, Bd. 32, 1969, S. 477—494, hier S. 493.

15 O. Hintze, Troeltsch und die Probleme des Historismus. Kritische Studien (1927), in: ders., Soziologie und Geschichte (= Ges. Abhandlungen, Bd. 2), Göttingen 1964, S. 323—337, hier S. 334 ff.; ders., Der moderne Kapitalismus als historisches Individuum. Ein kritischer Bericht über Sombarts Werk (1929), in: ebd., S. 374 — 426, hier S. 378 ff. Vgl. dazu auch Schulze, Soziologie, S. 234 ff.

seits um soziales Handeln ursächlich erklären zu können. Dabei kann auf sog. „soziologische Konzepte“ zurückgegriffen werden, die als „Kategorien, Modelle und Theorien, zumindest aber als Hypothesen nützliche Dienste leisten, wenn sie mit der notwendigen methodischen Behutsamkeit als operationalisierte Begriffe angewendet werden“.

Gegenüber Brunner fordert Wohlfeil die „streng reflektierte Auflockerung“ seiner Forderung nach „quellenadäquater Begrifflichkeit“. Die Legitimation für diese Erweiterung der Brunner'schen Position sieht er in dem Bestreben nach Ausdehnung unseres historischen Wissens und in dem Zwang, sich den geschichtlichen Stoff zu vergegenwärtigen, d. h. ihn so zu bezeichnen, daß er unter den gesellschaftlich anerkannten Begriffsrahmen gebracht werden kann.[16] Dieser Versuch einer Adaption der bislang säkular begrenzten Konzeption der modernen deutschen Sozialgeschichte auf die frühe Neuzeit kann vorläufig nur als Postulat angesehen werden. Dabei dürfen freilich bereits begonnene Versuche einer systematischen sozialgeschichtlichen Analyse der frühen Neuzeit nicht außer Acht gelassen werden, auch wenn diese theoretisch nicht expliziert und aus anderen Forschungsinteressen heraus entwickelt worden sind. Hinzuweisen wäre hier etwa auf die Arbeiten über die „deutschen Führungsschichten in der Neuzeit“, die gerade für die frühe Neuzeit wichtige Arbeiten über Adel, Bauern, Patriziat, Beamten-, Pfarrer- und Gelehrtenstand sowie Führungskräfte in der Wirtschaft ergeben haben.[17] Gleichwohl bedeutet es angesichts der fachspezifischen Tradition der Frühneuzeitforschung und ihres herkömmlichen Themenkatalogs einen bedeutenden Fortschritt, auch für diesen Bereich der historischen Forschung die Gewichte von der vorwiegend narrativ organisierten Darstellung stärker auf die begrifflich-analytische Forschung zu verschieben.

Dabei darf neben der allgemein zu beobachtenden Wendung der Interessen der Historiker vom „Wie etwas gewesen ist“ zum „Warum etwas so gewesen ist“, über deren methodische Konsequenzen noch zu diskutieren ist, nicht übersehen werden, daß sich gerade in der Mittelalter- und Frühneuzeitforschung der Trend gezeigt hat, moderne Begriffe, meist sozialwissenschaftlich-wirtschaftswissenschaftlichen Inhalts, in die Sprache der Darstellungen „absinken“ zu lassen.[18] Dieser Trend findet sich u. a. in methodisch sonst eher traditionell konzipierten Arbeiten wie etwa in dem 1. Band des Handbuchs der Wirtschafts- und Sozialgeschichte, das von Aubin und Zorn herausgegeben worden ist. Interessanterweise wurde hier gerade von DDR-Historikern kritisiert, man habe „modernistische

16 Wohlfeil, Bauernkrieg, S. 25 ff.

17 Vgl. dazu als Überblick G. Franz, Das Institut zur Erforschung historischer Führungsschichten in Bensheim, in: Herold-Jahrbuch, Bd. 2, 1973, S. 23—30, wo Franz (S. 29) an H.-U. Wehler anknüpft.

18 Zum „Absinken“ vgl. O. Brunner, Neue Wege der Verfassungs- und Sozialgeschichte, Göttingen 1968², S. 64 f.

Deutungen“ benutzt, um Sachverhalte der frühneuzeitlichen Sozialgeschichte zu erklären.[19]

Eine gewisse Parallele zu Brunners Kritik an der staatsrechtlichen Begrifflichkeit des 19. Jahrhunderts in Anwendung auf das Mittelalter bietet in der DDR etwa Wolfgang Küttlers Rückgriff auf die Kritik Marxens an Theodor Mommsen, der bestimmte Parallelitäten zwischen römischen Verhältnissen und Erscheinungsformen des Kapitalismus im 19. Jahrhundert „in unhistorischer Gleichsetzung überhöhte“. Küttler sicherte damit seine Kritik an einer bedenkenlos-vorschnellen Übernahme des Begriffssystems des historischen Materialismus auf konkrete historische Prozesse ab. Für ihn handelt es sich bei diesem System um eine Abstraktionsebene, „die bei der Analyse konkreter historischer Prozesse — gleich welcher Epochen -und Formationszugehörigkeit — eine methodologische Umsetzung, eine problem- und gegenstandsgerechte Zubereitung des Begriffsinstrumentariums erforderlich macht. Um im Bilde zu bleiben [d. h. in Marxens bekanntem Bild von der bürgerlichen Ökonomie als Schlüssel zur antiken Ökonomie — W. S.]: wir haben nicht einen übergeschichtlichen Universalschlüssel, der alle Epochen automatisch aufschließt, sondern die theoretische Grundlage und die Methode, aus der Erschließung einer Formation auch die Schlüssel zu den anderen zu verfertigen.“ Insgesamt erkannte Küttler die „Gretchenfrage historischer Untersuchung ökonomischer Gesellschaftsformationen“ in der methodischen Forderung an eine marxistische Geschichtswissenschaft, die da heißt: *„Formationstheorie muß in Formationsgeschichte umgesetzt werden“*.[20] Damit steht auch die marxistische Geschichtsforschung vor der uns hier interessierenden Fragestellung nach der Adäquanz von Begriffen und historischen Gegenständen. Auf einige praktische Lösungsversuche wird dabei noch einzugehen sein.

Der Stand der methodologischen Erforschung der Theorie- und Begriffsverwendung im Bereich unserer Disziplin hierzulande läßt es geraten erscheinen, den Umkreis der deutschen Forschung einmal zu kurzen Exkursen in den Bereich der französischen und englischen Frühneuzeitforschung zu verlassen. Der erste Schritt wird nahegelegt dadurch, daß der bereits erwähnte Vortrag Karl Bosls an der Sorbonne im Institut Roland Mousniers gehalten wurde, eines renommierten, vor allem an der Verfassungs- und Sozialgeschichte des „ancien régime“ interessierten Historikers, der sich relativ intensiv mit der Begriffsproblematik auseinandergesetzt hat. Die glückliche Konstellation der französischen Verhältnisse, die durch

19 Diese Kritik findet sich in der Rezension des Handbuches durch G. Heitz in ZfG, Bd. 23, 1975, S. 100, der etwa Begriffe wie „Emanzipationskrise“ beanstandet.

20 W. Küttler, Geschichtsmethodologische Aspekte der Kategorie Gesellschaftsformation, in: Sitzungsberichte der Akademie der Wissenschaften der DDR, Jg. 1974, Nr. 4, S. 13—32, hier S. 22 und 27. Der Aufsatz findet sich in leicht erweiterter Fassung (Zur Frage der methodologischen Kriterien historischer Formationsbestimmung) auch in ZfG, Bd. 22, 1974, S. 1029—1048.

wissenschaftliche Auseinandersetzungen mit marxistischen Arbeiten gekennzeichnet sind, hat Mousnier mehrfach pointiert zu begrifflichen Ansätzen Stellung nehmen lassen, die von marxistischen Kollegen vorgetragen wurden. Mousnier hatte trotz seiner eigenen frühen — später noch eingestandenen — Präferenz für den marxistischen Klassenbegriff schon in der Auseinandersetzung mit dem russischen Historiker Boris Porschnew die Anwendbarkeit dieses Begriffs auf die sozialen Schichtungsverhältnisse des 17. Jahrhunderts grundsätzlich bezweifelt.[21] Hatte er in dieser Phase betont, das Klassenkonzept verdecke die gerade für die französischen Bauernaufstände des 17. Jahrhunderts typischen Koalitionen zwischen Adeligen und Bauern gegen den staatlichen und fiskalischen Zentralismus, so erweiterte er im weiteren Verlauf der Debatte seine Kritik am Klassenkonzept für die Gesellschaft des „ancien régime" überhaupt. Damit war das Thema des Streits formuliert, der sich um „société des classes ou des ordres" entspann und auch zum Gegenstand scharfer Debatten auf zwei französischen Kolloquien zur Sozialgeschichte in den Jahren 1965 und 1967 wurde.[22]

Doch auch schon vor den beiden Kolloquien hatte Mousnier eindeutig Stellung bezogen. In seinem Vorwort zur Publikation zweier adeliger Beschwerdeschriften des 17. Jahrhunderts formulierte er grundlegend seine Stellungnahme zum Problem der sozialen Schichtung im „ancien régime", die in seinen späteren Äußerungen und Veröffentlichungen nur noch variiert wurden. Mousnier unterschied drei Typen der sozialen Schichtung: das Kastenwesen, das Ständewesen und die Klassenbildung. Die hier interessierende Ständegesellschaft ist der vom 9. bis 18. Jahrhundert in Europa vorherrschende Typus der Stratifikation. Diese Ordnung sah er vorrangig bestimmt durch die Leitbegriffe von Würde und Ehre, die von der Gesellschaft auf der Grundlage eines „Konsensus über den Vorrang einer bestimmten sozialen Qualität" bestimmten Funktionen zugemessen wurden, hier zunächst der militärischen Schutzfunktion. Darin sah er den grundlegenden Unterschied zur Klassengesellschaft, wo die Positionszuteilung wesentlich von der Rolle der Individuen in der Produktion abhängt; anzumerken wäre hier seine Nähe zum Weber'schen durch die „Marktchancen" bestimmten Klassenbegriff. Dieses Konzept

21 R. Mousnier, Recherches sur les soulèvements populaires en France avant la Fronde, in: RHMC, Bd. 5, 1958, S. 81—113. Für die genauere Analyse der Position Mousniers und ihrer Entwicklung vgl. jetzt E. Rotelli, La structure sociale dans l'itinéraire historiographique de Roland Mousnier, in: Revue d'Histoire Economique et Sociale, Bd. 51, 1973, S. 145—182. — Freundlicher Hinweis von Prof. Dr. W. Mager.

22 L'histoire sociale. Sources et méthodes. Colloque de l'École Normal Supérieure de Saint-Cloud (15—16 mai 1965), Paris 1967 und Ordres et classes. Colloque d'histoire sociale Saint-Cloud 24—25 mai 1967, Paris u. La Haye 1973.

wollte Mousnier in Frankreich erst von der Mitte des 18. Jahrhunderts an gelten lassen.[23]

Folglich sah er es als Aufgabe des Historikers ständischer Gesellschaften an, den so ganz knapp bestimmten Strukturprinzipien dieser Gesellschaft Rechnung zu tragen und die sozialen Verhältnisse vorzugsweise aus der Vielzahl persönlicher und allgemeiner Aussagen herauszufiltern. Es verwundert nicht, wenn Mousnier in allen seinen methodischen Anweisungen so stark auf dem Wert subjektiver Aussagen insistiert, die erst in einem zweiten Schritt durch statistisches Material etwa zu überprüfen und zu ergänzen sind.

Exemplifizieren läßt sich Mousniers Kritik an seiner Reaktion auf einen von Adeline Daumard und François Furet — beide Schüler von Ernest Labrousse — veröffentlichten Band über Pariser Bürgertum im 18. Jahrhundert,[24] in dem davon ausgegangen wurde, daß „der entscheidende Faktor der Klassenbildung die Verteilung der Produktionsmittel und die Tausch- und Produktionsbeziehungen sind, die sich zwischen den Menschen ergeben". Folglich nahm man zur Unterscheidung von einzelnen Schichten der Stratifikation „den Beruf sowie Art und Höhe des Vermögens" an. Demgegenüber hielt Mousnier es für grundsätzlich falsch, solche Kriterien auf eine Gesellschaft anzuwenden, für die sich als oberste Wertvorstellung nicht materielles Erwerbsstreben, sondern ein bestimmter Begriff von „Ehre" feststellen läßt, die im Waffen- oder Fürstendienst zu erwerben ist. Für die drei Jahrhunderte vor der Revolution, so Mousnier,[25] muß der Akzent der Untersuchungen auf jene Kriterien gelegt werden, die dem gesellschaftlichen Selbstverständnis entsprechen.

Ein zweiter Vorwurf traf die „Gruppe um Labrousse" wegen ihrer Anwendung eines modernen „Code des catégories professionelles" des nationalen französischen statistischen Büros auf die berufliche Gliederung des Jahres 1749. Mousnier sah darin, wie er ausführlich begründete, eine Verletzung der historischen Wirklichkeit: „Das Resultat", so stellte er fest, „kann sich dem Vorwurf der Willkür, des Anachronismus, der unzureichenden Analyse und der Illusion nicht entziehen".[26]

Es wäre sicherlich falsch, in Mousnier einen Anhänger eines restriktiv ausgelegten Otto Brunner zu sehen. Soweit ich seine Position zu erkennen vermag, liegt sein Interesse vor allem an einer qualitativen Erforschung sozialer Gruppen der ständischen Gesellschaft einschließlich ihres spezi-

23 R. Mousnier, J. P. Labatut, Y. Durand, Problèmes de stratification sociale. Deux cahiers de noblesse 1649—1651, Paris 1965.

24 A. Daumard u. F. Furet, Structures et relations sociales à Paris au milieu du XVIIIe siècle, Cahiers des Annales, Bd. 18, Paris 1961.

25 R. Mousnier, La plume, la faucille et le marteau. Institutions et société en France du Moyen Age à la Révolution, Paris 1970, S. 15 f.

26 Ebd. S. 18. Mousnier exemplifizierte seine Vorstellungen von Sozialgeschichte u. a. in: Lettres et mémoires adressés au chancelier Séguier (1633—1649), Bd. 1, Paris 1964, S. 48 ff.

fischen Selbstverständnisses. Insgesamt jedoch, wenn man dem erst 1973 veröffentlichten Bericht über das Kolloquium in St. Clou folgt, wird sich die methodische Position einer breiten Mehrheit der französischen Mediävisten und Frühneuzeithistoriker dadurch charakterisieren lassen, daß man sich in unserer Fragestellung einer doppelten Strategie bedient. Pierre Goubert faßte sie ein wenig pointiert folgendermaßen zusammen: „Wenn die Geschichte eine Wissenschaft sein oder bleiben will, kann sie sich diesem Doppelverfahren nicht entziehen, das zunächst einmal in der vertieften Kenntnis der Menschen der Vergangenheit besteht und sich dann an der Synthese, der Rekonstruktion und der Interpretation versucht." Für Goubert gab es dabei keinen Zweifel an der Tatsache, daß es auf der Ebene der Interpretation überhaupt gar keinen begrifflichen Anachronismus geben kann, wenn es darum geht, „alte Gesellschaften mit neuen Worten zu erklären".[27]

Ein kurzer Blick auf die englische Frühneuzeitforschung kann uns zeigen, daß sich hier eine pragmatische Auffassung in der Begriffsfrage herausgebildet hat. Sieht man einmal von einzelnen kritischen Stimmen ab, so scheint sich hier ein relativ weitgehender Konsensus über die Anwendung sozialwissenschaftlicher Begriffe und Theorien herausgebildet zu haben, der die Legitimation dieses Verfahrens nicht einmal mehr in Frage stellt. So hat etwa die intensiv geführte Debatte um die Sozialgeschichte des englischen Adels vor der Revolution, die wir unter dem Thema „rise of the gentry" kennen, bestätigt, was Lawrence Stone 1965 noch als die Überzeugung vorwiegend junger Historiker in England, Frankreich und Amerika bezeichnete, die Auffassung nämlich, daß „die Zukunft der Geschichtswissenschaft in der selektiven gegenseitigen Befruchtung mit den Methoden und Theorien der Sozialwissenschaften liegt".[28] Trotzdem kann uns die hier angesprochene Gentry-Debatte noch einmal die Probleme unserer Fragestellung verdeutlichen. Für Stone, den „Mitschuldigen" an dieser Forschungskontroverse, stellte sich der Sachverhalt folgendermaßen dar: Sozialhistoriker vom Schlage eines Trevelyan verließen sich auf die einzelnen Aussagen der zeitgenössischen, meist erzählenden oder berichtenden Quellen. Fand man eine beeindruckende Zahl von Feststellungen über einen sozialen Sachverhalt, so wurde dies als Analyse akzeptiert. Selbstverständlich, daß bei dieser Methode die Begriffe der Quellen auch die Darstellung des Historikers strukturierten. Die Gentry-Debatte führte diese Methode schließlich ad absurdum. Hier ließ sich eine solche Fülle sich widersprechenden individuellen Materials zusammentragen, daß sich die Notwendigkeit ergab, quantitativ zu arbeiten, d. h. den zeitgenössischen Aussagen mit Anspruch auf Allgemeingültigkeit statistische Aussagen gegenüberzustellen. Mit diesen neuen, statistisch aufbereiteten Sachver-

27 Ordres et classes, S. 140.

28 L. Stone (Hg.), Social change and revolution in England 1540—1640, London 1965, S. XV.

halten trat auch das Begriffsproblem automatisch wieder in den Vordergrund. Jetzt wurden Größen errechnet, die den Zeitgenossen als solche gar nicht bekannt gewesen waren, also auch nicht mit Begriffen versehen worden waren.

Der Zugriff auf statistisch aufbereitetes Quellenmaterial konnte natürlich nicht ohne den ordnenden Einfluß erfolgen, den bestimmte Konzepte der systematischen Sozialwissenschaften notwendig implizierten. „Wo der Historiker sein Material in eine einsehbare Ordnung bringen will, muß er abstrakte Konzepte und Kollektivbezeichnungen benutzen", resümierte Stone und beantwortete damit unsere Fragestellung ebenso definitiv,[29] wie dies eben Goubert tat. Bemerkenswert scheint mir in diesem Zusammenhang, daß auch ein Geschichtsphilosoph wie W. H. Walsh, der in der Nachfolge Collingwoods vor allem an den Intentionen handelnder Menschen interessiert ist und durch ein spezifisches Verstehensverfahren, das er „colligation" nannte, hervorgetreten ist, in neueren Veröffentlichungen deutlicher als früher für die Verwendung moderner Konzepte eingetreten ist. Er führte dies vor allem auf den Erkenntnisvorteil des Historikers gegenüber dem Mithandelnden zurück. Die Möglichkeit, den Abschluß und die Konsequenzen historischer Handlungen auch in die Begriffsbildung des Historikers aufzunehmen, wollte Walsh auch um den Preis gewahrt sehen, daß der historisch Handelnde den vom Historiker gebrauchten Begriff nicht mehr verstehen würde. Hinzuweisen ist in diesem Zusammenhang auch auf die unter angelsächsischen Anthropologen und Soziologen geführte Diskussion um das Verstehen primitiver Gesellschaften und die Anwendbarkeit rationaler Kriterien, die durch Peter Winch ausgelöst wurde. Winchs Forderung nach einem Verständnis primitiver Gesellschaften aus sich selbst heraus wies Bryan Wilson mit dem Hinweis zurück, daß nur die sozialwissenschaftlichen Konzepte und Forschungstechniken es ermöglichten, über die begrenzten Erklärungen der Zeit selbst hinauszugelangen.[30]

Nach diesem Überblick über einige Grundpositionen in der Frage der Begriffsbildung in der vorrevolutionären Geschichtsforschung soll im folgenden versucht werden, einige Kriterien für die Anwendung sozialwissenschaftlicher Konzepte und paratheoretischer Begriffe zu entwickeln und zugleich durch den Hinweis auf Forschungsprobleme deren Nützlichkeit zu veranschaulichen. Ich werde dies im wesentlichen auf zwei Ebenen unternehmen, einmal der von Kocka so genannten „gesellschaftsgeschichtli-

29 Ebd., S. XVII.

30 W. H. Walsh, Colligatory conception history, in: W. H. Burton u. D. Thompson (Hg.), Studies in the nature and teaching of history, London 1967, S. 65—84, hier S. 80; B. R. Wilson (Hg.), Rationality, Oxford 1974, Einleitung S. XI und XVII; P. Winch, Die Idee der Sozialwissenschaft und ihr Verhältnis zur Philosophie, Frankfurt/M. 1966.

chen" Ebene, zum anderen auf der Ebene der sogenannten soziologischen Konzepte.
Der erste Untersuchungsbereich ist nach Kocka dadurch charakterisiert, daß hier an ausgewählten Arbeitsschwerpunkten gesamtgesellschaftliche Analysen angesetzt werden, die „im Prinzip die verschiedensten Wirklichkeitsbereiche einbeziehen von den materiellen Bedingungen ... bis hin ... zu den Veränderungen im Bereich der Kunst, Religion und Wissenschaft".[31] In solchen Arbeitsschwerpunkten kulminieren bestimmte, meist national differenzierte Fragestellungen, deren methodische Dynamik meist sogar in der Lage ist, zur Formulierung solcher gesamtgesellschaftlicher Interpretationsrahmen anzuregen. Die Debatte um den Aufstieg des Bürgertums in Frankreich scheint mir dabei ebensosehr ein Beispiel zu sein wie die „gentry-Debatte" in England oder die sog. „Krise des 17. Jahrhunderts", die sich im westeuropäischen Bereich als außerordentlich fruchtbare Anregung der Forschung erwiesen hat.[32]
Im Bereich der deutschen Frühneuzeitforschung ist bislang die Notwendigkeit solcher Interpretationsrahmen recht gering eingeschätzt worden. Die nur begrenzte Fruchtbarkeit der westdeutschen Reaktionen auf den Begriff der „frühbürgerlichen Revolution" scheint mir vor allem darin zu liegen, daß dieses Modell nicht mit einem adäquaten, d. h. methodologisch auf gleichem Niveau stehenden Gegenmodell kritisiert worden ist, sondern überwiegend mit partieller Kritik angegriffen worden ist.[33] Das ist zwar, wie im vorliegenden Fall bewiesen werden kann, für die Gegenposition recht nützlich — Max Steinmetz zeigt deutlich, wie die DDR-Forschung aus der bürgerlichen Kritik gelernt hat[34] —, für die eigene Position jedoch ist dieses Verfahren nur von begrenztem Wert. Mir scheint ein Fortschritt der bundesrepublikanischen Forschung zum Ereigniskomplex von Reformation und Bauernkrieg mit dem Punkt erreicht worden zu sein, an dem die Auseinandersetzung mit dem unbefriedigenden Modell der frühbürgerlichen Revolution durch den Hinweis auf den „Zusammenhang der krisenhaften Erscheinungen" in Wirtschaft, Gesellschaft und Herrschaft (so Peter Blickle) oder die neue Dimension eines „gesamt-

31 J. Kocka, Theorien in der Sozial- und Gesellschaftsgeschichte. Vorschläge zur historischen Schichtungsanalyse, in: GG, Bd. 1, 1975, S. 9—42, hier S. 13 und S. 20.

32 Vgl. dazu die Aufsatzsammlung von T. Aston (Hg.), Crisis in Europe 1560—1660. Essays from Past & Present, with an introduction by Ch. Hill, London 1965.

33 Vgl. dazu die beiden von R. Wohlfeil edierten und eingeleiteten Aufsatzsammlungen: Reformation oder Frühbürgerliche Revolution, München 1972, und: Der deutsche Bauernkrieg 1524—1526, München 1975; sowie W. Schulze, Reformation oder Frühbürgerliche Revolution? Überlegungen zum Modellfall einer Forschungskontroverse, in: JGMO, Bd. 22, 1973, S. 253—269.

34 So M. Steinmetz, Reformation und Bauernkrieg — Höhepunkte der Geschichte des deutschen Volkes, in: Sächsische Heimatblätter, Bd. 19, 1973, S. 97—102, hier S. 98. Das Zitat auch bei Wohlfeil, Bauernkrieg, S. 45.

gesellschaftlichen Konflikts" (so meine eigene Formulierung von 1973) weitergeführt worden ist.[35] Wenn auch die sprachliche Form der beiden Ansätze noch zu unspezifisch ist im Vergleich mit vorausgehenden und späteren Krisenerscheinungen der feudalen Ordnung, so wurde doch damit der Versuch unternommen, den notwendigen Zusammenhang der verschiedenen Krisenerscheinungen plausibel zu machen, so daß hier nicht mehr ein „Naturereignis" im akzidentellen Sinne Rankes, sondern im Sinne der Erklärbarkeit von „Naturereignissen" gesehen werden kann.

Da im ersten Thesenpapier der beiden Veranstalter[35a] auch die Thematik „Bauernkrieg und Klassentheorie" angesprochen wurde, soll hier noch darauf eingegangen werden. Wohlfeil hat kürzlich noch auf die Tatsache hingewiesen, daß der nicht als empirische Kategorie formulierte Klassenbegriff wenig geeignet ist, „die soziale Wirklichkeit mit ihrer so vielfältigen, bunten Differenzierung zu erkennen und abbildhaft zu beschreiben".[36] Der Begriff greift nur ihm wesentliche Strukturelemente gesellschaftlicher Differenzierung heraus, definiert „Haupttriebkräfte". In solcher Modellfunktion wird er auch in der DDR-Forschung über den Bauernkrieg verwendet, wenn etwa Ernst Engelberg feststellt: „Wie auch der Grad der feudalen Bindungen des Bürgertums, also ihre sozusagen qualitative Größe und ihr quantitativer Umfang im Verhältnis vor allem gegenüber den Bauern beurteilt werden mag, diese Klasse hatte nun einmal die objektive Aufgabe, eine neue Gesellschaftsordnung zu erstreben und zu erkämpfen."[37] Dieser rein deduktive Charakter des Klassenbegriffs — deduziert aus der Abfolge der Gesellschaftsformationen und ihrer jeweils herrschenden Klasse — hat zweifellos den Begriff der frühbürgerlichen Revolution konstituiert. Der Gebrauch des Begriffs „Klasse" in den Darstellungen der DDR-Historiker ist jedoch höchst undeutlich und schwankt zwischen objektiven und empirischen Gehalten. Der Wortgebrauch reproduziert damit den ungeklärten methodologischen Charakter des Rahmenmodells, in dem es Verwendung findet. Max Steinmetz, dessen Darstellung im verbindlichen Lehrbuch der „Beiträge"[38] ich hier exemplarisch herausgreife, spricht zwar von der „Umgruppierung der Klassenkräfte" (127), aber von den Bauern als „der weitaus zahlreichsten Schicht der Gesellschaft" (128), von „Klasseninteressen" derselben (129) und von der „herrschenden Klasse" (130), andererseits von den „vorhandenen Klassen und Schichten" (141, 160), einmal von der „ungeborenen Klasse des späteren

35 P. Blickle, Die Revolution von 1525, München 1975, S. 76; und Schulze, Reformation, S. 267 ff. Vgl. auch Wohlfeil, Bauernkrieg, S. 280.

35a Anläßlich der Einladung zur Tagung (nicht abgedruckt). [Anm. d. Hg.]

36 Wohlfeil, Bauernkrieg, S. 18.

37 E. Engelberg, Probleme der gesetzmäßigen Abfolge der Gesellschaftsformationen. Betrachtungen zu einer Diskussion, in: ZfG 22, 1974, S. 145—173, hier S. 171.

38 M. Steinmetz, Deutschland 1476—1648, Lehrbuch der deutschen Geschichte (Beiträge), Bd. 3, Berlin 1967.

Proletariats" (141) und von „Klassenauseinandersetzungen" (156), zum anderen dann aber von „Bauern, Bürgern, Plebejern" (159) als näherer Definition der Volksmassen. Hinzu kommt, daß die von Steinmetz vorgenommene Differenzierung der gesellschaftlichen Kräfte vor dem Ausbruch des Bauernkriegs vier Lager vorsieht, die mit den Haupt- und Nebenklassen keineswegs identisch sind (125—127). Ein andermal werden auch die Bauern offenbar zur Klasse, wenn sie nämlich anderen Bauernhaufen, ihren „Klassengenossen" (160), in den Rücken fallen.

Dieser sicherlich unbefriedigende Begriffsgebrauch hat zusammen mit ähnlichen Problemen in der mittelalterlichen Stadtgeschichtsforschung die DDR-Historiker veranlaßt, dem methodologischen Status des Begriffs „Klasse" größere Aufmerksamkeit zuzuwenden. Dies erfolgte unter den weiter oben bereits erwähnten Vorzeichen einer stärkeren Historisierung der Kategorien des Historischen Materialismus. Ausgehend von Lenins Begriff der „ständischen Klasse" sah Küttler den Klassenbegriff insgesamt nur dann sinnvoll anwendbar im Bereich der historischen Forschung, wenn dieser ergänzt wird durch die Unterscheidung von Haupt- und Nebenklassen bzw. Übergangsklassen und durch den Begriff der sozialökonomischen Schicht (als Menschengruppe mit gemeinsamer Funktion im Produktionsprozeß). „Dabei ist prinzipiell die Klassenstruktur die grundlegende, die Schichtstruktur dagegen eine abgeleitete gesellschaftliche Gliederung, die zu notwendigen weiteren Unterteilungen außerhalb oder innerhalb einer Klasse verwendet wird."[39]

Angesichts der Unfähigkeit des Klassenbegriffs, die gesellschaftlichen Verhältnisse in dem Konflikt von 1525 empirisch zu erfassen, scheint es mir sinnvoll, auf den zuletzt wieder von Blickle definierten Begriff des „gemeinen Mannes" zurückzugreifen.[40] Dieser von Blickle idealtypisch — oder sollte ich sagen realtypisch — verwendete Begriff zur Kennzeichnung der nicht herrschaftsfähigen Gesellschaftsschichten ohne Rücksicht auf deren Stellung im Produktionsprozeß oder ihre rechtliche Stellung zu den Produktionsmitteln scheint mir darüber hinaus ein glückliches Beispiel für die auch in diesem Zusammenhang nicht zu übersehende Möglichkeit zu sein, *aus den Quellen heraus Begriffe kategorial zu entwickeln* und sie auch im systematischen Zusammenhang nutzbar zu machen, ein Verfahren, das keineswegs identisch erscheint mit der einfachen Übernahme von Quellenbegriffen. Zudem scheint hier der Vorteil greifbar zu sein, mit dem idealtypisch gewendeten Quellenbegriff Forschungsrichtungen zu korri-

39 W. Küttler, Zum Problem der Anwendung des marxistisch-leninistischen Klassenbegriffs auf das mittelalterliche Stadtbürgertum, in: ZfG, Bd. 22, 1974, S. 605—615. Vgl. Küttlers Warnung vor einer „Überforderung des historischen Gegenstandes durch moderne Begriffsinhalte" gerade am Beispiel des Klassenbegriffs. Küttler, Geschichtsmethodologische Aspekte, S. 24.

40 Blickle, Revolution 1525, S. 177—179. Vgl. auch ders., Landschaften im Alten Reich. Die staatliche Funktion des gemeinen Mannes in Oberdeutschland, München 1973, S. 27.

gieren, die ihrerseits wieder durch eine bestimmte Gattung von Quellen in die Irre geführt worden sind, jene nämlich, die den erzählenden Quellen über den „Bauernkrieg“ auch die Gewißheit entnahmen, daß dies wirklich ein Aufstand der Bauern allein gewesen sei. Folgt man der Annahme von Ludz und Rönsch, „daß die Struktur der Assoziationen, die ein Begriff erzeugt, nicht zu stark von der Struktur der Eigenschaften abweichen darf, die der Gegenstand, um den es geht, aufweist“,[41] dann haben wir mit dem „gemeinen Mann“ ein gelungenes Beispiel für Begriffsverwendung vor uns. Seine „latenten Bedeutungsnuancen“ (K. O. Apel) ermöglichen zudem den notwendigen Transfer in ein breiteres Publikum.

Sehen wir einmal von den hier untersuchten Modellen gesamtgesellschaftlicher Anwendungsbreite ab, so fällt auf, daß ähnlich umfassende Interpretationsansätze, wie sie für das 19./20. Jahrhundert entwickelt worden sind, für die frühe Neuzeit kaum vorhanden sind. Zwar verfügen wir über ein relativ differenziertes Bild der agrarischen Krisen und Konjunkturen (W. Abel) für unseren Zeitraum,[42] doch ist es bisher nur punktuell unternommen worden, den Zusammenhang von agrarischer Entwicklung und politisch-sozialen Prozessen für eine entscheidende Periode begrifflich zusammenzufassen. Andere Interpretationsansätze wie etwa die „Entstehung des modernen Staates“, „Rationalisierung“, „Säkularisierung“ — um nur einige zu nennen — sind bislang vorwiegend sektoral begrenzt verwendet worden und erfüllen deshalb noch nicht die o. g. Kriterien dieser „gesamtgesellschaftlichen“ Modelle, obwohl sie zweifellos tendenziell in diese Richtung zielen.

Werfen wir nun noch einen Blick auf die zweite Ebene, die Anwendung sog. sozialwissenschaftlicher Konzepte auf die vorrevolutionäre Gesellschaft. Hier besteht scheinbar die größte Diskrepanz zwischen Begriff und Gegenstand, hier scheinen mir auch noch die größten Defizite der Frühneuzeitforschung zu liegen, obwohl hier etwa im Bereich der Religionssoziologie schon vorzeigbare Ergebnisse gewonnen wurden. Von der Anwendung nationalökonomischer Modelle auf die Wirtschaftsgeschichte unseres Zeitraumes will ich hier einmal absehen, weil sich hier wissenschaftsgeschichtliche Sonderbedingungen ausmachen lassen, die für den Bereich der politischen, Sozial- und Geistesgeschichte nicht gültig sind.

Bei der Untersuchung sog. sozialwissenschaftlicher Konzepte scheint mir eine methodologische Vorbemerkung am Platz zu sein, die m. E. der Diskussion ihre Schärfe nehmen kann. Es ist festzuhalten, daß diese Konzepte — wie etwa die soziologischen Idealtypen Max Webers — keines-

41 P. Chr. Ludz und H. Rönsch, Theoretische Probleme empirischer Geschichtsforschung, in: P. Chr. Ludz (Hg.), Soziologie und Sozialgeschichte. Aspekte und Probleme (= KZSS, Sonderheft 16, 1972), S. 153—179, hier S. 161.

42 W. Abel, Agrarkrisen und Agrarkonjunktur. Eine Geschichte der Land- und Ernährungswirtschaft Mitteleuropas seit dem hohen Mittelalter, Hamburg u. Berlin 1966².

wegs unhistorische Begriffe sind, wie dies etwa der inzwischen zurückgewiesene Versuch von Klaus/Schulze in der DDR tat, historische Begriffe in kybernetische Modelle zu übersetzen.[43] Vielmehr muß davon ausgegangen werden, daß die sozialwissenschaftlichen Konzepte wie auch die Kategorien des Historischen Materialismus historische Qualität besitzen, wenn auch freilich in ganz stark abstrahierter Form. Gehen wir davon aus, wie ich dies im Anschluß an Bollhagen getan habe,[44] daß auch die strukturellen Begriffe noch innerhalb eines sozialwissenschaftlichen Kontinuums zwischen den Polen von „historisch" und „systematisch" angesiedelt sind, so scheint mir dieser Restbestand an historischer Qualität durchaus ausreichend, um solche systematischen Begriffe auf historisches Material zu applizieren, dessen Designata in partikularisierter Form auch in solche hochabstrakten Begriffe eingegangen sind. Damit ist freilich noch nichts darüber gesagt, wie diese Konzepte gegenüber dem historischen Material z. B. des 16. Jahrhunderts aussagefähig gemacht werden können. Für dieses Problem habe ich den Begriff der „Operationalisierung" vorgeschlagen, der besagt, daß das gewählte Konzept in bestimmte, im Forschungsprozeß zu beachtende Teilaussagen zerlegt und dadurch erst anwendbar auf das historische Material gemacht wird.[45] Soweit ich sehe, hat dieser Vorschlag, der sich ja eines der Soziologie durchaus vertrauten Verfahrens bedient, Zustimmung erfahren.[46] Im übrigen wird es der Sache nach auch von der marxistischen Geschichtswissenschaft betrieben, wenn es darum geht, Formationstheorie in Formationsgeschichte umzusetzen. Küttler spricht hier von „einer methodologischen Umsetzung", „einer problem- und gegenstandsgerechten Zubereitung des Begriffsinstrumentariums".[47]

Ein Beispiel für die schwierige Operationalisierung eines Konzepts, das nach Meinung seines Verfassers idealtypisch erst im 19. Jahrhundert greifbar wird (jedenfalls in Deutschland), soll im folgenden erörtert werden. Bernd Balzer, Verfasser einer germanistischen Untersuchung über bürgerliche Reformationspropaganda, insbesondere die Flugschriften von Hans Sachs, unternahm es, das so von Jürgen Habermas zeitlich begrenzte Modell der „politisch fungierenden bürgerlichen Öffentlichkeit" auf die frühe Reformationsepoche anzuwenden. Balzer formuliert dabei zunächst fünf Kriterien für das Habermas'sche Modell (Voraussetzung, Medium, Prinzip, Funktion, Instrument) und versucht dann, in einem Schulfall von „historischer Operationalisierung", Realentsprechungen für diese Kriterien in der Frühreformation zu finden. Die damit implizierte Schwierig-

43 G. Klaus und H. Schulze, Sinn, Gesetz und Fortschritt in der Geschichte, Berlin 1967. Dazu kritisch jetzt Küttler, Geschichtsmethodologische Aspekte, S. 14, Anm. 2.

44 Schulze, Soziologie, S. 156 f. u. 247 f.

45 Ebd., S. 242 ff. und ders., Reformation, S. 264.

46 Vgl. etwa Wohlfeil, Reformation, S. 22 und in der Sache wohl auch Kocka, Theorien, S. 38.

47 Küttler, Geschichtsmethodologische Aspekte, S. 22.

keit wird deutlich, wenn es darum geht, ein Analogon für das politische Instrument bürgerlicher Öffentlichkeit, bei Habermas das Parlament, im frühen 16. Jahrhundert zu finden. Hier bieten sich ersatzweise nur die reichsstädtischen Räte für Balzer an, Reichstage und Landtage können die geforderte Instrumentalfunktion natürlich nicht erfüllen. Obwohl also hier keine adäquate Entsprechung gefunden werden kann, hält Balzer am Konzept fest und konstatiert, daß „weit über eine nur phänomenologische Analogie hinaus die Frühreformation das erste Beispiel einer politisch fungierenden Öffentlichkeit bürgerlichen Zuschnitts ist".[48] Dieses methodische Vorgehen scheint mir auch für den Fall einer nicht gelungenen Operationalisierung ein wichtiger Schritt, der in jedem Falle methodische Vorteile erbringen kann. Wenn ein wichtiges Kriterium keine adäquate Entsprechung am historischen Material findet, kann ein beschränktes Konzept formuliert werden, dessen Designata enger gefaßt sind und auf das vorliegende historische Material zutreffen.

Weitere Vorzüge der Operationalisierung von sozialwissenschaftlichen Konzeptionen lassen sich am Beispiel des Konzepts „sozialer Konflikt", angewandt auf die ständische Gesellschaft, aufzeigen. Ganz zweifellos geht der moderne Gebrauch dieses Konzepts von einer Gesellschaft aus, die, wie es Dahrendorf einmal formuliert hat, in Konflikten „weit mehr als nur notwendiges Übel", sondern „die große Hoffnung einer würdigen und rationalen Bewältigung des Lebens in Gesellschaft" überhaupt sieht.[49] Kein Zweifel auch, daß dem Selbstverständnis der ständischen Gesellschaft, die durch das traditional-statische System funktionaler Positionszuteilung durch göttlichen Willen gekennzeichnet ist, die Normalität von Konflikten zunächst völlig fremd erscheinen muß. Trotzdem erscheint es sinnvoll, mit dem Konfliktkonzept auch an diese Zeit heranzugehen. Gerade weil das Selbstverständnis dieser Gesellschaft autoharmonisch ist und gerade weil die ältere Forschung diese Gesellschaft mit dem Quellenbegriff der sich gleichgewichtig ergänzenden Funktionen von „Schutz und Schirm" und „Rat und Hilfe" zu analysieren versucht hat, kann es notwendig sein, hier den Konfliktbegriff anzuwenden. Damit können dann verschiedene Erscheinungsformen sozialer Konflikte zusammengefaßt werden, die in der traditionellen Forschung im Zusammenhang ganz verschiedener Institutionen von einander losgelöst thematisiert wurden. So hat diese Konzeption dazu beigetragen, eine Vielzahl von Formen und Stufen der Auseinandersetzung zwischen grundbesitzendem Adel und bäuerlichen Untertanen zu summieren und so das vorherrschende Bild eines politisch wir-

48 B. Balzer, Bürgerliche Reformationspropaganda. Die Flugschriften des Hans Sachs in den Jahren 1523—1525, Stuttgart 1973, S. 11 f. B. greift dabei zurück auf J. Habermas, Strukturwandel der Öffentlichkeit. Untersuchungen zu einer Kategorie der bürgerlichen Gesellschaft, Neuwied u. Berlin 1969.

49 R. Dahrendorf, Pfade aus Utopia. Arbeiten zur Theorie und Methode der Soziologie, München 1967, S. 276.

kungslosen Bauerntums für die Epoche nach dem Bauernkrieg erheblich zu differenzieren.[50] Allgemein formuliert muß das heißen: Gerade die Verwendung sozialwissenschaftlicher Konzepte kann in bestimmten Fällen in der Lage sein, neue Formen gesellschaftlichen Handelns in den Blick zu bekommen, die dem zeitgenössischen Selbstverständnis nicht geläufig, bzw. nur in kriminalisierter Form vorstellbar sind.

Nicht zuletzt wegen dieses Beispiels fällt es schwer, Grenzen für die Anwendung solcher Konzepte präzise zu bestimmen. Zunächst müssen natürlich die allgemeinen Grenzen für die Anwendung theoretischer Begriffe überhaupt beachtet werden. Ein zumindest ausgewogenes Verhältnis von verbalem Aufwand und gewonnener Plausibilität wäre hier zuerst zu nennen (was mir etwa bei der erwähnten Arbeit von Balzer insgesamt nicht gegeben erscheint), ebenso wie das Verhältnis von Abstraktionshöhe und der Problemlage des zu untersuchenden Gegenstandes. Dies sind freilich noch keine methodologischen Sperren. Diese scheinen mir erst dann erreicht zu sein, wenn das verwandte sozialwissenschaftliche Konzept nicht mehr auch historisch akkumulierte und historisch verifizierbare Grundbeziehungen sozialen Verhaltens „mit universellem Anspruch" (Max Weber) formuliert, sondern wenn es sich um epochenspezifische Abstraktionen handelt, deren Designata überwiegend mit der Entwicklung der industriellen Gesellschaft entstanden sind und sich auch nicht prototypisch im historischen Material ausfindig machen lassen. Diese letztere Bestimmung scheint mir besonders wichtig zu sein angesichts der konstitutiven Bedeutung des Suchens nach frühen und Vorformen moderner Phänomene für die Geschichtswissenschaft. Das hier auslösende Forschungsinteresse impliziert jedoch notwendig eine zunächst anachronistische Begrifflichkeit, die sich erst dann auflöst, wenn spezifische Anwendungsgrenzen eines solchen Begriffs am Material expliziert werden oder ein umfassender Abstraktionsbegriff gebildet wird, der die historischen Differenzierungen vollständig in sich aufnimmt.

Eine Bemerkung relativierender Art soll meine Überlegungen abschließen. Eingedenk der von Wolfgang Küttler noch einmal betonten Tatsache, daß unsere Wissenschaft „nicht über eine eigene Objektsprache verfügt und auf die Formulierung ihrer Ergebnisse mit den Mitteln der Umgangs- und Literatursprache nicht nur angewiesen ist, sondern durch diese erst ihre gesellschaftlichen Funktionen erfüllen kann",[51] scheint es notwendig, durch die unangemessene Verwendung von Theorien und Konzepten den Transfer wissenschaftlicher Ergebnisse zu den unterschiedlichen Adressaten

50 Vgl. dazu jetzt den Überblick über diese Forschungen bei W. Schulze, Die veränderte Bedeutung sozialer Konflikte im 16. und 17. Jahrhundert, in: H.-U. Wehler (Hg.), Der deutsche Bauernkrieg 1524—1526 (= GG, Sonderheft 1, 1975), S. 277—302.

51 W. Küttler, Geschichtsmethodologische Aspekte, S. 13. Ähnlich Ludz u. Rönsch, Theoretische Probleme, S. 160.

nicht unnötig zu erschweren. Zu bedenken ist immer, daß — wie Helmut Gipper feststellte — „dem Wort ein sprachsystem-bedingter Inhalt“, dem „Begriff aber ein denksystem-bedingter Inhalt“ eigen ist,[52] mit dem Begriff also der natürliche Kommunikationszusammenhang verlassen wird. Die hier eindeutig befürwortete Benutzung solcher Theorien und Konzepte kann sicher nicht heißen, den gesamten sprachlichen Kontext der Darstellung auf dieses Begriffsniveau zu heben. Der Wert theoretisch geklärter Begriffe müßte sich in der durch sie möglichen Qualität und Anordnung des historischen Materials, seines „inneren Bandes“ erweisen. Die Spezifik des historischen Prozesses auch unter dem sprachlichen Druck theoretischer Ansätze und Konzepte zu erhalten, scheint mir in diesem Zusammenhang eine unabdingbare Forderung zu sein, die den Historiker der vorrevolutionären Gesellschaft in besonderem Maße betrifft. Eine stärkere und bewußtere Trennung zwischen analytischen Arbeiten für die wissenschaftliche Kommunikation selbst und den Darstellungen für ein breiteres Publikum scheint mir dabei eine der möglichen Lösungen zu sein, wenn dabei der argumentative Zusammenhang zwischen beiden Bereichen gewahrt bleibt.

Aus der Diskussion

H. Schilling: Ich teile nicht die im Anschluß an Peter Blickles Buch „Die Revolution von 1525“ geäußerte Ansicht von Herrn Schulze, daß der den Quellen entnommene Terminus „Gemeiner Mann“ in einem besonderen Maße geeignet ist, die Ereignisse des Jahres 1525 auf den Begriff zu bringen. Meine Bedenken lassen sich in zwei Hauptpunkte zusammenfassen:

1. In den Quellen wird der Begriff „Gemeiner Mann“ — soweit ich sehe — in seiner positiven Bedeutung vorwiegend propagandistisch und instrumentell verwendet. Eine *erklärende* Funktion kann er daher m. E. nur auf dieser propagandistischen Ebene beanspruchen. Darüber hinaus reichende realhistorische Abläufe sowie rechtliche und soziale Strukturen — auf die es Blickle doch ankommt — vermag er dagegen nicht adäquat zu erfassen. In diesen Zusammenhang gehört auch, daß bereits in der zeitgenössischen Terminologie der Begriff „Gemeiner Mann“ in verschiedenen politischen Konstellationen und je nach sozialer und rechtlicher Stellung des oder der Sprechenden — Bauern, Adel, städtische Gemeinde, Stadtrat, landesherrliche Bürokratie — unterschiedlich abgegrenzt sein kann.
2. Besonders problematisch erscheint mir jedoch die Anwendung des Be-

52 H. Gipper, Muttersprachliche Wirkungen auf die wissenschaftliche Begriffsbildung und ihre Folgen, in: Archiv für Begriffsgeschichte, Bd. 9, 1964, S. 243—259, hier S. 250.

griffes im *städtischen* Kontext. Das ist um so mehr zu bedauern, als hierdurch die von Schulze mit Recht positiv bewertete Intention Blickles, den städtischen und ländlichen Protest von 1525 miteinander in Beziehung zu setzen, in eine falsche Richtung gedrängt wird. Denn die von Blickle implizit vorgenommene Gleichsetzung von städtischer Gemeinde, gemeinem Mann und nicht herrschaftsfähigem Teil der Bürgerschaft, läßt sich in dieser Weise nicht aufrechterhalten. Die Gemeinde der vollberechtigten Bürger verstand sich selbst gerade als an der Stadtherrschaft beteiligt, was in der Regel prinzipiell auch von seiten des Magistrats anerkannt wurde. Es bestand vielleicht die Gefahr, daß Teile der Gemeinde zum „Gemeinen Mann" wurden; sie waren es — zumindest in den Reichsstädten — 1525 aber noch nicht. Auf keinen Fall waren aber alle Mitglieder der Gemeinde von dieser Entwicklung bedroht. Die Bürgergemeinde befand sich dem Rat gegenüber nicht in gleicher Weise in einem Untertanenverhältnis wie die Bauern gegenüber ihren Herren.
Ohne die Forderung nach quellennahen Begriffen prinzipiell in Frage zu stellen, scheint mir damit das Beispiel des „Gemeinen Mannes" eher auf deren Problematik und Gefahren als auf ihre Vorteile hinzuweisen.

J. Kocka: Herr Schulze plädiert für die Anwendung gegenwärtiger sozialwissenschaftlicher Konzepte bei der Erforschung frühneuzeitlicher Wirklichkeit und diskutiert im einzelnen, wie dies zu tun sei. Andererseits begrüßt er das Konzept vom „gemeinen Mann" und damit den Rückgriff auf die Quellensprache als Konsequenz aus der angeblichen Unfähigkeit eines modernen sozialwissenschaftlichen Konzepts (eines Klassenbegriffs), die gesellschaftlichen Verhältnisse von 1525 empirisch zu erfassen. Stellt dies nicht einen Bruch innerhalb seiner Argumentation dar, selbst wenn man die von Herrn Schilling geäußerten inhaltlichen Bedenken gegen das Konzept des „gemeinen Mannes" ausräumen könnte? Anders gefragt: Wie lassen sich die Forderungen nach Anwendung gegenwärtiger sozialwissenschaftlicher Konzepte und die nach Benutzung der Quellensprache in diesem konkreten Fall vereinbaren, verknüpfen und vermitteln?

W. Mager: Gefragt wird nach Möglichkeit und Grenze der Anwendung moderner, d. h. vor dem Hintergrund der geschichtlichen Gegebenheiten des 19. und 20. Jahrhunderts ausgebildeter Theorien und Modelle auf Verhältnisse Alteuropas. Ein solcher Transfer mag aus zwei Gründen auf Bedenken stoßen. Das eine Bedenken richtet sich auf die Reichweite moderner Konzeptualisierungen. Es kann gefragt werden, ob eine solche Reichweite dann notwendigerweise begrenzt ist, wenn eine Konzeptualisierung auf spezifische Gegebenheiten des 19. und 20. Jahrhunderts bezogen ist. Ein solches Bedenken mag beispielsweise bei der Übertragung des Modells moderner Klassengesellschaften auf ältere Zeiten geäußert werden, da dieses Modell fraglos auf die erst in der jüngeren Geschichte verwirklichten Bedingungen egalitären Personenrechts, anstaltlicher Staatlichkeit und kapitalistischen Wirtschaftsgebarens bezogen ist. Ein zweites Bedenken gegen die Übertragung moderner Konzeptualisierungen auf vormoderne Lagen gründet auf der Tatsache, daß Theorie- und Modellbildung, sofern sie mehr ist als akademisch-steriles Sprachspiel, stets auf politisch-soziale Praxis zielt, dieser Aufgaben und Wege weist, insofern normative Valenz beansprucht. Es braucht nicht im einzelnen herausgestellt zu werden, daß beispielsweise Dahrendorfs Konflikttheorie oder Habermas' Konzept aufklärerischer Öffentlichkeit normative Aussagen über ‚gute' Politik implizieren. Dieser Sachverhalt läßt die Frage unausweichlich erscheinen, ob bei der Erfassung vormoderner Handlungsproblematik die stets gegebenen praktisch-normativen Implikationen moderner Konzeptualisierung etwa mehr erkenntnishemmende als erkenntnisfördernde Auswirkungen haben.

Angesichts der oftmals begrenzten Reichweite und der stets gegebenen praktisch-normativen Gehalte moderner Konzeptualisierung mag die Versuchung naheliegen, eine Übertragung solcher Theorien und Modelle auf alteuropäische Gegebenheiten abzulehnen und das Heil in einer quellennahen Begriffssprache zu suchen. In Deutschland ist ein solches Vorgehen von Otto Brunner gefordert und praktiziert worden, in Frankreich ist der Nestor der Institutionengeschichte des Ancien Régime, Roland Mousnier, nicht selten ähnlich verfahren. Indes, das Beispiel Brunners und Mousniers lehrt, daß ein Terminologiehistorismus keinen Ausweg mehr aus der skizzierten Transferproblematik bietet. In den Arbeiten des deutschen wie denjenigen des französischen Historikers fungiert quellennahe Begriffssprache unverkennbar als Instrument (manchmal auch als Camouflage) impliziter Theoriebildung. Brunners theoretische Zielsetzungen schlagen insbesondere in seinen älteren Arbeiten durch, während sie in seinen Schriften der Nachkriegszeit (auch in der Neufassung von Vorkriegsschriften) oft weniger eindeutig greifbar sind. In der ersten Fassung des Aufsatzes ‚Moderner Verfassungsbegriff und mittelalterliche Verfassungsgeschichte' (MIÖG, Ergänzungsband 14, 1939), aus welchem zur Verdeutlichung des Gesagten einige Denkansätze referiert werden sollen, hebt Brunner hervor, daß seiner Ansicht nach eine angemessene Erfassung mittelalterlicher Verfassungsgegebenheiten nicht mit dem Begriffswerkzeug der absolutistischen bzw. bürgerlich-liberalen Staatstheorie möglich sei; zugleich stellt er heraus, daß das Modell des liberalen Rechtsstaates nicht an der Gegenwart orientiert sei und der Historiker deshalb darauf hinzuzielen habe, im Medium mittelalterlicher Verfassungsgeschichte ein den liberalen Rechtsstaat überwindendes Gegenmodell zu entwerfen. Im einzelnen führt Brunner aus (die folgenden Ausführungen sind 1955 nicht in die Neuauflage des Aufsatzes in dem von H. Kämpf hg. Sammelband ‚Herrschaft und Staat im Mittelalter' der ‚Wege der Forschung' der Wissenschaftlichen Buchgesellschaft, Darmstadt, übernommen worden), es müsse der Rechtsgeschichte darauf ankommen, „die geschichtlichen Grundlagen von Recht und Verfassung des Dritten Reichs und nicht des ‚bürgerlichen Rechtsstaates' und seiner absolutistischen Grundlagen aufzudecken. Keinesfalls aber kann den Historikern zugemutet werden, den veralteten Begriffsapparat der Rechtsgeschichte unbesehen zu übernehmen und sich vom juristischen ‚Fachmann' darüber belehren zu lassen, wie sie ihre Wissenschaft zu gestalten haben. Der politische Umbruch des letzten Jahrzehnts hat uns von dem Druck einer längst brüchig gewordenen Welt befreit. Die geschichtliche Bedingtheit des liberalen Rechtsstaates liegt klar zutage, sein Anspruch, eine endgültige Form politischer Ordnung zu sein, aus der allgemeingültige Maßstäbe und Begriffe zum Verständnis der Vergangenheit gewonnen werden können, ist erloschen. Damit ist der Historie der Weg zu einem neuen Verständnis der Vergangenheit und zugleich zum Dienst an der Gegenwart eröffnet." Über das dem liberalen Rechtsstaat entgegenzusetzende Modell einer der Gegenwart angemesseneren politisch-sozialen Verfassungsordnung und Ethik äußert sich Brunner ausführlich 1939 in den (in den Nachkriegsauflagen weitgehend weggefallenen) Schlußausführungen des Buches ‚Land und Herrschaft'; es sei darauf verwiesen.

Mousnier bedient sich bei der Charakterisierung der Sozialverfassung des französischen Ancien Régime als einer ständisch geschichteten, ähnlich wie Brunner, einer quellennahen Terminologie, wobei er insbesondere gerne dem Sprachgebrauch des französischen Juristen Charles Loyseau († 1727) folgt. Auch bei dem französischen Historiker kann der Terminologiehistorismus nicht darüber hinwegtäuschen, daß im Medium der Darlegungen zur sozialen Schichtung des Ancien Régime ein Gegenmodell zum marxistischen Klassenkampf- und Konfliktmodell entwickelt wird, dies insbesondere in den jüngeren Arbeiten seit Mousniers Kontroverse mit dem russischen Historiker Porchnev über den Charakter der Bauernaufstände im Frankreich des 17. Jahrhunderts (vgl. im übrigen E. Rotelli, La Structure Sociale dans l'Itinéraire Historiographique de Roland Mousnier, in: Revue d'Histoire Economique et Sociale, Bd. 51, 1973, S. 145 ff.). Aus dem Gesagten darf die Schlußfolgerung gezogen werden, daß Brunners oder Mousniers terminologischer Purismus keine Alternative zur Übertragung moderner Konzeptualisierungen auf vormoderne Gegebenheiten darstellt, bestenfalls eine Variante eines solchen Theorietransfers.

E. Hinrichs: Ohne die von Herrn Schulze erwogenen Konzepte zur Erforschung frühneuzeitlicher Gesellschaftssysteme abwerten zu wollen, möchte ich doch auf das reiche Arsenal weiterer theoretischer Begriffe und Modelle hinweisen, die sich dem Historiker der frühen Neuzeit anbieten und die er auch deshalb intensiv überprüfen sollte, weil sie in den benachbarten Sozialwissenschaften z. Z. mit besonderem Nachdruck diskutiert werden. Hier wäre, auch mit dem Blick auf die Kontroverse zwischen

Habermas und Luhmann, auf den Begriff des „politischen Systems“ zu verweisen. Er wird von Historikern gern deshalb zurückgewiesen bzw. abgewertet, weil sie glauben, daß hier nur die alte Bürokratie- oder Institutionengeschichte in neuem, modischen Gewand betrieben werde. Es ist jedoch ein wesentlicher Unterschied, ob man die Geschichte einer Bürokratie oder aber die eines politischen Systems schreibt, die das Durchdenken einer Gesellschaft als eines Komplexes von Systemen voraussetzt und dabei, vor dem Hintergrund einer weitgespannten evolutionstheoretischen Perspektive, dem politischen System seinen Platz im gesamten gesellschaftlichen Systemzusammenhang zuweist. Überhaupt erscheint mir eine Auseinandersetzung der Historiker mit systemtheoretischen Begriffen, Modellen etc. dringend geboten. — Ebenfalls geeignet erscheint mir der Begriff der Sozialisation, der etwa im Zusammenhang der in Frankreich und England in jüngster Zeit erforschten „Alphabetisierung“ relevant werden könnte.

Eine kritische Bemerkung möchte ich zum Titel des Referats von Herrn Schulze machen. Ich halte es nicht für sinnvoll, die frühneuzeitlichen Gesellschaftssysteme allgemein als „vorrevolutionär“ zu kennzeichnen. Hier kommt eine zielgerichtete Betrachtungsweise ins Spiel, die diesen Gesellschaften nicht angemessen ist. Man denke nur an die zahlreichen stabilen Strukturelemente, von denen sie geprägt waren und die die Revolutionen des 17. und 18. Jahrhunderts zum Teil erheblich überdauert haben.

H.-U. Wehler: Im Anschluß an Dahrendorf, Lenski u. a. spricht viel dafür, auf der systematischen Ebene Herrschaft als dominanten Faktor des Stratifikationssystems zu bevorzugen; Besitz oder Nichtbesitz von Produktionsmitteln, d. h. Ausübung oder Ausschluß von Verfügungsgewalt, läßt sich dann als Unterfall der Herrschaftsstruktur begreifen. Von der Herrschaftsfrage her wird man sogleich auf den Kampf um die Legitimationsbasis unterschiedlicher Herrschaftsformen in Staat, Gesellschaft und Wirtschaft gestoßen und gewinnt damit von der Stratifikationsgeschichte auch den Anschluß an politische Konflikte, während Phänomene, die für Integration bzw. Konsens (als den Komplementärbegriffen zum Konflikt), zentral sind, nämlich Norm und Sanktion, ohne größere Schwierigkeiten im selben Kontext berücksichtigt werden können. Findet Herr Schulze einen solchen herrschaftstheoretischen Ansatz für die Frühe Neuzeit nützlich und ggf. anderen Positionen überlegen? Wenn ja, warum? Wenn nein, warum nicht?

K. Hausen: Herr Schulze hat zum einen über die Arbeit mit gesellschaftsgeschichtlichen Gesamtkonzepten geredet und zum anderen über die Anwendung von sozialwissenschaftlichen Teilkonzepten. Leider hat er darauf verzichtet zu erläutern, in welchem logisch konsistenten Verhältnis die theoretischen Gesamtkonzepte und die Teilkonzepte zueinander stehen.

Dieses Verhältnis müßte geklärt werden, um die Brauchbarkeit und Reichweite von Teilkonzepten theoretisch bestimmen zu können. Erst mit einer solchen Bestimmung schafft man m. E. die notwendigen Voraussetzungen, um die auch von Herrn Schulze diskutierte Operationalisierung sozialwissenschaftlicher Teilkonzepte für die Erforschung geschichtlich zurückliegender Gesellschaften durchzuführen. Ob eine solche Operationalisierung allerdings häufiger als nur im Ausnahmefall möglich ist, wage ich aufgrund meiner Kenntnisse sozialwissenschaftlicher Teilkonzepte zu bezweifeln. Nicht zuletzt das angeführte Beispiel des Konfliktmodells wirft wegen seiner Vagheit und Globalität erhebliche Probleme auf, sofern man unter Theoriegebrauch in der Geschichtswissenschaft mehr verstehen will als nur eine allgemeine Inspiration durch zusammenhängende Erklärungsversuche.

H. J. Puhle: Ich möchte der Behauptung von Frau Hausen deutlich widersprechen, daß die theoretischen Konzepte des Historikers in sich konsistent sein und in logischen Zusammenhängen stehen müßten. Warum eigentlich? Es handelt sich doch zunächst einmal um Probleme der Operationalisierung, der Handhabbarmachung von Theoremen für den Bedarf des konkret und empirisch arbeitenden Historikers, der hofft, durch die Anwendung theoretischer Konzepte mehr, bzw. besser oder genauer erklären zu können. Es würde also durchaus reichen, daß die verwandten Konzepte in einem operationalen (und auch operationalisierbaren), aber noch nicht notwendigerweise theoretisch konsistenten Zusammenhang stehen. Nach meinen eigenen Erfahrungen aus der konkreten Arbeit an verschiedenen Gegenständen und auch im Vergleich empfiehlt es sich z. B. oft, nebeneinander unterschiedliche Fragestellungen und Hypothesen zu prüfen, die einerseits von modernisierungstheoretischen Ansätzen und andererseits von Konflikttheorien und -modellen inspiriert sind, aber ich meine, der Historiker braucht einen entsprechenden Vorwurf keineswegs zu scheuen. Da er Theorien doch wesentlich als Mittel der Erkenntnisförderung und nicht so sehr als Zweck begreift, kann er nicht nur guten Gewissens, sondern muß er m. E. sogar sehr oft geradezu theoretischen Eklektizismus betreiben, aus Motiven, die im Erkenntnisinteresse und in Gegenstand und Material der Forschung begründet sind. Das eine Erklärungsmodell mag bestimmte Aspekte zu verdeutlichen und schärfer zu analysieren erlauben, ein anderer theoretischer Rahmen bestimmte andere. Die Inkonsistenz der Mittel, auch des theoretischen Handwerkszeugs, kann dabei aufgewogen werden durch die vermehrte Produktivität der so erzielten Ergebnisse, gerade auch im Bereich der Sozial- und Wirtschaftsgeschichte. Wenn wir uns umsehen, geschieht das doch auch (im besten Fall) allerorten. Es hat nur den Anschein, als würden zahlreiche Historiker immer noch nur ungern zugeben, daß sie im Hinblick auf den „Einsatz" von Theorien eklektisch vorgehen.

J. Rüsen: Der Vorschlag, bei der Rekonstruktion des zeitlichen Ablaufs vergangenen menschlichen Handelns nicht mehr dem Selbstverständnis der Handelnden zu folgen, sondern unabhängig davon die faktischen Bedingungen dieses Handelns zu erforschen, ist einleuchtend. Denn dadurch wird es erst möglich, gesellschaftliche Formen dieses Handelns zu entdecken, die den Akteuren selber verborgen geblieben sind. Indem die Geschichtswissenschaft diese verborgenen Formen sozialen Handelns aufdeckt, liefert sie Erkenntnisse, mit denen sie den Bereich des historisch Erkennbaren über die vom traditionellen Historismus abgesteckten Grenzen hinaus qualitativ erweitert.

So erwünscht dieser Erkenntnisfortschritt ist, so sehe ich in ihm aber auch die Gefahr, den Historismus auf Kosten einer von ihm erschlossenen Erkenntnismöglichkeit zu überwinden. Im Historismus wurden die im Selbstverständnis der Handelnden unverarbeitet gebliebenen nicht-intentionalen Bedingungsfaktoren ihres Handelns und deren gesellschaftliches Gefüge als quasi-natürliche angesehen. Im Verhältnis zu den intentionalen Faktoren von Handeln fanden sie geringere Beachtung. Intentionalität war das Stigma des Geschichtlichen; Geschichte ereignete sich hauptsächlich als Folge von Handlungen, an deren intentionaler Steuerung kein Zweifel bestand. Diese Vernachlässigung nicht-intentionaler Bedingungsfaktoren bei der Bestimmung des geschichtlichen Charakters vergangenen menschlichen Handelns wurde durch das hermeneutische Selbstverständnis der Geschichtswissenschaft sanktioniert. Heute liegt eher eine umgekehrte Vernachlässigung nahe, die sich aus der Verwendung nicht-hermeneutischer, sogenannter analytischer Verfahren ergeben kann. Aufgrund solcher Verfahrensart gewinnt der Faktor der intentionalen Reguliertheit vergangenen Handelns und Leidens gleichsam a priori eine untergeordnete Bedeutung. Die Gefahr ist nicht von der Hand zu weisen, daß die historistische Einseitigkeit bei der Rekonstruktion menschlicher Vergangenheit durch eine nachhistoristische ausgetauscht wird.

Um diese Gefahr zu vermeiden, möchte ich als allgemeine Regel historischer Rekonstruktion folgendes vorschlagen: Die durch nicht-hermeneutische, analytische Verfahren ermittelbaren Formen der gesellschaftlichen Verfassung menschlichen Handelns und Leidens, die im Selbstverständnis der Handelnden und Leidenden nicht vorkommen, sollen stets und systematisch an dieses Selbstverständnis zurückgebunden werden.

Durch die vorgeschlagene Rückbindung erscheint die Intentionalität vergangenen Handelns und Leidens in einem neuen Lichte: Wir ‚verstehen' jetzt auch, was im Selbstverständnis der Handelnden und Leidenden nicht zur Sprache kommt und können es als Verschweigen dechiffrieren. Ein solches Verfahren wäre eine *genuin historische Form der Ideologiekritik,* in der Leistung und Grenzen vergangener Ideologien zugleich erhoben werden. Sie werden dabei nicht mehr abstrakt nach Normen gegenwärtiger Handlungsorientierung beurteilt, sondern nach dem Maße ihres eigenen

Wirklichkeitsgehaltes. In der Literaturwissenschaft werden gegenwärtig Versuche unternommen, die als ‚Literatur' vorliegenden objektivierten Sinnzusammenhänge gesellschaftlichen Handelns auf Bedingungsfaktoren dieses Handelns zu beziehen, die in ihnen stumm geblieben sind. Dadurch wird es möglich, an objektivierter Intentionalität Verzerrungen, Gebrochenheit, Verstümmelungen etc. nachzuweisen *und aufzuklären,* die sonst rätselhaft geblieben wären.
Hinzufügen möchte ich noch, daß durch ein solches Verfahren der Sinnzusammenhang zwischen Vergangenheit und Gegenwart im Erkenntnisbereich des Historikers verbleibt, der seine Erkenntnisse konstituiert. Es wird vermieden, daß dieser Zusammenhang nur noch als Konstituens historischer Erkenntnis gilt und nicht mehr als ein historisch Erkennbares: Die Historie bliebe *reflexiv* und damit auch im Verhältnis zu sich selber des Aufklärungspotentials mächtig, das sie heute nur zu gern kritisch gegenüber dem Historismus für sich in Anspruch nimmt und durch zunehmende Verwendung nicht-hermeneutischer Methoden zu realisieren versucht.

W. Schulze: Ich möchte auf einige allgemeine Fragestellungen zurückkommen, wie sie von Jürgen Kocka als Diskussionshilfen formuliert worden sind, und damit die erforderlichen Bemerkungen zu den Diskussionsbeiträgen, die auf meine Überlegungen eingingen, verbinden.
1. Wir gingen davon aus, daß der hier verwendete Begriff von „Theorie" keine allzu rigiden Begriffs- und Theoriesysteme umfassen muß (etwa in Form von Wenn-dann-Formulierungen). Vielmehr erscheint es sinnvoll, einen „weichen" Theoriebegriff vorauszusetzen, der mehrdimensionale Aussagen ermöglicht und nicht notwendig Gesetzesaussagen impliziert. Angesichts des Ertrags der covering-law-Debatte für die Geschichtswissenschaft ist es wenig sinnvoll, „an eine historische Erklärung zu hohe Anforderungen zu stellen, um sie als korrekte Erklärung akzeptieren zu können".[1] Dies muß auch für unsere Theoriedefinition Konsequenzen haben. Es ist deshalb vielleicht angebracht, Theorie in diesem Verständnis als „Konzept" zu bezeichnen.[2]
2. Kocka wirft noch einmal die Frage auf, ob sich angesichts des vermuteten Verlusts an Erklärungskraft einer Theorie bei zunehmender zeitlicher Distanz zwischen Theorie und untersuchtem Gegenstandsbereich „nicht doch ein Schuß Begriffs- und Theoriehistorismus" empfiehlt, wie es Otto Brunner kategorisch fordert. Anders und der realen Praxis angepaßt gefragt: Wo ist der methodologische Grund dafür zu sehen, daß sich die Erforschung der ständischen Gesellschaft und der territorialen Herrschafts-

1 So Wolfgang Stegmüller, Probleme und Resultate der Wissenschaftstheorie und Analytischen Philosophie, Bd. 1, Berlin-Heidelberg-New York 1969, S. 347 f.

2 Vgl. dazu Edward N. Saveth, The conceptualization of american history, in: ders. (Hg.), American history and the social sciences, Glencoe-London 1964, S. 3—22.

systeme des Alten Reiches nur sehr beschränkt sozialwissenschaftlicher Konzepte bedient und im wesentlichen begriffshistoristisch arbeitet? Hier kann eine Untersuchung der Struktur unserer historischen Fragestellungen an diese Epoche weiterhelfen. Dabei liegt es auf der Hand, daß die Erforschung dieses Zeitraums vor allem auf die Spezifik der hier gegebenen Probleme konzentriert ist. Uns interessiert zunächst die spezifische Beschreibung und Erklärung der hier anzutreffenden Institutionen, der hier bedeutsamen gesellschaftlichen Gruppen, der hier vorherrschenden Rechtskonzeptionen, der hier entwickelten religiösen Bekenntnisse. Solange die Aufhellung dieser Probleme die Richtung der Forschungen bestimmt, erscheint es durchaus sinnvoll, begriffshistoristisch zu arbeiten und damit der Spezifik des Gegenstandes auch methodisch gerecht zu werden. Es entspricht dieser Problemlage, wenn von Historikern dieser Epoche immer wieder darauf verwiesen wurde, daß sich die Vielfalt der Erscheinungen etwa in der territorialen Herrschaftsordnung jeder begrifflichen Generalisierung entziehe. Günther Birtsch sprach in diesem Zusammenhang von der „Definitionsfeindlichkeit" des Ständewesens.

Die Fragestellungen sind freilich nicht an diesem Punkt stehen geblieben. Sobald sie auf einen Vergleich abzielen (und sei es nur ein Vergleich unterschiedlicher Territorien des Reiches), sobald wir das Ancien Régime im europäischen Maßstab definieren wollen, unterliegt die Forschung dem Zwang zur Abstraktion. Hierbei kann zunächst idealtypisch vorgegangen werden. Dies Verfahren wird vor allem da von Nutzen sein, wo es sich um gleichartig strukturierte Systeme handelt, die idealtypische Begriffsbildung also noch Momente der Quellensprache in sich aufnehmen kann. Die besondere Präferenz der historischen Forschung für diese Methode liegt auf der Hand. Otto Hintze bietet hierfür ein gutes Beispiel.

Verlagert nun die historische Forschung ihre Fragestellung auf die Ebene interepochaler oder gar interkultureller Vergleiche, bedarf sie wiederum stärker generalisierender Konzepte. Es liegt zudem in der Natur der jetzt angesetzten Fragestellungen, Spezifika auszugrenzen und stärker auf Konstanten menschlichen Verhaltens etwa in den verschiedenen Bereichen der Sozialisation einzugehen. Fragen nach konstanten Phänomenen dieser Art sind zudem eng mit der neueren Wissenschaftsgeschichte verknüpft und können daher kaum auf zeitgenössische Abstraktionsbegriffe zurückgreifen, etwa um das Phänomen gesellschaftlicher Mobilität im 16./17. Jahrhundert zu untersuchen.

Ein Beispiel kann die hier angedeutete Verbindung von Fragestellung und Abstraktionsgrad der Begrifflichkeit verdeutlichen. Vergleichen wir etwa den schwäbischen mit dem mitteldeutschen Bauernkrieg, so kann hier zunächst durchaus mit den Forderungen der Zwölf Artikel als begrifflichem Gerüst gearbeitet werden. Vergleicht man den englischen Bauernaufstand von 1381 mit dem Bauernkrieg oder etwa die französischen mit den ungarischen Bauernaufständen der frühen Neuzeit, so reicht dieses

Gerüst nicht mehr aus. Der Historiker ist jetzt gezwungen, allgemeine Begriffe zu verwenden, etwa die Ursache der Bauernaufstände, die Anlässe der Aufstände, die soziale Schichtung der Beteiligten, die Niederschlagung der Aufständischen.

Zielt der Historiker gar auf einen Vergleich von Bauernbewegungen, die sowohl die französische Jacquerie, den englischen Bauernaufstand 1381, den deutschen Bauernkrieg, japanische Bauernaufstände der Tokugawazeit, die mexikanische Revolution und andere lateinamerikanische Bauernbewegungen des 20. Jahrhunderts einschließen, so müssen die Kategorien und Begriffe eines solchen Vergleichs noch höher angesetzt werden. So geht der amerikanische Soziologe und Historiker Henry A. Landsberger in einem entsprechenden Versuch u. a. auf die jeweilige politisch-ökonomische Struktur, den Ereignisablauf, die Massenbasis, die Ideologie der Bewegung und die Organisationsform der Bewegungen ein.[3]

Das bedeutet, entscheidend für die Anwendung sozialwissenschaftlicher Konzepte ist nicht etwa die zeitliche Distanz zwischen Historiker und Gegenstand, sondern die Zielrichtung der angewandten Fragestellung und die davon abhängige Abstraktionshöhe der in der Untersuchung gebrauchten Kategorien. Die relativ abstrakten Konzepte der Anthropologie sind vorrangig ein Produkt der auf interkulturelle Konstanten menschlichen Verhaltens zielenden Fragestellungen dieser Wissenschaft. Eine Sozialgeschichte im Sinne von „Gesellschaftsgeschichte“ wird ihren umfassenden Frageansatz wohl oder übel mit im Vergleich zu anderen, sektoral begrenzten Richtungen von Geschichtswissenschaft abstrakteren Kategorien und theoretisch expliziten Modellen bezahlen müssen.

Der möglicherweise „rationale Kern“ des weitverbreiteten Mißtrauens gegenüber einer im definierten Sinn theoretischen Geschichte, von dem Kocka spricht, wäre unter dem hier entwickelten Aspekt der Funktionalität der Begriffsbildung das begründete Mißtrauen vor einer Begrifflichkeit, die nicht Konsequenz einer Fragestellung, sondern Ergebnis eines über die Umgangs- und Literatursprache hinauszielenden Strebens nach vermeintlicher sprachlicher Modernität und Wissenschaftlichkeit wäre, das sich selbst seiner kommunikativen Möglichkeiten berauben würde.

Nun noch einige Bemerkungen zu den Diskussionsbeiträgen, so weit sie nicht wie die Beiträge von Rüsen, Puhle und besonders von Mager die Argumentationslinie des Referates stützen, bzw. unter anderen Aspekten bereichern.

Bei dem Einwand von Heinz Schilling gegen das Konzept des „gemeinen Mannes“ muß darauf verwiesen werden, daß ich diesen Begriff keineswegs direkt den Quellen entnehme und ihn als Erklärungsansatz verwende. Ich

3 Ohne auf weitere exemplarische Literatur einzugehen, verweise ich hier nur auf H. A. Landsberger, The role of peasant movements and revolts in development, in: ders. (Hg.), Latin american peasant movements, Ithaca-London 1969, S. 1—61.

habe darauf verwiesen, daß der Begriff von Blickle zweifellos — auch wenn dies nicht ausdrücklich betont wird — in idealtypischer Umformung verwendet wird und insofern aus den Quellen heraus zu einer Interpretationskategorie umdefiniert wird. Zugleich wird der Begriff präzisiert durch einen empirisch nachprüfbaren Geltungsbereich, den der „nicht herrschaftsfähigen Gesellschaftsschichten". Insofern ist nach diesem methodischen Schritt, der auf einer Vielzahl von Quellenbelegen basiert, der Idealtypus „gemeiner Mann" nicht mehr identisch mit dem vielfach aufscheinenden Quellenbegriff, der, wie Schilling zu Recht feststellt, in ganz unterschiedlichen intentionalen Zusammenhängen Anwendung findet. Im übrigen bin ich nicht überzeugt von dem Hinweis, daß es nicht auch schon 1525 zu einer Polarisierung zwischen der ratsfähigen und der tatsächlich nicht mehr ratsfähigen Schicht gekommen sei, ganz abgesehen von der breiten Masse der nicht mit Bürgerrecht ausgestatteten Stadtbewohner, die ja einen erheblichen Teil der Gesamtbewohnerschaft ausmachten.

Den Einwand von Herrn Kocka glaube ich durch den Hinweis beantworten zu können, daß es mir in meiner Stellungnahme nicht per se darauf ankam, moderne Begriffe in der Erforschung der Frühen Neuzeit zu etablieren. Ich würde allerdings darauf beharren, daß eine im oben angeführten Sinne methodisch reflektierte und präzis definierte „Kategorialisierung" eines Quellenbegriffs wohl auch die Anforderungen sozialwissenschaftlicher Begriffsbildung erfüllt und mir damit die beiden Ebenen (hier Forderung nach sozialwissenschaftlicher Begriffsbildung, da Quellensprache) durchaus vermittelt erscheinen.

Der erste Teil der Bemerkung von Ernst Hinrichs bietet die Möglichkeit, kurz auf den Gesamtzusammenhang einzugehen, in dem historische Erklärungen etabliert werden. Damit kann auch noch das Problem angesprochen werden, das in der Frage von Frau Hausen berührt wurde. Es ist ein im allgemeinen zu wenig beachteter Tatbestand, daß alle sozialwissenschaftlichen Teilkonzepte auf der stillschweigenden Voraussetzung basieren, daß die damit herausgegriffenen Beziehungen zwischen Personen oder Personengruppen zu denken sind vor dem Hintergrund eines umfassenderen sozialen Systems, das wir meist als Gesellschaft ansprechen. Es ist dies der (noch?) adäquate Begriff für den stillschweigend mitgedachten Gesamtzusammenhang, in dem sich soziales Handeln vollzieht. Der von Hinrichs empfohlene Systembegriff leistet im Grunde die gleiche Funktion wie der Begriff der Gesellschaft, der selbst wiederum ältere Organismusvorstellungen abgelöst hat. Der Vorteil des Systembegriffs, der ja unterschwellig schon längst in die Sprache der Geschichtswissenschaft eingedrungen ist (politisches System, Herrschaftssystem, Bildungssystem etc.) liegt zweifelsohne in seiner grundsätzlich gesteigerten Präzision in der Beobachtung von Beziehungen zwischen Teilsystem und Gesamtsystem. Als nachteilig erscheint mir am Systembegriff — und damit ist vielleicht ein Exempel für die im Referat angesprochene epochentypische Abstraktion gefunden —, daß er im Grunde in feudale Gesellschaften ein Maß an Gesamtzusammenhang, an Reaktionsfähigkeit der Teileinheiten hineininterpretiert, das der feudalen Gesellschaft mit ihren noch autonomen Teilbereichen (Immunitäten, Privilegien etc.) nicht angemessen ist. Zu fragen ist also, ob der Systembegriff nicht ein Maß an gesellschaftlicher Verdichtung impliziert, das in den hier zur Debatte stehenden Gesellschaften noch nicht bestand.

Herrn Wehlers Frage nach der Bedeutung der Kategorie Herrschaft für die Erforschung der Frühen Neuzeit fällt schwer zu beantworten, weil der Begriff Herrschaft ja bereits seit längerer Zeit zu den Schlüsselbegriffen mittelalterlicher und frühneuzeitlicher Verfassungsgeschichte gehört, ja im begrifflichen Gegensatz von Herrschaft und Genossenschaft bereits das Kernproblem der politischen Ordnung dieser Epoche erkannt wurde. Dieser Begriff von Herrschaft ist jedoch eng verbunden mit dem Selbstverständnis der untersuchten Epoche und weist daher eine erhebliche Differenz zu dem Herrschaftsbegriff auf, den Wehler mit Namen wie Dahrendorf und Lenski anspricht. Dieser letztere Begriff von Herrschaft, eine „soziale Universalie“ (Dahrendorf), unterscheidet sich vom ersten Begriff von Herrschaft vor allem dadurch, daß in der Verteilung von Herrschaft der Grund für politische Konflikte und für soziale Schichtung schlechthin gesehen wird, damit also ein gesamtgesellschaftliches Erklärungsmodell versucht wird. Es wird vor allem als Gegenmodell zum marxistischen Erklärungsmodell verstanden, das sich auf die Eigentumsverteilung radizieren läßt.

Die Frage nach der Nützlichkeit eines solchen am Herrschaftsbegriff verankerten Erklärungsmodells muß bejaht werden. Die Nützlichkeit scheint vor allem darin zu liegen, daß ein hohes Maß an Abstraktion erreicht wird und damit zugleich eine weitreichende Vergleichbarcheit der untersuchten Gesellschaften gegeben ist. Lenski („Macht und Privileg“) zeigt dies schlagend. Die Problematik des Erklärungsmodells liegt darin, daß es relativ geringe Ansatzmöglichkeiten bietet, historische Spezialisierungen vorzunehmen, und divergierende Entwicklungen aufzudecken. So fragt man sich bei Lenskis Lektüre ständig, wie in seinen Ausführungen über Agrargesellschaften die divergierenden Herrschafts- und Verteilungssysteme der europäischen Frühen Neuzeit untergebracht werden können. Daraus schließe ich, daß ein solches Herrschaftsmodell nur den weiteren Rahmen einer gesamtgesellschaftlichen Analyse abgeben kann, der für konkrethistorische Forschungen erheblich spezifiziert werden muß, um die historisch definierten Phänomene thematisieren und erklären zu können.

Modernisierungstheorie und Nationalsozialismus*

von Horst Matzerath und Heinrich Volkmann

I. Das Problem: Modernisierung und Nationalsozialismus

Für die Anwendung der Modernisierungstheorie auf den Nationalsozialismus gibt es mehrere Gründe:
1. Dreißig Jahre nach dem Ende des Faschismus ist die Detailforschung über den Nationalsozialismus auf zahlreichen Gebieten erheblich vorangekommen; ein Einverständnis über die Bedeutung dieser Phase in der Gesamtentwicklung der deutschen Geschichte hat bisher aber nicht erzielt werden können. Die bekanntesten Ansätze zur Erfassung dieser Erscheinung nach einer Phase politisch-moralischer Verdammung des Nationalsozialismus bildeten die Totalitarismusthese,[1] die den Nationalsozialismus von den Herrschaftsinstrumenten her formal als Abweichung vom parlamentarisch-demokratischen System begriff, und das Faschismuskonzept Noltes,[2] der Nationalsozialismus und generell Faschismus als inhaltliche Abweichung von liberaldemokratischen Prinzipien westlicher Gesellschaften verstand. Umgekehrt ordneten ihn marxistische zeitgenössische Analytiker und Historiker — im einzelnen in sehr unterschiedlicher Weise — in den Entwicklungsgang der kapitalistischen Gesellschaften ein und sehen ihn als eine Folge der systembedingt notwendigen Krise des Kapitalismus.[3] Strittig dabei ist im wesentlichen nur das Ausmaß der Trägerschaft der herrschenden kapitalistischen Klasse (Agenten- oder Bündnistheorie) und

* Der Beitrag skizziert Fragestellung und Verfahren einer laufenden Untersuchung, die — auf der Basis von Zeitreihen zur politischen, ökonomischen und sozialen Entwicklung — vorliegende Thesen über das Verhältnis von Nationalsozialismus und Modernisierung mit dem Ziel überprüft, einen eigenen Interpretationsansatz zu erarbeiten. [Das Referat wurde in Bielefeld von Herrn Matzerath vorgetragen und vertreten; Herr Volkmann konnte nicht anwesend sein. Anm. d. Hg.]

1 Dazu insbesondere H. Arendt, Elemente u. Ursprünge totalitärer Herrschaft, Frankfurt/M. 1958; C. J. Friedrich, Totalitäre Diktatur, Stuttgart 1957; H. Buchheim, Totalitäre Herrschaft. Wesen u. Merkmale, München 1962.

2 Vor allem E. Nolte, Der Faschismus in seiner Epoche, München 1963.

3 Besonders die Sammelbände O. Bauer u. a., Faschismus u. Kapitalismus. Theorien über die sozialen Ursprünge u. die Funktion des Faschismus, Frankfurt/M. 1967²; einzelne Beiträge auch bei E. Nolte (Hg.), Theorien über den Faschismus, Köln 1967; zur Faschismusdiskussion der Komintern: T. Pirker, Komintern u. Faschismus. Dokumente zur Geschichte u. Theorie des Faschismus, Stuttgart 1965. Zu der in den letzten Jahren von marxistischer Seite intensiv geführten Faschismusdiskussion vgl. die Beiträge in der Zeitschrift „Das Argument" (bes. H. 30, 32, 33, 41, 47, 58, 87). Einen komprimierten Überblick über die einzelnen theoretischen Ansätze bietet W. Wippermann, Faschismustheorien. Zum Stand der gegenwärtigen Diskussion, Darmstadt 1975².

die Zwangsläufigkeit der aus dem Krisenkonzept abgeleiteten Entwicklung. Mit diesen drei unterschiedlichen Ansätzen sind drei generelle Erklärungsversuche vorgegeben.

2. Vorgegeben für die Auseinandersetzung sind darüber hinaus eine Reihe von im einzelnen stark voneinander abweichenden Theorien zur Bedeutung und Funktion des Nationalsozialismus/Faschismus für die Entwicklung der modernen Gesellschaft.[4] Sie beziehen ihn explizit auf den Modernisierungsprozeß, d. h. sie betrachten ihn wenigstens vom Ansatz her in sowohl gesamtgesellschaftlicher als auch zeitübergreifender Perspektive. Die Notwendigkeit einer Überprüfung dieser Thesen ergibt sich nicht nur aus ihren gegensätzlichen Erklärungsansätzen, sondern ebenso aus der paradoxalen Erklärungsstruktur („Revolution wider Willen") mehrerer dieser Thesen.

3. Ein weiterer, offensichtlicher Grund, den Nationalsozialismus unter Modernisierungsaspekten zu diskutieren, ist die Tatsache, daß er selbst seine Rolle in diesem Entwicklungsprozeß ideologisch-programmatisch zu bestimmen versucht hat und diesem Konzept seine politische Wirkung wesentlich mit verdankt. In seiner Entgegensetzung gegen die beherrschenden Strukturen und Entwicklungen des Zeitalters, gegen Liberalismus und parlamentarische Demokratie, gegen Kapitalismus, Marxismus und Klassenkampf gleichzeitig, gegen Adel und Bürgerlichkeit und Großstadt mit einem unterschwelligen antiindustriellen Affekt lag die Absage an die gesamte bisherige Entwicklung und zugleich die Utopie einer neuen Welt aus den Werten der Vergangenheit jenseits dieser Alternativen, andererseits augenscheinlich ohne Aufgabe wichtiger Grundlagen des bestehenden Systems („antimoderne Utopie").

4. Damit stellt sich die Frage nach der Leistungsfähigkeit der Modernisierungstheorie[5] für die Erklärung einer historischen Erscheinung, die den

4 Dazu zählen die im folgenden eingehender diskutierten Beiträge von Parsons, Dahrendorf, Schoenbaum, Turner u. Organski. In zahlreichen weiteren Arbeiten ist das Problem im Hinblick auf Entstehung, Charakter und Funktion des Faschismus/Nationalsozialismus mitdiskutiert worden: R. Koehl, Feudal Aspects of Nationalsocialism, in: American Political Science Review, Bd. 54, 1960, S. 921—933. B. Moore, Soziale Ursprünge von Diktatur u. Demokratie. Die Rolle von Grundbesitzern u. Bauern bei der Entstehung der modernen Welt, Frankfurt/M. 1969; W. Sauer, National Socialism: Totalitarianism or Fascism?, in: AHR, Bd. 73, 1967/68, S. 404—424; M. R. Lepsius, Parteisystem u. Sozialstruktur: zum Problem der Demokratisierung der deutschen Gesellschaft, in: G. A. Ritter (Hg.), Deutsche Parteien vor 1918, Köln 1973, S. 56—80.

5 Ein Aufriß der wichtigsten modernisierungstheoretischen Ansätze bei P. Flora, Modernisierungsforschung. Zur empirischen Analyse der gesellschaftlichen Entwicklung, Opladen 1974; aus der Sicht des Historikers: H.-U. Wehler, Modernisierungstheorie u. Geschichte, Göttingen 1975; vgl. außerdem W. Zapf (Hg.), Theorien des sozialen Wandels, Köln 1969 mit einer Sammlung wichtiger modernisierungstheoretischer Ansätze. (Diese Titel enthalten zugleich umfangreiche Literaturnachweise.)

Kennzeichen „moderner" oder „entwickelter" Gesellschaften so offensichtlich widerspricht. Daß sie unilinear, harmonistisch und normativ sei, sind denn auch die häufigsten Einwände gegen die Modernisierungstheorie. Dies ist sicherlich nicht der Ort für eine grundsätzliche Auseinandersetzung mit der Modernisierungstheorie und ihrer Kritik — sie ist an anderer Stelle von kompetenter Seite geführt worden[6] —, aber es gilt doch, sich der spezifischen Vorzüge und Schwächen des Ansatzes für das gestellte Thema bewußt zu werden.

Der Vorwurf der Unilinearität trifft zumindest jene Konzepte nicht, die Modernisierung als ein idealtypisches Verlaufsmodell begreifen.[7] Will man den Nationalsozialismus nicht als vermeidbaren Zufall oder als Spielart einer unvermeidbaren Regelerscheinung kapitalistischer Systeme interpretieren, dann wird man ihn aus historischen Strukturen und als Teil eines Prozesses erklären müssen, die keineswegs in das Bild einer ungestört evolutionären Entwicklung passen. Wer vom deutschen „Sonderweg" spricht, setzt das Konstrukt eines Normalweges voraus, das zunächst nur eine heuristische Funktion haben kann und die seiner Bildung zugrunde liegenden Realtypen nicht als Optimum des Erreichbaren sanktionieren darf. Die Anwendung des Modernisierungskonzeptes auf eine Erscheinung wie den Nationalsozialismus ist mit einem harmonistischen Grundverständnis der Modernisierung unvereinbar. Sie erzwingt geradezu die Analyse ihrer Verwerfungen und Brüche. Als Idealtypus hat das Modernisierungskonzept keinen unmittelbar normativen Charakter. Soweit freilich Art und Grad der Abweichung historische Fehlentwicklungen vom Ausmaß des Nationalsozialismus und seiner Folgekosten zulassen, ergeben sich für ihre Beurteilung zwangsläufig auch normative Aspekte.

Erscheinen schon die Schwächen der Modernisierungstheorie als z. T. vermeidbar, so spricht der zu erwartende Nutzen erst recht für ihre Anwendung auf den Nationalsozialismus. Ihr Hauptvorzug ist die gesamtgesellschaftliche Perspektive. Sie erlaubt es, die zumeist in sektoraler Isolierung untersuchten Veränderungen in ihrer Interdependenz zu behandeln. Zudem ist das Konzept der Modernisierung konkreter als das des sozialen Wandels und bezeichnet klar die beiden Entwicklungspole der traditionellen und modernen Gesellschaft in ihren typischen Merkmalsausprägungen. Innerhalb der unterschiedlichen Ansätze herrscht weitgehendes Einverständnis über die wichtigsten Teilprozesse der Modernisierung und die zu deren Messung erforderlichen Indikatoren. Schließlich erlaubt die in ihrem

6 Eine grundsätzliche Kritik bei D. C. Tipps, Modernization Theory and the Comparative Study of Societies: A Critical Perspective, in: CSSH, Bd. 13, 1973, S. 199—226. Kritische Anmerkungen auf der Basis grundsätzlicher Anerkennung: Wehler, S. 18—30.

7 Vgl. R. Bendix, Modernisierung u. soziale Ungleichheit, in: W. Fischer (Hg.), Wirtschafts- u. sozialgeschichtliche Probleme der frühen Industrialisierung, Berlin 1968, bes. S. 208 ff. Zum idealtypischen Verfahren zuletzt J. Kocka, Theorien in der Sozial- u. Gesellschaftsgeschichte, in: GG, Bd. 1, 1975, S. 17 ff.

derzeitigen Entwicklungsstand zwangsläufige Offenheit des Modernisierungskonzeptes die Einbeziehung von Teiltheorien, die stärker ausgearbeitet sind und — wie die Konzepte der Rückständigkeit und der partiellen Modernisierung[8] — gerade für das Problem des deutschen Sonderwegs einen spezifischen Zugang versprechen.
Gegenstand unserer Untersuchung ist einmal die empirische Überprüfung der wichtigsten theoretischen Ansätze zur Rolle des Nationalsozialismus im Modernisierungsprozeß, anhand von Indikatoren der Modernisierung im wirtschaftlichen, sozialen und politischen Bereich. Diese Theorieansätze werden im folgenden in ihren Grundzügen vorgestellt (II), dann das eigene Modernisierungsverständnis und das Überprüfungsverfahren skizziert (III), und schließlich sollen die eingangs vorgestellten Thesen am Indikatorenbefund (IV) kritisch diskutiert (V) und aus den Ergebnissen eine eigene Hypothese abgeleitet werden (VI).

II. Thesen zum Problem Nationalsozialismus und Modernisierung

Entscheidendes Problem der meisten Faschismustheorien bleibt die Frage des Zweck-Mittel-Verhältnisses, die zugleich die nach den eigentlichen Zielsetzungen und der Funktion des Nationalsozialismus ist.
Für den orthodoxen *Marxismus*[9] ist der Faschismus eine Funktion des Kapitalismus in seiner staatsmonopolistischen Endphase, ist somit eine historisch notwendige Erscheinung im Entwicklungsprozeß der bürgerlichen Gesellschaft. Unter dem doppelten Druck der entwicklungsgesetzlichen Systemkrise einerseits und der erstarkten Arbeiterbewegung andererseits bedient sich die Bourgeoisie der faschistischen Bewegungen als „Agent" des Finanzkapitals. Beider Interessen werden als weitgehend identisch

8 Zum Konzept der Rückständigkeit vor allem A. Gerschenkron, Wirtschaftliche Rückständigkeit in historischer Perspektive, in: R. Braun u. a. (Hg.), Industrielle Revolution, Köln 1972, S. 59—78. — Zum Problem der „partiellen Modernisierung" D. Rüschemeyer, Partielle Modernisierung, in: Zapf, Theorien, S. 382—396. In diesem Zusammenhang wären weitere Ansätze wie der innovations- und der konflikttheoretische zu erwähnen; vgl. dazu etwa F. R. Pfetsch (Hg.), Innovationsforschung als multidisziplinäre Aufgabe. Beiträge zur Theorie u. Wirklichkeit von Innovationen im 19. Jahrhundert, Göttingen 1975, u. demnächst O. Neuloh (Hg.), Soziale Innovation u. sozialer Konflikt, Göttingen 1977.

9 Zur älteren Diskussion im Rahmen der Komintern neben der genannten Arbeit von Pirker: XIII. Plenum des EKKI / Dezember 1933, Moskau 1934. Zur Position der DDR hier nur H. Hemberger u. a., Imperialismus heute, Berlin 1965, S. 60 ff., sowie „Faschismus", in: Sachwörterbuch zur deutschen Geschichte, Bd. I, Berlin 1969, S. 571 ff. Während die ältere Literatur (Ulbricht, Bartel) die Agententheorie mehr dogmatisch faßte, dient sie jüngeren Wirtschaftshistorikern mehr als Ausgangspunkt für empirische Analysen zum Verhältnis Wirtschaft und Politik.

gesehen. Der Widerspruch zwischen dem behaupteten prokapitalistischen Zweck des Faschismus und seiner kapitalismuskritischen Ideologie und sozialen Basis bleibt ungelöst. Offenere marxistische Positionen wie die „Bonapartismusthese“[10] vermeiden zwar mit der Vorstellung des Faschismus als einer an spezifische Konstellationen der bürgerlichen Gesellschaft gebundenen Verselbständigung der politischen Herrschaft den starren Funktionalismus der Agententheorie. Mit der Grundthese vom Faschismus als Klassenherrschaft im Dienste des Kapitals bleibt aber auch der Grundwiderspruch zwischen Funktion, Ideologie und sozialer Basis erhalten. Für alle marxistischen Theorievarianten ist der Faschismus eine systematische Erscheinung des Kapitalismus. Demgegenüber wird von bürgerlicher Seite — in sehr unterschiedlicher Weise — die Zäsur akzentuiert, die der Nationalsozialismus in der Gesamtentwicklung darstellt.

Für *Dahrendorf* bewirkt der Nationalsozialismus den Durchbruch zur modernen liberal-demokratischen Gesellschaft in Deutschland.[11] Um seine Herrschaft zu sichern, zerstört der Nationalsozialismus in der „Gleichschaltung“ die traditionellen Strukturen der Ungleichheit, denen er seine Entstehung verdankt, ein Prozeß, den Dahrendorf als „brutalen Bruch mit der Tradition und Stoß in die Modernität“ kennzeichnet und dem er die Qualität einer sozialen Revolution zuweist. Von den theoretischen Implikationen dieses Revolutionsbegriffs und dem Zweifel an seiner empirischen Haltbarkeit abgesehen, träfe Dahrendorfs Ansatz als funktionalen Erklärungsversuch prinzipiell dieselbe Kritik wie den marxistischen: Der Widerspruch von Wollen und Handeln, von antimodernem Selbstverständnis und objektiver Modernisierungsfunktion wird nicht gelöst. Dahrendorf bemüht daher die List der Geschichte und nennt die nationalsozialistische Revolution unbeabsichtigt, aber dennoch notwendig. *Schoenbaum* geht in dieser Beziehung noch über Dahrendorf hinaus und beschreibt den Nationalsozialismus in paradoxer Zuspitzung seiner inneren Widersprüche als „doppelte Revolution“ der (reaktionären) Ziele und (progressiven) Mittel.[12] Der Nationalsozialismus wird zum fortschrittsfeindlichen Vehikel der Modernisierung und der Ziel-Mittel-Konflikt unerklärt zum konstitutiven Element des Erklärungsversuchs. Zudem stellt sich auch hier die Frage, ob das Ausmaß der Veränderungen die Qualität einer Revolution erreicht.

10 Klassisch in der Fassung von Thalheimer: vor allem A. Thalheimer, Über den Faschismus, in: Bauer, Faschismus u. Kapitalismus, S. 19—38. Die Diskussion im Umkreis der Neuen Linken seit Mitte der 60er Jahre (bes. Kühnl, Agnoli, Kuhn, Opitz) ist wesentlich von dessen Thesen bestimmt.

11 R. Dahrendorf, Gesellschaft u. Demokratie in Deutschland, München 1968, S. 431 ff.

12 D. Schoenbaum, Die braune Revolution. Eine Sozialgeschichte des Dritten Reiches, Köln 1968.

Die stärkste Betonung der nationalsozialistischen Ziele, zugleich aber auch einer der seltenen Versuche, den Widerspruch zu den Mitteln zu erklären, findet sich bei *Turner,* der die Programmatik des Nationalsozialismus als bestimmendes Element seines politischen Handelns ernst nimmt.[13] Die antimoderne Utopie einer Gesellschaft von Bauern und Helden braucht zu ihrer Realisierung „Lebensraum“. Expansion aber bedeutet in einer verteilten Welt Krieg und — da mit dem altgermanischen Waffenarsenal kein Krieg zu gewinnen ist — den Einsatz aller Mittel einer hochentwikkelten Industriewirtschaft: „Die Nationalsozialisten müssen zwangsläufig modernisieren, um ihre fortschrittsfeindlichen Ziele verfolgen zu können“.[14] Schließlich sind jene Theorien zu nennen, die einer rein funktionalen Betrachtung schon deshalb mißtrauen, weil sie die Annahme rationalen gesellschaftlichen Verhaltens impliziert. Unter den alternativen Ansätzen haben vor allem die Versuche Beachtung gefunden, die das Problem durch *Phasenmodelle* der Modernisierung lösen wollen. Nach *Organski* sind faschistische Abweichungen von der ‚normalen‘ Entwicklung immer dann möglich, wenn sich die Modernisierungsprobleme im wirtschaftlichen, sozialen und politischen Bereich nicht nacheinander, sondern gleichzeitig stellen.[15] Faschismus ist ein Versuch der Konfliktunterdrückung als Reaktion auf kumulierte Spannungen, die den Anpassungswillen und die Integrationskraft einer Gesellschaft übersteigen. Er ist eine typische Gefahr der mittleren Phase des Modernisierungsprozesses. Für den Nationalsozialismus trifft das nicht zu. Deshalb verzichtet Organski darauf, ihn als Faschismus zu bezeichnen. *Parsons* hat dagegen eine sektorale Phasenverschiebung im Modernisierungsprozeß für die Entstehung des Nationalsozialismus verantwortlich gemacht.[16] Während sich Wirtschafts- und Gesellschaftsstruktur schnell modernisieren, bleiben Wertsystem und Sozialisationsmuster traditionell. Dieser Konflikt führt zu einer fundamentalen Verunsicherung des Systemmitglieder, deren normative Erwartungen von den Realisationsmöglichkeiten nicht mehr gedeckt werden. In der „Anomie“ erfolgt die Neustrukturierung der Normen nicht in Anpassung an die veränderte Realität, sondern durch irrationale Flucht in eine traditionsbezogene Gegenposition, die das Neue radikal verneint.

Alle diese Denkmodelle stellen jeweils einen von mehreren Aspekten des Nationalsozialismus in den Mittelpunkt ihrer theoretischen und empirischen Bemühungen: die Stabilisierung des Kapitalismus, die antimoderne und antikapitalistische Programmatik, die Zerstörung traditioneller Werte,

13 H. A. Turner, Faschismus u. Anti-Modernismus, in: ders., Faschismus u. Kapitalismus in Deutschland, Göttingen 1972, S. 157—182.

14 Ebd., S. 172.

15 A. F. K. Organski, Facism and Modernization, in: S. J. Woolf (Hg.), The Nature of Fascism, London 1968, S. 19—41.

16 T. Parsons, Demokratie u. Sozialstruktur in Deutschland vor der Zeit des Nationalsozialismus (1942), in: ders., Beiträge zur soziologischen Theorie, Neuwied 1968², S. 256—281.

Bindungen und Institutionen, die mittelständische Wählerbasis, die Verabsolutierung der Herrschaftsmittel oder andere. Da sich aber diese äußeren Merkmale des Nationalsozialismus widersprechen, führen auch die Versuche, ihn über sie zu begreifen, zu in sich widersprüchlichen und einander ausschließenden Thesen. Eine befriedigende Interpretation müßte eine gemeinsame Erklärung für diese Aspekte finden. Sie müßte an Stelle der Paradoxien, die bisher jede These über den Nationalsozialismus bzw. Faschismus kennzeichnen, die widersprüchliche Struktur des Phänomens selbst begreifbar machen.

III. Operationalisierung der Fragestellung

Die Auseinandersetzung mit den zuvor skizzierten Erklärungsversuchen erfordert zunächst die Offenlegung des eigenen Modernisierungskonzepts. In Zusammenfassung der vorliegenden sozialwissenschaftlichen Definitionsschwerpunkte wird Modernisierung als ein gesamtgesellschaftlicher Transformationsprozeß begriffen, der inhaltlich bestimmt ist durch

— ein strukturveränderndes Wachstum insbesondere der materiellen und nichtmateriellen Güter,
— die Erweiterung der Zugangschancen zu diesen Gütern und der Disposition über sie,
— verstärkte Differenzierungsprozesse und
— erhöhte Selbststeuerungskapazitäten der Gesellschaft, begleitet von Änderungen des Bewußtseins und des sozialen Verhaltens (Empathiesteigerung).[17]

Aus analytischen Gründen werden die interdependenten, in ihrem Zusammenhang empirisch zu bestimmenden Teilprozesse als Elemente des wirtschaftlichen, des politischen und des soziokulturellen Subsystems zusammengefaßt.

Für die grundsätzlichen Fragen des Theorieverständnisses kann auf die Ausführungen im ersten Kapitel verwiesen werden. Doch ist es sinnvoll, sie hier in einigen für die Themenstellung wichtigen Folgerungen zu konkretisieren: Modernisierung als langfristig gerichtete Entwicklung schließt nicht aus, daß der Transformationsprozeß kurzfristig durchaus nicht synchron verlaufen kann, daß unterschiedliche Sequenzen bei der Modernisierung von Teilbereichen auftreten können. Sektorale Unterschiede in Ausmaß und Tempo der Modernisierung und Inkongruenzen zwischen den Veränderungen der Wirtschafts- und Sozialstruktur einerseits, der kollektiven Bewußtseins- und Werthaltungen andererseits, bilden ein Konfliktpotential, das normalerweise im Modernisierungsprozeß innovativ

17 Dazu bes. die Arbeiten von Lerner, z. B.: D. Lerner, Die Modernisierung des Lebensstils: eine Theorie, in: Zapf, Theorien, S. 362—381.

aufgelöst oder zumindest neutralisiert wird, unter spezifischen Bedingungen aber Schwellenwerte erreichen kann, bei deren Überschreitung die Belastbarkeit des Systems, seine Verarbeitungsfähigkeit und Integrationskraft überfordert sind.

Modernisierung wird erfaßt durch Indikatoren, die — überwiegend quantitativ — Veränderungen im Entwicklungsprozeß widerspiegeln.[18] Kriterium ihrer Auswahl ist, daß sie für den jeweiligen Bereich zentral sind, daß sie den Entwicklungsprozeß sowohl in seiner zeitlichen Erstreckung als auch — zusammengenommen — in seiner gesamtgesellschaftlichen Breite abdecken. Dabei sind die geläufigen Indikatoren der Modernisierungsmodelle durch weitere, im Rahmen von Analysen des wirtschaftlichen Wachstums, des sozialen Wandels und der politischen Mobilisierung diskutierte Variablen ergänzt worden. Zusätzliche Auswahlkriterien liegen in der Forderung, daß die Indikatoren für Deutschland eine langfristige Entwicklungsrichtung erkennen lassen[19] und in der Form von Langzeitreihen darstellbar sind. Damit ist nicht nur die Quellenfrage angesprochen (Verfügbarkeit brauchbarer Statistiken usw.), sondern auch ein Sach- und Methodenproblem. Für die Untersuchung so wichtige Begleiterscheinungen der Modernisierung wie Spannungen und Konflikte haben keinen quantitativen Entwicklungstrend. Für andere Teilprozesse entzieht er sich der exakten Messung, so vor allem im Bereich der Normen, Verhaltensweisen und kollektiven Mentalitäten. Hier muß mit „weichen Indikatoren" oder qualitativen Analysen gearbeitet werden, die nach Möglichkeit durch mittelbar aussagekräftige Ersatzindikatoren zu erhärten sind.

Für ein strikt sozialwissenschaftliches Methodenbewußtsein ist es gewiß auch problematisch, daß die Indikatoren untereinander nur in lockerer Beziehung stehen. In ihrem derzeitigen Entwicklungsstand bilden die modernisierungstheoretischen Konzepte noch kein konsistentes System mit klar definierten Faktoren und überprüfbaren Aussagen über ihren kausalen und funktionalen Zusammenhang. Damit sind der Operationalisierung und stringenten empirischen Anwendung Grenzen gesetzt. Aus dieser Schwäche der Theorie folgt aber nicht notwendig ein rein additives Verfahren in der Auswertung des Indikatorenbefundes. Denn ein offener Entwicklungs-

18 Nachweis der wichtigsten Datensammlungen und Indikatorenhandbücher: Flora, Modernisierungsforschung, S. 115. Vgl. auch ders., Indikatoren der Modernisierung. Ein historisches Datenhandbuch, Opladen 1975.

19 Das bedeutet, daß an sich für das Modernisierungsproblem aussagefähige und auf Entwicklungsländer sinnvoll anwendbare Indikatoren hier außer Betracht bleiben müssen, weil die damit erfaßten Veränderungsprozesse in entwickelteren Ländern bereits zum Abschluß gekommen sind oder eine obere Schwelle erreicht haben (z. B. Alphabetisierung). Verwiesen sei hier nur auf das Sonderproblem, daß einige der systematisch zum Modernisierungsprozeß gehörenden Erscheinungen nicht durch eine geradlinig gerichtete Entwicklung gekennzeichnet sind, sondern ihre stärkste Ausprägung in der mittleren Phase haben (Entwicklung des sekundären Sektors, Anteil der Arbeiterschaft an der Erwerbsbevölkerung).

rahmen hat auch Vorteile: Er erlaubt einerseits eine systematischere Verknüpfung der Ergebnisse, als sie einer nicht theorieorientierten Interpretation möglich wäre. Er gestattet andererseits, die starre Systematik makrosoziologischer Modelle durch ein auf den Untersuchungsgegenstand hin modifiziertes Kategorienschema zu ersetzen. Auf diese Weise erscheint es möglich, die eingangs diskutierten Thesen zum Nationalsozialismus auf der Basis von Zeitreihen zu prüfen und über die Ergebnisse zu einer Neuinterpretation in Form einer begründeten Hypothese zu gelangen, die durch weitere Forschung erhärtet werden müßte.

Eine Grenze freilich, die grundsätzlich in der Struktur des Indikators enthalten ist, muß deutlich bewußt bleiben: Die auf der Modellebene generell gefaßte Aussage eines Indikators umfaßt auf der Ebene der konkreten Erscheinung eine Fülle von Aspekten und Bedingungen, die sich nicht in Modernisierungskategorien erschöpfen.

Die Überprüfung der Thesen vermittels der Indikatoren erstreckt sich auf mehrere Dimensionen des Problems.

1. Einmal ist zu fragen, ob die Zeitreihen Veränderungen erkennen lassen, die nach Maßgabe der Indikatoren positive oder negative Modernisierungseffekte darstellen, und welchen Grad sie erreichen.
2. Weiterhin ist zu prüfen, wie sich diese Entwicklungen zu den in Ideologie und Programmatik faßbaren Zielsetzungen und wie sie sich zur politischen Praxis verhalten, ob sie Ausdruck bewußter Modernisierungstendenzen oder einer explizit antimodernen Politik sind oder ob hier näher zu klärende Widersprüche auftreten.
3. Solche auftretenden Widersprüche werden primär im Rahmen einer funktionalen Analyse diskutiert, die darüber hinaus zu erklären versucht, ob die festzustellenden Abweichungen auf das Fortwirken industriewirtschaftlicher und -gesellschaftlicher Entwicklungstendenzen, ob sie auf kürzerfristige Einflüsse wie konjunkturelle Schwankungen oder auf strukturelle Bedingungen des nationalsozialistischen Herrschaftssystems zurückzuführen sind.

Quer zu diesem Auswertungsschema liegt eine weitere Unterscheidung: Einmal wird gefragt nach der Bedeutung des Modernisierungsprozesses für die Entstehung, Entwicklung und Breitenwirkung des Nationalsozialismus, zum anderen — und dies steht hier im Vordergrund — nach der Funktion der nationalsozialistischen Herrschaft im Modernisierungsprozeß. Mangels verfügbarer Daten läßt sich auch diese Fragestellung schwerpunktmäßig nur für die Zeit bis 1939 diskutieren, obwohl in der folgenden Phase manche Züge der nationalsozialistischen Herrschaft eindeutiger als früher hervortraten.

IV. Der Befund, die Indikatoren und ihre Aussagen

Das Prüfungsverfahren stellt zunächst die Modernisierungseffekte dar, wie sie sich rein formal aus der Indikatorenentwicklung ergeben, und diskutiert sie dann im Hinblick auf die programmatischen Zielsetzungen und die praktische Politik des Nationalsozialismus.[20] beides kann hier zwangsläufig nur in summarischer Verkürzung wiedergegeben werden.

1. Nach dem quantitativen Befund der Modernisierungsindikatoren bietet die Phase der nationalsozialistischen Herrschaft ein widersprüchliches Bild. Der ökonomische Bereich folgt im wesentlichen den früheren Tendenzen. Obwohl die Zahlenbelege bis zu einem gewissen Grade die Erholung nach der Krise spiegeln, bleibt das Grundmuster der industriewirtschaftlichen Entwicklung verbindlich. Im Rahmen weiteren Wirtschaftswachstums setzt sich der Wandel der sektoralen Beschäftigtenstruktur sogar verstärkt fort. Nach anfänglichem Rückgang nimmt die weibliche Berufstätigkeit absolut und relativ wieder zu. Auch der Konzentrationsprozeß geht weiter. Die Zahl der selbständigen Handwerker sinkt bei wachsender durchschnittlicher Betriebsgröße. Für die Industrie fehlen genaue Konzentrationsdaten, doch ist eine Trendumkehrung mit Sicherheit auszuschließen. Im sozialen Bereich lassen sich entsprechende Entwicklungen anführen: sinkende Haushaltsgröße bei wachsendem Anteil der Einpersonenhaushalte, nach vorübergehendem Rückgang weiterhin Zunahme der Kirchenaustritte und der konfessionell gemischten Ehen, Steigerung der Informationsmöglichkeiten durch Ausbau der Massenmedien. Auch auf politischem Gebiet setzen sich die Tendenzen fort, die ebenfalls formal dem Modell der Modernisierung entsprechen: Stärkung des Zentralstaats, Wachstum der Staatsausgaben, Zunahme der Bürokratie, politische Mobilisierung.

Freilich zeigen sich auf allen Gebieten auch gegenläufige Entwicklungen. Sie sind am schwächsten und eher marginal in der Wirtschaft: Immobilisierung des Bodens, Rückgang des Außenhandels. Im sozialen Bereich zählen dazu: Anstieg der Geburtenquote, fallende Aufstiegschancen, Kapazitätsschrumpfungen im Bildungs- und Gesundheitswesen (sinkende Anzahl von Studenten und höheren Schülern, Stagnation der Ärztezahl und der Krankenhausbetten). Am deutlichsten, wenngleich hier nicht ausschließlich quantitativ faßbar, sind die politischen Veränderungen: Aus-

20 Die Indikatoren suchen die wichtigsten quantifizierbaren Bereiche des Modernisierungsprozesses abzustecken. Nach dem gegenwärtigen Stand der Arbeit betreffen sie *wirtschaftliche Entwicklung:* Wirtschaftswachstum, Wirtschaftsstruktur, Konzentration, Einkommensverteilung; *Sozialstruktur:* Bevölkerungswachstum, Familienstruktur, Emanzipation der Frau, sozialer Aufstieg, Verstädterung und räumliche Mobilität, Bildung und Kommunikation, Säkularisierung, Wissenschaftsentwicklung; *politisches System:* Staatsfunktionen, Wahlberechtigung und Wahlbeteiligung, Eliten, Bürokratie, Minoritäten.

höhlung des Rechtsstaats und Beseitigung demokratischer Strukturen in Staat und Gesellschaft.

2. Die abstrakten Zahlenwerte der Indikatoren sagen über den tatsächlichen Stand der Modernisierung noch nicht allzuviel aus. So ist weiter zu fragen, wie sich die beobachteten Erscheinungen zu den in Ideologie und Programmatik faßbaren nationalsozialistischen Zielsetzungen verhalten und welcher Gehalt an Modernität diesen zukommt. Beide Fragen werfen angesichts der inneren Widersprüchlichkeit der nationalsozialistischen Programmatik besondere Schwierigkeiten auf. Postulate wie größere Gleichheit der Bildungschancen — freilich im Rahmen eines rassistisch determinierten Bürgerrechts —, Hebung der Volksgesundheit, Bodenreform, Religions- und Gewissensfreiheit, Freiheit der Lehre usw. erwecken zwar den Anschein der Modernität, aber nur eine eingehende Untersuchung kann zeigen, ob sie vom Nationalsozialismus in diesem Sinne verstanden und ernstgenommen wurden, ob sie eher propagandistisch-demagogischen Charakter hatten oder ob sie später inhaltlich aufgegeben wurden.

Einen höheren Stellenwert in der nationalsozialistischen Ideologie haben freilich antimoderne Elemente: antiparlamentarischer Affekt, antiemanzipatorische und antipartizipatorische Ziele, das Konzept der Volksgemeinschaft, die Wiederherstellung agrarisch-ländlicher Lebensbedingungen, die Ablehnung der Großstadt. Nur vermittelt, aber nicht weniger deutlich sind auch andere zentrale Aspekte wie Antisemitismus, Ablehnung des Kapitalismus und Kommunismus Ausdruck antimoderner Einstellungen.

Der Vergleich von Programmatik und Ergebnissen der nationalsozialistischen Politik läßt Bereiche erkennen, in denen ideologische Zielsetzungen konsequent durchgeführt, andere, in denen sie mit geringem oder ohne Erfolg praktiziert wurden, schließlich solche, in denen es kaum Anstrengungen zur Realisation gegeben hat. Grob vereinfacht gilt das letztere für die antikapitalistischen Forderungen (Verstaatlichung, Finanzkapital, Bodenreform), abgeschwächt auch für das Problem der Chancengleichheit (Bildung, sozialer Aufstieg). In der Agrar- und Mittelstandspolitik oder in der Konfrontation mit dem Verstädterungsproblem brachen sich die vorhandenen Ansätze an der Realität der wirtschaftlichen Entwicklung, an stärkeren konkurrierenden Interessen oder an vorrangigen politischen Zielsetzungen der Nationalsozialisten selbst. Aber auch ausgesprochene Schwerpunkte ihrer Politik kamen z. T. über begrenzte Erfolge nicht hinaus, wie etwa die Geburtenförderung. Konsequent wurden freilich die demokratischen Strukturen im Sinne der formulierten Ziele verändert: Durchsetzung des Führerprinzips und des Einparteiensystems, Aushöhlung des Föderalismus. Das gleiche gilt für Rüstungspolitik und Judenverfolgung.

3. Die Widersprüchlichkeit des Befundes gestattet die Annahme einer ein-

deutigen Zweck-Mittel-Relation nur unter der Voraussetzung, daß die nationalsozialistische Programmatik genuine Ziele mit zynischer Demagogie verbunden hat. Das eine vom andern zu trennen, erfordert die Bestimmung der „eigentlichen" Ziele in Form einer funktionalen Analyse des Indikatorenbildes. Danach ist — um das Ergebnis verkürzt vorwegzunehmen — das Dritte Reich gekennzeichnet durch den Primat des Herrschaftsausbaus und der Herrschaftsstabilisierung, der seine Legitimation durch eine aggressive Eroberungspolitik und die dazu erforderliche Rüstungspolitik sowie die Konstruktion eines inneren, rassisch begründeten Freund-Feind-Verhältnisses bezieht. Abgesehen von Veränderungen, die technisch, konjunkturell oder durch Rücksichtnahme auf die konservativen Bündnispartner bedingt sind, lassen sich sämtliche im Rahmen des Indikatorenmodells diskutierten Entwicklungen darauf zurückführen.

V. Die Überprüfung der Modernisierungstheorie

Aus dieser Einschätzung ergibt sich die Kritik an den eingangs vorgestellten Modernisierungstheorien. Auf den ersten Blick scheint die *marxistische* Auffassung von der Verschärfung kapitalistischer Strukturen eine Bestätigung zu finden (Konzentration, Einkommensverteilung, Ausschaltung der Arbeiterbewegung). Bei näherer Betrachtung ergibt sich aber, daß diese Entwicklungen Ausfluß primär politischer Zielsetzungen — vor allem der Rüstungspolitik — sind, freilich im Rahmen einer grundsätzlich privatkapitalistischen Wirtschaftsordnung. Beispielsweise bleiben, gemessen am Zuwachs der staatlichen Rüstungsausgaben, die Unternehmensgewinne in einer verhältnismäßig bescheidenen Größenordnung. Selbst für den ökonomischen Bereich — und das gilt insbesondere im Hinblick auf bonapartistische Theorieversionen — läßt sich die Dominanz genuin politischer Zielsetzungen feststellen.

Die quantifizierbaren unter den Entwicklungen, auf denen *Dahrendorfs* These beruht, und einige zusätzliche Indikatoren erreichen keinesfalls das Ausmaß einer „sozialen Revolution", laufen einem solchen Begriff z. T. sogar zuwider. Auch für den Wandel der Werthaltungen, auf die sich Dahrendorfs Argumentation besonders stützt, erscheint seine These zweifelhaft: So wäre etwa für die behauptete Entkonfessionalisierung zu fragen, ob der Kirchenkampf im Kernbereich der beiden großen Konfessionen nicht eher zu einer Stärkung als zu einer Schwächung geführt und somit den Säkularisierungsprozeß verzögert hat. Das gleiche gilt im Grunde auch für *Schoenbaum* mit der Maßgabe, daß die Entwicklungen, die hier unter dem Begriff der „Revolution der Mittel" subsumiert werden, nur die im Ausmaß begrenzte Fortsetzung industriegesellschaftlicher Tendenzen sind. Erst die Erklärung des inneren Zusammenhangs beider „Revolutionen" vermöchte einen tragfähigeren Ansatz zu begründen. Der vorgelegte Befund spricht zugleich gegen *Turners* rationale Zweck-Mittel-Relation. Die in der nationalsozialistischen Ideologie verankerten Zielsetzungen haben — auch wenn sie ernstgenommen werden müssen — weder eine rationale Struktur, noch ist ihre Durchsetzung ausschließlich von rationalem Verhalten bestimmt. Dann aber kann „Antimodernität" auch nicht im Sinne einer konsequenten Wiederherstellung vormoderner Zustände begriffen werden. Schließlich bleibt das Modernisierungsmodell von *Organski.* Soweit es Faschismus generell auf Spannungen und Konflikte im Modernisierungsprozeß zurückführt, teilen wir diese Prämisse. Die konkreten Annahmen über die typischen Entwicklungstendenzen im Faschismus werden aber durch den Nationalsozialismus nicht gedeckt. Organskis These vom Rückgang der ökonomischen Modernisierung und sozialen Mobilisierung entspricht nicht der Realität des Dritten Reichs. Die behauptete politische Mobilisierung ist zumindest ohne inhaltliche Diskussion des Begriffs nicht zu akzeptieren. Zudem bleiben die Bedingungen unerörtert, unter denen sich die dem Modernisierungsprozeß immanenten Spannungen zum faschistischen System entwickeln.

Als Ergebnis ist festzuhalten: Soweit die Thesen mit den hier angewandten Methoden überprüft werden können, erweisen sie sich u. E. als zu wenig tragfähig, um die Rolle des Nationalsozialismus im Transformationsprozeß der deutschen Gesellschaft zu bestimmen.

VI. Nationalsozialismus und Modernisierung: Versuch einer These

Aus dem Indikatorenbefund und der Thesenkritik ergibt sich ein stark modifizierter Ansatz. Er versucht, wichtige Elemente der von Parsons zum Verständnis der sozialen Grundlagen des Nationalsozialismus vorgeschlagenen These für die Erklärung des Zusammenhangs von Modernisierung und Nationalsozialismus in der Phase seiner Herrschaft fortzuentwickeln.

Der Nationalsozialismus erscheint demzufolge an die Bedingungen seiner Ausgangslage geknüpft. Diese ist gekennzeichnet durch die aggressive Reaktion traditioneller Wertvorstellungen und Verhaltensweisen auf den beschleunigten Wandel des wirtschaftlichen, sozialen und politischen Systems, verschärft durch eine akute, durch Krieg und Niederlage, Inflation und Depression sowie die Gefahr einer Systemalternative ausgelöste Krise. Da die als Bedrohung empfundenen Veränderungen nicht auf ihre strukturellen Ursachen im realen Entwicklungsprozeß zurückgeführt werden, schlagen sie sich in der nationalsozialistischen Ideologie und Programmatik primär als gesellschaftliche Ängste und Ressentiments nieder. Die vorgeblichen Lösungen zielen ihrerseits nicht auf innovative Bewältigung der diesen Problemen zugrunde liegenden Entwicklungen, sondern auf die Personifizierung und politisch-moralische Verurteilung ihrer Ausdrucksformen. Damit ist diese Ideologie aber bereits von ihrem Ausgangspunkt her ein geeignetes Instrument für die Mobilisierung empfänglicher, von Modernisierungsproblemen betroffener Bevölkerungsschichten. Da der Nationalsozialismus in der Situation der Herrschaftsübernahme über kein brauchbares gesellschaftspolitisches Konzept zur positiven Gestaltung der fortbestehenden Modernisierungsprobleme verfügt und sich durch Ausschaltung aller politischen, ideologischen und formierten sozialen Gegenpositionen von den gesellschaftlichen Grundlagen des bisherigen Systems ablöst, wird eine neue Legitimationsbasis erforderlich: die Ableitung der ererbten Konflikte auf innere und äußere Gegner. Sie begründet die beiden zentralen Systemziele: Etablierung eines totalitären Herrschaftsapparates und Vorbereitung eines Eroberungskrieges. Die fehlende Legitimation von unten wird kompensiert durch organisatorische Erfassung, Propaganda und Terror, durch eine immer rigidere Zwangsintegration. Gerade diese Grundstruktur zielt auf die Zerstörung überkommener Loyalitäten. Tradition und die Werte der Vergangenheit, zentral in der nationalsozialistischen Ideologie, werden unter systemfunktionalen und herrschaftsinstrumentellen Aspekten selektiert und uminterpretiert, damit aber als traditionelle Werte zerstört. Die Verabsolutierung der Herrschaftsmittel bestätigt — mit den Einschränkungen, die sich in der Diskussion der letzten Jahre hinsichtlich der Geschlossenheit des Systems ergeben haben — die Totalitarismusthese.

Diese Grundauffassung des Charakters und der Funktion des Nationalsozialismus steht in Übereinstimmung mit den an der Indikatorenentwicklung ablesbaren Befunden. Sie führt zugleich zu dem Schluß, daß die Antimodernität des Nationalsozialismus nicht als Wiederherstellung vormoderner Zustände mißverstanden werden darf, als „konservative Revolution", oder auch nicht schlechthin als „Revolution von oben". Der Nationalsozialismus ist der Versuch eines Sonderweges aus den Problemen der Modernisierung in die Utopie eines dritten Weges jenseits der innergesellschaftlichen Krisen und Konflikte der parlamentarisch-demokratischen, kapitalistischen Gesellschaft und jenseits des Angst und Aggression auslösenden Konzeptes einer kommunistischen Totalveränderung, im Grunde aber ohne Aufgabe der kapitalistischen und der industriewirtschaftlichen Grundlagen dieser Entwicklung. Die gespaltene Wirklichkeit des Nationalsozialismus mit teils modernen, teils antimodernen Erscheinungen spiegelt dieses widersprüchliche Konzept.

Bei aller Anerkennung von teilmodernisierenden Effekten, die sich aus dem Fortwirken konservativer und technokratischer Kräfte, aus der Autarkie- und Rüstungspolitik mit ihren wirtschaftlichen und gesellschaftlichen Konseqenzen, aus Effizienzbemühungen bei der Durchsetzung spezifisch nationalsozialistischer Ziele ergaben — sie sind im Kern nicht Ausdruck einer modernisierungsgerichteten Politik und lassen daher, wohl kaum zufällig, zunehmend Erscheinungen parasitärer Zersetzung erkennen.[21] Sie können insgesamt nur als Pseudomodernisierung bezeichnet werden. Entstanden aus einer illusionären Flucht vor den Problemen der modernen Gesellschaft und nicht zuletzt deshalb zur Zwangsintegration verurteilt, konnte die nationalsozialistische Herrschaft keine dauerhaften Strukturen entwickeln. Die Unfähigkeit, gesellschaftliche Konflikte anzuerkennen und zu verarbeiten, hat den Nationalsozialismus daran gehindert, Stabilität im Wandel und durch Wandel zu begründen. Damit erscheint der Nationalsozialismus als faschistisches System wegen seiner konstitutiven Bedingungen und deren zwangsläufigen Folgen für die Art der Herrschaftssicherung prinzipiell ungeeignet, tragfähige Fundamente für die weitere Entwicklung zu schaffen. Selbst unter einseitig funktionalem Aspekt war er auch als Ausnahme- oder Übergangsform gesellschaftlicher Organisation in einer Streßphase der Modernisierung „dysfunktional". Er war kein Umweg der Modernisierung, sondern Ausdruck ihres Scheiterns, die historische Sackgasse eines Prozesses, dessen Steuerungsprobleme die gesellschaftlichen Kapazitäten überfordert hatten.

VII. Schlußbemerkungen

Am Ende dieser vor allem um Darstellung und Begründung des Verfahrens bemühten Skizze des Versuchs, die Modernisierungstheorie auf eine Schlüsselfrage der deutschen Geschichte anzuwenden, erscheint es sinnvoll, noch einmal Anspruch, Grenzen und methodische Probleme zusammenzufassen, die sich mit dem vorgestellten Ansatz verbinden.

1. Im Gegensatz zu der aus der Entwicklungsliteratur geläufigen Anwendung der Modernisierungstheorie auf die Anfänge des Prozesses wird hier eine spätere Phase thematisiert. Der Blick auf das Gesamtphänomen vermeidet die Verkürzung der Probleme auf die spezifischen Ursachen- und Bedingungskonstellationen des Beginns und lenkt die Aufmerksamkeit auf die Spannungen und Verwerfungen, die erst im weiteren Verlauf auftreten oder sichtbar werden.

Die an der Modernisierungstheorie orientierte Analyse des Nationalsozialismus zielt auf einen Erklärungsrahmen, der die Fülle des unverbundenen Einzelwissens ordnet und seine Widersprüche verständlicher macht. Sie erwartet keine neuen Fakten, sondern sucht ihren Sinn darin, die bisher bekannten zu systematisieren. Sie läßt sich mit den Ergebnissen sektoraler Faschismusforschung wie Broszats Studie über das politische

21 Dazu bes. H. Mommsen, Beamtentum im Dritten Reich, Stuttgart 1966, S. 13.

System[22] oder Petzinas über die nationalsozialistische Wirtschaft[23] vereinbaren und sucht sie auf der gesamtgesellschaftlichen Ebene der Theorie zu integrieren. Das empirische Material, mit dem gearbeitet wird, ist dem Fachhistoriker so vertraut, daß der Eindruck der Banalität entstehen könnte. Ein solcher Vorwurf unterstellt aber eine andere Absicht, als hier verfolgt wird. Denn Kriterium der Materialauswahl ist nicht die wissenschaftliche Originalität, sondern seine zentrale Bedeutung für den Nationalsozialismus und die Modernisierungstheorie. Auch der Ertrag ergibt sich nicht unmittelbar aus dem Material. Er liegt einmal in der strukturierenden Erschließung des Problemkomplexes Nationalsozialismus durch die Modernisierungstheorie, zum andern im exemplarischen Test dieser Theorie auf ihre Brauchbarkeit als Konzept einer Gesellschaftsgeschichte.[24]

2. Die Modernisierungstheorie ist noch nicht zu einem konsistenten Modell mit fest formulierten Faktoren und Beziehungen ausgearbeitet worden, das nur noch mit den betreffenden Datensätzen gefüllt zu werden brauchte. Entsprechende Versuche sind für den Historiker unbefriedigend geblieben.[25] Die Indikatoren sind überwiegend im thematischen Zusammenhang mit der Initiierung von Entwicklungsprozessen und zur Kennzeichnung ihrer Vor- und Frühphasen gebildet worden und verlieren z. T. im weiteren Verlauf an Aussagekraft. Zudem decken sie weder die Veränderungen in ihrer gesamtgesellschaftlichen Breite ab, noch sind sie sonderlich geeignet, deren Qualität zu erfassen. Sie sind schließlich inhaltlich so vieldeutig, daß sie sich nur schwer übertragen lassen. Deshalb beschränkt sich die hier vorgestellte Analyse darauf, eine bestimmte, fest umrissene Periode der deutschen Geschichte auf ihre Rolle im Entwicklungsprozeß der modernen Gesellschaft zu diskutieren — eine Fragestellung, die dem Stand der Theorie noch am ehesten entspricht. Sie verknüpft die Auswertung quantitativer Indikatoren mit kausalen und intentionalen Aspekten, um die Qualität der Veränderungen nicht aus den Augen zu verlieren. Angesichts dieser Probleme scheint es legitim, ausschließlich den Nationalsozialismus zu behandeln. Der Verzicht auf die komparatistische Perspektive ist aber allein eine Frage der wissenschaftlichen Opportunität. Prinzipiell ist das angewandte Verfahren für vergleichende Untersuchungen offen.

3. Die Hauptschwierigkeit bleibt, daß es noch keine umfassende und zugleich für die Anwendung auf konkrete Fälle hinreichend spezifische Modernisierungstheorie gibt, sondern nur konkurrierende Ansätze unterschiedlicher Reichweite, Operationalisierbarkeit, Herkunft und Absicht,

22 M. Broszat, Der Staat Hitlers. Grundlegung u. Entwicklung seiner inneren Verfassung, München 1969.

23 D. Petzina, Autarkiepolitik im Dritten Reich. Der nationalsozialistische Vierjahresplan, Stuttgart 1968.

24 Dazu bes. Kocka, Theorien, S. 20 ff.

25 Das gilt unseres Erachtens auch für Ansätze wie die von Deutsch, Almond/Pye oder Rokkan.

die sich allenfalls zu Teiltheorien des wirtschaftlichen, sozialen und politisch-institutionellen Wandels verdichten. So zeigt sich die Modernisierungstheorie dort am schwächsten, wo der Historiker ihren entscheidenden Vorzug erwartet: im Angebot eines integrativen Gesamtrahmens. Auch aus diesem Grund scheint sie eher geeignet, sektorale Entwicklungen innerhalb *eines* Prozeßverlaufs zu erfassen und zueinander in Beziehung zu setzen, als die Entwicklung unterschiedlicher Systeme in ihrer Totalität zu vergleichen. Selbst in dieser Reduzierung stößt die empirische Anwendung des Modells noch schnell an die Grenzen makro-soziologischer Verfahren. Die Indikatoren sind zu grob und zu wenig zu einem Raster verknüpft, um den Modernisierungsprozeß in seiner Differenziertheit beschreiben zu können. Die Arbeit mit der Modernisierungstheorie ist daher auf Ergänzungen aus anderen Theorien (etwa der Systemtheorie), aber auch durch klassisch historische Verfahren angewiesen.

Ob unter diesen Bedingungen der Versuch gelingt, Theorie und Geschichte so zu kombinieren, daß sich ihre positiven Potentiale ergänzen, d. h. daß die Ergebnisse realistischer werden als die abstrakten Aussagen soziologischer Modelle einerseits und verbindlicher als die theorielose historische Faktensammlung andererseits, können erst die Ergebnisse selbst erweisen. Die Prüfung der Voraussetzungen, und eben dies war der Zweck dieser Überlegungen, bestätigt bei aller Skepsis den Ansatz doch soweit, um den Versuch seiner Anwendung zu rechtfertigen.

Aus der Diskussion

H. A. Winkler: 1. Ein besonderer Vorzug des Papiers scheint mir darin zu liegen, daß es die vieldiskutierte These von der durch den Nationalsozialismus bewirkten Modernisierung (Schoenbaum, und viel weniger differenziert: Dahrendorf) empirisch korrigiert. Offenbar ist die Auffassung, das „Dritte Reich" habe eine Art sozialer Revolution bewirkt, stark durch zwei Faktoren bestimmt: einmal durch die pseudo-egalitäre Propaganda des Regimes, die der Wirklichkeit keineswegs entsprach; zum anderen durch die tatsächlichen gesellschaftlichen Veränderungen der Nachkriegszeit, die gern in die Zeit vor 1945 zurückprojiziert werden — obwohl sie nur sehr mittelbar etwas mit dem Nationalsozialismus zu tun haben.

Eine gewisse Einschränkung dessen, was ich eben gesagt habe, liegt darin, daß die Intentionen mancher nationalsozialistischer Führer durchaus auch gesellschaftlich radikal waren — ich denke etwa an die Pläne Leys, das überkommene Innungssystem zu zerschlagen. Die restaurativen Elemente im gesellschaftspolitischen Bereich gehen z. T. auf das Konto der konservativen Verbündeten der Nationalsozialisten. In der Gewerbepolitik ist hierbei vor allem an Schacht zu denken, der sich insofern im Namen der

Wirtschaft insgesamt, und nicht bloß einzelner großindustrieller Gruppen, gegen den nationalsozialistischen „Primat der Politik“ wehrte. Von daher ist die Machtstruktur in der Phase des von Arthur Schweitzer sogenannten „partial fascism“ (1933—36) neu zu analysieren, und die Akzente werden anders zu setzen sein als bei Schweitzer. Dies ändert jedoch nichts an der Feststellung, daß realiter von einer revolutionären Umgestaltung der deutschen Gesellschaft zwischen 1933 und 1945 keine Rede sein kann.

Ich finde es richtig, daß das Papier zwischen Basis, Funktion und politischer Strategie des Nationalsozialismus unterscheidet und sich damit einer mehrschichtigen Faschismus-Theorie nähert. Weder die Totalitarismustheorien, die nur auf die Herrschaftsausübung abstellen, noch die ökonomistischen Faschismustheorien werden der Wirklichkeit gerecht. Von einem mehrschichtigen Ansatz aus ließe sich auch am ehesten die u. a. von Henry Turner aufgeworfene Frage beantworten, inwieweit deutscher Nationalsozialismus und italienischer Faschismus demselben Regimetypus zugeordnet werden können und wie das Mischungsverhältnis modernistischer und restaurativer Elemente in concreto aussieht.

2. Es gilt m. E. stärker zu unterscheiden zwischen den empirisch eindeutigen, auch leichter quantifizierbaren Elementen des Komplexes „Modernisierung“ und den stärker normativ geprägten. Bei vielen sozialökonomischen Kriterien (etwa Betriebsgrößen, Verschiebungen zwischen primärem, sekundärem und tertiärem Sektor, Anteil der Frauenarbeit) sind exakte Vergleiche möglich. Schwierig wird es, wenn etwa unter dem Begriff „Partizipation“ auch das parlamentarische System zu einem Indikator von Modernität wird. Man landet dann schnell bei einer petitio principii.

Ich bin nicht für eine Ausblendung der normativen Seite und meine, daß Regimes mit Hilfe der Kategorie der „sozialen Kosten“ auch auf dieser Ebene verglichen werden können. Aber bei der Frage nach dem Modernitätsgehalt sollte man doch deutlich zwischen der stärker empirisch-quantitativen und der stärker normativ-politischen Seite unterscheiden.

H. J. Puhle: Mir scheint das vorgetragene Konzept bereits im Ansatz zu wenig aussagefähig und zu eng zu sein. Wenn damit beabsichtigt wird, gewissermaßen monographisch den deutschen Nationalsozialismus nur mit „neuen“ Worten und Begriffen im modernisierungstheoretischen Jargon zu beschreiben, dann läuft man m. E. Gefahr, bei einem überzogenen verbalen Aufwand in vielen Bereichen unüberprüfbare oder willkürliche Aussagen zu machen; auch könnte die Modernisierungstheorie dabei allzu schnell zum bloßen Alibi einer bombastischen Sammlung von Indikatoren degenerieren, denen jede funktionale Verknüpfung fehlt, obwohl die Theorie doch gerade in konkreter Weise zu dieser Verknüpfung beitragen soll.

Wenn aber beabsichtigt ist, einen — doch relativ weitgespannten — modernisierungstheoretischen Ansatz für die Analyse des Nationalsozialismus fruchtbar zu machen und gleichzeitig auch den theoretischen Ansatz zu überprüfen und zu modifizieren, dann bedarf es dazu unter allen Umständen des Vergleichs, der hier gefehlt hat. Nur ein einziges Beispiel, hier der deutsche Nationalsozialismus, kann in diesem Zusammenhang nicht genügen. Der modernisierungstheoretische Ansatz stellt in dem hier diskutierten Kontext eine spezifische Variante innerhalb des breiten Bereichs der Theorien zur Erklärung des Faschismus dar, wird also als Faschismustheorie genutzt. Der einzige funktionierende Kontrollmechanismus für die Stimmigkeit ebenso wie für die Erklärungskraft von Faschismustheorien besteht jedoch m. E. in *vergleichender* Faschismusforschung, also einer solchen, die sich gerade nicht auf einen „Fall" beschränkt. An nur einem Fall kann die Theorie weder überprüft noch modifiziert werden. Angesichts der Tatsache, daß Modernisierung in der historisch-konkreten Realität immer nur „partielle" Modernisierung ist, kann auch nur im Vergleich Nutzen und Grenze des spezifischen sektoralen Erklärungspotentials des modernisierungstheoretischen (oder eines anderen) Ansatzes aufgewiesen werden. Im Vergleich könnten außerdem die verwendeten Begriffe noch differenziert und die enge Perspektive erweitert werden.

Außerdem: Muß man nicht, schon um den Allgemeinheitsgrad der Aussagen zu begrenzen und um spezifisch Faschistisches oder Nationalsozialistisches herausarbeiten zu können, gerade bei Verwendung eines modernisierungstheoretischen Rasters, nicht nur mehrere faschistische Machtergreifungen und Herrschaftssysteme miteinander vergleichen, sondern auch faschistische mit nichtfaschistischen Entwicklungen in vergleichbaren „Modernisierungssituationen" vergleichbarer Länder? Ein Vergleich z. B. des amerikanischen New Deal einerseits und des deutschen Nationalsozialismus andererseits als Reaktionen verschiedener Systeme auf die Wirtschaftskrise kann nach der Erfahrung derer, die darüber zu arbeiten versucht haben, viel dazu beitragen, die Probleme klarer zu sehen.

Auch der Hinweis des Referenten, man sei offen für die Diskussion vergleichender Untersuchungen und ihrer Ergebnisse und habe nur aus Gründen der Arbeitsökonomie bzw. der Opportunität vom Vergleich Abstand genommen, befriedigt mich nicht. Bei einer solchen Argumentation wird m. E. übersehen, daß der Vergleich sich nicht in einer Addition monographischer Arbeiten erschöpft, sondern daß er von Anfang an ein eigenständiges Konzept verlangt, über dessen methodische und theoretische Voraussetzungen und Implikationen man sich Rechenschaft ablegen sollte. Und vor allem gerät dabei noch ein anderer Aspekt in Vergessenheit: der Umstand, daß jeder systemtheoretisch inspirierte Erklärungsansatz, der mit Begriffen wie „sozialer Wandel", „Entwicklung" oder „Modernisierung" arbeitet, von Anfang an wesentlich vom Vergleichen lebt und auf Vergleiche angewiesen ist. Deshalb ist es nicht nur sinnvoll und zusätzlich interessant, sondern unerläßlich, auch explizit den Vergleich mit in die Untersuchung einzubeziehen.

D. Petzina: Das vorgetragene Projekt ist prinzipiell insoweit zu begrüßen, als es den Versuch beinhaltet, mit Hlife theoretischer Fragestellungen historische Prozesse zu entschlüsseln. Gleichwohl stellen sich zur Vorgehensweise, zum methodischen Ansatz, seiner Konsistenz und der besonderen Art der Umsetzung auf die Periode des Nationalsozialismus sowie zu den präsentierten Indikatoren Fragen, die zumindest in den Ausführungen nicht hinreichend befriedigend beantwortet wurden. Sie berühren vor allem die folgenden Probleme:

1. Es wird nicht erkennbar, inwieweit die Ansätze der Modernisierungstheorie auf ihre Verwendbarkeit für die Analyse des Nationalsozialismus überprüft wurden. Modernisierung als vergleichsweise unscharfe, an den Entwicklungsproblemen vorindustriell-agrarischer Gesellschaften orientierte Kategorie müßte zunächst präziser umschrieben werden, um zur Analyse bereits industrialisierter Gesellschaften tauglich zu sein. Andernfalls könnte durch den Begriffsapparat dieses Ansatzes bereits ein mögliches Ergebnis dieser Untersuchung vorgegeben sein. Nur wenn nicht von einem abstrakten Modernisierungsbegriff ausgegangen wird, vielmehr die historische und gesellschaftliche Bedingtheit dessen, was mit Modernisierung umschrieben werden könnte, berücksichtigt wird, ließe sich der gewählte Ansatz für die Untersuchung der nationalsozialistischen Ära operationalisieren. Der von Dahrendorf und Schoenbaum beschrittene Weg, den Nationalsozialismus als revolutionären Prozeß im Sinne der Zerstörung traditioneller Strukturen und Loyalitäten zu interpretieren, erscheint insoweit sinnvoller, da in diesen Ansätzen nicht notwendigerweise die bei Matzerath und Volkmann angelegte Gleichsetzung von Antimodernität und vorindustriellen Strukturen bzw. Modernität und Industrialisierung impliziert ist.

2. Das Problem der nicht hinreichenden Präzisierung des Modernisierungsbegriffes wird deutlich erkennbar an den ausgewählten Indikatoren, die beinahe alle Kategorien der sozialen und wirtschaftlichen Entwicklung einer industriellen Gesellschaft umfassen. Nicht deutlich wird namentlich, inwieweit die Vielzahl der Indikatoren aus dem Bereich Wirtschaft, Sozialstruktur und politisches System sinnvoll zu gewichten und zu verknüpfen wäre. Es ist anzunehmen, daß eine eindeutige Verbindung der einzelnen Indikatoren nicht generell vorgenommen werden kann, die es gestatten würde, per saldo nach Überprüfung der einzelnen Indikatoren eine abschließende Einschätzung über mehr oder weniger „Modernität" vorzunehmen. Wirtschaftliches Wachstum, Industrialisierung und sozialstrukturelle Prozesse weisen längerfristig sicherlich einen spezifischen Zusammenhang auf, kurzfristig sind derartige Korrelationen jedoch nur schwer faßbar. Die Tatsache eines hohen Wirtschaftswachstums beispielsweise — ein Indikator, der offensichtlich im vorliegenden Ansatz einen wichtigen Rang einnimmt — besagt für sich genommen nur wenig über den Grad von Modernität der politischen Struktur, da Entwicklungsdiktaturen ebenso

wie demokratische Systeme dieses Ergebnis erzielen können. Eine Vielzahl der gewählten Indikatoren ist vermutlich nur zur Analyse längerfristiger historischer Prozesse geeignet und nicht in der Lage, die Entwicklung eines Jahrzehnts zu verdeutlichen. Nicht nur aus Gründen der Forschungsökonomie empfiehlt es sich, die vorgeschlagenen Indikatoren zu verringern (namentlich kann auf „Gesinnungs"-Indikatoren verzichtet werden), um zu vermeiden, daß am Ende der Untersuchung ein Datenfriedhof steht, dessen einzelne Elemente nicht mehr zusammengefaßt werden können bzw. in ihrem Aussagewert nicht vergleichbar sind. Speziell sollte auch überlegt werden, ob aus eher zufällig anmutenden Konjunkturindikatoren tatsächliche Aussagen über Modernisierungsprozesse abgeleitet werden können, da die wirtschaftliche Entwicklung des frühen Nationalsozialismus sich von der Erholungsphase nach der Weltwirtschaftskrise nur schwer trennen läßt.

3. Schließlich wäre zu fragen, inwieweit dieser Ansatz überhaupt geeignet ist, die historisch zu konstatierenden, sehr unterschiedlichen Strukturen, die das Phänomen Nationalsozialismus ausmachen, zu analysieren. Die historische Einzelforschung hat längst ergeben, daß der Nationalsozialismus kein geschlossener Block war, vielmehr eine Vielzahl gegenläufiger Entwicklungen und Strukturen aufwies. Ein gemeinsamer ideologischer Nenner ist nicht herstellbar, so daß die Veränderung des Herrschaftssystems mit dem angebotenen Raster kaum faßbar sein dürfte. Somit stellt sich die Frage, ob bzw. inwieweit der vorgeschlagene Ansatz nicht Gefahr läuft, an der historischen Wirklichkeit des Nationalsozialismus vorbeizugehen. Diese Gefahr ist nicht in der Tatsache der Theorieanwendung schlechthin zu sehen, vielmehr in der Breite und Diffusität des gewählten Ansatzes. Eine Konzentration auf Teilaspekte des Nationalsozialismus wäre aus diesem Grunde zweckmäßig. Diese Bescheidung empfiehlt sich auch deshalb, da zu einer Reihe einzelner Aspekte, die in den Indikatoren angesprochen werden, bereits Forschungsergebnisse vorliegen. Die Bearbeiter haben somit auch eine Vorantwort auf die Frage zu finden, was an tatsächlich neuen Ergebnissen in ihrem vorgeschlagenen Raster angelegt sein könnte.

W. J. Mommsen: Das von Herrn Matzerath eindrucksvoll vorgestellte Projekt über die Frage, ob sich während der Herrschaftsperiode des Nationalsozialismus ein Modernisierungsprozeß vollzogen habe oder nicht, scheint mir Schwächen vor allem in zweierlei Beziehung zu haben. Zum ersten stellt sich die Frage, ob die periodische Eingrenzung auf die Zeit von 1933 bis 1945 überhaupt Aussagen über Wandlungen von Gesellschaft und Wirtschaft zuläßt, die quantitativ und qualitativ so erheblich sind, daß sie eindeutig mit bestimmten Strukturen nationalsozialistischer Herrschaft oder bestimmten Maßnahmen der nationalsozialistischen Politik korrelieren. Möglicherweise sind die gesellschaftlichen Veränderungen in der

Phase des Aufstiegs des Nationalsozialismus, also von 1925 bis 1933, für die Frage, ob dieser nicht nur dem eigenen Programm nach, sondern auch der Sache nach antimodernistisch gewesen sei, von wesentlich größerer Bedeutung. Schwerwiegender ist der Tatbestand, daß die Autoren der Studie die deutsche Gesellschaft der Zeit von 1933 bis 1945 als ein in sich geschlossenes nationalsozialistisches System zu betrachten scheinen, während doch die neuere Forschung sehr klar gezeigt hat, daß es sich um eine Gemengelage gehandelt hat, d. h. die Überlagerung traditionaler politischer und gesellschaftlicher Gruppen und Kräfte durch die nationalsozialistische Bewegung unter Bildung zahlreicher sich in ihrer Substanz teilweise erheblich wandelnder Kompromisse zwischen der NSDAP und anderen gesellschaftlichen Machtgruppen, z. B. der Reichswehr, der Wirtschaft und zum Teil auch der Bürokratie. Manche Forscher sprechen mit guten Gründen gar von einer „parasitären" Ausnutzung bestehender gesellschaftlicher Institutionen und Kräfte durch den Nationalsozialismus. Veränderungen in den gseamtgesellschaftlichen Strukturen, soweit sie sich durch die Messung von Indikatoren über kürzere Zeiträume überhaupt zuverlässig ausmachen lassen, können daher keinesfalls pauschal dem nationalsozialistischen System als solchem zugerechnet werden. Es ist z. B. eine bekannte Tatsache, daß Albert Speer die Reorganisation der deutschen Rüstungswirtschaft gerade unter weitgehender Ausschaltung der Parteiinstanzen und gleichsam gegen deren Willen durchgezogen hat; die Feindschaft Bormanns gegenüber Speer bestand nicht ohne Grund. Es wäre problematisch, diese Modernisierungsleistung unbesehen dem nationalsozialistischen Herrschaftssystem gutzuschreiben! Es fragt sich also, ob sich mit derartigen globalen Analysen, die Modernisierung bzw. ausbleibende Modernisierung in gesamtgesellschaftlichem Rahmen messen, überhaupt zuverlässige Aussagen über den Charakter des nationalsozialistischen Systems werden gewinnen lassen. Vielmehr müßte man sich auf eine weit differenzierendere Analyse einlassen, sofern man beispielsweise die Thesen Dahrendorfs oder Schoenbaums wirksam widerlegen und grundsätzlich neue Erkenntnisse gewinnen will. Sektorielle Untersuchungen, die die Abhängigkeit gesellschaftlicher Veränderungsprozesse von bestimmten politischen Maßnahmen nationalsozialistischer Art quantitativ analysieren, würden vermutlich weitaus weiter führen als das hier praktizierte, an globalgesellschaftlichen Daten orientierte Projekt.

Im übrigen sollte man das Bedingungsfeld, dem dieses Projekt allererst entspringt, als solches genauer angeben. Offensichtlich geht es der Forschungsgruppe darum, dem Nationalsozialismus das für positiv erachtete Epiteton „Modernisierung" nicht zuzugestehen, aus einsichtigen politisch-moralischen Gründen, wird dieses doch in der gegenwärtigen öffentlichen Meinung als positives Moment angesehen. Ein solcher politisch-moralischer Ansatz ist legitim; doch sollte er bei der Konzipierung des Projekts explizit formuliert werden.

E. Schremmer: 1. Herr Matzerath hat eine Vorstellung von einer historischen Entwicklung, die „Modernisierung“ ist, oder in der „Modernisierung“ eintritt. Modernisierung ist dabei umschrieben mit Hilfe einer Anzahl von Merkmalen. Einige davon sind statistisch meßbar.
2. Mit dieser Vorstellung von Modernisierung möchte Herr Matzerath anhand von empirischem Material überprüfen, ob in einem gegebenen Zeitabschnitt Modernisierung passierte; vielleicht auch noch, ob der Modernisierungssprung in der Zeitperiode groß oder klein war. Dazu wird in den Archiven nach den Merkmalen der Modernisierung gesucht und ihr Vorhandensein und ihre Veränderung im Zeitablauf festgestellt.
3. Nennen wir einmal — um uns für den Augenblick zu verständigen — denjenigen Merkmalskatalog und diejenige Richtung der Veränderung der einzelnen Merkmale, die ex definitione Modernisierung ergeben: Theorie der Modernisierung. Merkmale können jetzt im Zeitablauf konstant bleiben, sich gleichgerichtet (in Richtung Modernisierung) oder gegenläufig (in Richtung De-Modernisierung) verändern. Was sieht nun die Modernisierungs-Theorie im einzelnen vor, wenn einige Merkmale konstant bleiben, einige sich in Richtung Modernisierung und andere in Richtung De-Modernisierung bewegen? Konkret gefragt
a) Wie werden die einzelnen Merkmale zueinander gewichtet?
b) Stehen einzelne Merkmale zueinander in einem Verhältnis der Substitution (Austauschbarkeit) oder dem Verhältnis der Komplementarität (notwendige Ergänzung)?
c) Was sagt die Theorie hinsichtlich der Modernisierung (die vermutlich irgendwie abgestuft werden muß), wenn sich die Merkmale zwar gleich gerichtet, aber ungleich schnell verändern?
d) Sind die Antworten zu a), b) und c) dieselben, wenn mit Hilfe des Modernisierungs-Ansatzes historische Gebilde untersucht werden, deren Modernisierungs-Niveau (= Stand der Modernisierung im Zeitpunkt des Untersuchungsbeginns) unterschiedlich „hoch“ ist?
Die Beantwortung u. a. dieser Fragen erscheint mir dann wichtig zu sein, wenn man die Merkmale und deren Veränderung zu einer Gesamtaussage zusammenfassen will.
e) Oder begnügen Sie sich mit einem Untersuchungsergebnis folgender Art?:
— hinsichtlich der Merkmale m, n trat Modernisierung ein,
— hinsichtlich der Merkmale o, p De-Modernisierung und
— hinsichtlich der Merkmale q, r ist Modernisierungsstillstand zu beobachten;
— die Merkmale u, v sind in den Archiven nicht aufzufinden — und bleiben außer Ansatz.

T. Sarrazin: Dieses Referat berührte eine ganz zentrale Frage: die Frage nach der logischen Struktur der kausalen Zurechnung in der Geschichte.

Um nämlich die kausale Zurechnung „Nationalsozialismus als Ursache der Modernisierung“ (vom Problem, was das ist, einmal ganz abgesehen) beantworten zu können, ist es notwendig, für die ausgewählten Indikatoren nicht nur die faktisch 1945 eingetretenen Werte zu kennen und mit entsprechenden Werten des gewählten Ausgangsjahres (etwa 1933) zu vergleichen, sondern die Entwicklung ceteris paribus, aber ohne nationalsozialistische Machtergreifung bis 1945 fortzuschreiben. Erst der Vergleich der fiktiven Indikatorwerte 1945 mit den faktischen Indikatorwerten 1945 spiegelt den Modernisierungseffekt des Nationalsozialismus im Sinne kausaler Zurechnung wider. Diese *counterfactual deduction* ist im konkreten Fall aus Gründen, die von Herrn Borchardt näher erläutert wurden*, ganz offenbar unmöglich. Es zeigen sich hier grundsätzliche Grenzen von umfassender oder längere Zeiträume umspannender kausaler Zurechnung und damit von Erklärung in der Geschichte. Dem ist auch nicht durch die etwa von Fritz Redlich so heftig geäußerte Ablehnung von „counterfactuals“ in der Geschichte beizukommen, denn *jede* kausale Zurechnung in der Geschichte impliziert, wie schon von Max Weber erkannt, einen irrealen Konditionalsatz im Sinne des „Was wäre, wenn . . .?“ Dies fällt zumeist nicht weiter auf, weil die Sprache darüber als selbstverständlich hinweggeht, und weil die rein technische (im obigen Fall unüberwindbar große) Bedeutung des Problems je nach Formulierung und Ausdehnung der historischen Fragestellung und der Materialsituation erheblich wechselt. Jedenfalls ist dies der Grund, weshalb den kausalen Erklärungen des Historikers zumeist die letzte und oft jede Sicherheit fehlt, und gleichzeitig liegt hier eines der ernsthaftesten erkenntnislogischen Hindernisse für die Entwicklung umfassender und tragfähiger historischer Theorien.

K. Hausen: Die Korrektheit und Aussagekraft der hier als Indikatoren für Modernisierung vorgestellten Zeitreihen ist bereits mehrfach in Zweifel gezogen und damit das Ergebnis sehr arbeitsaufwendiger Untersuchungen in Frage gestellt worden. Will man sich nicht damit zufrieden geben, klüger vom Rathaus zu kommen, als man hineingegangen ist, so müßte in der Theoriediskussion geklärt werden, was erstens in diesem Fall die Vor-

* Bezug genommen wird hier auf einen Diskussionsbeitrag, in dem Herr Borchardt die Verwendung der Indikatoren im Referat von Matzerath und Volkmann grundsätzlich kritisierte. Er betonte, wie schwierig die Gewichtung verschiedener Variablen innerhalb so komplexer Indikatorenbündel sei, und forderte, „Entscheidungsregeln“ zu entwickeln, die solche Gewichtung erleichtern und entsubjektivieren könnten. Er stellte heraus, wie schwierig es insbesondere mit bezug auf die Zeit 1914—1950 ist, die Wirkungen kürzerer Konjunkturen und längerfristiger Trends auseinanderzuhalten. Er diskutierte das Problem der Kriterien, wonach zu entscheiden sei, ob ein bestimmter Trend (etwa Zunahme des Staatsverbrauchs oder Rückgang der Lohnquote) als „modern“ oder „unmodern“ gelten solle. Insgesamt plädierte er für eine sehr viel sorgsamere und bewußtere Anwendung von Indikatoren. [Anm. d. Hg.]

und Nachteile der Anwendung des Modernisierungskonzeptes gewesen sind, wobei auch zu prüfen ist, nach welchen Kriterien aus der Fülle des Angebotes bestimmten Modernisierungskonzepten der Vorzug vor anderen gegeben worden ist, und was zweitens die Folge davon ist, daß im Rahmen dieses theoretischen Konzeptes mit definierten Indikatoren gearbeitet wird und welche Qualifizierungs- und Quantifizierungsprobleme in dieser Arbeitsweise impliziert sind. Bei einer präzisen Diskussion derartiger theoretischer Probleme müßte es möglich werden, bereits vor dem Beginn der empirischen Forschungsarbeit unter der Vielzahl der möglichen Untersuchungen die unsinnigen und sinnlosen theoretisch zu erkennen und dementsprechend zu unterlassen. Konzediert man, daß sozialwissenschaftliche Theorien für die historische Forschung auch nutzlos und irreführend sein können, so muß sich das Interesse darauf richten, Kriterien zu erarbeiten, die es erlauben, vorab theoretisch zu bestimmen, in welchem Grade eine bestimmte Theorie für eine definierte Forschungsaufgabe sinnvoll und nützlich ist.

W. Schluchter: Herrn Matzeraths Forschungsbericht ist bisher vor allem kritisiert worden. Ich bin der Meinung, daß diese Kritik in dieser Massierung nicht gerechtfertigt ist. Herr Matzerath demonstriert in seinem Referat in meinen Augen nämlich eine durchaus überzeugende Vorgehensweise. Er definiert zunächst eine theoretische Problemsituation durch den Vergleich konkurrierender Theorien, entwickelt dann auf der Grundlage von theoretischer und empirischer Kritik an diesen Theorien einen Bezugsrahmen, den er in Teilen operationalisiert. Damit kommt er in neue Probleme, deren Lösung möglicherweise zu einer Revision des Bezugsrahmens führt. Ich sehe darin die Verwirklichung des Popperschen Schemas vom Problemlösen durch gedankliche Hypothese und Kritik, Vermutung und Widerlegung: Definition einer Problemsituation, vorläufige Theorie, Fehlerbereinigung, neue Problemsituation.

Freilich stellt sich auch die Frage, ob Herr Matzerath dabei zu einer gehaltvollen Problemverschiebung gelangt ist, oder ob hier eher eine entleerende Problemverschiebung vorliegt. Ich wage dies nicht zu entscheiden, melde aber in diesem Zusammenhang meine grundsätzliche Skepsis gegen das hier vorgetragene ‚Modernisierungsmodell‘ an. Dieses Modell ist ja verhältnismäßig gehaltlos, insofern es einfach von Diskrepanzen zwischen der ökonomischen, der sozialen und der politischen Entwicklung ausgeht, ohne Toleranzschwellen zu spezifizieren, oberhalb deren gleichsam Strukturbrüche und damit explosive Systemveränderungen entstehen, und ohne zu demonstrieren, welcher Teilprozeß führend ist und warum. Es ist auch ein Modell, das auf einem Problemniveau operiert, das empirisch schwer handhabbar ist: Es verlangt vom Forscher zuviel an Theorie und an Empirie zugleich. Hier hilft möglicherweise nur eine Desaggregierung der Probleme weiter, ein Verzicht auch auf die Vorstellung, das Phänomen

Faschismus sei identisch mit einem wissenschaftlichen Problem. Vielleicht führt hier die Rückbesinnung auf die Ausgangsfrage weiter, die ich so erinnere: Unter welchen Bedingungen hat eine antimodernistische Ideologie modernisierende Wirkungen? Es geht also nicht um den Nationalsozialismus als solchen, sondern um das Problem der Entwicklung einer spezifischen Ideologie auf dem Hintergrund identifizierbarer historischer Systemprobleme.

J. Kocka: Ich möchte den relativen Nutzen des Modernisierungsmodells für bestimmte geschichtswissenschaftliche Zwecke betonen und gegen einige Punkte der m. E. zu weit getriebenen Kritik an dem Referat von Matzerath und Volkmann Stellung nehmen.

1. Wenn hinreichend definiert und geklärt, kann der Modernisierungsansatz eine Vielzahl von Wirklichkeitsdimensionen (ökonomischer, sozialer, sozialpsychologischer, politischer etc. Art) miteinander in Beziehung setzen, plausibel verknüpfen und integrieren. Wie wenige andere Zugriffe, wenn auch sicherlich nicht ohne Schwierigkeiten, auf die im Referat und in der Diskussion verwiesen wurde, verspricht der Modernisierungsansatz damit, das vorhandene und legitime Bedürfnis nach theoretisch kontrollierter geschichtswissenschaftlicher Synthese tendenziell zu erfüllen, die weder aus bloßer Addition vielfältiger Einzelbeobachtungen bestehen noch wichtige Teilbereiche der Wirklichkeit ignorieren darf. Durch „Desaggregierung", durch Beschränkung des Ansatzes auf einige ausgewählte Teilbereiche der nationalsozialistischen Wirklichkeit würde dieser Vorteil des Modernisierungsansatzes verschenkt und — falls nicht alternative gesellschaftsgeschichtliche Ansätze einsprängen — damit in der Tat darauf verzichtet, das historische und politische Phänomen Nationalsozialismus als solches zum wissenschaftlichen Problem zu machen; ein verbreitetes Bedürfnis nach historischer Erklärung und Interpretation würde dadurch ignoriert, seine Befriedigung bliebe Mythen und Ideologien überlassen. Sollte sich jedoch, wie die Schlußbemerkungen des Referats im Widerspruch zu seiner zentralen Absicht andeuten und einige Diskussionsteilnehmer befürchten, das Modernisierungskonzept als ungeeignet für diese Integrationsleistung herausstellen, weil es die einzelnen Wirklichkeitsdimensionen nur scheinbar verknüpft, dann entfiele m. E. ein wichtiger Grund für seine Verwendung.

2. Hinsichtlich der Erklärungskraft des Modernisierungsansatzes für den vorliegenden Untersuchungsgegenstand (Nationalsozialismus) wird es sich empfehlen, zwischen funktionaler und kausaler Erklärung scharf zu unterscheiden. Wie die seit Dahrendorf und Schoenbaum fortgesetzte, durchaus kontroverse Diskussion über die nicht intendierten modernisierenden Auswirkungen des Nationalsozialismus zeigt, öffnet jener Ansatz einen wichtigen Weg, die Erfahrung des Nationalsozialismus unter Benutzung funktionaler Kategorien in einen größeren Zeitraum deutscher und europäischer Geschichte einzuordnen, zu interpretieren und zu deuten, zu wel-

chem Ergebnis man im einzelnen dabei auch kommen mag. Die offenbar gegebene Voraussetzung dafür ist, daß mit dem Begriff „Modernisierung" ein den Teilnehmern an der Diskussion einigermaßen vertrautes, bedeutungsvolles, wenn auch vages Paradigma angesprochen wird, zu dem das Phänomen „Nationalsozialismus" funktional in Beziehung gesetzt und eben dadurch funktional erklärt werden kann. — Eine kausale Erklärung des Nationalsozialismus ist dadurch natürlich nicht geleistet, und bei der Identifikation der treibenden Kräfte, der Ursachen der von ihnen umschriebenen Prozesse tun sich die modernisierungstheoretischen Ansätze in der Regel und auch in diesem Referat schwer. Doch erschiene mir die Frage nach den Ursachen des Nationalsozialismus durchaus chancenreich im Rahmen eines Modernisierungsansatzes zu verfolgen, wenn gleichzeitig vergleichend geforscht und sowohl Gesellschaften mit wie solche ohne starke eigene faschistische Erfahrungen einbezogen werden; über die Feststellung von Ähnlichkeiten und Unterschieden solcher Gesellschaften im Rahmen des gewählten modernisierungstheoretischen Ansatzes, auch durch die Analyse von „Ungleichzeitigkeiten" und (sektoral zu differenzierenden) „relativen Rückständigkeiten", die innerhalb eines modernisierungstheoretischen Ansatzes gut möglich ist, könnte zu den Ursachen des zu erklärenden Phänomens im einen Land (und zu den Ursachen seines Ausbleibens im anderen) vorgedrungen werden. Puhles Plädoyer für den historischen Vergleich ist auch insofern voll zuzustimmen.

3. Auf die normativen Implikationen des Modernisierungsansatzes ist zu Recht verwiesen worden. In der Tat teilt der Modernisierungsansatz mit anderen gesellschaftsgeschichtlich verwendbaren, d. h. weit umgreifenden, Vergangenheit, Gegenwart und Zukunft zusammenschließenden Ansätzen (etwa dem Historischen Materialismus), daß er auf fundamentale, individuelle und kollektive Erkenntnis- und Verständigungsinteressen bezogen ist und damit auf eine Ebene, auf der analytische, normative und lebenspraktische Dimensionen ineinander übergehen. Wie andere solche Ansätze auch tendiert er dazu, die tatsächliche Geschichte auf dem Hintergrund des Entwurfs einer möglichen Geschichte zu begreifen, und dieser Entwurf ist nicht unabhängig von dem Bild, das die so vorgehenden Historiker von ihrer Gegenwart und der erwarteten bzw. erwünschten Zukunft haben. Doch zwingt diese Einsicht nicht zur Absage an solche Ansätze; vielmehr folgt daraus nur die Notwendigkeit, jene normativen Bezüge so weit wie möglich zu explizieren, und das heißt im Falle der meisten Modernisierungstheorien: die meist implizite Orientierung am relativ liberal-demokratischen („westlichen") Entwicklungsmodell als Vergleichsmaßstab auf den Tisch zu legen und, falls nötig, diese Orientierung durch vergleichende Abwägung der Chancen und Kosten, Opfer und Fortschritte jenes Entwicklungsmodells argumentativ zu begründen. Gerade wenn es um die Analyse des Nationalsozialismus geht und ernst genommen wird, daß die meisten relativ entwickelten westlichen Systeme vergleichbaren Kata-

strophen entgingen, dürften eine solche Abwägung und eine solche Begründung nicht allzu schwer sein.
4. Schließlich ist die Abstraktionsebene der meisten Modernisierungstheorien *hoch* genug, um Vergleiche zu ermöglichen und eine Vielzahl ansonsten leicht disparat wirkender Dimensionen plausibel zu verknüpfen; sie ist andererseits *tiefer* als die von Systemtheorien im allgemeinen und damit verwendbarer für den an konkreten Fällen empirisch arbeitenden Historiker. Modernisierungstheorien sind idealtypisch anwendbar und erlauben ihre Ergänzung durch andere Erklärungsmodelle und Partialtheorien ad hoc. All diese ihre Vorteile sollte man nicht zu gering achten — trotz ihrer zweifellos bestehenden, großen und auch in dieser Diskussion zu Recht betonten Schwächen.

H.-U. Wehler: Ich teile Kockas Auffassung von deutlich erkennbaren Vorzügen der Modernisierungstheorien im Sinne der neueren historisch-komparativen Modernisierungsforschung. Sie besitzen vermutlich das stärkste Ordnungs- und evtl. sogar Erklärungspotential für langfristige Prozesse, dagegen nicht für kurzlebige Abläufe wie die von Matzerath untersuchten sechs Jahre. Außerdem müßte das Explanandum scharf definiert werden (Aufstieg des Nationalsozialismus oder Herrschaftsqualität des Nationalsozialismus oder Effekte des nationalsozialistischen Regimes usw.). Im Hinblick auf die zuvor erörterte Frage nach dem Prüfstand, auf dem über die Bewährung einer Theorie entschieden werde, ist mit Puhle und Kocka der Vergleich als Prüfungsinstanz zu betonen. An die Kritiker der Modernisierungstheorien ist die Frage nach überlegenen Alternativen zu richten.

H. Matzerath / H. Volkmann: Die Kritik läßt sich in folgenden Punkten zusammenfassen:

1. Der Nationalsozialismus sei für die Anwendung der Modernisierungstheorie ungeeignet, da
   a) der Untersuchungszeitraum von sechs Jahren für eine Theorie langfristiger Strukturveränderungen zu kurz sei;
   b) der Nationalsozialismus kein geschlossenes System darstelle und sich gerade durch die charakteristische Kompromißstruktur seiner Herrschaft der Analyse auf der gesamtgesellschaftlichen Ebene entziehe;
   c) die Beschränkung auf den deutschen Fall die bei der Anwendung modernisierungs- wie faschismustheoretischer Ansätze unerläßlichen komparativen Verfahren ausschließe;
   d) die Theorie keine Grenzwerte der Systembelastung durch partielle oder ungleichmäßige Modernisierung anzugeben vermöge, jenseits derer die Gefahr faschistischer Abweichungen drohe.
2. Die Modernisierungstheorie enthalte grundsätzliche Schwächen, die sie als „Theorie" generell oder in dieser Form der Anwendung als unbrauchbar erscheinen lasse, da

a) sie zu starke normative Elemente enthalte;
b) sie sich auf einer zu hohen Abstraktionsebene bewege;
c) ihre Indikatoren willkürlich ausgewählt und weder ausreichend definiert noch durch klare Aussagen über die Beziehungen zwischen ihnen zu einem konsistenten Modell verknüpft seien. Ihre Anwendung auf spezifische Fragestellungen lasse sich nicht begründen. Sie sei diffus und nicht zu operationalisieren.

1. Die Modernisierungstheorie wird nicht willkürlich auf den Nationalsozialismus angewandt. Daß Entstehung und Breitenwirkung des Nationalsozialismus auf Besonderheiten im Entwicklungsprozeß der deutschen Gesellschaft zurückgehen und daß seine Ideologie und Programmatik Verwerfungen in diesem Prozeß spiegeln, ist eine einleuchtende These der kausalen Faschismusforschung; daß er — wenn auch ungewollt — das Modernisierungsdefizit seines Ursachenzusammenhangs z. T. korrigiert habe, ist eine vielbeachtete Aussage funktionaler Faschismusforschung. Die systematische Prüfung beider Annahmen erfordert die Orientierung an einem Entwicklungsmodell der westlichen Industriegesellschaft, d. h. an einer „Theorie", die Modernisierung als langfristigen gesamtgesellschaftlichen Transformationsprozeß thematisiert. Nicht zu leugnende Schwächen der Theorie können dabei soweit in Kauf genommen werden, als sie das Ziel ihrer Anwendung nicht in Frage stellen.

Der kurze Untersuchungszeitraum ist zweifellos ein methodisches Problem. Um es zu entschärfen, wird die langfristige Veränderung der Indikatoren — wo immer dies möglich ist, für die Jahre 1870—1970 — in die Analyse einbezogen. Sie kennzeichnet den Trendverlauf, vor dem die Entwicklung unter dem Nationalsozialismus als Fortsetzung oder Abweichung erkennbar wird. Brüche und Umkehrungen, wie sie bei einer erfolgreichen Realisierung antimoderner Programmpunkte zu erwarten wären, sind auch innerhalb kurzfristiger Entwicklungen leicht festzustellen. Die Theorie dient dazu, positive oder negative Modernisierungseffekte zu identifizieren und in ihrem Ausmaß zu bestimmen. Sie enthebt nicht der Notwendigkeit, die diesen Veränderungen zugrunde liegenden Prozesse und Intentionen kausal oder funktional zu interpretieren. Dabei kommen die „klassischen" Methoden des Historikers zu ihrem Recht, die bei der erklärenden Analyse des quantitativen Indikatorenbefundes u. a. auch die Spezifika des nationalsozialistischen Herrschaftssystems, z. B. seine Kompromißstruktur oder die Besonderheiten einzelner Phasen, zu berücksichtigen haben.

Schwerer wiegt der Einwand, daß eine Faschismustheorie, die mit sozioökonomischen Erklärungsmodellen arbeitet, nicht auf komparative Verfahren verzichten könne. Ob das so ist, hängt u. E. vom Erkenntnisziel ab. Wer fragt, ob der Nationalsozialismus für die deutsche Gesellschaft einen Modernisierungseffekt gehabt hat, braucht den Vergleich nicht, jedenfalls nicht über jene komparativen Elemente hinaus, die bei jeder quantitativen Anwendung des Modells ohnehin impliziert sind. Als generalisierte historische Erfahrung hat die Modernisierungstheorie nicht nur eine komparative Struktur, sie ist auch auf Vergleich angelegt. Indessen ist es eine Sache, den gestörten Transformationsprozeß in einem bestimmten Land zu erfassen, eine andere, die Bedingungen zu erörtern, unter denen Modernisierungsprobleme zu faschistischen „Lösungen“ tendieren. Diese weitergehende Frage, die das theoretische Problem der Belastungsgrenzen eines disproportional modernisierenden Systems einschließt, ist nur über den Vergleich zu beantworten. Für eine arbeitsteilig verfahrende Disziplin erscheint aber auch die Beschränkung auf die engere Fragestellung legitim.

2. Auch die grundsätzlichen Einwände gegen die Modernisierungstheorie berühren neuralgische Punkte. So stellt sich das Problem der Normativität — bei operationalen Modellen mit spezifischem Erkenntniswert ohnehin kaum zu vermeiden — für die Modernisierungstheorie in besonderer Schärfe. Zwar sind die Implikationen einer unkritischen Übernahme des angelsächsischen Paradigmas inzwischen erkannt und z. T. überwunden, doch bleibt das Erkenntnisinteresse zweifellos stark bestimmt durch die Frage nach den Voraussetzungen und Bedingungen „harmonischer“ Prozeßverläufe — auch und gerade bei der Untersuchung einer so extremen Störung, wie sie der Nationalsozialismus für die deutsche Entwicklung darstellt. Das Erkenntnisinteresse einer als politische Pädagogik verstandenen Geschichtswissenschaft begründet eine normative Vorentscheidung, rationalisiert sie aber zugleich durch die Bindung der Norm an das Kriterium der sozialen Kosten.

Die Abstraktionsebene für den sinnvollen Einsatz des Modernisierungskonzepts liegt zwangsläufig hoch. Indem aber die Modernisierungseffekte über ihre bloße Ermittlung hinaus nach Ursachen, Bedingungen und Auswirkungen analysiert und kurzfristige Schwankungen von langfristigen Entwicklungen unterschieden werden, bleibt es in der vorgeschlagenen Anwendung immer noch unterhalb des Abstraktionsniveaus makrosoziologischer Verfahren.

Entscheidend ist die Frage nach der Konsistenz der Modernisierungstheorie, nach der systematischen Auswahl und Verknüpfung der Faktoren zu einem geschlossenen Modell. Dieses Problem ist nicht gelöst, das Modernisierungskonzept noch keine Theorie im strengen Sinne. Auf die direkte Übernahme von Ansätzen, die im engeren Rahmen dem Theorieanspruch näherkommen (z. B. von Lerner, Deutsch, Rokkan, Almond), ist bewußt verzichtet worden, weil deren Indikatoren auf spezifische Fragestellungen zielen und die Art ihrer Verknüpfung zu formal erscheint, schließlich weil die Verfasser der Auffassung sind, daß nur die konkrete historische Untersuchung von Transformationsprozessen, d. h. die Bestimmung und kausale wie funktionale Analyse ihres Verlaufs, zu einer tragfähigen Basis für Annahmen über systematische Zusammenhänge zwischen den Faktoren und damit zu einer empirisch fundierten Theorie führen kann. Dieser Versuch hat explizit den Anspruch ausgeschlossen, mit einer „fertigen" Theorie zu arbeiten oder eine „unfertige" aufgrund seiner Ergebnisse neu zu formulieren. Er will nicht mehr und nicht weniger, als die in den bisherigen Ansätzen erkennbaren Gemeinsamkeiten des Modernisierungskonzepts am Beispiel eines dafür ausgewählten Problemkomplexes in die historische Forschung übersetzen.

Unter diesen Prämissen erscheint den Verfassern die Modernisierungstheorie auch nach der Kritik — so sehr sie ihre Berechtigung im einzelnen anerkennen — zur Anwendung auf den Nationalsozialismus geeignet. Noch ist sie freilich ein grobes Instrument, das mehr verspricht, als es in seinem gegenwärtigen Entwicklungsstand zu halten vermag. Hier kann nur die Kritik des Verfahrens und die Verfeinerung des theoretischen Instrumentariums in der Arbeit mit ihm weiterhelfen. Die Diskussion bietet dafür eine Reihe wichtiger Hinweise. Sie in Gang zu bringen und selbst einen ersten, notwendig mit Schwächen behafteten und deshalb provokativen Anlauf angewandter Modernisierungstheorie zu machen, war eine Absicht dieses Beitrags. Die Reaktion der Kritik hat diese Erwartung bestätigt, ja übertroffen, denn sie verrät durchweg höhere Leistungserwartungen an die Modernisierungstheorie, als die Verfasser für ihren Versuch in Anspruch nehmen.

Vorüberlegungen zum „Widerstandsbegriff"*

von Peter Hüttenberger

I.

Der Begriff „Widerstand" ist im deutschen Sprachgebrauch, selbst in der Wissenschaftssprache, vielschichtig. Die Psychoanalyse bezeichnet damit jede ablehnende Reaktion des Patienten gegenüber den Bemühungen des Analytikers, verdrängte Bestrebungen und Phantasien bewußt zu machen. Die soziologischen Schulen im Gefolge Emile Durkheims verstehen unter Widerstand den Zwang, den außerhalb des Individuums stehende und mit gebieterischer Macht ausgestattete Typen des Verhaltens und Denkens auf jeden auszuüben, der sich ihnen entziehen will. Hier wird Widerstand geradezu von der „Herrschaft" aus und nicht vom Beherrschten her betrachtet.[1] Den in der Rechtsliteratur der Bundesrepublik vorkommenden Widerstandsbegriff hat Hermann Weinkauff als „letztes Mittel gegen äußerstes, sonst auf keine Weise zu beseitigendes staatliches Unrecht" formuliert.[2]

Die Problematik dieser Aussage gibt Weinkauff selbst an: „Es [das Mittel] kann auch seinem ganzen Wesen nach nicht im voraus rechtlich völlig bestimmt und abgegrenzt werden." Hier entzieht sich der Jurist wieder der Verantwortung, ja seine Terminologie führt noch nicht einmal an die Problematik von Staatsstreichen und Revolutionen, Verschwörung und Umsturz heran.[3]

Die militärische Verwendung des Wortes „Widerstand" ist begrenzt und zugleich ungenau, weswegen es oft auch durch „Verteidigung" oder „Abwehr gegen Angriffe" ersetzt wird. Insgesamt gesehen tragen die aufgeführten Termini meist einen sehr spezifischen, allein auf den jeweiligen Wissenschaftsbereich bezogenen Charakter und können daher nicht ohne weiteres auf die historisch-politische Forschung übertragen werden.

In der Historiographie der Bundesrepublik ist das Wort „Widerstand" durch zwei Komponenten geprägt: zum einen durch die etwas einseitige Betonung des Widerstandes vom 20. Juli 1944 gegen den Nationalso-

* Die Ausarbeitung ist ein überarbeiteter Teil theoretischer Vorüberlegungen, die der Verfasser bei der Konzipierung eines Programmes für das Forschungsprojekt „Widerstand und Verfolgung in Bayern (1933—1945)" im Institut für Zeitgeschichte, München 1974 angestellt hatte.

1 E. Durkheim, Regeln der soziologischen Methode, Neuwied 1961, S. 106.

2 H. Weinkauff, Über das Widerstandsrecht, in: Juristische Studiengesellschaft Karlsruhe, Schriftenreihe Heft 20, Karlsruhe 1956.

3 D. J. Goodspeed, Verschwörung und Umsturz. Der Staatsstreich im 20. Jahrhundert, München 1963.

zialismus und zum anderen durch seinen politisch legitimierenden Gebrauch, insbesondere im Rahmen des Parlamentarismus und der damit verbundenen politischen Wertung, wobei beide Faktoren miteinander zusammenhängen, ja die Geschichtsschreibung in bestimmten Zügen durch die Interessen der Politik bedingt ist. Die Verwendung des Wortes „Widerstand“ ist in der Regel auf die deutsche Geschichte und Politik bezogen, also ‚ethnozentrisch‘; ihr fehlen Vergleiche mit den Widerstandsbewegungen in anderen Ländern und gegen andere Regime, die einen Beitrag zur Überwindung der deutschen ‚Ethnozentrik‘ liefern könnten. Diese einseitige Beschränkung hat darüber hinaus in der Forschung die Wirkung, daß sie gleichsam als Selektionsmechanismus gegenüber dem gesamten Gegenstandsbereich auftritt.

Der in Deutschland geprägte Widerstandsbegriff weist daher einige Besonderheiten auf. Er enthält vor allem eine durch politische Gruppeninteressen der 50er und 60er Jahre geformte doppelte Identifikation:

1. Alle die politischen Gruppen und Einzelpersonen, die ihn seit 1945 für sich in Anspruch nehmen, identifizieren sich mit dem Widerstand gegen den Nationalsozialismus physisch, zumindest aber ideell, da der Nationalsozialismus, gemessen an den heutigen Wertmaßstäben, das Gegenbild einer parlamentarischen Demokratie darstellt. Beweisbare Teilnahme am Widerstand bedeutet daher einen Hinweis auf ein gefestigtes und herausragendes Demokratiebewußtsein und somit auch einen Anspruch auf höhere Ämter und höheres Ansehen im gegenwärtigen politischen System, bzw. umgekehrt ein In-Abrede-Stellen der Ansprüche all derjenigen politischen Vereinigungen, die mit dem Nationalsozialismus gleichgestellt werden.

2. Der Widerstand von Kleingruppen und Individuen im Dritten Reich wird mit der Haltung sozialer Großorganisationen identifiziert, ein Verfahren, das zu einer Art „Repräsentationstheorie des Widerstandes“ führt. Diese Art von Theorien haben meist folgende Grundstruktur: Da das nationalsozialistische Regime nicht zuließ, daß eine soziale Gesamtheit sich politisch artikulieren konnte, manifestierte sich die Opposition gegen das Dritte Reich in Kleingruppen, die ursprünglich ideologisch oder personell mit ihr verbunden waren. Die Kleingruppen stehen damit für das Ganze, ohne daß geprüft wird, ob Kleingruppen im Widerstand tatsächlich im Sinne und Interesse großer sozialer Einheiten gehandelt haben. Die Formel ist so zumindest fragwürdig, zumal Handlungsmuster von Kleingruppen keineswegs die politischen Interessen und die Vielfalt der Vorgänge in gesellschaftlichen Großorganisationen abbilden können, vor allem dann nicht, wenn Großorganisationen sich gegenüber dem Regime passiv oder taktierend verhielten. Anders gesagt ist die Aussage abzulehnen, der Widerstand einzelner Priester oder Arbeiter manifestiere den Widerstand der gesamten Amtskirche oder Arbeiterbewegung. Dieser Typ der Identifikation bewegt sich vor allem dann in einem aktuell-poli-

tischen Rahmen, wenn Machtträger der Gegenwart sich mit sozialen Großorganisationen gleichsetzen, die bei der Machtergreifung 1933 in ihrer organisierten Form untergegangen sind oder überhaupt vor 1945 als „Gegner“ des Nationalsozialismus existierten.

Beide Identifikationsverfahren enthalten methodische Konsequenzen.

1. Es besteht die Neigung, die Handlungen von Widerstandsgruppen lediglich in Verbindung zur abzulehnenden nationalsozialistischen Ideologie zu sehen und andere gesellschaftliche Gegebenheiten, die nicht spezifisch nationalsozialistisch waren, beiseite zu lassen. Handlungsmotive werden demnach im wesentlichen auf die politische Moralität der jeweiligen Widerstandsgruppe und die Immoralität des Regimes zurückgeführt. Hier liegt ein Isolierungsverfahren vor, bei dem die Gefahr auftritt, daß der materielle und sozialpsychologische Kontext, in dem sich Widerstand abspielte, unterschätzt wird. So werden z. B. Widerstandstätigkeiten von Gruppen oder Personen, die in erster Linie ihren sozialen Status oder ihre administrativen Kompetenzen gegen Eingriffe der Partei oder der SS retten wollten, entweder moralisch interpretiert oder übersehen, je nachdem, ob es einer solchen Gruppe gelang, ein Selbstverständnis zu formulieren, das heute normativ noch tragfähig ist, oder ob sie nur spontan handelte.

2. Identifikation mit politischen Interessen der Gegenwart führt gewöhnlich dazu, daß auch die Normen der Gegenwart, meist unzureichend reflektiert, auf die Motive der einst Agierenden übertragen werden. Äußerliche Konsequenz solcher Projektionen ist im Rahmen der Widerstandsforschung ein latenter Heldenkult, von dem der Kult der leidenden Helden nicht weit entfernt ist. Das historiographische Ergebnis eines derartigen Vorgehens wird dann leicht zur „legenda aurea des Widerstandes“, die nicht danach fragt, ob die einstigen Widerstandskämpfer wirklich nur aufgrund von politischen Zielen und persönlichem Idealismus handelten, oder ob nicht das politische Verständnis der Nachwelt auf ihre damals anders motivierten Taten aufgeproft wird. Wenn die Normen in einem zukünftigen Zeitabschnitt ihre Kraft verloren haben werden, dann wird sich auch der geschichtliche Stellenwert der früheren Helden ändern.

Die unkritische Übernahme dieses Widerstandsbegriffes gleitet daher in ein einfaches dichotomisches Schema ab, etwa nach dem Muster: Wer entsprechend den jeweils eigenen Normen, dem Nationalsozialismus irgendwie abträgliche Handlungen beging, ist ein Widerstandskämpfer, wer nicht, ist keiner. So werden z. B. von kirchlich orientierten Historikern christliches Bekennertum und die damit verbundenen Konflikte zum Widerstand gerechnet, wogegen die kommunistische Geschichtsschreibung dies als inaktive, unpolitische Haltung herunterspielt und nicht als wahren Widerstand gelten läßt, ihrerseits aber jeden kommunistischen Broschürenverteiler oder jeden auf Hitler schimpfenden Arbeiter zum Widerstandskämpfer erhebt. Die konservative Geschichtsschreibung der fünfziger Jahre sah ausschließlich im „20. Juli“ tatsächlichen Widerstand und nannte alle übrigen Verhaltensweisen gerne „bloße Nörgelei“. Diese Begriffsdichotomie, die von der jeweiligen politischen Einstellung abhängt, wird auch nicht durch die zuweilen verwendete Vorstellung von der „Volksopposition“ aufgehoben. Der Begriff „Volksopposition“ ist unklar und stammt übrigens aus dem Vokabular der Gestapo.

Die vermeintliche Schärfe der vorliegenden Begriffe ist also in Wirklichkeit spezifisch politischen Zusammenhängen entsprungen und nicht unbedingt einer der historischen Realität angemessenen Logik. Hinzu kommt ein weiteres Problem. Die überwiegende Zahl der in der Bundesrepublik geschriebenen Studien zum Thema „Widerstand“ geht in der Regel stillschweigend von einer autonomistischen Faschismustheorie aus und damit von der Überzeugung, daß der Nationalsozialismus lediglich ein der Gesellschaft übergestülpter, selbständiger politischer Überbau gewesen sei, und daß Widerstand gegen den Nationalsozialismus nichts mit dem Widerstand gegen andere Kräfte der Gesellschaft zu tun habe. Die Widerstandsgruppen sind demnach ebenfalls weitgehend autonome historische Phänomene. Sie werden oft gelöst von ihrer sozialen Umwelt betrachtet und meist nur in ihrer Binnenstruktur und ihren unmittelbaren Aktionen beschrieben. Sicher haben z. B. die Teilnehmer des 20. Juli sich selbst und ihre Konspiration gegen Hitler so verstanden. Ob aber diese Sicht auf andere Gruppen übertragen werden kann, ist fragwürdig. Zum einen steht dagegen, daß der Nationalsozialismus das Resultat einer besonderen sozialen und wirtschaftlichen Entwicklung der deutschen Gesellschaft sowie der spezifischen deutschen politischen Kultur bildete und deshalb zwar einige ihn prägende eigene Merkmale aufwies, aber doch mit den anderen gesellschaftlichen Kräften verflochten oder gar eins war. Zum anderen hat die Politik des Nationalsozialismus die Grenzen zwischen Staat, Wirtschaft und Partei bewußt verwischt, so daß ein schwer entwirrbares Durcheinander von wechselseitigen, ständig sich verändernden Interessen entstanden ist, das eine eindeutige Bestimmung von Charakteristika des Ursprungs politischer Maßnahmen erschwert. Schließlich stellt sich für den einzelnen Bürger in seinem jeweiligen Lebensbereich die nationalsozialistische Herrschaft als ein Ganzes mit Vor- und Nachteilen dar. Daher können sich Unzufriedenheitshaltungen größerer Bevölkerungsgruppen nicht allein gegen Hitler, seine Umgebung oder die NSDAP gerichtet haben, sondern gegen Handlungen des Gesamtregimes, die sich unmittelbar auf sie auswirkten, vor allem dann, wenn es wirtschaftliche oder soziale Maßnahmen waren. Man kann bei der Untersuchung eines Widerstandes breiter Bevölkerungsschichten daher nicht von einer autonomistischen Faschismustheorie ausgehen, sondern muß sich auf eine synthetische Betrachtungsweise einstellen, d. h. den ausschließlich autonomistischen und auf die Binnenstruktur von Gruppen abgestellten Widerstandsbegriff erweitern.

Daraus ergibt sich für die Forschung ein schwerwiegendes Problem, nämlich die Unterscheidung zwischen systemimmanentem Konkurrenzkampf, bei dem es um Statuserhalt, Prestigegewinn, Einfluß und alternative Handlungsstrategien bei weitgehender Übereinstimmung in grundsätzlichen Zielen gleichgestellter Gruppen geht, und tatsächlichem Widerstand, bzw. Widersetzlichkeit, die prinzipiell die wichtigsten Ziele des Regimes ablehnt oder zumindest die eine bestimmte soziale Einheit essentiell treffenden Maßnahmen bekämpft. Das geradezu als Paradigma des Widerstandes in Deutschland geltende Verhalten der Offiziere des 20. Juli birgt zahlreiche Merkmale des Konkurrenzkampfes gegenüber Partei und Staatsführung, die ja den Führungsanspruch traditioneller Militäreliten ablehnten. Der bisher vorliegende Widerstandsbegriff ist also auch unter den Aspekten der Faschismustheorie problematisch. Er verdeckt insgesamt gesehen in seiner Anlage die nuancenreichen Varianten und Abstufungen in der Vielschichtigkeit und Doppeldeutigkeit menschlichen Verhaltens unter den komplizierten und ambivalenten Verhältnissen des nationalsozialistischen Regimes.

II.

Drei Wege der Definition eines Widerstandsbegriffes sind möglich:

1. die Ableitung der Begriffe aus den damaligen politischen Ideologien, wobei der juristisch formalisierte Begriff des Widerstandes gegen die Staatsgewalt nur eine Variante darstellt,
2. die Übernahme von Selbstinterpretationen ehemaliger Widerstandsgruppen, die in ihrer logischen Struktur nicht fern von der Begriffsbildung in der Politik liegen und gewöhnlich in zwei Varianten auftreten, der Rechtfertigung von Widerstand in der Phase des Kampfes und der Reflexion früherer Handlungen in der folgenden Zeit, und
3. schließlich der Versuch eines offen angelegten Gedankenexperiments, das sich zunächst sprachlich bewußt von der Terminologie der oben genannten Verfahren absetzt und erst in einem späteren Stadium auf die Sprache der Quellen eingehen soll. Diese Art der Konstruktion hat dann ihren Sinn erfüllt, wenn sie hilft, die Gedanken zu ordnen und dazu führt, die aus ihr heraus entwickelten Fragestellungen zu differenzieren und den Widerstandsbegriff in einen Kontext einzubetten. Vielleicht kann man so auch verhindern, daß der Forschung eine Begrifflichkeit aufgedrängt wird, die in der Eindimensionalität endet. Jedenfalls wird man dabei vor allem darauf achten müssen, zwischen dem Widerstand von Individuen und kleinen Gruppen einerseits und dem Verhalten von großen sozialen Einheiten andererseits zu unterscheiden, ohne beides auseinander zu reißen. Ein derartiges Experiment bildet keine Theorie, es bedient sich jedoch theoretischer Elemente. Seine

spezifische Terminologie kann bei der Ausführung einzelner Forschungsgegenstände durchaus wieder verschwinden.

Die oben angestellten kritischen Überlegungen schließen die innerlich zusammenhängenden Wege 1 und 2 aus, bleibt also Weg 3.

Das Postulat der Offenheit verlangt ein stufenweises Vorgehen, bei dem die vorzeitige Einführung allzu eng konzipierter Definitionen als inhaltliche Vorentscheidung und damit als allzu frühe Selektionen vermieden werden müssen. Dies ist möglich, wenn man zunächst mit Relationen arbeitet. Die Formel „Widerstand gegen" ist eine solche Relation. Widerstand intendiert demnach aber stets ein oder mehrere Objekte, anders gesagt, einen oder mehrere Herrschaftsträger. Umgekehrt entspricht dieser Formel die Relation „Herrschaft über". Widerstand ist dann eine spezifische Form der Auseinandersetzung innerhalb eines Herrschaftsverhältnisses.

Da Herrschaft aber kein autonomer Sachverhalt ist, sondern ein Prozeß, der in einer bestimmten Weise aus einer gegebenen und in besonderer Form strukturierten Gesamtgesellschaft erwächst und sie umgekehrt auch prägt, ist die Struktur einer Gesellschaft und ihre Prägung durch Herrschaft die Bedingung für die Möglichkeiten von Widerstand. Die Erforschung des Widerstandes muß also die sozialen Beziehungen umgreifen und die wechselseitigen Mechanismen von Herrschaft und gesellschaftlicher Reaktion miteinbeziehen, auch dann, wenn die Selbstinterpretationen der jeweiligen Herrschaft mit den tatsächlich vorhandenen sozialen Beziehungen und Mechanismen nicht übereinstimmen.

Der Ansatz läßt sich dann in drei Schritte auflösen: 1. die Bestimmung der Handlungsdimensionen von Herrschaft, 2. die Untersuchung der Herrschafts-Relationen zwischen sozialen Einheiten und deren Auflösung sowie 3. die Analyse des Inhalts von Herrschaft.

1. Der Handlungsrahmen von Herrschaft läßt sich formal in eine Hierarchie von Ebenen auflösen:

a) In die „politische Ebene", deren Grenzen bewußt nicht scharf umrissen werden. Sie macht den Bereich der „Gesamtherrschaft" aus, in dem durch Kordination, Veränderung von Rahmendaten, Aufbau von Organisationen, Verinnerlichung von Werten usw. die Beziehungen zwischen den sozialen Einheiten innerhalb einer Gesellschaft als ganzer geordnet werden;

b) die „statuarisch festgelegte Ebene" der Institutionen, die man auch als Ebene der „Leitung" bezeichnen kann. Es handelt sich hierbei um Teilherrschaft, wobei die Gesamtherrschaft den Bereich der Leitung gestaltet, in dem nur die Gesetze von Befehl und Gehorsam, von Kompetenz und Vollzug gelten;

c) die Ebene der „aktiven Begrenzung" sozialer und administrativer Vorgänge;

d) die Ebene der „Überwachung“ von Gesetzen, Befehlen und verbindlichen Vorschriften;
e) die Ebene der „Verifikation“, der es um die Bestätigung von Zielplanungen geht, und
f) die Ebene der „administrativen Registrierung“ als Grundlage aller Kontrollmaßnahmen in einer Gesamtherrschaft und ihren Teilherrschaften.[4]

Sieht man diese sechs Ebenen in einem Zusammenhang, dann erweist sich, daß Gesamtherrschaft, Leitung, Begrenzung, Überwachung und Verifikation zunächst nur quantitative Ausdehnungen von „Registrierung“ darstellen, daß allerdings die Vervielfältigung neue Aspekte eröffnet:
„Verifikation“ umschließt die Finalität von Herrschaft, „Überwachung“ die Stabilität und Kontinuität, „Begrenzung“ die räumlichen, zeitlichen und sachlichen Grenzen und Toleranzen, „Leitung“ die Richtung der einzelnen Maßnahmen und „Gesamtherrschaft“ den Anspruch der Totalität einschließlich des Gewaltmonopols. Wenn z. B. die führenden Gruppen des Nationalsozialismus die Gesamtherrschaft im Deutschen Reich anstrebten, was die Forschung bewiesen hat, dann mußten sie versuchen, sämtliche sechs Dimensionen in den Griff zu bekommen, anderenfalls hätten sie die Chance der Gesamtherrschaft nicht besessen. Bedenkt man nun, daß hinter dem Begriff „Registrierung“ ein Vorgang der Vergleichung zwischen der Realität und den im „Register“ angelegten Daten steht, dann ist Herrschaft ein Prozeß der Vergleichung zwischen den Zielen, Interessen, Standards und Normen der Herrschenden (A) mit den Zielen, Interessen, Standards und Normen der Beherrschten (B). Wenn also die soziale Einheit A, die Herrschenden oder die zur Herrschaft Strebenden, eine andere soziale Einheit B unterwerfen will, dann versucht A, B zu Handlungen zu bringen, die im Inhalt mit dem Bereich der eigenen Interessen übereinstimmen, d. h. vergleichbar werden. Anders ausgedrückt, es geht um einen Prozeß der „Anerkennung“ von A durch B, die sowohl sanktionierend als auch belohnend erreicht werden kann. Allerdings weist dieser Prozeß weitere Probleme auf, die im folgenden untersucht werden sollen.

Die Aufgliederung des Herrschaftsbegriffes in eine Hierarchie von Dimensionen und seine Bestimmung als Prozeß der politischen Vergleichung bleibt vor allem formal, sofern nicht gefragt wird, auf wen sich Herrschaft erstreckt, wie der Beherrschte reagiert, wann Herrschaft an ihre Grenzen stößt und wie diese Grenzen aufgehoben werden.

2. Die Relationalität von Herrschaft läßt sich durch die Formel „A hat Herrschaft über B“ ausdrücken. Schlüsselt man die Formel nach den sechs Dimensionen auf, dann ergeben sich mehrere Relationssysteme.

Eine Relation kann symmetrisch oder asymmetrisch sein. Die symmetri-

4 Der Katalog beruht auf Überlegungen von G. Bergeron, Fonctionnement de l’Etat, Paris 1965.

sche Relation kann modellhaft in einem Two-Persons-Bargaining-Game, bzw. einem N-Persons-Bergaining-Game analysiert werden. Diese spieltheoretischen Modelle stellen für den Historiker relativ rigorose Gedankenexperimente dar, mit deren Hilfe er versuchen kann, mögliche Alternativen und ihre Implikationen unter den Rahmenbedingungen eines bestimmten theoretischen Niveaus zu entwerfen und zu systematisieren. Er kann so die Modelle freilegen, die sein Denken leiten, und sie zugleich prüfen.

Das Verfahren ist geeignet, ihn von einer lastenden und emotional aufgeladenen Begriffstradition zu lösen, einen abstrakten Rahmen zu schaffen, in dem die logischen Positionen der Einzelbeziehungen geprüft werden können, und schließlich seiner Forschung zunächst abstrakte Ziele zu setzen, die dann freilich anhand der Quellen realisiert werden müssen. Die spieltheoretischen Modelle selbst sowie ihre abstrakte Begrifflichkeit können am Ende eines Forschungsprozesses wieder in den Hintergrund treten, denn sie bilden selbst keine Theorie der Geschichte, sondern lediglich Vehikel zur Förderung historischer Theorien.

Aus einer hier nicht wiedergegebenen mathematischen Fassung des Two-Persons-Bargaining-Game läßt sich der Schluß ableiten, daß die Beziehungen im Rahmen eines Null-Summen-Modells keinen Widerstand darstellen, sondern lediglich systemimmanenten Konkurrenzkampf. Widerstand tritt demnach erst bei asymmetrischen Herrschaftsbeziehungen auf. Demnach kann z. B. die politische Feindschaft zwischen NSDAP und SPD oder KPD während der Weimarer Republik nicht als Widerstand der SPD etc. gegen den Nationalsozialismus bezeichnet werden. Erst die Verschiebung der Herrschaftsbeziehungen während der Machtergreifung bildet die Voraussetzung für die Möglichkeit der Anwendung des Widerstandsbegriffes.

Asymmetrisch wird eine Herrschaftsbeziehung erst dann, wenn eine soziale Einheit A erfolgreich die Gesamtherrschaft innerhalb eines politischen Regimes anstrebt. A muß dann notwendigerweise bemüht sein, das Two-Persons-Bargaining-Game mit B aufzuheben, d. h. es muß die im Modell bestehenden Grenzen der Herrschaft überwinden, da andernfalls eine vollkommene Verfügbarkeit von B, die ja der Begriff Gesamtherrschaft impliziert, nicht denkbar ist. Der Prozeß des Aufhebens des Two-Persons-Bargaining-Game spielt sich in der Desaggregierung der Handlungsmöglichkeiten von B ab. Widerstand seinerseits entwickelt sich daher erst im Verlaufe eines Desaggregierungsprozesses und bedient sich aller Mittel und Methoden, die nicht mit den von A angewandten Vergleichungsverfahren konform sind.

Gelingt es A aber nicht, die Mehrheit aller innerhalb einer Gesellschaft bestehenden Einheiten zu desaggregieren, dann kann nur von einer Tendenz zur Gesamtherrschaft gesprochen werden und zwar mit folgenden

Beziehungen: Rechnet man mit n sozialen Einheiten,[5] dann geschieht die Aufhebung des Spieles durch A gegenüber B unter Rücksichtnahme auf die Einheit C, D, E. A wird gegenüber C, D, E das Spiel weiterspielen. Allerdings handelt es sich hier bei Fortführung der Ausgangsannahme in der Realität selten nur noch um ein Null-Summen-Modell, denn A hat ja durch die Desaggregierung von B in der Regel einen Vorsprung gegenüber C, D, E gewonnen. Die Beziehungen im Two-Persons-Bargaining-Game verschieben sich also auch hier schon von symmetrischen hin zu asymmetrischen. C, D, E taktieren in diesem Falle mit einer Neigung zur Anpassung und gehen erst dann zum Widerstand über, wenn sie wie B behandelt werden. So verhielten sich z. B. während des Dritten Reiches bei aller weltanschaulichen Distanz die Kirchen, die solange einen modus vivendi suchten, bis sie selbst oder ihre Vorfeldorganisationen vom Regime angegriffen wurden.

Der Widerstand sowohl der desaggregierten Einheit B als auch der übrigen Einheiten ist, in bezug auf das Gesamte gesehen, stets nur ein partielles Phänomen und wird daher von den übrigen Einheiten in der Regel auch nicht unterstützt. So setzten sich die illegalen Organisationen der Arbeiterbewegung genauso wenig für die Kirchen ein, wie umgekehrt die Kirchen für die Arbeiterbewegung. Zu Zusammenarbeit zwischen verschiedenen sozialen Einheiten kommt es erst, wenn sie gegenüber den Herrschaftsträgern in eine vergleichbare Lage geraten. Die Herrschaftsbezeichnung von A über B ist dann vollständig asymmetrisch, wenn Konflikte, die B theoretisch erzeugen könnte, nicht mehr manifest werden. Diese Situation haben Bachrach und Baratz mit der Methapher „das andere Gesicht von Herrschaft" beschrieben.[6]

„Das andere Gesicht von Herrschaft" tritt vor allem in stabilen Gesamtherrschaften auf. Die Überlegung soll hier für unsere Zwecke umgeformt werden. Mit dem Ausdruck sind alle die Faktoren gemeint, in erster Linie normative und psychologische, die den Ausbruch von Konflikten zwischen sozialen Einheiten verhindern, wenn zwischen den Einheiten strukturelle Interessengegensätze bestehen. Diese Faktoren kulminieren in einem stillschweigenden Konsens über oft nur halb bewußte Werthaltungen, Tabus und Spielregeln auf seiten B-s, die im Ergebnis zur Vorprägung oder gar Unterbindung von politischen Aktionen bei B führen, ohne daß dessen Mitglieder diese Zusammenhänge im einzelnen durchschauen.

Besteht z. B. wie in einer parlamentarischen Demokratie ein Konsens darüber, daß jeder Form der Herrschaft stets zu mißtrauen ist, Herrschaft also eine stillschweigend negative Akzentuierung aufweist, dann vollzieht sich

5 J. C. Harsanyi, Measurement of Social Power. Opportunity Costs, and the Theory of Two-Persons Bargaining Game, in: R. Bell, D. V. Edwards u. R. H. Wagner (Hg.), Political Power, London 1969, S. 233 ff.

6 P. Bachrach u. M. S. Baratz, Decision and Nondecisions. An Analytical Framework, in: Bell u. a., Political Power, S. 100 ff.

das politische Geschehen in anderen Bahnen, als wenn Herrschaft allgemein positiv betrachtet wird. Auf der Grundlage des Mißtrauens gegen Herrschaft lassen sich z. B. vermeintlich unpolitische Institutionen schaffen, deren Hintergrund oft nicht durchschaubar ist, die also für ,naturwüchsig' gelten, durch die aber in höchstem Maße ohne jede Form des Konflikts Herrschaft ausgeübt wird. Zweifel am Konsens bringen jedoch derartige Institutionen in die Krise, ganz zu schweigen von den offiziellen politischen Instanzen.

Der Konsens hat darüber hinaus die Eigenschaft, daß er gleichsam als Auslesemechanismus wirkt. Gerade weil er auf der Ebene der selten reflektierten Alltäglichkeit angesiedelt ist, vermag er stillschweigend sämtliche Werte, Überlegungen und Planungen zu unterdrücken, die logisch nicht in seine Prämissen hineinpassen, und wenn seine Prämissen mit den Interessen der Herrschaft identisch sind, auch all das, was nicht in das Konzept der Herrschaft paßt. Der Konsens ist faßbar in der Kommunikation zwischen den Herrschenden und den Beherrschten. Widerstand richtet sich deshalb nicht nur gegen die Personen und Institutionen einer Herrschaft, sondern vielmehr auch gegen die von ihnen aufgebauten Kommunikationen, in denen Werthaltungen angelegt sind. Widerstand läßt in diesem Bereich die kritische Reflexion am Leben, um so die sie kontrollierenden Selektionsmechanismen auszuschalten. Angriffe auf die vorgebliche Rationaliät einer Herrschaft, eine Rationalität, die ja eine wichtige Voraussetzung für den Konsens ist, stellen eine Zerstörung der Legitimitätsgrundlagen der Herrschenden dar und können deshalb ein Anfang vom Widerstand sein. Umgekehrt beginnt die Desaggregierung von sozialen Einheiten durch andere Einheiten, die eine Gesamtherrschaft anstreben, meist damit, daß die Kommunikation zerstört wird und durch die Kommunikation hindurch der Wertkonsens innerhalb der angegriffenen sozialen Einheit.

Widerstand im eben skizzierten Sinne ist allerdings nur möglich, wenn A tendenziell die Gesamtherrschaft anstrebt und B dennoch eine bestimmte Widerstandsfähigkeit besitzt. Dazu ist es nicht nötig, daß B über umfangreiche materielle Mittel verfügt, sondern vielmehr, daß es als soziale Einheit überhaupt weiterbesteht.

Widerstand soll demnach jede Form der Auflehnung im Rahmen asymmetrischer Herrschaftsbeziehungen gegen eine zumindest tendenzielle Gesamtherrschaft heißen, wobei die Differenzierung der Formen des Widerstandes sich aus den verschiedenartigen Möglichkeiten der asymmetrischen Beziehungen ergibt, die ihrerseits von der sozialen Struktur der implizierten Einheiten abhängen.

3. Ich gehe davon aus, daß A und B nicht für „Staat" und „Gesellschaft" stehen, sondern beide Einheiten einer Gesellschaft repräsentieren. Der Staat soll hier lediglich eine allgemeine Instanz innerhalb der Gesellschaft sein, die aufgrund historischer Entwicklungen eine Reihe von im wesent-

lichen formalen Monopolen, in erster Linie das Gewaltmonopol, besitzt, die allerdings im Sinne von Herrschaft nur dann aktiv sind, wenn eine oder mehrere soziale Einheiten über sie verfügen. Damit wird nicht behauptet, daß die hier angenommene Pluralität nur in der Demokratie vorkäme, Pluralität in diesem Sinne kann ein Konstitutivum jeder Herrschaft sein, selbst einer nach außen hin monolithisch erscheinenden.

Die Abgrenzung zwischen sozialen Einheiten einer Gesamtgesellschaft ergibt sich aus den gesellschaftlichen Leistungen,[7] die die Individuen erbringen. Gleichartige Leistungen erzeugen Gemeinsamkeiten bei den Individuen, die dann zu dadurch bestimmten sozialen Einheiten (A', B', C', D') zusammengefaßt auftreten. Formal lassen sich die Leistungen in produzierende, normative und disponierende unterscheiden, wobei die Träger jener drei Arten durchaus verschieden sein können. Sind z. B. die Träger von disponierenden und produktiven Leistungen verschieden, dann taucht in der Regel Herrschaftsbeziehung auf, die nicht selten asymmetrisch ist. Normative Leistungen haben die Eigenschaft, Einheiten verschiedener produktiver Leistungen zu vereinigen oder Teile dieser Einheiten zusammenzuführen, zumal unter Normen hier nicht nur moralische Regeln verstanden werden sollen, sondern sämtliche Werte, die das Leben von Individuen prägen. Ein derartiger Tatbestand erzeugt bei den einzelnen Individuen häufig eine Duplizität der Rollen, die sich im Widerstand gegen Herrschaft auswirken kann. Ein protestantischer Nationalist z. B. konnte in außenpolitischen Fragen mit dem Nationalsozialismus durchaus konform gehen, in der Kirchenpolitik Widerstand leisten und als Bauer vorübergehend unzufrieden oder zufrieden sein, je nachdem, wie die wirtschaftliche Lage war. Es gibt auch Fälle von Arbeitern, die den Nationalsozialismus aufgrund seiner Sozialpolitik gegenüber der Arbeiterschaft ablehnten, den Krieg jedoch als nationale Verteidigung freiwillig mitmachten. Das Problem der normativen Leistungen erschwert darüber hinaus für die Forschung die Identifikation der einzelnen sozialen Einheiten, die sich gegenseitig überlagern oder aufgrund divergierender Normen aufspalten können. So zerfallen eben die Bauern in protestantische und katholische Bauern mit je eigenem Lebensstil und verschiedenen politischen Einstellungen gegenüber der Herrschaft. Die Mittelschichten sind in mancher Beziehung noch stärker aufgespalten.

4. Gesellschaftliche Einheiten (A', B', C', D') bilden jedoch noch keine Träger von Herrschaft, insofern muß die bisherige Analyse ergänzt und verfeinert werden. Sie transformieren sich erst in Träger von Herschaft (A, B, C, D), wenn es gelingt,

a) ihre spezifischen Leistungen zu definieren,
b) daraus Interessen und Zielsetzungen gegenüber anderen sozialen Einheiten abzuleiten,

7 Der Begriff „Leistung" stammt von: K. O. Hondrich, Theorie der Herrschaft, Frankfurt 1973. Er ist jedoch in mancherlei Beziehung hier abgeändert worden.

c) sich gemäß ihren Interessen zu organisieren, indem disponierende Kernorganisationen und zu anderen Einheiten hin vermittelnde Vorfeldorganisationen und gemeinsame Normen geschaffen werden und
d) dadurch anderen sozialen Einheiten vor Augen geführt wird, daß sie von den nun neu definierten Leistungen abhängen.

Vor allem kommt es darauf an, daß die Träger von normativen Leistungen eine bestehende soziale Einheit zusammenfassen. Disponierende Leistungen stehen der Trägerschaft von Herrschaft am nächsten, bilden jedoch noch keine Herrschaft, solange sie nur eine Verwaltungstätigkeit ausüben. Sie schlagen in Herrschaft um, wenn das Ziel der Dispositionen darin besteht, andere soziale Einheiten aufzufordern oder zu zwingen, mehr Leistungen im Interesse der eigenen zu erbringen oder auf bestehende Leistungen zu verzichten, oder Leistungen von anderen sozialen Einheiten neu zu konstituieren, sie ihnen zu entziehen oder umzuverteilen.

Herrschaft besteht demnach sowohl gegenüber den eigenen Mitgliedern einer Einheit, aber auch gegenüber anderen, stößt aber dort auf ihre Grenzen, wo das Two-Persons-Bargaining-Game im Rahmen sämtlicher sechs oben erwähnten Dimensionen funktioniert.

III.

Eine gesellschaftliche Einheit, die herrschaftlich organisiert ist, tendiert dann zur Gesamtherrschaft, wenn sie die Monopoleinrichtungen sämtlicher Einheiten einer Gesellschaft usurpieren kann. Bei einer Zahl von mehr als zwei sozialen Einheiten, die Träger von Herrschaft sind, ist dies theoretisch zwar möglich, aber in der Regel nur dann praktizierbar, wenn wenigstens zwei vorübergehend gegenüber den übrigen ein Bündnis eingehen. Die Herrschaft wirkt sich innerhalb des Bündnisses nicht aus, was aber nicht heißt, daß sich dies nicht im Verlaufe der Zeit ändern kann. Tritt der Fall ein, daß ein Träger von Herrschaft A die Gesamtherrschaft zunächst im Bündnis mit C und D erringen will, so kommen im Modell folgende Prozesse in Gang:

1. A muß die Herrschaftsorganisationen B von B' desaggregieren. Dabei muß A vor allem dessen disponierende Leistungszentren zerstören, die Kommunikation zwischen den Mitgliedern trennen und auch die Verbindungen zwischen B' und C', D' aufheben. Gelingt dies, dann verschwindet die Herrschaftsorganisation B und es bleibt aufgrund der jeweiligen Leistung nur die soziale Einheit B' übrig, die jedoch noch über gleichgelagerte Normen verfügt und daher noch ein gewisses Resistenzpotential besitzt. Die einzelnen Mitglieder von B' können nun zwischen Konformität (als Lieferung der von A geforderten Leistungen) oder Nonkonformität wählen.

In der Nonkonformität werden sie wenigstens z. T. versuchen, sich zu reorganisieren oder kollektiv die Leistungen verweigern. Der Desaggregierungsprozeß ist daher erst dann vollständig, wenn es A möglich ist, die spezifischen Normen von B' aufzulösen und so die einzelnen Individuen von B' bis auf die Ebene der Primärgruppen zu isolieren und sie von ihrer Eigenart abzubringen. Erst in diesem Stadium ist die Durchsetzung sämtlicher Dimensionen der Herrschaft erreicht. Widerstand kann dann nur noch aus individueller Nonkonformität bestehen, die nur dann eine allgemeinere Wirkung gewinnt, wenn sich unter bestimmten Bedingungen zur gleichen Zeit eine große Menge von Individuen äußert. Der Grad und die Qualität solcher Äußerungen hängen in der Regel von der Intensität und der Art der Forderungen einer Herrschaft ab.

2. Gegen die Desaggregierung von A kann B, bzw. B' nur folgendermaßen reagieren: Es errichtet Ersatzorganisationen, die gegen die bisher angewandten Methoden von A resistent sind, ferner konserviert es die eigenen Normen und versucht dazu, neue Formen der Kommunikation aufzubauen. Schließlich kann es Arten des Konflikts entwickeln, durch die A und seine Bündnispartner ausgespielt werden oder durch die es B gelingt, die Organisation von A zu unterlaufen.

Der Erfolg solcher Vorhaben hängt im wesentlichen vom internen Gefüge von A ab. Scheitern derartige Strategien, dann bleibt lediglich die unorganisierte Resistenz von B', die allerdings nicht zum offensiven Widerstand mehr zu rechnen ist, sondern zu seinem Vorfeld. Daraus ergibt sich Widerstand in doppelter Art: die spontane Verweigerung, die allerdings von vielen Bedingungen abhängt. Eine Gruppe von Soldaten z. B., die einen Befehl verweigert, meutert, eine Gruppe von Arbeitern, die die Arbeit niederlegt, streikt; beide verweigern ihre Leistungen gegenüber den Ansprüchen der Herrschaft.

Die Arbeiter können streiken, weil die Bedingungen an ihren Arbeitsplätzen schlecht oder die Löhne niedrig sind oder weil sie das Regime ideologisch ablehnen; Soldaten können meutern, weil sie von den Vorgesetzten erniedrigend behandelt werden, oder die Versorgung ausbleibt oder weil sie den Sinn eines Kampfes nicht einsehen. Die Bedingungen müssen von Fall zu Fall pragmatisch untersucht werden.

Die Bündnispartner C und D werden mit A das politische Spiel weiterführen und zugleich bemüht sein, die eigenen Organisationen gegen Absplitterungen zu sichern sowie A sich zu verpflichten. Die Absicherung, die bis zur Ghetto-Haltung führen kann, stellt allerdings noch keinen Widerstand dar, sie schlägt aber in Widerstand um, wenn A beginnt, wie oben gesagt, C und D in der Weise von B zu behandeln. Häufig setzt das Vorgehen von A gegen C und D damit ein, daß A zunächst bestrebt ist, deren Vorfeldorganisationen zu zerstören, um dadurch sie zu isolieren. Da jedoch die Vorfeldorganisationen mit den Kernorganisationen in der Regel durch Personalunion verflochten sind, springt der Konflikt auf die gesamte soziale Einheit über. Die disponierenden Organisationen von C und D werden aber, solange sie nicht unmittelbar berührt sind, offensiven Widerstand vermeiden und nur dann angreifen, wenn die Essentia ihrer Leistungen und ihres Selbstverständnisses in Frage stehen. Sie verhalten sich in den Übergangssituationen zwangsläufig ambivalent.

Widerstand heißen sämtliche auflehnenden Handlungen, die einem Herrschaftsträger die Möglichkeit nehmen, an soziale Einheiten Leistungsforderungen zu stellen sowie sämtliche Handlungen, die Leistungsverweigerungen sind oder zu Leistungsverweigerungen hinführen können.

Widerstand in diesem Sinne weist jedoch auch einen räumlichen Aspekt auf. Soziale Einheiten sind nicht gleichmäßig über einen Raum verteilt, sondern bilden Agglomerationen verschiedener Dichte im Raum. Die Herrschaft von A gegen B bzw. B' konzentriert sich daher auf die Räume, in denen die Mitglieder von B' leben, spart also andere Räume, in denen andere soziale Einheiten leben, aus. Daraus ergibt sich, daß die Herrschaft für die verschiedenen Beherrschten durchaus vielgestaltige Gesichter haben kann oder auch vom einen gar nicht gespürt wird, während der andere darunter leidet. Existieren jedoch in einem bestimmten Raum, quer durch die gesellschaftlichen Einheiten hindurch, gemeinsame Lebensgefühle, dann kann sich der Widerstand auch zwischen Mitgliedern verschiedener sozialer Einheiten aufgrund jener Gemeinsamkeit auch gemeinsam entwikkeln. So gibt es z. B. das Phänomen des Widerstandes in einem Stadtteil, obgleich hier Personen verschiedener sozialer und ideologischer Herkunft leben, die sich auch persönlich kennen und die Herrschaft ablehnen, selbst wenn diese Ablehnung verschiedene Gründe hat. Bei Mitgliedern gleicher sozialer Einheiten, die jedoch in getrennten Räumen leben und keine Kommunikation mehr miteinander besitzen, kann selbst die Möglichkeit des Widerstandes verschwinden.

Die Analyse läßt sich nun noch dadurch erweitern, daß man hinsichtlich der Intensität asymmetrischer Relationen unterscheidet. Der Begriff der Intensität läßt sich zunächst nach quantitativen und qualitativen Kriterien aufspalten. Quantitativ werden hier alle gegen die Herrschaft gerichteten, gleichförmigen reaktiven Verhaltensweisen genannt, die nicht organisiert sind, jedoch aufgrund ihrer großen Zahl die Herrschaft oder eines von deren wichtigen Zielen gefährden. Zum Beispiel ist die systematische Abschlachtung von Vieh durch einen hohen Prozentsatz der Bauern einer Gesellschaft aufgrund wirtschaftlicher und sozialer Unzufriedenheit eine derartige Verhaltensweise. Qualitativ werden hier die unterschiedlichen Handlungsformen gemäß ihrer Stärke im Angriff auf die Herrschaft genannt, wobei die Zahl der Handelnden keine Rolle spielt, ja häufig sogar ein Nachteil sein kann. Ein Staatsstreich oder ein Attentat besitzen eine außerordentlich große qualitative Intensität, wenn sie gut organisiert sind, unzufriedenes Nörgeln von Einzelgängern eine sehr geringe. Diese Intensität ließe sich auf einer Skala darstellen, die von gleichgültiger Konformität (Null) bis zum erfolgreichen Staatsstreich (N—1) reicht.

Die bisherigen Überlegungen gingen stets von ungegliederten Einheiten als Herrschaftsträgern aus. Man muß jedoch festhalten, daß A und B in der Regel mannigfache Strukturen aufweisen. Man kann A formal in a_1, a_2, a_3, a_4 usw. unterteilen und analog B in b_1, b_2, b_3, b_4. Daraus entsteht ein Feld von vielfältigen, sich überschneidenden Linien von verschiedenartiger Intensität. So kann z. B. a_1 gegen b_3 oder a_4 gegen b_1 oder a_2 gegen b_2 und b_3 vorgehen. Jede dieser Beziehungen kann zu verschiedenen Zeiten und an verschiedenen Orten auftreten; das Phänomen soll hier sich verlagernde Herrschaft heißen. Die Verlagerung von Herrschaft ist vor allem abhängig von den Beziehungen der einzelnen Teilherrschaften von A untereinander. Im Modell ergibt sich jedenfalls, daß Widerstand sich nicht unbedingt gegen die Gesamtheit der Herrschaft richten muß, sondern auch nur gegen Teile. Widerstand kann daher je nach Teilherrschaft, gegen die er vorgeht, verschiedenartige Methoden ausbilden und mannigfache Formen annehmen. So spielten sich z. B. im Dritten Reich die Auseinandersetzungen der illegalen kommunistischen Partei mit der Gestapo zwangsläufig anders ab, als die Konflikte einzelner Teile der Arbeiterschaft mit ihren Betriebsleitungen oder der Verwaltung des Staates.
Es ist jedoch auch denkbar und üblich, daß a_1, a_2, a_3, a_4 das Two-Persons-Bargaining-Game gegeneinander spielen, und zwar unter der Bedingung, daß die Herrschaft über B' ungefährdet bleibt. Es handelt sich hierbei um den gerade im Dritten Reich häufig vorkommenden Konkurrenzkampf zwischen den nationalsozialistischen Organisationen. Dieser Konkurrenzkampf kann dazu führen, daß das gesamte Bündnis in eine instabile Lage gerät, was wiederum zu negativen Reaktionen bei den Bündnispartnern führen kann. Er kann dann in Widerstand übergehen, wenn eine Untereinheit der Herrschaft das Übergewicht über eine andere oder mehrere andere gewonnen hat und bestrebt ist, sie von der Herrschaft auszuschließen. Die unterlegenen Teileinheiten können sich dann von der neuen Herrschaftseinheit distanzieren. Hier liegt ein dritter Typ von Widerstand vor, nämlich der von a_2 gegen a_1.

IV.

Aus dem Gesagten können schließlich drei Hauptformen von Widerstand abgeleitet werden.
1. Der Widerstand von politisch desaggregierten Einheiten, der seinerseits in mehrere Varianten zerfällt:
a) die Aktivitäten von illegalen, konspirativen Nachfolger- und Ersatzorganisationen verbotener politischer Organisationen mit dem Zweck der Tradierung des Selbstbewußtseins und der Normen, des Milieus und der Solidarität der korrespondierenden sozialen Einheiten, ferner mit dem Zweck der Gegenpropaganda zur Aufforderung von Leistungsverweige-

rung und schließlich mit dem äußeren Zweck, die gesamte Herrschaft zu stürzen. Eine Nebenform dieser Variante des Widerstandes bilden die konspirativen Handlungen von isolierten Einzelgängern, die, wie z. B. Johann Georg Elsner mit seinem Sprengstoffanschlag auf Hitler 1939, meist in Verkennung der politischen Zusammenhänge glauben, durch ihr Vorgehen Veränderungen herbeiführen zu können.

b) Sind Nachfolge- und Ersatzorganisationen nicht mehr vorhanden, und können aufgrund der Polizeiüberwachung oder auch gesellschaftlicher Veränderungen nicht aufgebaut werden, so bleibt den Mitgliedern einer sozialen Einheit als Widerstand lediglich eine breite Verhaltensskala von sozialen Protesten, zu denen z. B. Nonkonformität, Abkapselung und symbolische sowie tatsächliche Leistungsverweigerung gehören. Die konkreten Ausprägungen dieser Verhaltensskala hängen jedoch von der Lage und dem spezifischen Typ der Leistung einer sozialen Einheit ab. Leistungsverweigerungen der Arbeiterschaft können sich z. B. in Bummelei, Verlassen des Arbeitsplatzes, Schlamperei und Sabotage oder Streiks äußern, Vorgänge, die im Dritten Reich nicht selten vorkamen. Bauern verhalten sich zwangsläufig anders. Sie können sich im Aufruhr oder aber auch in der Reduzierung der Produktion auf ein zum Überleben ihres Hofes unbedingt notwendiges Maß ausdrücken. So sind z. B. im Dritten Reich Abschlachtungen von Vieh aus Protest nachzuweisen. Bürgerliche können bislang geleistete Mitarbeit einstellen, sich in die innere Emigration zurückziehen oder, wie es in Augsburg in den dreißiger Jahren geschehen ist, Warenverkaufsstreiks inszenieren. Diese Verhaltensweisen stellen in der Regel lediglich Reaktionen auf Einzelmaßnahmen, auf Unterlassungen oder auf das Versagen des jeweiligen Herrschaftsträgers oder seiner Teileinheiten gegenüber der jeweiligen sozialen Einheit dar. Sie treten daher meist gruppenspezifisch, geographisch und zeitlich zersplittert auf. Sie sind für die Herrschaft belanglos, soweit es sich nur um Einzelfälle handelt; sie erhalten jedoch Bedeutung, wenn sie quantitativ so stark anwachsen, daß die Funktionsfähigkeit, zumindest von Teilbereichen, bedroht ist. Diese ihrerseits muß daher bestrebt sein, die Verbreitung von Informationen, die zur Leistungsverweigerung auffordern oder auch nur dazu anregen, zu unterbinden, um so den Umschlag von der zersplitterten Einzelhandlung in eine „Bewegung“ zu verhindern. Hier liegen z. B. die gesellschaftlichen Ursprünge für den Erlaß des Heimtückegesetzes oder der Vorschriften zur Wehrkraftzersetzung im Dritten Reich.

Diese Variante b bildet andererseits die soziale Voraussetzung für die Möglichkeit der Fortsetzung und Neubildung organisierten Widerstandes, der politisch auch nur sinnvoll ist, wenn er im Zusammenhang mit den jeweiligen Protestformen der korrespondierenden sozialen Einheiten steht. Die tatsächliche Isolierung der illegalen Widerstandsorganisationen der Arbeiterschaft von ihrer gesellschaftlichen Basis bildete eine ihrer großen Schwächen, wobei freilich zu klären wäre, ob diese selbst verschuldet war (durch falsche Lageanalysen und interne Rivalitäten) oder auf die erfolgreichen Maßnahmen der Gestapo zurückzuführen ist.

2. Eine andere Form des Widerstandes ist die von sozialen Einheiten, die von den Trägern der Herrschaft zwar in einem organisierten Zustand geduldet werden und daher weiter Einfluß auf Teile der Bevölkerung ausüben können, die aber außerhalb des eigentlichen Herrschaftsbereiches stehen und somit dessen Objekt sind. In dieser Situation befanden sich z. B. die Kirchen während des Dritten Reiches. Sie waren gezwungen, einerseits öffentlich Wohlverhalten zu demonstrieren, um nicht Konflikte in die Welt zu setzen, aber andererseits sich durch Abkapselung zu schützen oder dann, wenn sie angegriffen wurden, sich auch zu wehren. Dieser Widerstand richtet sich daher nicht gegen die Herrschaft als Ganzes, sondern lediglich gegen spezielle Teilbereiche, Einzelkomponenten und bestimmte Maßnahmen, die eine Zerschlagung der jeweiligen Organisationen zum Ziele haben. Er kann indes die Gesamtherrschaft schwächen, da dadurch andere soziale Einheiten eine Chance erhalten, sich ihrerseits durchzusetzen.

3. Davon muß der Widerstand von Teileinheiten der Herrschaft selbst unterschieden werden, der sich gegen die innerhalb der Herrschaft dominierenden Einheiten wendet. Es handelt sich hier um einen Widerstand, der sich aus der Sphäre der Herrschaftsträger selbst heraus entwickelt, d. h. der vom immanenten Konkurrenzkampf in einen die Herrschaft gefährdenden Konflikt übergeht. Er bedient sich der im Bündnis vorgegebenen Kommunikationsmittel und Entscheidungsmethoden. Er richtet sich jedenfalls in einer ersten Phase gewöhnlich nicht gegen die Gesamtherrschaft und deren Normen, sondern lediglich gegen Teilbereiche, kann aber in einer weiteren Phase die Gesamtherrschaft zerstören. Der Widerstand des Militärs im Dritten Reich ist diesem Typ zuzurechnen.

Das Two-Persons-Bargaining-Game und seine Anwendung auf asymmetrische Herrschaftsbeziehungen eliminiert einen einfachen dichotomischen Widerstandsbegriff und führt statt dessen zu einem System von abgestuften und gestaffelten, freilich aufeinander bezogenen relationalen Einzelbegriffen, die im Vollzug der Forschung je nach Form des Winderstandes, Art des Konfliktes und sozialer Einheit entwickelt werden müssen. (Als Vokabeln für diese Abstufungen von Widerstand bieten sich an: Nonkonformität, abweichendes Verhalten, sozialer Protest, ziviler Ungehorsam.)

Jeder dieser Einzelbegriffe für sich genommen besitzt dann eine größere Schärfe als ein globaler Widerstandsbegriff. Der Begriff „Widerstand" selbst hat dann nur noch die Funktion des losen Oberbegriffes, der lediglich Auflehnung in asymmetrischen Herrschaftsbeziehungen signalisiert. Das ausgefächerte Begriffssystem hat ihm gegenüber den Vorteil, daß es 1. nicht mehr selektiv wirkt und geeignet ist, die Quellen adäquat zu interpretieren, 2. daß es sich an die vielfältige historische Realität anschmiegt

und 3. daß es Eindimensionalität zugunsten mehrschichtiger und somit auch fruchtbarerer Erklärungen vermeidet.
Schließlich wird dadurch gesichert, daß die Probleme des Winderstandes nicht isoliert vom sozialen und politischen Kontext eines Herrschaftssystems betrachtet werden; erst so öffnet sich ein Weg, das Widerstandsproblem in eine Faschismustheorie einzufügen.

Aus der Diskussion

H. A. Winkler: Um den Bogen zurückzuschlagen zum Referat von Matzerath: wenn die Modernisierungsthese im Hinblick auf das „Dritte Reich" nicht zu halten ist, wird möglicherweise auch Dahrendorfs These vom spezifisch antimodernistischen Gehalt der Widerstandsbewegung gegen den Nationalsozialismus hinfällig. Es wäre interessant zu wissen, ob die Untersuchung der Kampfformen von Widerstandsgruppen unter diesem Aspekt neue Aufschlüsse erbringt.

W. Schulze: Für die Beurteilung der Ergiebigkeit Ihres spieltheoretischen Ansatzes wäre es von Interesse zu wissen, ob damit im Unterschied zu anderen Forschungen neue Formen des Widerstandes in den Blick gekommen sind, die bislang keine Beachtung gefunden hatten.

H. J. Puhle: Mir ist noch nicht ganz klar, wie „Widerstand" im agrarischen Sektor konkret definiert wurde und wie weit dieser Widerstand, wenn es ihn gegeben hat, tatsächlich gegangen ist. Es wurde verwiesen auf Unmutsäußerungen von Bauern gegenüber dem Reichsnährstand. Gerade hier müßte man jedoch m. E. genauer wissen, ob es sich um das hergebrachte, gewissermaßen traditionelle Murren und Maulen gegenüber dem jeweiligen System und der jeweiligen Obrigkeit gehandelt hat, das auch schon vorher, im Kaiserreich und in der Weimarer Republik, praktiziert worden war und außerdem immer schon auch starke regionale Unterschiede aufgewiesen hat — die bayerischen Bauern schimpften z. B. lauter und drastischer als die westfälischen, nicht zu reden von Schleswig-Holstein —, oder ob die Unzufriedenheit zu handfesten, womöglich gar organisierten Aktionen geführt hat. Auf jeden Fall müßte aber wahrscheinlich die „Schwelle", wo „Widerstand" (und sei es rhetorisch) beginnt, aufgrund unterschiedlicher Traditionen bei den Bauern etwas höher liegen als z. B. bei den Beamten.

H. Schilling: Ich habe zwei Punkte, die sich auf die Begriffsbildung bzw. Definition von Widerstand und deren Implikationen beziehen:
1. Der Begriff „Widerstand" ist in dem dargestellten Forschungsprojekt

sehr weit gefaßt. Der Vorteil einer solchen Definition liegt darin, daß sie ein breites Spektrum von Dissenshaltungen und Dissensakten erfassen kann, die in der traditionellen Widerstandsdiskussion zu Unrecht übergangen werden. Andererseits ergeben sich daraus aber spezifische Probleme. Denn es werden damit tendenziell Widerstandshandlungen grundsätzlicher Art, die das System an sich in Frage stellen und unter bewußtem Einsatz des Lebens durchgeführt werden, mit solchen Meinungsäußerungen und Aktionen nivelliert, die „nur" mehr oder weniger zufällige und äußerliche Erscheinungsformen dieses politischen Systems kritisieren, ohne sich dabei zunächst allzugroßer Gefahr auszusetzen. Würde man versuchen, mit dieser weiten Definition die mir etwas vertrautere Widerstandsproblematik der frühen Neuzeit bzw. Alteuropas anzugehen — was aufgrund des spieltheoretischen Ansatzes formallogisch möglich sein müßte —, käme man m. E. in Schwierigkeiten. Denn „Widerstand" war dort ein präzis umschriebener Tatbestand, der sich auf prinzipielle politische oder religiös-weltanschauliche Fragen bezog. Nun waren jene politischen Systeme der Vormoderne einschließlich des Absolutismus nicht totalitär. Und vielleicht besitzt Ihre breite und nivellierende Definition von Widerstand für den Nationalsozialismus eine innere Logik und ist einem totalitären System adäquat.

2. Trotz des spieltheoretischen Ansatzes, der losgelöst von dem konkreten historischen Material eine Definition von „Widerstand" erarbeitet, erscheint das Phänomen „Widerstand" eigentümlich systemimmanent. Zahlreiche der als Widerstand beschriebenen Handlungen lassen sich nur in der Zeit von 1933—1945 als solche begreifen und wurden letztlich von den damals Herrschenden als solche definiert. In anderen politischen Systemen stellen sie dagegen alltägliche politische Willensäußerungen dar. Ich denke hier etwa an die von Ihnen erwähnten Schwarzschlachtungen von Bauern. In einem nichttotalitären Staat sind solche und ähnliche Aktionen — erinnert sei etwa an die Gemüse- und Weinvernichtung der E.G.-Bauern oder an Straßenblockaden der Fernfahrer — legitime bzw. zumindest akzeptierte Interessenspolitik.

Zusammenfassend möchte ich damit die Frage stellen, inwieweit man nicht doch unterscheiden sollte zwischen prinzipiellem Widerstand, der dem System an sich gilt, und solchen politischen Aktivitäten, mit denen marginale, jeweils sehr begrenzte Veränderungen intendiert waren. Letztere gerieten zwar — aufgrund der Allergie des Totalitarismus gegen Widerspruch überhaupt — leicht in gefährliche Nähe des Widerstandes. Daß sie jedoch strukturell von der erstgenannten Art von „Widerstand" zu unterscheiden sind, geht daraus hervor, daß sie in dem Moment gegenstandslos wurden, in dem das System an dem konkreten Punkt, gegen den sich solch ein Protest richtete, einmal bereit gewesen wäre nachzugeben. Diese sogenannten „Nur"-Handlungen brauchen damit keineswegs, wie in der im Referat kritisierten traditionellen Widerstandsliteratur, unter den Tisch zu fallen. Mit einer gradualisierenden Widerstandsdefinition ließe sich aber eine m. E. unverzichtbare Gewichtung und Wertung des politischen Dissenses durchführen.

J. Kocka: Das Referat von Herrn Hüttenberger versucht, Widerstand als eine, in sich vielfältig gestufte Art nonkonformen Verhaltens von anderen Arten nonkonformen Verhaltens, die nicht als Widerstand zu bezeichnen sind, abzugrenzen und damit als Forschungsobjekt zu konstituieren. Nonkonformes Verhalten, das als Widerstand zu qualifizieren ist, sei dann gegeben — so die Hauptthese des Referats —, wenn innerhalb des betreffenden Herrschaftsverhältnisses die Bedingungen des Two-Persons-Bargaining-Game durchbrochen bzw. verlassen werden. Abgesehen von dem bereits von Herrn Schilling formulierten Bedenken, daß dadurch sehr verschiedene und vor allem sehr verschieden riskante Verhaltensweisen in die Rubrik „Widerstand" geraten, stellt sich mir diese Frage: Wie läßt sich die vorgängige Entscheidung, die Existenz bzw. Nicht-Existenz eines Two-Persons-Bargaining-Game als zentrales Unterscheidungskriterium zu wählen, gegen den Vorwurf der Willkürlichkeit verteidigen? Wieso ist dieser Definitionsversuch anderen (sofern diese, was ja denkbar ist, ebenfalls zu Abstufungen und Staffelungen innerhalb des Begriffsfeldes „Widerstand" kommen) vorzuziehen?

W. Schluchter: Zum einen möchte ich zwischen der Phase der Machtergreifung und der Phase der Konsolidierung und Institutionalisierung des Nationalsozialismus unterscheiden, zum anderen zwischen zwei verschiedenen Arten abweichenden, oder, allgemeiner, nonkonformistischen Verhaltens, wobei eine Art Widerstand ist. Wenn man jetzt nur Widerstand ins Auge faßt, definiert etwa als der Versuch, die Werte und die institutionalisierten Wege zu ihrer Verwirklichung aktiv zu verändern, so scheint es mir nützlich, dabei zwischen zwei Ausgangskonstellationen zu unterscheiden: Zwischen Widerstand als Folge der Überwältigung einer Organisationseinheit, der dabei zugleich ihr Partizipationsrecht am „bargaining process" genommen wird, und Widerstand als Folge der Unzufriedenheit mit einem etablierten System, das keine oder nur eine minimale institutionalisierte Opposition kennt. Zwar kann es sein, daß beide Prozesse des Widerstands zusammengehen, doch muß dies nicht so sein. Ich frage mich nun, ob das von Herrn Hüttenberger eingeführte spieltheoretische Modell geeignet ist, sowohl das Phänomen der Überwältigung wie auch das Phänomen eines Widerstands aus Unzufriedenheit, der sich erst organisieren muß, in gleicher Weise zu fassen, also den Widerstand als Folge der Machtergreifung und den Widerstand als Folge eines Systemdefekts des etablierten nationalsozialistischen Regimes. Ich habe den Eindruck, daß dies nicht der Fall ist. Das Modell eignet sich vor allem für den Fall der Überwältigung. Dies freilich nur dann, wenn man unterstellt,

daß in bezug auf Macht eine Art Null-Summen-Spiel vorliegt, daß also der Machtgewinn des einen den Machtverlust des anderen bedeutet. Dann ist der Unterlegene, sofern er sich ein Minimum an Identität erhalten will, zum Widerstand gezwungen, wobei natürlich die Frage der Zerstörung der Organisation und der Fähigkeit zur Reorganisation von zentraler Bedeutung ist.
Doch wie dem auch sei: Entscheidend ist in meinen Augen, daß Herr Hüttenberger den Versuch gemacht hat, eine einigermaßen explizierte Theorie auf historisches Material anzuwenden und daß man diese Theorie ohne Schwierigkeiten spezifizieren und etwa durch Theorien abweichenden Verhaltens ergänzen kann.

P. Hüttenberger: Die Unterscheidung Schluchters zwischen einer Phase der Machtergreifung und einer Phase der Konsolidierung des Nationalsozialismus und entsprechend einem Widerstand „als Folge der Überwältigung einer Organisationseinheit" und einem Widerstand „als Folge der Unzufriedenheit mit einem etablierten System" trifft zu und ist notwendig. Sie ist aber auch im Gesamtmodell enthalten, das freilich noch darüber hinausgeht; denn: 1. definiert das reine Two-Persons-Bargaining-Game den systemimmanenten Konkurrenzkampf, der auch nach der Machtergreifung mit veränderten Fronten weiterlief und die Voraussetzung für eine bestimmte Art des Widerstandes bildete; 2. gibt das Modell die Schwelle an, an der eine Einheit A dazu übergeht, eine Einheit B aus dem Two-Persons-Bargaining-Game auszuschließen und B sich in Reaktion darauf zu wehren beginnt, ein Vorgang, der mit dem oben genannten „Überwältigungswiderstand", wie er sich etwa beim Widerstand der Organisationen der Arbeiterbewegung abspielte, umschrieben werden kann; 3. impliziert das Two-Persons-Bargaining-Game seinen quasi konträren Zustand, den der vollständig asymmetrischen Herrschaftsbeziehungen, in dem nicht-organisierte soziale Gruppierungen das Spiel zwar in einem organisations-rationalen Sinne nicht zu betreiben vermögen, aber wenn sie sich kollektiv den Leistungsanforderungen von Herrschaftsträgern gegenüber ablehnend verhalten, dann setzen sie es gleichsam in übertragener Form auf einer neuen Ebene der Politik in Gang. Jenes Derivat entspricht Schluchters Formulierung vom Widerstand als „Folge von Unzufriedenheit . . ." Es ist allerdings weitaus vielschichtiger als der „Überwältigungswiderstand" und bedarf daher einer differenzierten Begriffsbildung. Festzuhalten ist jedoch — und dies zeigt das Gesamtmodell —, daß organisierter Widerstand nur auf der Basis einer allgemeinen, manifesten Unzufriedenheit großer sozialer Gruppierungen sich entwickeln kann und daß Herrschaftsträger diesen Zusammenhang in ihr Kalkül einbeziehen müssen und gewöhnlich auch einbeziehen. So hielten die Nationalsozialisten massenhafte Unzufriedenheit etwa der Arbeiterschaft für gefährlich, da sie überzeugt waren, daß in Krisenlagen jene Unzufriedenheit den

Kern eines den Ereignissen von 1918 vergleichbaren Umsturzes in sich bergen könnte. Sie waren daher bemüht, während des Krieges so lange wie möglich die Leistungsanforderungen an die deutsche Arbeiterschaft relativ niedrig zu halten und den Lebensstandard zu stabilisieren.

Das Gesamtmodell birgt zwei weitere Aussagen: die Inhalte von Herrschaft und Widerstand hängen 1. vom Wechselverhältnis der relevanten politischen Entitäten ab und 2. von den sozialen und historischen Vorprägungen der jeweiligen sozialen Gruppierungen. D. h. 1. Herrschaft in der Weimarer Republik a) über die Industriearbeiterschaft und umgekehrt Widerstand der Industriearbeiterschaft gegen diese Herrschaft haben andere Inhalte als b) Herrschaft in der Weimarer Republik über Bauern und umgekehrt Widerstand von Bauern gegen ... und 2. Herrschaft im Dritten Reich über ... hat wiederum andere Inhalte als Herrschaft in der Weimarer Republik. Selbst wenn also die äußeren Formen z. B. „traditionelles Murren und Maulen der Bauern", wie Herr Puhle sagt, in beiden Systemen gleichbleiben sollte, dann zeigt das Modell von vorneherein an, daß Inhalte und Funktion solcher Unmutsäußerungen durchaus verschieden sind, selbst wenn sie in Teilbereichen übereinstimmen können. Der in Texten aus unterschiedlichen Epochen überlieferte gleichförmige Satz: „Die Regierung taugt nichts, weil sie die Agrarpreise nicht erhöht", muß daher im Rahmen je verschiedener Herrschaftssysteme auch differenziert eingeordnet werden. Dies schließt keineswegs aus, daß bestimmte soziale Gruppierungen traditionell mehr zur Unzufriedenheit neigen, weil sie vielleicht unterprivilegiert sind, als andere, ein Gesichtspunkt, der freilich den oben genannten Vorprägungen zuzuordnen ist. Die Situation der Bauern im Dritten Reich war zweifellos vielschichtiger: Einerseits konnte der Reichsnährstand in bestimmten Situationen durchaus als bäuerlicher Interessenverband fungieren, andererseits aber stellte er doch primär ein Herrschaftsinstrument dar, und schließlich war er auch Träger von neuen Ordnungsvorstellungen, wobei hier dahingestellt sei, ob sie als modernistisch zu bewerten sind. Als erfolgreicher Interessenverband erzeugte er bei den Bauern Zustimmung, als Herrschaftsinstrument und Träger von Ordnungsvorstellungen aber richtete er sich nicht selten gegen deren Interessen und Vorprägungen und rief so Unmutsreaktionen hervor, die sich indes in einer „altmodischen" Sprache artikulieren konnten. Unmutsreaktionen konnten jedoch auch das Abschlachten von Vieh sein, die erhöhte Neigung, die Vorschriften des Staats, die ja der Kriegsvorbereitung dienten, zu brechen, oder das Anwachsen von Sympathien für die Gegner des Nationalsozialismus und die steigende Bereitschaft, jene mit aktiven Handlungen zu unterstützen.

Die Entscheidung für ein explizites Two-Persons-Bargaining-Game als Kriterium zur Abgrenzung von Widerstand ist — und damit komme ich zur Frage von Herrn Kocka — lediglich eine zu Beginn eines Forschungsprozesses über Herrschaft zu treffende Entscheidung für ein möglichst systematisches Denken und gegen ein Denken der intuitiven Einfälle auf der Basis halbbewußter Modelle. Die Spieltheorie scheint mir dafür gut geeignet, da sie in ihrem Aufbau weitgehend formaler Natur ist und somit voreilige inhaltliche Selektionen vermeidet und da sie zudem eindringlich auf den relationalen Charakter von Widerstand und Herrschaft verweist, der jedwede isolierte Betrachtung, wie sie bei der Widerstandsforschung meist gängig ist, ausschließt. Es besteht schließlich noch der Vorzug, daß das Modell im Laufe der Forschung allmählich zugunsten konkreter Aussagen zurücktreten kann.

Das Gesamtmodell ist in erster Linie auf das Dritte Reich hin konzipiert, und ich habe nicht geprüft, ob es auch, wie Herr Schilling fragt, auf andere Epochen anwendbar ist. Ich glaube, es dürfte allerdings so flexibel sein, daß es auch für die Widerstandsproblematik der Frühen Neuzeit umgeformt werden kann, ohne seine Stringenz zu verlieren.

Abschließend ist noch zu sagen, praktisch jede Geschichtsschreibung arbeitet manchmal bewußt, oft jedoch unbewußt, mit theoretischen Modellen, ja häufig gleich mehreren oder mit Bruchstücken, die dann selten auf ihre formale Natur und ihre Tragfähigkeit hin geprüft werden, vor allem dann, wenn es sich um durch die Kommunikationsgemeinschaft der Historiker tradierte Modelle mit dogmatischen Grundannahmen handelt. Ein spieltheoretisches Modell vermag demgegenüber vorgegebene Modelle kritisch zu prüfen und ist beim Stand der gegenwärtigen Forschung soweit expliziert, daß es auch angewendet werden kann.

Der „Property Rights-Ansatz" in der Wirtschaftsgeschichte — Zeichen für eine systematische Neuorientierung des Faches?*

von Knut Borchardt, München

1. Nach einer ersten Andeutung in einer deutschsprachigen Zeitschrift[1] erschienen ab 1970 in rascher Folge zahlreiche Beiträge in angelsächsischen Fachzeitschriften und auch einige Monographien, die beträchtliches Aufsehen erregten.[2] Hier wurde mit Selbstbewußtsein der Anspruch erhoben, eine „neue Wirtschaftsgeschichte" bieten zu können, die den Schlüssel zum Verständnis zahlreicher wichtiger Fragen, nicht zuletzt der nach den Gründen für das wirtschaftliche Wachstum in Westeuropa, liefern sollte. Gemeinsam ist den genannten Publikationen die Behauptung der besonderen Rolle institutionellen Wandels als erklärende Variable für wirtschaftliche Entwicklung. „Wenn man die beschriebenen Annahmen über das Verhalten der Menschen als gegeben unterstellt, so wird sich wirtschaftliches Wachstum ereignen, wenn Property Rights es der Mühe wert machen, sozial Produktives zu unternehmen."[3] Zugleich war man bestrebt, den institutionellen Wandel selbst zu erklären, so daß er nicht als Vorgabe von außen eingeführt werden sollte.

Die Erklärungen des institutionellen Wandels beriefen sich auf eine wirtschaftswissenschaftliche Theorie, die ihrerseits noch relativ jung war und gleichzeitig unter Wirtschaftstheoretikern noch lebhaft diskutiert wurde. Es war bezeichnend, daß mit A. Alchian und H. Demsetz Ende 1972 zwei

* Ich danke Michael Hutter, M. A., für Anregungen anläßlich von Diskussionen über seine im Entstehen befindliche Dissertation.

1 D. C. North, A New Economic History for Europe, in: ZfGS, Bd. 124, 1968, S. 144 ff.

2 Ohne Anspruch auf Vollständigkeit seien die folgenden Titel genannt: D. C. North und R. P. Thomas, An Economic Theory of the Growth of the Western World, in: EHR, 2nd Series, Bd. 23, 1970, S. 1 ff. L. E. Davis und D. C. North, Institutional Change and American Economic Growth: A First Step Towards a Theory of Institutional Innovation, in: JEH, Bd. 30, 1970, S. 131 ff. L. E. Davis und D. C. North, Institutional Change and American Economic Growth, Cambridge Mass. 1971. D. C. North und R. P. Thomas, The Rise and Fall of the Manorial System: A Theoretical Model, in: JEH, Bd. 31, S. 777 ff. D. N. McCloskey, The Enclosure of Open Fields: Preface to a Study of its Impact on the Efficiency of English Agriculture in the 18th Century, in: JEH, Bd. 32, 1972, S. 15 ff. A. Alchian und H. Demsetz, The Property Rights Paradigm, in: JEH, Bd. 33, 1973, S. 16 ff. und weitere Beiträge im gleichen Heft von St. Engerman, C. D. Goldin, J. D. Reid, G. Reed, H. N. Scheiber u. a. D. C. North und R. P. Thomas, The Rise of the Western World. A New Economic History, Cambridge Mass. 1973. D. C. North, Beyond the New Economic History, in: JEH, Bd. 34, 1974, S. 1 ff.

3 D. C. North und R. P. Thomas, The Rise, S. 8. Übersetzung K. B.

führende Vertreter der neuen Wirtschaftstheorie Gelegenheit erhielten, ihre Vorstellungen auch bei der Jahrestagung der Economic History Association zu entfalten und zu interpretieren und auf mögliche Anwendungen für die Wirtschaftsgeschichte hinzuweisen.[4] Sie selbst und andere hatten sich schon zuvor bei der Entwicklung ihrer Theorien auf historische Beispiele bezogen, was bis dahin unter Wirtschaftswissenschaftlern nicht eben häufig geschah. Die oft geforderte und selten erreichte enge Kooperation von Wirtschaftstheorie und Wirtschaftsgeschichte schien hier endlich Wirklichkeit geworden zu sein. Das rechtfertigt wohl den Versuch, sich auch bei unserer Zusammenkunft, die der Erörterung von „Theorien in der Sozial- und Wirtschaftsgeschichte“ dienen soll, mit dem Property Rights-Ansatz zu befassen.

Im Rahmen eines Referats ist es allerdings unmöglich, den Ansatz und seine Verwertbarkeit in der historischen Forschung so genau zu verfolgen, wie es der komplizierte Gegenstand eigentlich fordert. Auch ist eine Behandlung der einzelnen bislang vorliegenden substanziellen Beiträge zur Wirtschaftsgeschichte des institutionellen Wandels hier ganz ausgeschlossen.[5] Meine Absicht ist es vielmehr, die neueren Entwicklungen insgesamt zu charakterisieren und in den Zusammenhang unserer Wissenschaft einzuordnen.

2. In der Überschrift wie auch in der Einleitung wurde für das angelsächsische „property rights paradigm“ der Begriff „Property Rights-Ansatz“ verwendet. Die Eindeutschung beschränkte sich lediglich darauf, statt von einem „paradigm“ von einem Ansatz zu sprechen. Es gibt nämlich keine Eindeutschung des Begriffes, die nicht wegen der unvermeidlichen Assoziationen eher in die Irre führte, als daß sie der Klärung dienen könnte. Ganz sicher wäre es unklug, von „Eigentumsrechten“ zu sprechen, weil dieser Begriff in der Dogmatik des Bürgerlichen Rechts schon auf einen Teil dessen fixiert ist, was unter dem allgemeineren Begriff Property Rights abzuhandeln wäre. Auch der Begriff „Besitzrechte“ wäre wegen seiner normalerweise beschränkten Geltung hier eher verwirrend. Besser wäre es schon, von „Vermögensrechten“ zu reden, und am nächsten käme dem Gemeinten wohl der Begriff „Verfügungsrechte“. Daß er weniger

4 A. Alchian und H. Demsetz, The Property Rights Paradigm, in: JEH, Bd. 33, 1973, S. 16 ff.

5 Ausführlichere kritische Stellungnahmen enthalten: A. Jones, The Rise and Fall of the Manorial System: A Critical Comment, in: JEH, Bd. 32, 1972, S. 938 ff. D. R. Ringrose, European Economic Growth. Comments on the North-Thomas-Theory, in: EHR, Bd. 26, 1973, S. 285 ff. J. Hicks, Rezension zu North-Thomas, The Rise of the Western World, in: EHR, Bd. 27, 1974, S. 692 ff. M. Hutter, The Property Rights Paradigm, in: JNSt, Bd. 188, 1974/5, S. 552 ff. St. Fenoaltea, The Rise and Fall of a Theoretical Model: The Manorial System, in: JEH, Bd. 35, 1975, S. 386 ff. A. L. Olmstead und V. Goldberg, Institutional Change and American Economic Growth: A Critique of Davis and North, in: EEH, Bd. 12, 1975, S. 195 ff.

präzis ist, ist gerade sein Vorteil, denn viel kommt darauf an, den enormen Reichtum an verschiedenen institutionellen Regelungen der Verfügungsmacht von Personen über Personen und über Sachen zu erkunden und zu deuten.

Die neue Wirtschaftstheorie der Property Rights[6] zielt darauf ab, an die Stelle einer ökonomischen Theorie der Güter und ihrer Tausch- und Transformationsbeziehungen, wie sie sich zum Beispiel in den Preisen niederschlagen, die Theorie der konkreten Verfahren der Konfliktlösung bei der Nutzung von Gütern zu setzen. „Property right is a bundle of rights or set of relations between people with regard to some good, service, or ‚thing'; such rights must have economic value and must be enforced in some societally recognized manner."[7] Die Property Rights-Theorie ist eine Theorie der geregelten Beziehungen zwischen Individuen im Umgang mit Gütern insbesondere im Hinblick auf die Frage, wie unterschiedliche Arten der konkreten Regelungen dieser Beziehungen auf die Produktion und die Verteilung des Produkts einwirken.

Während die übliche Theorie der marktwirtschaftlichen Beziehungen von Gütern und Leistungen redet, die gemäß ihren materiellen Inhalten geschätzt und bewertet werden, betont der Property Rights-Ansatz, daß der Wert der gehandelten Güter entscheidend von den konkreten Verfügungsrechten abhängt, die übertragen werden. Jemand, der ein Haus erwirbt, erhält tatsächlich ein Bündel von Rechten und Verpflichtungen, die im einzelnen den Wert dieser Sache bestimmen. Da gibt es Mieter und Nachbarn, Straßenpassanten und Landschaftsschützer, staatliche Vorschriften mannigfacher Art, Versicherungspflichten und vieles andere mehr: eine Fülle von Einschränkungen der sogenannten freien Verfügungsgewalt über eine Sache, die dem Eigentümer den Ausschluß anderer von der Nutzung erlauben sollte. Selbst Umbauten am Haus bedürfen bekanntlich der Genehmigung; die Nutzung zu gewerblichen Zwecken ist nicht überall erlaubt etc. Viele andere, und nicht zuletzt die Behörden, haben Verfügungsrechte in bezug auf Privateigentum anderer. Aber auch die Verfügungsrechte am sogenannten Kollektiveigentum sind sehr komplex. In der Regel können und dürfen nicht alle Mitglieder von Kollektiven über das in ihrem gemeinsamen Eigentum stehende Eigentum frei verfügen und gibt es auch hier zahlreiche Sanktionen gegen die Verletzung bestimmter Regelungen, ob es sich nun um einen volkseigenen Betrieb oder die Nutzung öffentlicher Straßen handelt.

6 Einen Überblick über Entwicklung und Inhalt der Property Rights-Theorie bringen E. G. Furubotn und S. Pejovich, Property Rights and Economic Theory, in: JEL, Bd. 10, 1972, S. 1137 ff. Siehe auch die Sammlung wesentlicher Beiträge und die Kommentare in E. G. Furubotn und S. Pejovich (Hg.), The Economics of Property Rights, Cambridge Mass. 1974.

7 F. L. Pryor, Property and Industrial Organization in Communist and Capitalist Nations, Bloomington 1973, S. 375. Hier auch eine genaue Erläuterung jedes der in der Definition verwendeten Begriffe.

Es liegt auf der Hand, daß Charakter und Ausmaß der Verfügungsrechte nicht nur den Wert einer Sache für den privaten Eigentümer bestimmen, sondern auch sein Verhalten im Umgang mit ihr beeinflussen. Wie nutzt er sie? Behandelt er sie pfleglich? Setzt er sie zur Steigerung seiner wirtschaftlichen Leistungen ein? Gemäß der Property Rights-Theorie sollen sogar bestimmte Änderungen in der Ausgestaltung von Verfügungsrechten vorherbestimmbare Wirkungen auf das wirtschaftliche Verhalten ausüben und somit wirtschaftlichen Wandel erklären können. Wirtschaftshistorikern sind derartige Konsequenzen freilich seit langem vertraut, wie allein die umfangreiche Literatur über die Wirkungen der Bauernbefreiung belegt. Aber man muß zugeben, daß die wirtschaftswissenschaftliche Theorie hierauf nur selten eingegangen ist und daß auch in der Wirtschaftsgeschichte eine systematische Behandlung dieses Komplexes gefehlt hat.
Zusammenfassend kann man den Property Rights-Ansatz in der Wirtschaftswissenschaft und in der Wirtschaftsgeschichte mit folgenden drei Aufgaben umschreiben: 1. Er sucht (geschichtliche) Property Rights und ihren Zusammenhang zu identifizieren. 2. Er sucht zu erklären, wie es zum Wandel von Property Rights kam. 3. Er sucht die gesellschaftlichen Konsequenzen der bestehenden Verfügungsrechte und ihres Wandels zu ermitteln. Fügt man dieser mehr formalen Charakterisierung noch eine inhaltliche hinzu, so kann man im Hinblick auf die in Anmerkung 2 genannten Beiträge der Autoren hervorheben, daß der Wandel von Verfügungsrechten *die* entscheidende Determinante für wirtschaftliches Wachstum in Westeuropa gewesen sei.

3. Nun rechtfertigen die Behauptung, daß Gesellschaften sich wandeln, indem Rechte sich ändern, und die Betonung der Bedeutung des institutionellen Wandels für die Entwicklung von gesellschaftlichen Wirtschaften gewiß noch nicht das Reden von einer „neuen Wirtschaftsgeschichte“ (North-Thomas), jedenfalls nicht in Europa. Zwar haben einige Modernisten sich wiederholt bemüht, die Befassung mit Institutionen in der Sozial- und Wirtschaftsgeschichte abzuwerten. Sie glaubten, die Beschäftigung mit Wachstum und Konjunktur sei das überragende Thema, und wie in der nationalökonomischen Theorie sollte auch die Wirtschaftsgeschichte die Institutionen als jeweils gegebenen Rahmen für die „eigentlich wirtschaftliche Analyse“ mit den Mitteln einer gleichsam historisch-ökonometrischen Forschungstechnik ansehen. Doch hat es bis heute immer die solcher Theorie ferne Wirtschaftsgeschichte gegeben. Schon die beharrliche Fortsetzung der alten Tradition aus dem 19. Jahrhundert muß eigentlich erstaunen. Es kann wohl nicht allein auf Bequemlichkeit oder Einfallslosigkeit der Historiker zurückgeführt werden, wenn sich die herrschende Wirtschaftstheorie und die herrschende Praxis der Wirtschaftsgeschichte im 20. Jahrhundert dank der Beharrung in beiden Bereichen so weit auseinander entwickelt haben.[8]

8 Über die Veränderung der Themen und Methoden der Wirtschaftsgeschichte in

Im übrigen bedarf es wohl auch des Nachdenkens darüber, warum man zwar immer der Wirtschaftsgeschichte ein Theoriedefizit vorwerfen konnte, aber umgekehrt von seiten der Wirtschaftshistoriker nach dem Untergang der Historischen Schule so selten Ansprüche an die Wirtschaftswissenschaft formuliert worden sind, wie das noch J. H. Clapham 1922 in seinem aufsehenerregenden Beitrag zur Kosten- und Preistheorie vermocht hat.[9] Die Wirtschaftshistoriker entwickelten eine Art Subkultur. Je nach Temperament und Einstellung erfreuten sie sich ihres Minderheitenstatus oder litten darunter.

Wenn nun in der Wirtschaftswissenschaft von einem neuen „Institutionalismus“ die Rede ist, unter angelsächsischen Autoren die Erinnerung an Th. Veblen, R. T. Ely und J. R. Commons geweckt wird, zugleich Namen wie K. Marx, M. Weber und J. Schumpeter wieder in wirtschaftswissenschaftlichen Artikeln auftauchen, und wenn sich eine engere Verbindung zwischen herrschender Theorie und Wirtschaftsgeschichte andeutet, ist das leider nicht der anhaltenden Tradition institutioneller Themenstellungen bei den Wirtschaftshistorikern zu verdanken. Vielmehr hat die Wirtschaftstheorie in den letzten zwanzig Jahren ihren überkommenen Rahmen gesprengt, neue Probleme zum Gegenstand gemacht und mehrere neue methodische Zugänge eröffnet.[10] Ich kann hier die verschiedenen Elemente nur knapp skizzieren und nebeneinanderstellen, obgleich es auch Querverbindungen zwischen ihnen gibt.

a) In der Nachkriegszeit gab die Konfrontation mit den Entwicklungsländern und ihren Problemen Anlaß zur Ausbildung einer eigenen wirtschaftswissenschaftlichen Disziplin, der Entwicklungstheorie und Entwicklungspolitik. Sie folgte zunächst noch relativ eng den Spuren der üblichen ökonomischen Theorie. Je mehr sich aber die Wachstumstheorie zu einer hochverfeinerten mathematischen Spezialdiszplin stilisierte, um so mehr mußte sich die Entwicklungstheorie hiervon abspalten. Ja es wurde überhaupt fraglich, ob es so etwas wie Entwicklungstheorie geben könne, ob nicht die Komplexität der Phänomene viel zu groß wäre und deshalb eher Beschreibungen und ganz praktische Probleme im Vordergrund zu stehen hätten. Der Historismus kam hier zu neuen Ehren.[11] Auch sozial- und

England mit Bezug auf unser Problem R. M. Hartwell, Good Old Economic History, in: JEH, Bd. 33, 1973, S. 28 ff.

9 J. H. Clapham, On Empty Economic Boxes, in: EJ, Bd. 32, 1922, S. 305 ff.

10 Über neue Ansätze der Wirtschaftstheorie siehe B. S. Frey, Die Renaissance der Politischen Ökonomie, in: Schweizerische Zeitschrift für Volkswirtschaft und Statistik, Bd. 110, 1974, S. 357 ff., speziell S. 390 ff. Die oben in Anm. 2 zitierten Autoren D. C. North und R. P. Thomas berufen sich ausdrücklich auf die wirtschaftstheoretischen Vorarbeiten von W. F. Baumol (1952), A. Downs (1957), J. Buchanan und G. Tullock (1962), H. Demsetz (1967), K. Arrow (1962) und N. S. Cheung (1969, 1970).

11 Siehe auch K. Borchardt, Die Bedeutung der Infrastruktur für die sozialökonomische Entwicklung, in: H. Arndt und S. Swatek (Hg.), Grundfragen der Infra-

verhaltenswissenschaftlich orientierte Ökonomen fanden mehr Aufmerksamkeit als Wirtschaftstheoretiker klassischer Provenienz. Sogar theoriefeindliche Ratgeber, die schlicht mit historischen Analogien arbeiteten, konnten auf diesem Gebiet hohes Prestige erwerben.[12] Notwendigerweise sahen sich alle, die in diesem Bereich tätig wurden, den Fragen des Kulturvergleichs ausgesetzt und erlebten gleichsam „Geschichte nebeneinander". Hierauf ist wohl die bemerkenswert rasche Abfolge der Herrschaft verschiedener Theorien zurückzuführen, mit denen man die Barrieren für den Fortschritt in den Entwicklungsländern orten wollte. Nach der Periode der vorherrschenden Befassung mit Fragen der Kapitalbildung und des Kapitaltransfers konzentrierte man sich auf den technischen Fortschritt und den Technologietransfer. Dies lenkte dann die Aufmerksamkeit auf die Bildungs- und Erziehungsprobleme. Schließlich entdeckte man die Rolle der Verhaltensweisen. Aber Praxis und Theorie überholten rasch die psychologischen Entwicklungstheorien. Seither fanden die Institutionen als Entwicklungshemmungen bzw. (bei effizienter Gestalt) als Entwicklungsmotoren breite Aufmerksamkeit. Daß dieser „Fortschritt" mit der Wiederentdeckung zahlreicher alter Wahrheiten verbunden war, ist inzwischen anerkannt.[13]

b) Die Problematik der Institutionen trat aber nicht nur in den Entwicklungsländern auf. Sie stellte sich den Praktikern — und nachfolgend auch den Theoretikern — ebenfalls in den hochentwickelten Ländern. Eine der Wurzeln war die Umweltschutzdiskussion, der wir eine Vielzahl von kritischen Untersuchungen der herrschenden Preis- und Wohlfahrtstheorie verdanken (Theorien des sogenannten Marktversagens). Es wurde alsbald erkannt, daß die nicht im Rahmen der üblichen marktwirtschaftlichen Theorie zu behandelnden Fragen eine enge Beziehung zu den konkreten Regelungen von Verfügungsrechten, von Property Rights, haben mußten.[14]

c) In gewisser Verbindung zum vorher genannten Problemkreis stehend,

strukturplanung für wachsende Wirtschaften (Schriften des Vereins für Socialpolitik N.F., Bd. 58), Berlin 1971, S. 22 ff.

12 Zum Problem der historischen Analogie im Bereich der Entwicklungsländerforschung K. Borchardt, Europas Wirtschaftsgeschichte — Ein Modell für Entwicklungsländer? Stuttgart 1967 und die dort angegebene Literatur.

13 Siehe St. Enke, Economists and Development: Rediscovering Old Truths, in: JEL, Bd. 7, 1969, S. 1125 ff., speziell S. 1135 zur Rolle der Institutionen.

14 Eine Schlüsselrolle für die Entwicklung der Theorie der Property Rights spielte in diesem Zusammenhang die folgende Arbeit von R. H. Coase, The Problem of Social Cost, in: Journal of Law and Economics, Bd. 3, 1960, S. 1 ff. Sie ist inzwischen vielfach wieder abgedruckt, so auch in R. J. Staaf und F. X. Tannian, Externalities: Theoretical Dimensions of Political Economy, New York 1972, S. 119 ff. Im deutschsprachigen Bereich ist der Zusammenhang von sogenannten externen Effekten und der Struktur der Verfügungsrechte wohl erstmalig von mir behandelt worden, siehe K. Borchardt, Volkswirtschaftliche Kostenrechnung und Eigentumsverteilung. Bemerkungen zum Problem der Sozialkosten, in: JNSt, Bd. 178, 1965, S. 70 ff.

aber zweckmäßigerweise von ihm zu trennen, ist die Provokation, die sich in der Nachkriegszeit aus dem Umstand ergab, daß auch dort, wo man nicht im obigen Sinne von einem „Marktversagen“ sprechen konnte, öffentliche Körperschaften immer stärker neben den gesamtwirtschaftlichen Steuerungsaufgaben auch Entscheidungen über den Einsatz von Produktionsfaktoren und die Verteilung der Einkommen trafen, daß es aber eine Theorie des öffentlichen Handelns, die der überkommenen Theorie des wirtschaftlichen Handelns an Märkten entsprach, nicht gab. Beim Versuch, die Entscheidungen der öffentlichen Körperschaften zu erklären, sah man sich nun vielfach der Notwendigkeit ausgesetzt zu begründen, warum überhaupt im vorliegenden Fall öffentliche Körperschaften entscheiden sollten und die Angelegenheiten dem Marktverkehr der Privaten entzogen sein sollten. Gab es eine Theorie, die die Vor- und Nachteile von Marktsteuerung und hierarchischer Steuerung klar erkennen ließ? Dabei war zu berücksichtigen, daß Handlungen des Staates sich ja nicht allein darauf beschränkten, im gegebenen institutionellen Rahmen bestimmte Prozeßvariable festzulegen. Prozeßpolitische Eingriffe spielten gewiß eine große Rolle, aber die Menge der Maßnahmegesetze, mit denen der Staat auf die Kombination der Produktionsfaktoren und die Einkommensverteilung einwirkt, indem er institutionellen Wandel anordnet, konnten nicht außerhalb der Erklärungsbemühungen der ökonomischen Theorie bleiben. Immer fraglicher wurden im konkreten Fall die früher so selbstverständlichen Unterscheidungen zwischen institutionellen Veränderungen (die der Ökonom als Datum seiner Analysen hinzunehmen hatte) und Veränderungen wirtschaftlicher Variabler innerhalb des Systems wirtschaftlicher Größen.

Der hiermit beschriebene Impuls zu neuen Forschungsansätzen in der Wirtschaftstheorie erhielt dadurch weitere Unterstützung, daß sich auch das Handeln der Einzelwirtschaften inzwischen als weit weniger geklärt herausstellte, als dies vielfach von der Wirtschaftstheorie in ihren Modellen angenommen worden war. Nicht nur Staatshandeln schien der neuen Rechtfertigung zu bedürfen. Auch die Unternehmung, innerhalb derer es ja ebenfalls keine Koordination mit Hilfe von Marktprozessen gibt, bedurfte neuer Erklärungen. So wurde das Handeln innerhalb von Hierarchien, gleichgültig ob in privatwirtschaftlichen Hierarchien oder in staatlichen, zu einem Hauptproblem der neuen Wirtschaftstheorie — und von hier aus ergaben sich ganz neue Ansätze für den Vergleich von Wirtschaftssystemen.[15] Vielleicht kann man die Richtung, in die sich die neue Wirtschaftstheorie vor allem entwickelte, am besten mit dem Titel der Präsidialadresse überschreiben, die J. H. Dales auf dem Kongreß der

15 Die eben geschilderten Entwicklungen finden ihre erste lehrbuchmäßige Darstellung in deutscher Sprache bei P. Bernholz, Grundlagen der Politischen Ökonomie, Bd. 1, Tübingen 1972, Bd. 2, Tübingen 1975.

kanadischen wirtschaftswissenschaftlichen Gesellschaft 1975 vorgetragen hat: „Beyond the Marketplace".[16]

d) Die oben beschriebenen Richtungsänderungen des wirtschaftswissenschaftlichen Denkens gingen der inzwischen sichtbaren Rückbesinnung auf Marx und der schnellen Ausbreitung des Neomarxismus voraus. Doch ist auch diese Strömung der Belebung des Interesses an Institutionen förderlich gewesen, wenn auch der konkrete Beitrag von Marxisten sich bislang meist auf einer sehr hohen Ebene der Beschreibung von institutionellen Strukturen bewegt hat (siehe die These vom Staatskapitalismus) und nach den marxistischen Klassikern wenig zur konkreten Analyse institutionellen Wandels vorgelegt worden ist, das als theoretische Deutung verstanden werden kann.

4. Im Gegensatz zu zahlreichen Teilnehmern an der aktuellen Diskussion der oben beschriebenen Gegenstände sieht der Historiker nicht nur das Neue. Er findet sich vielmehr oft an frühere Stadien der Wirtschaftswissenschaft erinnert, insbesondere an die deutsche Historische Schule der Nationalökonomie und an die Beiträge anderer Kathedersozialisten. Sicherlich wäre es falsch, davon zu sprechen, daß der neue Institutionalismus lediglich ein Beweis für die Zyklizität von wissenschaftlichen Anschauungen sei und man nun eben auf das Alte zurückgefallen sei, da die neuere Theorie sich nicht wie erwünscht bewährt hat.[17] Auf die tiefgreifenden Unterschiede zwischen dem alten Institutionalismus und dem neuen ist in Abschnitt 5 noch einzugehen. Aber zuvor muß doch daran erinnert werden, daß schon einmal unter der Herrschaft eines „institutionalistischen Ansatzes" eine enge Beziehung zwischen Wirtschaftswissenschaft und Wirtschaftsgeschichte in Deutschland bestanden hat, ja daß sie bis zur Ununterscheidbarkeit zusammengefallen sind.

Nahezu alles, was im Verlauf der Verfeinerung der Wirtschaftstheorie im Verlauf des 19. und 20. Jahrhunderts nach und nach in den Datenkranz der wirtschaftswissenschaftlichen Analyse verwiesen worden ist, gehörte für die meisten deutschen wirtschaftswissenschaftlichen Schriftsteller vor dem Ersten Weltkrieg noch zu den aufregenden Problemen des Faches. Insbesondere waren Institutionen und Rechte ihnen nicht irgendwie gegebene Bedingungskonstellationen wirtschaftlichen Handelns, sondern in hohem Maße Variable eines viel weitergehenden Systemanspruchs. Für die meisten Wirtschaftswissenschaftler war z. B. der Typus der Unternehmung noch kein abstraktes „Wirtschaftssubjekt", das im Rahmen einer Markttheorie nur als punktförmige Schaltstelle dient, sondern ein komplexes sozialökonomisches Gebilde, dessen Verhalten vielfach noch rätselhaft war und dessen Aufbau besondere Aufmerksamkeit forderte. Für sie waren

16 J. H. Dales, Beyond the Marketplace, in: Canadian Journal of Economics, Bd. 8, 1975, S. 483 ff.

17 Zur Frage der Zyklen in der Wissenschaftsgeschichte siehe F. Neumark, Zyklen in der Geschichte ökonomischer Ideen, in: Kyklos, Bd. 28, 1975, S. 257 ff.

die Aktiengesellschaft, die Privatversicherung und die Sozialversicherung, das System aller die Mobilität von Gütern und Faktoren regulierenden Normen, die Geldqualität der Bankzettel, die Organisation von Gewerkschaften, die Auflösung von Zünften, die Beseitigung des Direktionsprinzips des Staates im Bergbau, die staatliche Gewerbeaufsicht und vieles mehr Phänomene von großer Bedeutung, die der Identifizierung harrten, in ihren Konsequenzen zu deuten waren, erklärt werden sollten und schließlich auch noch zu gestalten waren. Auch damals ging es um die Frage, ob es klare Abgrenzungen zwischen dem staatlichen und dem privaten Bereich geben könnte, die sich auf theoretische Begründungen stützen ließen, wobei Effizienz- und Gerechtigkeitskriterien gleichermaßen herangezogen wurden. Man muß sich nur die umfangreichen Abschnitte zur Organisation der Volkswirtschaft in den Lehrbüchern von Albert Schäffle oder Adolph Wagner ansehen, um sich von der Vielfältigkeit — und Tiefe — der Ansätze zu einer Theorie der Organisationen einen Begriff zu machen.[18]

Bis in unsere Tage hat man die historisch-institutionelle Dimension der Werke der Autoren des 19. Jahrhunderts als ein Zeichen der Rückständigkeit der deutschen Wirtschaftswissenschaft angesehen. Sie sei nicht in der Lage gewesen, den entscheidenden Schritt der klassischen und vor allem der neoklassischen Theorie mitzuvollziehen: die Ökonomie als eine ‚reine' Lehre von Gütern und ihren Bewertungen in einer (von anderen Wissenschaften zu untersuchenden) sozialen Umwelt zu betrachten. Ich meine, es habe sich in Wahrheit wohl anders verhalten. Wenn man wissen will, wie Wachstum beginnt und wie man Entwicklung fördert, ist institutioneller Wandel — wie wir heute aus der Entwicklungsländerproblematik wieder lernen können — ein, ja vielleicht sogar *das* Hauptproblem. Wenn man hingegen wissen will, wie Wachstum in einer bereits hochentwickelten Wirtschaft anhält, so stellt sich zunächst die Frage nach den Institutionen weit weniger dringlich. Sie sind ja in aller Regel schon bereits entfaltet vorhanden und „funktionieren" in vorhersehbarer Weise. Dann aber mag ein Moment kommen, in dem die Steuerungsschwierigkeiten solch hochkomplexer Systeme wieder augenfällig werden und allein mit Veränderungen prozeßpolitischer Parameter bzw. spontanen Anpassungen inner-

18 A. Schäffle, Das gesellschaftliche System der menschlichen Wirtschaft, Tübingen 1867, 2. Auflage in 2 Bänden 1873. Ders., Kapitalismus und Sozialismus mit besonderer Rücksicht auf Geschäfts- und Vermögensformen, Tübingen 1870, 1878². Ders., Bau und Leben des sozialen Körpers, Tübingen 1875—78, 1896². A. Wagner, Lehr- und Handbuch der politischen Ökonomie, 3. Aufl. eines früher von Rau, dann von Wagner und Nasse herausgegebenen Werkes, 1. Hauptabteilung: Grundlegung der politischen Ökonomie, Leipzig 1894. Ders., Allgemeine und theoretische Volkswirtschaftslehre oder Sozialökonomik, Berlin 1901, 4. Aufl. unter dem Titel Theoretische Sozialökonomik oder Allgemeine und theoretische Volkswirtschaftslehre, Leipzig 1907—09. G. Schmoller war in dieser Beziehung weit weniger tiefschürfend.

halb des Systems nicht mehr zu bewältigen sind (oder sich der Eindruck verbreitet, daß sie es nicht wären). Möglicherweise sind wir inzwischen in einer solchen dritten Phase, wie die neu entfachte Diskussion über nahezu alle Fragen der Organisation unserer Wirtschaft zu belegen scheint.

Ganz sicher waren aber die deutschen Wirtschaftswissenschaftler im 19. Jahrhundert in der ersten Phase. Deutschland war, als sie in der Mitte des Jahrhunderts zu arbeiten begannen, noch relativ rückständig. Die Industrielle Revolution wurde als ein grundstürzendes Phänomen des universellen sozialen und kulturellen Wandels erfahren. Das zu beobachtende System war von einer überwältigenden Komplexität, zudem noch in rascher Bewegung. Innerhalb einer erstaunlich kurzen Zeitspanne traten anstelle der untergehenden alten institutionellen Strukturen der Agrar- und Gewerbeverfassung, der Ordnung der Städte und des Verkehrs ganz neuartige Beziehungen zwischen Menschen, die ihre Rollen auch noch rasch wechselten. Dies konnte wirklich interessanter scheinen als die Frage, wie man diese oder jene Preisstruktur erklären sollte. Im politischen Prozeß entstand zudem ein so ungeheurer Beratungsbedarf beim Aufbau der Institutionen und der Begründung neuer Rechte (z. B. Patentrecht), daß es verständlich erscheint, wenn sich die Intellektuellen zu allererst hiermit befaßten.[19]

Freilich waren die Theorien meist schwach. Sie waren intuitiv erfaßt, vielfach nicht einmal ausdrücklich bezeichnet, im Ergebnis widersprüchlich und unklar. Die Deskription nahm im übrigen weit mehr Raum ein. So kam es schließlich zur Behauptung der Theorielosigkeit der Historischen Schule schlechthin, wozu die Hauptvertreter auch selbst beigetragen haben. Tatsächlich haben einige der führenden Ökonomen die methodische Situation verschleiert, in der sie sich befanden, als sie ihr eigenes Theoriedefizit zum Postulat erhoben. Aber selbst darin finden die Autoren des 19. Jahrhunderts heute bedeutende Nachfolger. Auf der Jubiläumstagung des Vereins für Socialpolitik behauptete 1972 Lord Balogh in der Diskussion zu seinem Vortrag „Macht oder ökonomisches Gesetz innerhalb der internationalen Wirtschaftsbeziehungen“ folgendes: „Alle meine Bemerkungen liefen doch darauf hinaus, daß man keine generelle neue Theorie entwickeln *kann*. Man kann nur eine Analyse der historischen Situation im Hinblick auf bestimmte Tatbestände vornehmen. Die Außenhandelsprobleme sind eigentlich historische Probleme, die nicht mit generellen Assumptionen dargestellt werden können.“[20]

Weil auch die Autoren des 19. Jahrhunderts sich im Raum politischer Konstellationen bewegten und den interessanten Anspruch auf totale Be-

19 Adolph Wagner hat umfangreich begründet, warum er einen ganzen Band seines Hauptwerkes dem Thema „Volkswirtschaft und Recht“ gewidmet hat, und dabei auf die Interdependenzen verwiesen.

20 H. K. Schneider und Chr. Watrin (Hg.), Macht und ökonomisches Gesetz (Schriften des Vereins für Socialpolitik. N.F., Bd. 74/II), Berlin 1973, S. 940 f.

handlung der komplexen Phänomene nicht aufgaben, gingen sie (vielleicht heroisch?) unter, falls man allein Eleganz und systematische Strenge von Ableitungen zum Kriterium erhebt. Aber es scheint an der Zeit, daß sich jemand findet, eine Bewertung der Bestrebungen im Lichte der neueren Entwicklungen der Wirtschaftswissenschaft vorzunehmen. Inzwischen ist auch die Kritik an der später als überlegen bezeichneten neoklassischen Wirtschaftstheorie so umfassend geworden[21] und gibt es zugleich zahlreiche Ansätze einer positiven Theorie des institutionellen Wandels, daß eine gerechtere Würdigung möglich erscheint. Weil wir in einer Zeit leben, in der die Komplexität der Beziehungen zum Hauptthema der Forschung geworden ist, könnte das Verständnis für ähnliche Sehweisen gewachsen sein.

Nur gleichsam nebenbei möchte ich anmerken, daß es nicht nur um eine Würdigung von Bestrebungen geht, sondern daß doch auch Leistungen zu würdigen sind, selbst auf theoretischem Gebiet. So haben A. Schäffle und A. Wagner eine Theorie der „kollektiven Güter" entwickelt, die schon vor 100 Jahren auf Umstände gestützt war, die erst in der neueren Diskussion wieder betont werden. Und es scheint mir speziell in bezug auf unser Thema von Gewicht, wenn man bei A. Wagner unter Berufung auf Ihering lesen kann: „Das Eigenthum giebt nur gewisse Verfügungsbefugnisse und gewisse Ausschlussbefugnisse Anderen gegenüber. Das Maass dieser Befugnisse wechselt ... Oder wenn eine Beschränkung der Verfügungs- und Ausschlussbefugnisse des Eigenthümers als Widerspruch gegen den Eigenthumsbegriff gilt, so muß statt von ‚Eigenthum' eben von einem ‚Inbegriff gewisser Verfügungs- und Ausschlussrechte' gesprochen werden, wenn dafür auch ein anderer Gesammtname fehlt."[22] Wagner beschreibt hier nicht nur die gleiche Verlegenheit der Begriffsbildung, die oben in Abschnitt 2 zum Ausdruck kam (und zu einer ähnlichen Verdeutschung des Begriffs Property Rights führte), sondern entwickelte an dieser Stelle den Kern der modernen Property Rights-Lehre.

5. Es wäre allerdings falsch, neben den Übereinstimmungen, die hier betont worden sind, die tiefgreifenden Unterschiede zu übersehen, die den modernen Property Rights-Ansatz von dem Vorhaben der institutionalistischen ökonomischen Lehren des 19. Jahrhunderts trennen. Während die Autoren des 19. Jahrhunderts sich mit gewissem Recht als im Widerspruch zur klassischen und neoklassischen Theorie stehend bezeichnen durften, gilt dies für den Property Rights-Ansatz nämlich nicht. Er steht nicht im Widerspruch zur neoklassischen Theorie, er erweitert nur ihren Geltungs-

21 Siehe hierzu zahlreiche Beiträge in H. K. Schneider u. Chr. Watrin (Hg.), ebenda. Eine nützliche Sammlung sehr verschiedenartiger kritischer Beiträge zum Stand der Wirtschaftstheorie enthält auch W. Vogt (Hg.), Seminar: Politische Ökonomie. Zur Kritik der herrschenden Nationalökonomie, Frankfurt 1973.

22 A. Wagner, Lehr- und Handbuch, I. Teil, 1. Halbband, [3]1892, S. 310/11.

bereich um die Dimension bestimmter Arten von Institutionen.[23] Die neue Lehre behält insbesondere als Fundamentalprinzip die Annahme bei, daß die Menschen ihre eigenen Interessen verfolgen und bestrebt sind, ihre Vorteile zu vergrößern bzw. Nachteile zu vermeiden. Auf die Kritik, die die universelle Geltung des „Rationalprinzips“ für die Geschichte in Zweifel zog, antworteten North-Thomas mit der Behauptung, in früherer Zeit sei die Annahme eines Handelns nach dem Modell des „homo oeconomicus“ sogar noch weit mehr als in der Gegenwart gerechtfertigt, weil in historisch ferner Zeit die Toleranzen für ein Handeln angesichts der ständigen Überlebensgefahr viel geringer gewesen seien.[24]

Ebenfalls dem Arsenal der herrschenden ökonomischen Theorie ist die Analyse von Kosten und Nutzen (der Institutionen) entnommen und vor allem die Vorstellung von Gleichgewicht und Ungleichgewichten. „Equilibrium among economic institutions exists when the costs of change (to the individual or group) exceed potential benefits. Therefore, to induce institutional innovation, some disequilibrium must occur in the system that adds weight to the profit side in the judgement of the decisionmaking individuals or groups, i. e. the perceived benefits must have risen, the costs fallen, or both.“[25] Wir befinden uns also auf dem Boden der komparativen Statik, selbst bei der Behandlung sehr langfristiger historischer Prozesse.

Demzufolge ist es die Aufgabe der (auf dieser Theorie aufgebauten) Wirtschaftsgeschichte zu erklären, welchen Umständen eine Veränderung von erwartetem Nutzen und erwarteten Kosten bestimmter Institutionen und denkmöglicher institutioneller Veränderungen zuzuschreiben ist. Zu den Anlässen für institutionellen Wandel gehören insbesondere a) die Vorteile wachsender Größe von Organisationen (economies of scale), b) Gewinne aus der Möglichkeit, Transaktionskosten zu senken, c) die Internalisierung von externen Effekten, d) die Verminderung von Risiken und e) die Umverteilung von Einkommen.[26] Aber nicht allein die komparativen Vorteile

23 Das hebt auch hervor North, Beyond, S. 1 ff. Siehe auch Furubotn-Pejovich, Property Rights, S. 1137.

24 D. C. North und R. P. Thomas, Reply to Professor D. Ringrose, in: EHR, 2nd Series, Bd. 26, 1973, S. 293.

25 North-Thomas, An Economic Theory of the Growth, S. 9. H. Demsetz, Toward a Theory of Property Rights, in: AER, Bd. 57, Papers and Proceedings, 1967, S. 3502 „Property rights develop to internalize externalities *when the gains of internalization become larger than the cost of externalization.*“ (Unterstreichung K. B.) Das neoklassische Fundament der Property Rights-Theorie erklärt z. T. auch ihre „Respektabilität“ unter Wirtschaftswissenschaftlern. Allerdings gelten deshalb auch die in Anmerkung 21 genannten kritischen Analysen für sie.

26 Nur nebenbei sei darauf aufmerksam gemacht, daß dieser theoretische Ansatz wiederum voraussetzt, daß gewisse Veränderungen als exogene Erscheinungen in das Kalkül eingehen. Die Kritik hat schon auf die merkwürdige Tatsache hingewiesen, daß North-Thomas vielfach den technischen Fortschritt als exogene Größe behandeln, den andere gerade zu einer endogenen Variablen in einer Wachstumserklärung machen wollen.

einer bestimmten Art von Verfügungsrechten gegenüber einer anderen Art erklären institutionellen Wandel. Es kommt auch ein dynamisches Element in die Analyse. Die erwarteten Gewinne aus der angezielten Veränderung sollen von den Entscheidenden auch den Kosten der Veränderung gegenübergestellt werden. Es mag beispielsweise sein, daß für bestimmte Individuen oder Gruppen andere als die bestehenden Regelungen weit vorteilhafter wären, daß es ihnen aber nicht gelingt, diese in ihrer sozialen Umwelt durchzusetzen. Gegenkräfte bei anderen Individuen, Gruppen, dem Staat oder bei den Gerichten mögen zur Überwindung einen Aufwand erfordern, den die an einer Änderung interessierten Individuen nicht alimentieren können.

Eine Hauptleistung der Property Rights-Ansätze in der Wirtschaftstheorie und in der Wirtschaftsgeschichte war bisher, auf die Kosten der verschiedenen Regelungen von Beziehungen der Menschen in Hinblick auf die Nutzung von Gütern und Diensten verwiesen zu haben, die man unter dem Oberbegriff „Transaktionskosten" zusammenfaßt. In den üblichen ökonomischen Modellen sind sie meist übersehen worden. Sowohl in Modellen vom Walras-Typ wie in partialanalytischen Marktmodellen vom Marshall-Typ wird allgemein unterstellt, der Markt arbeite „kostenlos". Tatsächlich kostet aber jedes soziale Steuerungssystem etwas, d. h. hat zu seinem Funktionieren spezielle Ressourcen nötig.[27] So kostet in aller Regel der Austausch von Rechten etwas. Man hat Informationskosten, hat Kosten des Vertragsabschlusses und spezielle Kosten der Vertragserfüllung. Gegebenenfalls kommen noch erhebliche Kosten der Durchsetzung bestehender oder erworbener Rechte hinzu. Diese Kosten hängen in großem Umfang von den gegebenen (und veränderlichen) ökonomischen und politischen Strukturen ab. In einem geordneten Staatswesen mit funktionierender Gerichtsbarkeit sind die Kosten der Durchsetzung bestimmter Rechte für den einzelnen niedriger als im anderen Falle. Verhaltenskodizes der Kaufleute auf der Grundlage gleicher Überzeugungen und der Einsicht in die Schäden abweichenden Verhaltens senken die Kosten der Unsicherheit von Geschäftsbeziehungen und fördern somit Arbeitsteilung. Der Zusammenhang zwischen der Höhe der Informationskosten und der Entwicklung von Nachrichtenverkehrssystemen liegt ebenfalls auf der Hand, zu schweigen vom Einfluß der Höhe der Transportkosten im engeren Sinne für die Gestaltung von Austauschbeziehungen.[28]

Verschiedenen Umständen in Hinblick auf die oben genannten Kosten und verschiedenen Konstellationen möglicher individueller und überindi-

27 Einen neueren Überblick über die hiermit verbundenen Probleme gibt J. C. McManus, The Costs of Alternative Economic Organizations, in: Canadian Journal of Economics, Bd. 8, 1975, S. 335 ff.

28 Siehe auch K. Borchardt, Intergration in wirtschaftshistorischer Perspektive, in: E. Schneider (Hg.), Weltwirtschaftliche Probleme der Gegenwart (Schriften des Vereins für Socialpolitik N.F., Bd. 35) Berlin 1965, S. 388 ff.

vidueller Erträge sind im konkreten Fall verschiedene Regelungen von Verfügungsrechten über Güter und Dienste angemessen. In der Geschichte der Neuzeit hat die Durchsetzung von privaten ausschließenden Verfügungsrechten seit langem im Mittelpunkt des Interesses gestanden, zumal die bürgerliche Gesellschaft im Privateigentum ein gesellschaftliches Konstituens erblickt. Der Property Rights-Ansatz folgt insofern einem alten Interesse der Historiker des Kapitalismus. Mit der Mehrheit der Beobachter der Herausbildung moderner Eigentumsformen betont auch der Property Rights-Ansatz das sozialökonomisch Fortschrittliche der Entwicklung privater ausschließender Rechte. Er kleidet dies in die Sprache der modernen Wirtschaftstheorie und redet davon, daß es zur Entfaltung der individuellen Leistungsbereitschaft nötig sei, die privaten Grenzerlöse in die Nähe der sozialen zu bringen, soziale Erlöse zu „internalisieren“. Die Auflösung der Allmende und die Einführung der Patentrechte sind beliebte Beispiele, die sich leicht vermehren ließen.[29] Die moderne Umweltschutzdiskussion behandelt ähnliches mit Bezug auf private und soziale Kosten — und auch hier wurde vielfach der Nachweis erbracht, daß es vermittels der Ausgestaltung von bestimmten Verfügungsrechten möglich ist, soziale Kosten individuell zuzurechnen und zur Kostensenkung anzuregen. Aber es ist durch nichts bewiesen, daß die Geschichte eine Einbahnstraße in Richtung auf Senkung aller jener Kosten wäre, die der Individualisierung von Verfügungsrechten im Wege stehen.

Wir verdanken dem Property Rights-Ansatz inzwischen zahlreiche anregende Beiträge zum Verständnis der Entstehung von vielfältigen Institutionen und Verfügungsrechten. Nicht selten werden aber auch nur an sich bekannte Erscheinungen in einer anderen als der üblichen Weise beschrieben. Leicht verständliche, ja geradezu triviale Zusammenhänge werden in einer recht künstlichen Sprache abgehandelt. Die Vertreter des Property Rights-Ansatzes würden vermutlich den Vorwurf, sie stilisieren Triviales, mit dem Hinweis zurückweisen, daß erst ihre sprachlichen Fassungen präzisieren, worum es geht. Dann hängt viel davon ab, ob es gelingt, die relevanten Variablen, die auf den institutionellen Wandel einwirken, auch wirklich empirisch faßbar zu machen. Mit Bezug auf die mittelalterliche Agrarverfassung diskutieren North-Thomas z. B. die Frage, warum es seinerzeit keine Sklavenhaltergesellschaft gegeben habe. Sie schreiben dazu:

29 Es ist sicherlich kein Zufall, daß die gleichen Themen, die in der modernen Property Rights-Diskussion im Vordergrund stehen, wenn es um historische Beispiele geht, auch im 19. Jahrhundert im ähnlichen Sinne abgehandelt worden sind, wenn auch seinerzeit der moderne Apparat der Kosten- und Erlöstheorie noch nicht zur Verfügung gestanden hat. Siehe z. B. A. Schäffle, Die nationalökonomische Theorie der ausschließenden Absatzverhältnisse, Tübingen 1867. E. v. Böhm-Bawerk, Rechte und Verhältnisse vom Standpunkt der volkswirtschaftlichen Güterlehre, in: Ders., Gesammelte Schriften, herausgegeben von F. X. Weiss, Wien 1924, S. 1 ff. Zu A. Schäffle siehe K. Borchardt, Albert Schäffle als Wirtschaftstheoretiker, in: Zf GSt, Bd. 117, 1961, S. 610 ff.

„In short, slavery was not the most efficient system when (1) the costs of enforcement were high, and (2) costs of supervision were high relative to the alternative of serfdom."[30] Haben sie selbst aber den Beweis für die Richtigkeit ihrer Aussage gebracht, indem sie empirische Befunde zu den alternativen Kosten vorführen konnten? Bis jetzt ist das wohl nicht mit hinlänglicher Überzeugungskraft gelungen. Kann es aber wenigstens im Prinzip gelingen, dem Diktum empirische Evidenz zu verleihen? Oder beweist etwa schon das Fehlen der Sklaverei die Richtigkeit der Behauptung?

Es soll nicht bestritten werden, daß die Argumentation hier wie in anderen Fällen vielfach vernünftig klingt. Aber es besteht die Gefahr, daß man alle beobachtbaren Zustände schließlich als einen Erweis ihrer relativen Vorteilhaftigkeit und alle beobachtbaren Änderungen als Beweis vorheriger Ungleichgewichte ansieht. So wird dann ex post aus der Tatsache der Veränderung auf die vorhergehende Diskrepanz von Grenznutzen und Grenzkosten geschlossen, ohne daß hierfür wirklich ein vom zu Erklärenden unabhängiger Beweis erbracht worden ist. Das liefe auf nichts anderes hinaus als auf die Unterstellung, daß alles, was einmal bestanden hat, im ökonomischen Sinne auch „vernünftig" war, und alles was sich änderte, „unvernünftig" geworden ist und die Geschichte keine weiteren Alternativen bereitgehalten hat. Deshalb bleibt abzuwarten, ob der um die institutionelle Dimension erweiterte Ansatz der neoklassischen Theorie nicht letztlich inhaltsleerer ist, als für eine Revision unseres Geschichtsbildes wünschenswert wäre.[31]

Hiermit mag es zusammenhängen, daß es im Augenblick noch keine klare Linie gibt, welche Institutionen man als Variable eines ökonomischen Systems auffassen könnte und welche nicht. In der Literatur findet sich die interessante Unterscheidung zwischen „institutional environment" und „institutional arrangements".[32] Nur letztere werden als endogene Variable betrachtet. Zwar betonen Davis und North, es sei wünschenswert, auch die Veränderungen im „institutional environment" erklären zu können,[33] aber für die vorliegenden Aufgaben betrachten sie dieses als gegeben bzw. exogen veränderlich. Immerhin gehören im Kontext des zitierten Werkes zur institutionellen Umwelt, die insoweit der Wirtschaftshistoriker doch als Datum seiner Analysen verwendet, die politischen Grundregeln der Herrschaftsausübung der Regierung und der Bestimmung des Regierenden, die rechtliche Basis der Privateigentumsordnung, die allgemeine Einstel-

30 North-Thomas, The Rise, S. 20.

31 Daß die neoklassische Theorie des totalen Gleichgewichts im konkreten Sinne „inhaltsleer" ist, wird auch von einigen ihrer Anhänger nicht bestritten.

32 Siehe dazu u. a. Davis-North, Institutional Change and American Economic Growth, 1971, S. 6 f. Zu dem hier aufgeworfenen Problem kritisch Olmstead und Goldberg.

33 Davis-North, ebenda S. 65.

lung der Gemeinschaft zu Neuerungen der institutionellen Arrangements. Wie bei nationalökonomischer Modellbildung üblich, braucht diese Grenzziehung nicht ein für allemal zu gelten und haben die verschiedenen Autoren auch jeweils den Rahmen unterschiedlich weit gezogen, aber eine Neigung, prinzipiellen institutionellen Wandel doch in die Kategorie des gesetzten Rahmens zu verweisen, ist offensichtlich. Ob dies auf Bescheidenheit zurückzuführen ist („At present, we simply lack any body of theory to explain these changes“)[34] oder nicht doch aus dem neoklassischen Ansatz folgt, ist zur Zeit schwer zu entscheiden. Einstweilen verdient festgehalten zu werden, womit sich der Ansatz speziell befaßt: „We shall be particularly interested in those institutional arrangements which enable units to realize economies of scale (joint stock companies, corporations), encourage innovation (prizes, patent, laws), to improve the efficiency of factor markets (enclosures, bills of exchange, the abolition of serfdom), or to reduce market imperfections (insurance companies).“[35]

Der Property Rights-Ansatz erhebt somit nicht den Anspruch, eine allgemeine Theorie institutionellen Wandels zu sein. Zahlreiche Institutionen, die gerade für die wirtschaftswissenschaftlichen Autoren des 19. Jahrhunderts von größtem Interesse gewesen sind, bleiben (noch?) ausdrücklich außerhalb der Erklärungsversuche. Somit wird man den Autoren nicht vorwerfen können, daß ihre neoklassische Theorie vieles nicht leistet. Aber man wünschte doch eine theoretisch sorgfältigere Analyse des „äußeren Randes“.

Betrachtet man die bislang untersuchten Institutionen, so fällt die voluntaristische Perspektive der Geschichte und eine starke Bevorzugung des Modells des sozialen Kontrakts auf. Auch dies ergibt sich aus dem neoklassischen Ansatz und seiner philosophischen Basis. Konfliktsituationen (bei ungleicher Verteilung von Gewinnen und Verlusten auf verschiedene Gruppen als Ergebnis institutioneller Innovationen), Drohung, Macht, Ausbeutung sind — ähnlich wie in der Preistheorie — nicht im Rahmen des bevorzugten Gleichgewichtsmodells lösbar.[36] Wo von Zwang die Rede ist, wird auch er im wesentlichen auf den ökonomisch begründeten Konsens über die Notwendigkeit der Hierarchisierung von Entscheidungen über public goods zurückgeführt.[37] Das führt immer wieder zu interessanten Hypothesen, schließt aber doch wohl bedeutende Klassen von Phäno-

34 North-Thomas, An Economic Theory, S. 10.

35 North-Thomas, The Rise of the Western World, S. 5 f.

36 Hierzu gibt es seitens der Property Rights-Theoretiker durchaus Zustimmung, siehe Furubotn-Pejovich, Property Rights, S. 140: „It follows, of course, that a theory of property rights cannot truly complete without a theory of the state. And, unfortunately, no such theory exists at present.“ Die Aussage bezieht sich selbstverständlich nur auf die ökonomische Theorie des Staates.

37 Hierzu sehr kritisch Fenoaltea, The Rise, S. 386 ff. Siehe auch F. C. Lane, The Role of Governments in Economic Growth in Early Modern Times, in: JEH, Bd. 35, 1975, S. 8 ff.

menen aus der Betrachtung aus. Im großen und ganzen handelt es sich um einen individualistischen Ansatz, der eigentlich nur die Internalisierung von Gewinnen als Leistungsanreiz für Individuen zuläßt.[38] Doch bleibt noch eine wirkliche Erklärung zu leisten, wie es immerhin auch zu den beobachtbaren Gegenbewegungen in Richtung auf Kommunalisierung und Externalisierung hat kommen können und sich die entsprechenden Institutionen so lange gehalten haben.

6. Wie zuvor der Ansatz nur knapp skizziert werden konnte, so konnten auch die kritischen Positionen nur angedeutet werden. Ohne Zweifel ist der Property Rights-Ansatz ein interessanter Beitrag, der im wörtlichsten Sinne ein Fort-Schreiten ermöglicht. Man wird wieder einmal auf andere Probleme verwiesen und kann sich bestätigt fühlen, wenn man sich mit Gegenständen beschäftigt, die im Kreise der Wirtschaftswissenschaftler lange Zeit als weniger respektabel angesehen worden sind. Daraus wird nun auch die Wirtschaftsgeschichte dieser Gegenstände Selbstrespekt ziehen können. Zugleich werden Werkzeuge vermittelt, die in Einzelfällen schon interessante Erklärungen ermöglichten. Freilich, *die* neue Wirtschaftsgeschichte kann dieser Ansatz wohl nicht sein. Dafür klammert er noch zu viel an institutionellem Wandel aus und ist vielfach weit davon entfernt, mit präzisen Befunden gestützt werden zu können.

Aber er bringt möglicherweise die moderne Wirtschaftstheorie und die Wirtschaftsgeschichte wieder enger zusammen, wenn nicht unbedingt durch seine Methodik, so doch auf jeden Fall über die Gegenstände.[39] Daß institutionelle Regelungen für die Wirtschaftstheorie nicht mehr Daten sind, befriedigt die Wirtschaftshistoriker sicherlich. Eine Provokation ist die Behauptung, daß institutionelle Beschränkungen nach Möglichkeit im Rahmen von Substitutionsanalysen eines Modells komparativer Statik zu behandeln wären und daß bestehende Strukturen unter Umständen ihre Rechtfertigung nur aus dem hohen Aufwand möglicher Änderungen erfahren. Aber die Forschung steckt auf diesem Gebiet sicherlich erst in den Anfängen.

Aus der Diskussion

D. Petzina: Borchardt weist — und dies scheint mir im Mittelpunkt seiner Ausführungen zu stehen — auf den alten, in der ökonomischen Theorie

38 Auf die moralisierende Sprache eines Beitrages von Alchian und Demsetz in Hinblick auf kommunale Rechte und das Vorurteil zugunsten des Privateigentums weist M. Hutter S. 554 f. hin.

39 Ein sicherlich extremes Beispiel der Vereinigung von Wirtschaftsgeschichte und mathematischer Wirtschaftstheorie demonstriert T. Rader, The Economics of Feudalism, New York 1971. Es ist anzunehmen, daß diese Art von Gleichgewichtsökonomik das Interesse von Wirtschaftshistorikern an der Wirtschaftstheorie eher abtöten wird.

jedoch vernachlässigten Tatbestand hin, daß Industrialisierungsprozesse nicht in vorgegebenen Datenkränzen abgelaufen sind, sondern nur durch Kenntnis des institutionellen Wandels verstehbar werden. Die Veränderung der „property rights“ und die Analyse der damit zusammenhängenden gesellschaftlichen Kosten sind ein einleuchtender Versuch, mit einer alten, der Historischen Schule der Nationalökonomie bekannten Fragestellung zu neuen Ergebnissen in der Analyse gesellschaftlicher Entwicklungen bzw. der Veränderung von sich industrialisierenden Gesellschaften zu kommen. Man wird allerdings konstatieren müssen, daß theoretische Ansätze zur Untersuchung dieser „Kosten“ bislang noch nicht in Sicht sind, so daß die Ausführungen zwar konzeptionell anregend, jedoch konkret noch nicht umsetzbar erscheinen. Es stellt sich darüber hinaus die Frage, ob der hier angesprochene Kostenbegriff überhaupt soweit präzisiert werden kann, daß er als analytische Kategorie verwendbar wird. Nur dann wäre es möglich, zu einer neuen Theorie des institutionellen Wandels vorzustoßen, die den Anspruch erfüllen könnte, den Datenkranz der Ökonomen auf seine Entstehung und Veränderung hin zu untersuchen.

C.-L. Holtfrerich: Herr Borchardt hat den „property rights approach“ als einen in der Geschichtsforschung „universal “anwendbaren theoretischen Ansatz vorgestellt. Explanandum sei der „Wandel der Institutionen“ einer Wirtschaftsgesellschaft, die Veränderung des sozialen und wirtschaftlichen Beziehungsgeflechts, aus dem sich die jeweilige rechtliche und faktische Position des einzelnen in der Verteilung der Nutzungsrechte an den knappen Ressourcen innerhalb einer Gesellschaft ergibt. Damit ist in der Tat ein Hauptanliegen moderner Geschichtsforschung — nämlich den hinter allgemeinen Kulturvorgängen verborgenen sozialen Wandel zu erklären — zum Gegenstand einer ökonomisch-theoretischen Erklärung gemacht worden: die jeweilige „property rights“-Entwicklung wird einer bestimmten Veränderung im Kosten-Nutzen-Kalkül zugerechnet.

Die Erklärungskraft einer solchen Theorie hängt aber nun davon ab, inwieweit die erklärende Variable — die Kosten-Nutzen-Relation — unabhängig vom Explanandum empirisch gemessen werden kann. Herr Borchardt selbst hat in seinem Referat auf die Schwierigkeiten hingewiesen, die in der *Bewertung* der jeweiligen Kosten und des Nutzens einer Veränderung der „property rights“ liegen.

In vielen Fällen, selbst in der Gegenwart, wird es bereits schwierig sein, die Kosten einer Veränderung der rechtlichen Position (sei es einer vertraglichen oder gesetzlichen) eines buchführenden Unternehmens zu ermitteln, da diese sog. Transaktionskosten (Informations-, Entscheidungs- und Durchsetzungskosten) kaum jemals explizit als selbständige Kostenarten aus den sonstigen Gemeinkosten ausgegliedert werden, so daß sie einem spezifischen Kostenträger „Veränderung der ‚property rights‘“ zugerechnet werden könnten. Das gilt erst recht für die Gesamtrechnung größerer Wirtschaftseinheiten wie einer Stadt- oder Volkswirtschaft. Wenn der „property rights approach" sogar das individuelle Kalkül einzelner Eigentümer, Manager oder Beschäftigter einer größeren Wirtschaftseinheit in den Mittelpunkt rückt, werden die Probleme der Kostenmessung schier unüberwindbar, da über die individuellen Kostenbewertungen, soweit sie von den expliziten Zielen und Interessen der größeren Wirtschaftseinheit abweichen, jedenfalls in der Geschichtsforschung praktisch keinerlei verwertbares Material (Befragungen) vorliegen dürfte.

Das gilt erst recht für die Nutzenbewertung, gleich ob individuell oder gesamtgesellschaftlich. Nach den Annahmen des „property rights approach" wird wirtschaftliches Verhalten nicht mehr primär vom Streben nach Profit- und Einkommensmaximierung, sondern nach Maximierung des jeweiligen individuellen „Nettonutzens" geleitet. Damit ist eine viele Verhaltensweisen unbefriedigend erklärende, aber empirisch meßbare Variable in der traditionellen Ökonomie ersetzt worden durch eine Variable, die ein breiteres Feld möglicher Verhaltensweisen begreiflich macht, aber empirisch nicht mehr direkt meßbar ist. So besteht die Gefahr, daß in der praktischen Anwendung des „property rights approach" besonders der nicht direkt meßbaren Variablen „Nutzen" ex post alles das an Veränderung der „property rights"-Verfassung zugerechnet wird, was durch die Varianz anderer möglicherweise meßbarer Bestandteile der erklärenden Variablen (Kosten) nicht erfaßt wird.

Ein Beispiel: Wird man nicht, wenn sich in der einen antiken Stadtwirtschaft Zentralverwaltungs-, in der andern dezentrale Marktwirtschaft durchgesetzt hat, jeweils auf ein Kosten-Nutzen-Verhältnis schließen, das zur Einführung dieser Wirtschaftsordnungen *paßt* und als Historiker dann allenfalls noch einige Indizien für die wenigen meßbaren Bestandteile des jeweiligen Kosten-Nutzen-Verhältnisses anfügen? Was ist aber dann mit diesem „universal" verwendbaren Ansatz für die Erklärung konkreter gesellschaftlicher Entwicklungen gewonnen? Schon Max Weber, der die Bedeutung nomologischen Wissens für die Geschichtswissenschaft fürwahr hoch einschätzte, warnte: „Je ‚allgemeiner', d. h. abstrakter, die Gesetze, desto *weniger* leisten sie für die Bedürfnisse der kausalen Zurechnung *individueller* Erscheinungen und damit indirekt für das Verständnis der Bedeutung der Kulturvorgänge."

Ein zweites kommt hinzu: Selbst wenn sich die Bewertungsfragen im Kosten-Nutzen-Vergleich dahingehend lösen ließen, daß eine Messung unabhängig von der „property rights"-Entwicklung möglich wäre, bliebe die wichtigere Frage unbeantwortet, wie in einer Wirtschaftsgesellschaft die Bewertungen, sowohl auf der Nutzen- wie auf der Kostenseite, jeweils zustande gekommen sind. Neuere ökonomische Ansätze tragen bereits zunehmend der Tatsache Rechnung, daß stärkere Marktpartner, aber auch gesellschaftliche Bräuche und Institutionen, wie religiöse Gemeinschaften oder staatliche Organe, ihre Kontrahenten oder Mitglieder jeweils zu gewünschten Be- oder Umwertungen veranlassen können. Wenn eine gesellschaftliche Minderheit solche Schlüsselpositionen zum Zwecke der Durchsetzung eigener Interessen zu dominieren versteht, kann sie die individuellen Kosten-Nutzen-Bewertungen derart beeinflussen, daß daraus das *für die Minderheit* nützlichste wirtschaftliche Verhalten der Mehrheit logisch-rational folgt.

Die eigentlich interessanten Fragen aber bleiben damit ausgeklammert, z. B. wie die Machtpositionen innerhalb einer Wirtschaftsgesellschaft verteilt sind, wie die Position des einzelnen in der Verteilung der Nutzungsrechte an den knappen Ressourcen innerhalb einer „community" nach gesamtgesellschaftlichen Kriterien, wie etwa der sozialen Gerechtigkeit, zu beurteilen ist usw. Diese Fragen gehören aber zu den Hauptfragen einer Geschichtswissenschaft, die sich im Bewußtsein gerade auch ihrer sozialen Verantwortung als empirische Sozialwissenschaft verstehen möchte. Freilich spielen auch hier Wertfragen eine entscheidende Rolle, jedoch in dem Sinne, daß der einzelne Forscher sich selbst ebenso wie seinen Lesern die *eigenen* Wertmaßstäbe ins Bewußtsein bringt, nach denen er soziale, politische oder kulturelle Entwicklungen auch der Vergangenheit beurteilt, sowie zwischen Aussagen unterscheidet, die Ergebnis der objektiven wissenschaftlichen Erkenntnis auf der einen Seite und Ausfluß seiner persönlichen Werthaltungen auf der andern Seite sind.

K. Borchardt: Ich kann mich kurz fassen, da die Diskussionsbeiträge einen Punkt betreffen, der auf der theoretischen Ebene durchaus nur skeptisch behandelt werden kann — und dennoch, so hoffe ich, in empirischen Arbeiten wenigstens teilweise widerlegt werden sollte. Unstreitig sind die Bewertungsfragen von überragender Bedeutung, aber wer sie für generell unlösbar hält, muß weit mehr als nur den „Property Rights-Ansatz" kritisieren. Vermutlich ist schon viel gewonnen, wenn man sich darüber verständigt, daß die Kostenkategorien sehr differenziert behandelt werden müssen und daß es Kosten gibt, über deren Größenordnung man sich relativ leicht einigen könnte — andere, für die das kaum gilt. Freilich reden wir auch in der umgangssprachlichen Geschichtsdarstellung ständig von Kosten und Nutzen; wir präzisieren unser Bewertungskalkül nur meist nicht hinreichend. Wenn diejenigen, die den Versuch der Präzisierung unternehmen, sich nun schneller als andere „ertappt" sehen, ist das kein Grund, solche Versuche nicht fortzusetzen.

Einstweilen scheint es mir jedenfalls schon ein Verdienst, wenn man die Probleme gewisser Teilbereiche des institutionellen Wandels überhaupt wieder thematisiert und hierfür Lösungswege erprobt. Schon die Anregung ist *ein* Verdienst, wenn sie natürlich nicht mit der Einlösung des Versprechens verwechselt werden darf. Ich habe selbst im Referat angedeutet, warum die diskutierten Ansätze der Property Rights-Theorie bei aller Erweiterung des Horizonts vermutlich der Gefahr ausgesetzt sind, sich gegenüber alternativen politischen Theorien zu stark zu immunisieren. Dennoch verdient das neoklassische Kalkül vermutlich bei der Analyse der institutionellen Umwelt wirtschaftlichen Handelns mehr Aufmerksamkeit, weil es konzeptionell wohl etwas mehr leistet, als man ihm zutraute. Aber zugleich ist es der Gefahr ausgesetzt, daß man — wie es Holtfrerich richtig anspricht — gleichsam nur die „Vernunft" in der Geschichte neu entdeckt und alles, was einmal war, in ein Kosten-Nutzen-Bewertungsschema einordnet, welches die erwünschten Ergebnisse liefert; neue Institutionen hatten dann eine positive Relation zwischen Nutzen und Kosten, absterbende eine negative Relation (im Vergleich zu anderen). Es wäre eine interessante Aufgabe, genauer der Frage nachzugehen, wo und wann sich die Geschichte Gegenläufigkeiten einfallen ließ.

Richtig weist Holtfrerich auch darauf hin, daß es ja nicht auf *die* Bewertung durch *die* Gesellschaft ankommt, wie das vielfach die moderne Wohlfahrtstheorie unterstellt. Freilich ist das auch von denjenigen, die sich an historischen Analysen versucht haben, so nie unterstellt worden. Hier gilt vielfach doch ein individualistisches Konzept; an dieser Stelle ist nicht auszuführen, daß auch individualistische Konzepte geeignet sein können, Stabilität und Instabilität von gesamtgesellschaftlichen Zuständen zu deuten.

Aus der Schlußdiskussion

W. Schluchter: Ich bin gebeten worden, zu Beginn der Schlußdiskussion einige zusammenhängende Bemerkungen zu machen. Ich tue dies ad hoc. Meine Bemerkungen sind Stichworte zu Stichworten, die in der bisherigen Diskussion gefallen sind. Dabei geht es mir vor allem um den methodologischen Aspekt der Argumentationen. Ich verstehe Methodologie als die Selbstreflexion des wissenschaftlichen Handelns, die dieses nicht nur begleiten, sondern auch leiten soll.

Ich gliedere meine Stichworte in 10 Punkte:

1. Sozialwissenschaft ist für mich Wirklichkeitswissenschaft in dem Sinne, daß sie uns befähigen soll, die uns umgebende Wirklichkeit zu erkennen. Dazu gehört die Erkenntnis ihrer Struktur, ihres geschichtlichen So-und-nicht-anders-Gewordensein und ihrer Entwicklungstendenzen.

2. Sozialwissenschaftliche Wirklichkeitserkenntnis vollzieht sich durch die Anwendung von Theorien des sozialen Handelns im weitesten Sinn. Solche Theorien haben den Charakter von deduktiven Systemen im Sinne Poppers. Damit man sie anwenden kann, müssen sie konstruiert und die Anfangsbedingungen konstatiert sein. Wir können Theoriekonstruktion und Theorieanwendung als zwei wissenschaftliche Handlungsweisen unterscheiden, die verschiedenen Interessen dienen: Das Interesse an allgemeinen Hypothesen und an ihrer Überprüfung steht dem Interesse an der Vorhersage bzw. Erklärung von besonderen Ereignissen gegenüber. Beide Interessen schließen sich nicht aus. Sie stehen vielmehr in einem Wechselverhältnis zueinander. Dieses konstituiert einen Zirkel insofern, als wir Theorien an ein ‚Material' anmessen und das ‚Material' im Lichte von Theorien erheben. Doch ist dies kein hermetischer Zirkel. Denn gerade die Anwendung von Theorien führt uns zu neuen Theorien oder zur Veränderung der alten, sei es durch Falsifikation, durch Spezifikation oder durch Präzisierung ihres Anwendungsbereichs.

3. In meinen Augen läßt sich das Verhältnis von Soziologie und Geschichtswissenschaft als ein Verhältnis von Theoriekonstruktion zu Theorieanwendung bestimmen. Die Soziologie ist an allgemeinen Hypothesen, die Geschichtswissenschaft an individuellen Verursachungskonstellationen interessiert. Zwar geht die Anwendung von soziologischen Theorien und von Theorien anderer systematischer Sozialwissenschaften in der Geschichte nicht auf, doch haben sie hier eines ihrer vornehmsten Anwendungsfelder. Nun empfinden offensichtlich viele Historiker die These, sie würden Theorien anwenden, als eine Zumutung: Sie sehen sich dadurch entweder zu Hilfskräften der systematischen Sozialwissenschaften degradiert, oder sie erblicken darin eine Mißachtung ihrer methodologischen Sonderstellung, die durch Begriffe wie Hermeneutik und Verstehen be-

zeichnet werden kann. Ich halte beide Positionen für wenig überzeugend. Denn Anwendung ist nicht der Hilfs-, sondern der Königsweg wissenschaftlichen Arbeitens, und auch der verstehende Historiker verwendet ständig nomologisches Wissen, das nur meist implizit bleibt und auch bleiben kann, weil es trivialer Natur ist. Allerdings gebe ich zu, daß sich in diesem Zusammenhang ein methodologisches Problem stellt, dessen Lösung aber nicht nur für die Geschichtswissenschaft, sondern auch für die systematischen Sozialwissenschaften konsequenzenreich ist. Es bleibt das Problem: Erklären des Verstehens oder Verstehen des Erklärens.

4. Nun läßt sich allerdings auch unabhängig von der Lösung dieses Problems die Sonderstellung der Geschichtswissenschaft gegenüber anderen angewandten Wissenschaften begründen: Sie hat es mit singulären Ereignissen zu tun, die gewöhnlich nicht beliebig reproduzierbar sind und über die wir nicht nur ein prinzipiell, sondern auch pragmatisch ‚beschränktes' Tatsachenwissen haben. Insofern eignet sich Geschichte nicht zur ernsthaften Überprüfung von allgemeinen Hypothesen. In ihr ist die Zirkelhaftigkeit im Verhältnis von Theoriekonstruktion und von Theorieanwendung gleichsam potenziert. Hier stellt sich deshalb auch das Problem einer ‚Systematik der Gesichtspunkte' in verschärfter Weise. Es ist das Problem einer ‚historischen Theorie'. Zugleich wird daran auch die besondere Aufgabe einer Methodologie der Geschichtswissenschaft deutlich: Sie muß die Logik von speziellen und allgemeinen Interpretationen im Sinne Poppers erhellen.

5. Will der Historiker Theorien anwenden, die über das Alltagswissen hinausgehen, so ist er auf die systematischen Sozialwissenschaften angewiesen. Doch heißt dies noch nicht, daß er von ihnen auch ausreichende Hilfe bekäme: Deren Theorien sind nämlich selbst häufig nicht ausreichend expliziert. Sie bieten oft nur suggestive Ideen oder orientierende Feststellungen, die einen vagen Zusammenhang zwischen Ereignisklassen postulieren. Beispiele dafür sind etwa Schichtungs- und Modernisierungs-‚theorien'.

6. Auch eine Geschichtswissenschaft, die explizierte Theorien anwendet, bleibt Kunstgeschichte im Sinne von künstlicher Geschichte. Ich glaube weder an die totale Deskription noch an den existierenden Begriff. Auch historische Wirklichkeitserkenntnis teilt den Mangel aller Wirklichkeitserkenntnis: daß sie wertbezogen und einseitig ist. Die Abgeschlossenheit, die insbesondere die gelungene Darstellung bietet, muß letztlich Prätention bleiben: Wir geben partielle Synthesen, nicht mehr. Auch die Exposition systematischer Gesichtspunkte zur Organisation einer Perspektive und zur Strukturierung des ‚Materials' im Sinne von Kockas Gesellschaftsgeschichte führt, wie er selbst zu Recht bemerkt, nicht zur totalen Synthese. Wer dies nicht sieht, produziert Weltanschauung (im Sinne Webers). Gerade die sozio-ökonomische Perspektive, deren Fruchtbarkeit zur Kristallisation einer Ansicht für mich außer Frage steht, verliert ihren Wert,

wenn wir sie nicht ständig an ihre Grenzen bringen und stattdessen auf die These von der letzten Instanz ausweichen. Wir sind zu Gesichtspunkten gezwungen und damit zu *bewußter* Einseitigkeit verpflichtet.
7. Der ‚Willkür' unserer partiellen Synthesen kann man nur mit dem kritischen Verfahren begegnen. Es eröffnet zwei wissenschaftliche Diskussionszusammenhänge: Diskussionen um das Objektivitäts- und um das Relevanzproblem. Wir kritisieren ‚Lösungen' im Lichte neuer nomologischer und ontologischer Erkenntnisse einerseits, mit Rücksicht auf metatheoretische Voraussetzungen andererseits.
8. Der künstliche Charakter geschichtswissenschaftlicher Erkenntnis verbietet es, ein historisches Phänomen nur in seinen eigenen Begriffen interpretieren zu wollen. Dies war das Mißverständnis des Historismus, dem man nicht schon dadurch entgeht, daß man statt qualitativer nun quantitative historische Forschung fordert, und damit auf eine Art historische Meinungsforschung zielt. Man muß in meinen Augen die Begriffe ‚objektiv' und ‚subjektiv' gleichsam gebrochen verwenden. Auch die Selbst- und Fremddeutung von Handlungen erschließt sich nur in einer objektivistischen Einstellung, sie ist zunächst einmal Rekonstruktion einer Konstruktion.
9. Der Begriff ‚historische Theorie' hat für mich eine dreifache Bedeutung: Theorien mit einem expliziten Raum-Zeit-Bezug, auch Quasitheorien oder allgemeine Interpretationen; Theorien über die Entwicklung der Konstitutionsbedingungen natürlich-gesellschaftlicher Lebenszusammenhänge; idealtypische Tendenzmodelle.
10. Auf diesem Hintergrund würde ich die drei Referate, die sich mit Problemen der Theorieanwendung beschäftigt haben, wie folgt einordnen:
a) Herr Mitterauer hat eine orientierende Feststellung eher implizit angewandt. Diese orientierende Feststellung könnte man etwa folgendermaßen umschreiben: Schichtung heißt Prestigedifferenzierung; unterschiedliche Bewertungskriterien haben unterschiedliche Systeme der Ungleichheit zur Folge, die wiederum mit unterschiedlichen Formen des kollektiven Verhaltens verbunden sind, was typische Formen des ‚Kulturwandels' zur Folge hat.
b) Herr Matzerath operierte explizit mit einer orientierenden Feststellung, die eine Affinität zu einem idealtypischen Tendenzmodell hat.
c) Herr Hüttenberger verwandte eine einigermaßen explizite Theorie, wobei die Diskussion gezeigt hat, daß es nützlich sein könnte, diese Teiltheorie durch andere zu ergänzen, etwa durch Teiltheorien, die dem Gebiet des abweichenden Verhaltens entnommen sind.

W. J. Mommsen: Der Verlauf der Diskussion hat m. E. überaus deutlich gemacht, daß über die Frage der Anwendung theoretischer Konzepte und Modelle auf geschichtliche Fragestellungen noch erhebliche Unklarheiten und Unsicherheiten bestehen. In den meisten Referaten, soweit sie anwendungsbezogener Natur waren, sind theoretische Modelle nur begrenzt und ohne daß diese für die zentralen Aussagen von sonderlicher Bedeutung waren, angewendet worden. Ein charakteristisches Beispiel dafür bildete das Referat von Herrn Hüttenberger, das im übrigen sachlich höchstes Interesse verdient, weil es Ansätze gebracht hat, die Widerstandsdiskussion aus dem apologetischen Kontext herauszulösen, in dem diese bisher durchweg geführt wurde, und zum zweiten, weil es Wege aufzeigt, wie man die breiten Massen der Bevölkerung in die Betrachtung einbeziehen kann, während sich die bisherige Widerstandsliteratur immer nur mit relativ kleinen Elitegruppen der Gesellschaft beschäftigte. Herr Hüttenberger zog die Spieltheorie heran, um seine Fragestellung zu präzisieren, d. h. zu bestimmen, wann man eigentlich von Widerstand sprechen dürfe, und wann nicht. Für die Darstellung der verschiedenen Formen des Widerstandes selbst konnte er hingegen auf ein theoretisches Konzept im hier geforderten Sinne ganz verzichten.

Obgleich in diesem Kreis weitgehend Übereinstimmung besteht, daß sich der Historiker bei seiner Arbeit theoretischer Modelle bedienen soll, ist keinerlei Konsens darüber zu erkennen, welche spezifische Funktion diese denn eigentlich haben sollen. In dieser Hinsicht lassen auch die Ausführungen von Herrn Schluchter zu wünschen übrig. Sie machen zwar dankenswerterweise deutlich, daß und wieso Geschichtswissenschaft ebenso wie andere Wissenschaften Theorien als Mittel zur Erklärung historischer Sachverhalte verwenden. Aber der spezifische Status von Theorien innerhalb historischer, wie überhaupt sozialwissenschaftlicher Erkenntnisprozesse, sofern diese nicht auf bloße Testung von Theorien, d. h. auf die Produktion von Herrschaftswissen, aus sind, scheint mir damit noch nicht zureichend aufgeklärt. Auch der Rekurs auf Max Webers Erklärungsschema von adäquater Verursachung" und „objektiver Möglichkeit" scheint mir in dieser Hinsicht nicht zureichend zu sein. Dabei wird ungenügend reflektiert, daß historische Aussagen, wie sozialwissenschaftliche Aussagen nicht instrumentaler Art überhaupt, stets nur innerhalb eines Kommunikationszusammenhangs sinnvoll möglich sind, d. h. insoweit sie Bezug auf vorausgesetzte Prämissen inhaltlicher Art nehmen und insofern, wenn auch nur indirekte, Auswirkungen auf das jeweils gegenwärtige, jedoch stets historisch vermittelte, gesellschaftliche Bewußtsein haben. Auch bei Max Weber — jedenfalls beim Weber des Aufsatzes über Eduard Meyer* — ist es so, daß nicht beliebige, sondern vielmehr bestimmte bedeutungsvolle Kausalsequenzen aus der Fülle möglicher und für eine logisch erschöpfende Kausalerklärung notwendiger Kausalketten selektiert werden; es gilt auszumachen, in welcher Weise dies geschieht. Es ist dabei unübersehbar, daß die jeweils zur Erklärung, beziehungsweise zur denkenden

* Vgl. M. Weber, Gesammelte Aufsätze zur Wissenschaftslehre, Tübingen 1968[3], S. 215—90 [Anm. d. Hg.].

Ordnung der Vielfalt historischer Phänomene herangezogenen Theorien oder Quasitheorien stets *bedeutungsbefrachtet* sind, und daß Erkenntnis erst dadurch ihren Sinn erhält. Dies gilt im übrigen nicht nur für historische, sondern auch für sozialwissenschaftliche Aussagen, und zwar in ganz dem gleichen Maße, mag dies auch im letzteren Falle, da es sich ja vielfach um generell formulierte Aussagen handelt, nicht immer sogleich sichtbar sein, im Unterschied zu historischen Aussagen, die nur innerhalb eines Kommunikationszusammenhanges zwischen vergangenem und gegenwärtigem Bewußtsein sinnvoll sind.

Im übrigen sind im Bereich der Geschichtswissenschaft, wie im weiteren Sinne der Sozialwissenschaft überhaupt, zwei Verwendungsformen von Theorien zu unterscheiden, die in den bisherigen Erörterungen nicht eben klar auseinandergehalten worden sind, nämlich einmal rein *instrumentale Theorien,* und zum anderen *Theorien, die als Bedeutungsträger für* bestimmte *inhaltlich relevante Interpretationen* gesellschaftlicher oder historischer Sachverhalte dienen. Was erstere Theorien angeht, so scheint mir prinzipiell kein Streit zu bestehen. Die analytische Philosophie hat nachgewiesen, daß sich der Historiker bei seiner Arbeit durchgängig und in weitem Umfange nomologischen Wissens, d. h. Theorien verschiedenster Reichweite, bedient. Es tut dabei nichts zur Sache, daß diese Theorien in der Regel trivialer Natur sind. Jedoch wird die spezifische Erkenntnisleistung des historischen Denkens davon offenbar nicht unmittelbar berührt, wenn auch allererst ermöglicht. Solches nomologisches Wissen wird rein instrumental verwendet, um historische Sachverhalte in einer generell rational nachvollziehbaren Weise zu beschreiben, nicht aber um deren Bedeutung zum Ausdruck zu bringen. Die Bedeutung historischer Erkenntnis wird auch bei Dray* stattdessen festgemacht an der Beobachtung signifikanter Abweichungen des geschichtlichen Prozesses von dem, was an sich normaliter zu erwarten gewesen wäre, also an dem, was sich aus generellen Regeln eben nicht ableiten läßt.

Es kann sich hier jedoch nicht eigentlich um Theoriegebrauch in diesem primären Sinne handeln, sondern um den Einsatz von Theorien, um derartige signifikante Entwicklungen, die Dray ein wenig dürr als Abweichungen vom normaliter zu Erwartenden beschreibt, erfassen und deuten, vielleicht auch erklären zu können, und zwar im Kontext eines jeweils vorgegebenen Kommunikationszusammenhangs. Gemessen an dieser Aufgabe scheint mir das verbreitete Postulat der Anwendung sozialwissenschaftlicher Theorien auf die Geschichte zu kurz zu greifen, soweit und solange es eine rein oder auch nur überwiegend instrumentale Verwendung derselben im Auge hat. Jürgen Kockas, Auswertung in verschiedener Richtung zulassende, Forderungen, aber bis zum gewissen Grade auch Hans-Ulrich Wehlers Plädoyer für die Anwendung einer zuvor ideo-

* Vgl. W. H. Dray, Laws and Explanation in History, Oxford 1957 [Anm. d. Hg.].

logisch entschärften Modernisierungstheorie, stehen m. E. in der Gefahr, in einen neuen historischen Positivismus abzugleiten, mag dies auch nicht beabsichtigt sein. Denn hier besteht, wenn auch in im einzelnen unterschiedlichem Maße, die Tendenz, die Theoriebildung von der Frage nach den Erkenntniszielen innerhalb des Kommunikationszusammenhangs zwischen Tradition und Gegenwart abzukoppeln, möglicherweise zufolge der Ansicht, daß die Verwendung von Theorien in der Geschichtswissenschaft an sich schon fortschrittlich sei.

Es kann sich also nicht einfach nur darum handeln, erprobte Theorien und Modelle aus den Sozialwissenschaften zu übernehmen und von Fall zu Fall zur Interpretation historischer Sachverhalte, insbesondere solcher komplexer Natur wie gesellschaftlicher Institutionen, Bürokratien, spezifischer Subsysteme von politischen und ökonomischen Strukturen, heranzuziehen, was natürlich unbedingt wünschenswert ist, da diese Theorien uns helfen können, historische Sachverhalte präziser zu bestimmen und neuen historischen Fragestellungen den Weg zu bahnen. Vielmehr muß es darum gehen, davon ausgehend *historische Theorien* zu formulieren, die, obwohl sie sich direkt oder indirekt auf spezifische Positionen innerhalb eines je gegenwärtigen, aber von der Vergangenheit konditionierten Kommunikationszusammenhangs beziehen, dennoch generell genug formuliert sind, um den Härtetest vergleichender historischer Analysen zu überstehen. *Historische Theorien* sind, mit anderen Worten, nicht bloß generelle Konzepte, sondern *stets perspektivischer Natur;* ihr Wert für die historische Erkenntnis hängt nicht zuletzt davon ab, wie weit dieses perspektivische Moment, das auf bestimmte Bestände gegenwärtigen Bewußtseins ausgerichtet ist, welche gemeinhin für bedeutungsvoll gehalten werden, explizit gemacht ist. Prinzipiell sind sozialwissenschaftliche Theorien ebenfalls auf bestimmte fundamentalistische Grundannahmen bezogen; doch können es sich die Sozialwissenschaftler eher erlauben, davon streckenweise zu abstrahieren, als die Historiker, deren Aussagen ihren Sinn immer nur im Kontext des ewigen Konflikts zwischen Tradition und zukunftsorientiertem Handeln gewinnen, den wir Gegenwart nennen.

H. J. Puhle: Ich möchte im Anschluß an die einleitenden Bemerkungen von Kocka einige Punkte, die mir für die gesamte Diskussion wichtig zu sein scheinen, hervorheben: 1. Es ist u. a. gefragt worden nach den Kriterien für die Auswahl von Theorien, bzw. für die Einschränkung ihrer Beliebigkeit. Mir scheint die Auswahl ganz wesentlich und zunächst allein abzuhängen vom Erkenntnisinteresse des Historikers oder Sozialwissenschaftlers und von der Erklärungskraft der Theorie im Rahmen dieses Erkenntnisinteresses und in bezug auf das zur Debatte stehende Problem. Weiter scheint es mir erwiesenermaßen nützlich zu sein, auch unterschiedliche, evtl. sogar theoretisch unvereinbare Theorieansätze als in operationaler Hinsicht komplementäre Raster zum Zwecke eines optimalen Nutzens miteinander zu verbinden. Das läßt sich u. a. zeigen an der Kombination von Modernisierungs- *und* Konflikttheorien oder auch, wie die Ausführungen von Borchardt und die anschließende Diskussion* deutlich gemacht haben, am Beispiel von Stratifikationsanalyse *und* Property Rights-Ansatz.

Ein gewisser Eklektizismus des Theorien nutzenden Historikers scheint mir dabei sachlich geboten und notwendig zu sein. Ein wichtiger und spezifisch „historischer" Anspruch an allgemeine sozialwissenschaftliche Theorien wird aber wohl darin bestehen, daß der Historiker jene für seine konkreten Fragestellungen und Analysen handhabbar machen können muß, daß sie also operationalisierbar sind und daß sie — wenn nötig — auch dergestalt sektoral aufgespalten, modifiziert und auf „kleinere Größen" gebracht werden können, daß die Erfolgskontrolle am Material möglich wird. So kann der Historiker, wenn ich recht sehe, die breiten und gewissermaßen „rohen" systemtheoretischen (und also oft auch die modernisierungstheoretischen) Konzeptionen nur selten direkt verwerten, sehr wohl aber schon deren Verfeinerungen, wie sie z. B. in einigen Beiträgen des von Almond u. a. herausgegebenen Bandes "Crisis, Choice, and Change" erarbeitet worden sind, wie Waldmann sie neuerdings in seinen Peronismus-Forschungen verwandt hat, und in der Richtung, die Tipps und Wehler generell angedeutet haben. Über diese Einschränkung einer notwendigen Operationalisierbarkeit hinaus würde ich zunächst zwischen „historischen" und „sozialwissenschaftlichen" Theorien lediglich genetische Unterschiede und evtl. noch solche der Reichweite sehen, nicht aber Unterschiede der Nützlichkeit und Verwendbarkeit.

Theorien in der Geschichte sind nützlich, weil sie Zusammenhänge erklären helfen, die anders nicht erklärt werden könnten. Und ich sehe auch keinen Grund dafür, warum die Kosten theoretisch verfahrender Geschichte größer sein sollten als bei allem anderen, was der Historiker tut, wenn er Vergangenes aus unvollständig Überliefertem zu rekonstruieren versucht. Konzeptuelle Irrtümer und Fehlleitungen von Anfang an können sich auch schon bei „primitiveren" Übersetzungsproblemen und Interpretationen mittels Begriffen, Idealtypen und Modellen einschleichen, sind also nicht spezifisch für „anspruchsvollere" Theorieverwendung. Und die Häufigkeit der Irrtümer hängt in allen Fällen ab von der Qualität der kritisch prüfenden Rückkoppelung ans Material.

2. In diesem Zusammenhang nun scheint mir dem historischen Vergleich eine außerordentlich wichtige Funktion zuzukommen, die in der Diskussion nicht immer ausreichend gewürdigt worden ist und die man vielleicht auf die Faustregel bringen könnte: Je theoretischer der Historiker vorgeht

* In der Diskussion des Referats von Borchardt hatte Wehler vermutet, daß sich ein herrschaftstheoretisch fundierter stratifikationsgeschichtlicher Ansatz unschwer mit der von Borchardt referierten Kosten-Nutzen-Analyse der Politischen Ökonomie à la „property rights" verbinden lasse. [Anm. d. Hg.]

und je mehr Theorie er verwendet, um so mehr sollte er bestrebt sein zu vergleichen. Denn der Vergleich ist eines der wenigen Mittel des Sozialwissenschaftlers wie des Historikers, generalisierende Hypothesen zu überprüfen, zu modifizieren oder zu verwerfen, Übereinstimmungen und Differenzen schärfer zu erfassen und noch offene Probleme klarer zu formulieren. Der Vergleich erst kann die Rückkoppelung der theoretischen Hypothese ans Material aussagekräftig machen, die sonst uferlose Beliebigkeit der Aussagen einschränken und die Ergebnisse sinnvoller strukturieren. So hat sich auch die Verwendung von Theorien bislang in jenen Bereichen als besonders ergiebig erwiesen, die von vergleichenden Ansätzen ausgehen: vergleichende Agrar- und Industrialisierungsgeschichte, Revolutions-, Imperialismus- und Faschismusforschung, vergleichende Analyse von Staatsfunktionen und Bürokratien oder Entwicklungsproblemen der Dritten Welt usw. — Diese Beispiele machen aber auch deutlich, daß umgekehrt die Verwendung breiterer theoretischer Konzepte zu ihrer Korrektur der Vergleiche bedarf. Über die spezifischen Erfordernisse des Vergleichs, seine Voraussetzungen, die Auswahl der angemessenen Größen und der funktionellen Äquivalente, ist in diesem Zusammenhang noch zu wenig gesprochen worden. Ich will darauf jetzt nicht näher eingehen, sondern lediglich darauf verweisen, daß auch für den Vergleich der theoretische Bezugsrahmen sich wesentlich aus dem formulierten Erkenntnisinteresse und aus dem Problem ergibt, das erklärt werden soll, also beide, angewandte Theorie und vergleichende Überprüfung, von Anfang an in die Untersuchung mit einbezogen werden sollten.

3. Dann hat Kocka auf die normativen Aspekte und Dimensionen von Theorien hingewiesen, bzw. auch auf die normativen Fluchtpunkte der Entwürfe von jeweils möglicher Entwicklung. Mir scheint, daß dieser Punkt noch gründlicher diskutiert werden müßte. Insbesondere scheint es mir nötig zu sein, daß man sich nicht nur Rechnung legt über die normativen Implikationen, die sich aus der Verwendung eines bestimmten — und möglicherweise auch „einseitigen“ — theoretischen Ansatzes oder Paradigmas ergeben. Im Bereich der Modernisierungsforschung gibt es dazu ja genügend Beispiele: die Gleichsetzung von Wirtschaftswachstum mit „Entwicklung“ und „Fortschritt“, die kausale Zuordnung von Industrialisierung und Demokratisierung oder die zahllosen nordamerikanischen Analysen der Dritten Welt, die im letzten Vierteljahrhundert in der Regel solchen oder ähnlichen Ansätzen verpflichtet gewesen sind. — Darüber hinaus sollte man m. E. aber auf der anderen Seite dort, wo es nötig ist, auch getrost etwas mehr Mut zur Normativität haben. Und nötig scheint mir das vornehmlich bei Definitionen zu sein. Gerade das zentrale Phänomen innerhalb modernisierungstheoretischer Konzepte, das entweder „Modernisierung“ oder „sozialer Wandel“ oder „Entwicklung“ genannt wird, ist bislang, soweit mir bekannt ist, immer wieder nur sehr formal und sehr schemenhaft und ungenau umrissen worden, im Grunde

noch viel zu ungenau, um konkret als Kategorie nutzbar gemacht zu werden. Hier müßte man weiterkommen und z. B. über den (durchaus noch brauchbaren) Topos von der „Realisierung kreativer Problemlösungskapazität" hinaus auch *inhaltlich* definieren, was man unter Entwicklung verstehen will. Man könnte sie etwa — und das ist nur ein Vorschlag, neben dem zahlreiche andere denkbar sind — definieren als einen immer partiellen und sektoralen Prozeß, der wesentlich gekennzeichnet ist durch folgende Faktoren: die Verbesserung der materiellen Lebensbedingungen und der politischen Partizipationschancen, die Vergrößerung der Freiräume für einzelne und Gruppen und die zunehmende Absicherung politischer, sozialer und wirtschaftlicher Autonomie. — In einer solchen Definition stecken selbstverständlich einige normative Komponenten. Und es hat den Anschein, als wären noch stärker konkrete, inhaltliche Definitionen, die wir m. E. im Rahmen zahlreicher Theorieansätze noch brauchen, in vielen Fällen nicht zu erreichen ohne voraufgehende normative Entscheidungen. Ich würde es deshalb für falsch halten, grundsätzlich und immer bestrebt zu sein, die normativen Implikationen theoretischer Konzepte zu minimieren oder gar auszuschließen. Es gibt — von allen ethischen Erwägungen einmal abgesehen — durchaus Fälle, in denen auch die analytischen Chancen weiterführender normativer Entscheidungen genutzt werden sollten.

H. A. Winkler: Ich knüpfe an Kockas Stichwort „Nutzen und Nachteil der Theorie für die Historie" an. Eine gewisse Gefahr könnte, von dem kommunikativen Problem abgesehen, in der Ausblendung von Teilen der Wirklichkeit liegen. Möglicherweise gibt es hier gewisse Nuancen zwischen den Ansätzen von Wehler und Kocka. Wehler spricht davon, die Wirklichkeit mit Theorien gewissermaßen zu beschießen; Kocka scheint sich gelegentlich an *einem* theoretischen Leitsektor zu orientieren — auch wenn er das bevorzugte Modell nur für bestimmte Perioden heuristisch als Schlüsseltheorie gelten läßt und damit historisiert.

Dennoch besteht die Gefahr, daß wir einer Totalitätsillusion erliegen, wenn wir den Totalitätsanspruch etwa der Marxschen Theorie unbesehen akzeptieren. Auch in dieser Richtung scheint mir der Nutzen des stärker institutionellen Ansatzes evident, den Herr Borchardt entwickelt hat. Marx hat doch wohl das relative Eigengewicht von Institutionen beharrlich unterschätzt (wie die meisten Konflikttheoretiker auch); m. E. kommt es darauf an, konflikttheoretische und institutionelle Ansätze zu verbinden.

Sozialgeschichte im Sinne von Gesellschaftsgeschichte muß das politische System und auch das internationale System einbeziehen, wenn sie wirklich mehr Totalität abdecken will als die traditionelle Geschichte. Diesem Ziel würde es dienen, wenn wir, wo immer das möglich ist, komplementäre Theorien anwenden: etwa, worauf schon Herr Wehler hingewiesen hat, neben dem Property Rights-Ansatz auch Stratifikationstheorien; oder, um ein ganz anderes Beispiel zu nennen, für die Untersuchung der Beziehungen zwischen verschiedenen politischen und sozialen Systemen die durchaus gegensätzlichen und beide stark deterministischen Modelle von Lorenz von Stein (der einen bestimmten Phasenablauf von der Annihilation über die Abgrenzung zur Konvergenz vorsah) und Ludwig Dehio (der von dem ursprünglich naturwissenschaftlichen Gleichgewichtsmodell ausging). Am Ende eines solchen Prozesses komplementärer Theorieanwendung könnten sowohl explizite Kritik an oder Modifikation von Theorien wie auch ein Stück historischer Theoriebildung stehen. Insofern hat Theorie gewiß nicht nur die Funktion eines Mittels historischer Erkenntnis; sie ist zugleich auch ein Zweck historischer Forschung.

H.-U. Wehler: Wie Mommsen bin ich der Meinung, daß es für eine theoriebewußte Gesellschaftsgeschichte primär nicht um die Übernahme bzw. Anwendung sozialwissenschaftlicher Theorien, sondern um die Erarbeitung und Formulierung historischer Theorien geht. In der Praxis des Historikers wird es selten um eine einzige Theorie, sondern — wie auch Winkler betont — eher eklektisch um mehrere Theorien gehen. Sowohl der Untersuchungsgegenstand als auch die von Vorwissen und je gegenwärtigem Kontext bestimmte Erklärungswürdigkeit liefern Kriterien für die Entscheidung über die Auswahl von Theorien. Auf der expliziten Darlegung der theoretischen Ansätze ist entschieden zu beharren. Die Kosten, die beim „Transfer" theoretisch fundierter Geschichtswissenschaft zum lesenden Publikum durch Fachjargon und Abstraktionsniveau entstehen könnten, dürfen zwar nicht übersehen werden; umgekehrt sind die Nachteile traditioneller Geschichtsschreibung, z. B. in Schnabels „Deutsche Geschichte im neunzehnten Jahrhundert", so deutlich zu erkennen, daß ich bei einer Güterabwägung die Vorzüge einer explizit theoretisch argumentierenden Geschichtswissenschaft für größer als eventuelle Verständigungsschwierigkeiten halte.

J. Rüsen: Ich möchte an Kockas anfängliche Fragen nach dem Unterschied von sozialwissenschaftlicher und geschichtswissenschaftlicher Theorieverwendung sowie nach Kriterien zur Beurteilung der Brauchbarkeit sozialwissenschaftlicher Theorien und Begriffe in der Geschichtswissenschaft anknüpfen und das *Kriterium der narrativen Brauchbarkeit* von Theorien vorschlagen. Um über Nutzen und Nachteile der Theorie für die Historie entscheiden zu können, muß zunächst einmal deutlich werden, wofür sie eigentlich gebraucht wird. Es geht darum, den ‚Geschichte' genannten zeitlichen Zusammenhang menschlichen Handelns und Leidens besser und überzeugender erkennen und darstellen zu können, als es in einer Geschichtsschreibung der Fall war, für die eine Erklärung vergangener Ereignisse identisch war mit der mimetischen Reproduktion ihres zeitlichen Zusammenhangs. Der ‚Geschichte' genannte zeitliche Zusammenhang

vergangenen menschlichen Handelns und Leidens drückt sich in der narrativen Struktur seiner Aussage aus; darin zeigt Erkenntnis ihren *historischen* Charakter, d. h. den spezifischen Gegenstandsbezug, durch den sie sich von den sogenannten ‚systematischen' Sozialwissenschaften unterscheidet.
Die Frage ist, ob und wie sozialwissenschaftliche Theorien und Begriffe auf die spezielle Zeitqualität hin umorientiert werden können, die den Erkenntnisgegenstand ‚Geschichte' konstituiert. Daß eine solche Umorientierung forschungspraktisch notwendig ist und zugleich ungelöste Theorieprobleme für die Geschichtswissenschaft aufwirft, zeigt z. B. das Für und Wider um den von H.-U. Wehler vorgeschlagenen Eklektizismus im Umgang des Historikers mit sozialwissenschaftlichen Theorien. Heißt Eklektizismus nicht, daß der Historiker ihm vorgegebene Theorien menschlichen Handelns in einen Verwendungszusammenhang einbringt, der ihren ursprünglichen Aggregatzustand verändert? Ist dieser Verwendungszusammenhang nicht abhängig von der Zeitqualität, die den Gegenstandsbereich seiner Erkenntnis fachspezifisch von demjenigen der anderen Sozialwissenschaften abgrenzt, deren Theorien und Begriffe verwendet werden?
Ein gutes Beispiel für diesen Verwendungszusammenhang ist das Feuerbach-Kapitel der ‚Deutschen Ideologie' von Marx. Dort wird eine Theorie von Bedingungszusammenhängen und Antriebskräften menschlichen Handelns entwickelt und zugleich zur narrativen Darstellung einer umfassenden geschichtlichen Entwicklung gebraucht. Dieses Beispiel soll dafür stehen, was ich ‚narrativen Theoriegebrauch' nenne. Andere Beispiele ließen sich unschwer aus Max Webers ‚Wirtschaft und Gesellschaft' nehmen. (Auf jeden Fall sollte damit sichergestellt sein, daß ‚Narration' als Bezeichnung spezifisch historischer Erkenntnisoperationen nicht auf eine Charakteristik der bloßen Ereignisgeschichte verkürzt werden darf.)
Das Kriterium der narrativen Gebrauchsfähigkeit kann dazu verwendet werden, die Modifikationen näher zu charakterisieren, die Theorien der systematischen Sozialwissenschaften bei der Übernahme in die Geschichtswissenschaften erfahren. Der Historiker muß die ihm vorgegebenen Theorien so umkonstruieren, daß sie in einen *historischen* Interpretationsrahmen eingepaßt werden können. So sehr diese Umkonstruktion in der Forschungspraxis der Fall ist, so wenig ist sie jedoch auf der Ebene der Reflexion dieser Praxis bisher durchsichtig geworden.

Ein wesentliches Moment der Historizität von Theorien sehe ich darin, daß sie — wie schon im Anschluß an das Referat von W. Schulze ausgeführt — bei der Rekonstruktion vergangenen Handelns nicht nur soziale Strukturen entdecken lassen, die den Handelnden selber verborgen geblieben sind, sondern daß sie überdies eine hermeneutisch kontrollierbare Rückbindung dieser Formen an das Selbstverständnis der Handelnden — also eine empirische Ideologiekritik — zulassen. Ich halte die Fähigkeit zur Herstellung dieses Zusammenhangs für ein wichtiges Kriterium, nach dem sich die Historizität von Theorien über menschliches Handeln

bestimmen läßt. Durch die Einführung erklärender Theorien soll die historische Rekonstruktion menschlicher Vergangenheit erweitert und objektiviert werden. Diese Erweiterung und Objektivierung soll die für den Historismus konstitutive Annahme eines Sinnzusammenhangs zwischen Vergangenheit und Gegenwart nicht auflösen, sondern besser bestimmbar machen.
Nicht zuletzt hier kann über Nutzen und Kosten zunehmender Theoretisierung in der Geschichtswissenschaft entschieden werden. Die Meinung, man könne die Alternative diskutieren, ob Geschichtswissenschaft mit oder ohne Theorien arbeiten müsse, halte ich für grundverkehrt; denn eine Geschichtswissenschaft ohne erklärende theoretische Annahmen gibt es gar nicht. Zur Debatte steht lediglich die Art und der Explikationsgrad von Theorie und Begriffsbildung. Beides müßte auch daran gemessen werden, ob und wie der Sinnzusammenhang zwischen Vergangenheit und Gegenwart im Erkenntnisbereich der Geschichtswissenschaft gehalten wird, der deren Erkenntnisleistung konstituiert. Wird durch zunehmende Theoretisierung der Geschichtswissenschaft bei der Rekonstruktion vergangenen Handelns und Leidens dessen Intentionalität einfach zurückgenommen in nicht-intentionale Zusammenhänge, dann wird sie zugleich auch abgekoppelt von derjenigen Intentionalität, die die Geschichtswissenschaft selber lebensweltlich konstituiert; dies müßte als Enthistorisierung des historischen Denkens durch Theoretisierung der Geschichtswissenschaft beurteilt und kritisiert werden. Gelingt es jedoch, durch Einführung von Theorien Bedingungszusammenhänge vergangenen Handelns und Leidens aufzudecken, die hinter dem Rücken der Handelnden und Leidenden liegen, und kann man dann mit ihnen den Sinnzusammenhang zeitlich ablaufenden menschlichen Handelns aufklären, der sich — wie vermittelt auch immer — in das lebensweltliche Fundament der Geschichtswissenschaft hinein erstreckt, dann kann man von einer Steigerung des Vernunftpotentials von Geschichtswissenschaft durch ihre Theoretisierung sprechen. ‚Vernunft' meint hier die Fähigkeit historischer Erkenntnis, den Bedingungszusammenhang, in dem gegenwärtiges Handeln und Leiden mit Vergangenem steht, aufzuklären und durch diese Aufklärung den Grad zu erhöhen, in dem gegenwärtiges Handeln durch Erkenntnis orientiert, und d. h. durch wahrheitsfähige Zwecke reguliert ist.

J. Kocka: Die Warnung vor der Gefahr eines neuen Theorien-Positivismus, wie sie vor allem von Mommsen formuliert wurde, aber auch in den Ausführungen Rüsens enthalten ist, sollte ernst genommen werden. Zweifellos wäre es — jedenfalls auf die Dauer — wenig befriedigend, die systematischen Sozialwissenschaften als bloße Werkzeugkästen zu benutzen, Theorien wie fertige Werkzeuge hervorzuholen und gewissermaßen nach Lust und Laune am Werkstück „historische Wirklichkeit" zu erproben, ob sie „passen". Innerhalb des von mir vertretenen Ansatzes besteht die wichtigste Sicherung gegen diese Gefahr in der methodologischen Notwendigkeit, die Bildung und Auswahl der zur konkreten Analyse dienenden Theorien nicht nur mit Hinblick auf den zu untersuchenden Gegenstand, sondern auch im Lichte der jeweiligen Erkenntnisziele und -gesichtspunkte zu begründen, die ihrerseits normative, „lebensweltliche" Implikationen und Bezüge besitzen; durch Aufdeckung und Berücksichtigung dieses Zusammenhangs zwischen zu verwendenden Theorien, erkenntnisleitenden Gesichtspunkten und normativ-lebensweltlichen Bezügen wird die Abkoppelung der Theoriebildung bzw. -anwendung von den „Erkenntniszielen innerhalb des Kommunikationszusammenhanges zwischen Tradition und Gegenwart" (Mommsen) vermieden, die entsprechende Verkoppelung vielmehr konstitutiv für die Auswahl und Bildung der anzuwendenden Theorie.

Wenn somit die Auswahl und Bildung von geschichtswissenschaftlich verwandten Theorien in einen gegenwartsbezogenen, perspektivischen, lebensweltlich vermittelten und wissenschaftshistorisch geprägten Kommunikationszusammenhang gestellt werden, so ist dies a) m. E. keine Besonderheit von „historischen Theorien" und bestenfalls ein gradueller Unterschied zu „sozialwissenschaftlichen" Theorien, die im Grunde unter demselben methodologischen Postulat stehen. Noch folgt daraus b) die bruchlose „Ableitbarkeit" der zu verwendenden Theorien aus jenem gegenwartsbezogenen, lebensgeschichtlich vermittelten Kommunikationszusammenhang, der ja seinerseits von verschiedenen Individuen und Gruppen — in Grenzen — verschiedenartig interpretiert und vor allem, je nach Erkenntnisziel, verschiedenartig konkretisiert werden kann; die Legitimität und Notwendigkeit der Benutzung mehrerer Theorien werden also von dieser Überlegung her nicht in Frage gestellt.

Eine sehr schwierige Frage scheint mir zu sein, ob sich aus dem selektiven Charakter jeder einzelnen Theorie für den Historiker die Notwendigkeit ergibt, stets mehrere — wieviele? — solcher Theorien nebeneinander und komplementär zu gebrauchen, oder ob es auch legitim ist, die Analyse an „*einem* theoretischen Leitsektor zu orientieren", wie es Winkler unter dem Kriterium „mehr Totalität abdecken" kritisiert. Es scheint eine deutliche Spannung zu bestehen zwischen der Einsicht in die notwendige Selektivität sozialwissenschaftlicher/historischer Erkenntnis (einer Einsicht, wie sie im Anschluß an Max Weber vorhin von Schluchter wiederum zu Recht betont und von den meisten Historikern in ihren methodologischen Viertelstunden wohl geteilt wird) und dem Anspruch, durch analytische Zugriffe nicht zuviel von der Wirklichkeit auszublenden, soviel „Totalität" wie möglich „abzudecken" und nicht zu einseitigen Ergebnissen zu kommen; in der Tat dürften solche Postulate die praktische Arbeit und die Urteile von Historikern sehr häufig bestimmen. — Zu fragen ist aber: Wann und unter welchen Bedingungen und aufgrund welcher Kriterien geht die notwendige Selektivität sozialwissenschaftlich-historischer Er-

kenntnis in schlechte Einseitigkeit ihrer Ergebnisse über? Nach meiner Meinung nicht dann, wenn sich eine historische Untersuchung — ich denke eher an eine Monographie als an eine Gesamtdarstellung — an „*einem* theoretischen Leitsektor" orientiert, sondern etwa dann, wenn sie die darin liegende Partialität nicht erkennt, sondern übersieht oder verschleiert; konkret wird eine solche Studie den gewählten Ansatz bewußt an seine Grenzen führen, diese reflektieren und zumindest andeuten müssen, daß (vielleicht auch: welche) komplementäre und/oder alternative Zugriffe möglich sind; sie wird ihre Präferenz für den jeweiligen von ihr gewählten Zugriff durch seine Diskussion im Lichte alternativer Theorieangebote mit Hinblick auf die verfolgten Erkenntnisziele und mit Hinblick auf den untersuchten Gegenstand begründen müssen.
Doch soll man nicht glauben, daß die bloße Addition von verschiedenen theoretischen Zugriffen notwendig „mehr Totalität" erschließt, daß sich in diesem Sinne Komplementarität automatisch und problemlos ergibt. Die Verknüpfung und Gewichtung der mit Hilfe der verschiedenen analytischen Zugriffe erschlossenen Partialerkenntnisse bleibt ja das Problem, das sich letztlich ähnlich stellt wie das gestern diskutierte Problem der Verknüpfung und Gewichtung der Indikatoren von „Modernisierung" und gewissermaßen ebenfalls „Entscheidungsregeln" (Borchardt) zu seiner Lösung verlangt. Bei aller Notwendigkeit und Berechtigung des Theorien-Eklektizismus wird sich dieses Problem letztlich wohl nur im Rahmen übergreifender Theorien lösen lassen, die jene Partialzugriffe und -erkenntnisse integrieren können, deren Auswahl und Bildung wegen ihres umfassenden Charakters besonders deutlich auf jene normativen und lebensgeschichtlich geprägten Kommunikationszusammenhänge verwiesen sind, und die gerade deshalb nicht ein für allemal und nicht mit gleicher Geltung für alle formuliert werden können.

S. Volkov: Before we make any judgement upon the validity of theory in general or upon the applicability of one particular theory, it is essential that we take a look at the „history of theory", that is at the ways in which this or that theory have been constructed. If we take as an example the theory of modernization, we must first of all ask ourselves: What is the basis, in the empirical world — in our case in the empirical-historical world — upon which this theory has been built. After all, even theories in the Natural Sciences are built on some empirical evidence, admittedly often with the additional use of logical or mathematical manipulation. Even in this sphere we must first have a certain familiarity with the phenomenon which is to be explained, before we allow ourselves to speculate. The theory of modernization could only have been constructed on the basis of some concrete historical experience. It is, like many theories in the social sciences, based on observation of a series of historical processes in a variety of places, and on the analytical conclusion concerning the essential similarities among these processes. Thus it is a circular procedure to apply the „theory of modernization“ to a process of modernization in one of the countries, which have been observed for the purpose of constructing the theory. To apply a theory of modernization built upon the experience of Britain, France, Germany, Russia, etc., to the special case of one of these countries *must* yield positive results. Of course the theory „fits“. In fact, what we are doing in such a case is a comparison between an Ideal-Type model, built from a number of experiences, and a specific case under investigation. This in itself may be a useful, and occasionally an inspiring, procedure, but it is not, strictly speaking, a process of „application of theory“.

E. Schremmer: Lassen Sie mich bitte noch einige Bemerkungen machen, die an meine Fragen in den Diskussionen der Referate von Mitterauer und Matzerath anknüpfen:
1. Für das Problem der Zurechnung, das im Zusammenhang mit der „Bedeutung“ der Schichten für ein historisches Ereignis angeschnitten wurde, sehe ich noch keine, den Historiker befriedigende Lösung. Anhänger der New Economic History lösen das Problem mit Hilfe der „counterfactual“-Hypothese. Stark verkürzt wird dabei folgendermaßen vorgegangen: Es wird eine Hypothese (genauer: Fiktion) gebildet, die ganz bewußt, und das ist der Kern der Methode, von einem historisch unrichtigen Tatbestand ausgeht (z. B. der Dreißigjährige Krieg fand nicht statt). Dann wird gefragt: Was wäre geschehen, wenn etwas eingetreten wäre, was in Wirklichkeit nicht eingetreten ist? Das aus der Antwort gewonnene fiktive Geschehnis wird dann mit dem tatsächlichen historischen Geschehnis verglichen; der Unterschied zwischen beiden Geschehnissen ist dann der Geschehnis-Anteil, der dem zu Beginn negierten Tatbestand (z. B. dem Dreißigjährigen Krieg) zugeordnet wird. Indes: Aussagen dieser Art sind immer Fiktionen; die Aussagen sind weder falsifizierbar noch verifizierbar, sondern nur „wahr“ innerhalb des Kranzes derjenigen Annahmen, die in die „counterfactual“-Hypothese eingingen. Es ist umstritten, ob Antworten auf „counterfactual“-Hypothesen in der Geschichtswissenschaft überhaupt zulässig sind; denn solche Antworten sind „Quasi-Geschichte“ oder „Kunst“-Geschichte im Sinne von künstlicher Geschichte.
Meine Frage in der Diskussion von Mitterauers Referat bezog sich lediglich auf das Problem der Zuordnung mit Hilfe eines Modells bei multikausalen Ursache-Wirkung-Verhältnissen. Sie bezog sich nicht auf die davon fein säuberlich zu trennende Frage nach dem Vorhandensein von Gesetzmäßigkeiten in den Geisteswissenschaften, die etwa Aussagen betreffen wie „Das Künftige ist aufgrund von Gesetzen durch das Gegenwärtige bestimmt und im Prinzip vorhersehbar“, oder das von den exakten Wissenschaften so erfolgreich geübte „Suchen nach Ursachen, aus denen ein bestimmtes Phänomen nach Regeln hervorgeht“. Das Zuordnungs-

problem kann auch mit Hilfe einer Gesetzmäßigkeit gelöst werden. —Wir versuchen immer wieder zuzuordnen; sei es, daß wir dabei „zwischen" die Ursache und die Wirkung ein Gesetz oder eine Intention oder ein Modell einschieben. Mir erscheint das Zuordnungsproblem nur dann lösbar zu sein, wenn man entweder das Vorhandensein von Gesetzmäßigkeiten im Bereich der Geschichte bejaht und sie kennt, oder wenn man theoretische (Ablauf-) Modelle konstruiert — wie etwa bei „counterfactual"-Hypothesen. Ohne „Gesetz" oder ohne „Modell" ist vermutlich das Zurechnungsproblem (Zuordnungsproblem) nicht exakt lösbar. In diesem Themenbereich liegt zweifelsohne so etwas wie eine Gretchenfrage für uns Historiker.

2. Das Problem der Gewichtung von Merkmalen in einem Merkmalskatalog tritt z. B. dann auf, wenn eine Gesamtaussage über einen Sachverhalt verlangt wird, der durch die Merkmale definiert wird. Es gibt eine Fülle solcher Sachverhalte, etwa: Wohlstand, Industrialisierung, Modernisierung. Auch für das Problem der Gewichtung sehe ich noch keine allseits akzeptierte Lösung. Jedwede Gewichtung hier trägt ein Element der Willkür in sich, auch die Gleichgewichtung der Merkmale. Die Gewichte stellen ein Werte-System des Untersuchers dar, Werturteile fließen auf diesem Weg in die Untersuchung ein; dies selbst — oder gerade — dann, wenn quantitativ und damit scheinbar objektiv gearbeitet wird. Ferner: Durch die Auswahl der Merkmale und die vorgenommene Gewichtung der einzelnen Merkmale kann eine ex ante gewünschte historische Entwicklung „wissenschaftlich bewiesen" werden. Hier wird Geschichte manipulierbar. Das gehört zu dem schwierigen Themenkreis der sog. objektiven und der sog. subjektiven Geschichtsschreibung.

3. Schließlich eine letzte Bemerkung. Die Theorie identifiziert und definiert den zu untersuchenden Sachverhalt; sie legt fest, wie der Sachverhalt zu erfassen ist. Die Theorie beeinflußt die Untersuchungsplanung und das Untersuchungsprogramm. Mit anderen Worten: Die Theorie schafft sich ihre Datenauswahl aus der Fülle der historischen Ereignisse selbst und legt fest, wie diese Daten und deren Veränderung zu einer Aussage zusammengefaßt werden. Die angewandte Methode und die zugrundegelegte Theorie bestimmen mit das Ergebnis der Forschung. Wie zuverlässig ist dann noch die Übereinstimmung von „Theorie" und „empirischem Befund" als Indiz für historische „Wahrheit", für eine „wahre" historische Entwicklung, und für die „Richtigkeit" der zugrundegelegten Theorie?

Meine Bemerkungen gestern und heute zu dem Thema Theorie und Geschichte waren eher etwas dämpfend gestimmt. Gerade weil ich die Verbindung von Geschichte und Theorie für wichtig und notwendig halte, sollte dieser Verbindung ständig besonders kritische Aufmerksamkeit gegeben werden. Das berechtigte Bestreben, Theorie in die Geschichte zu bringen, ist gegenwärtig sehr stark. Wenn wir aber nicht stets gleichzeitig die Erkenntnisfähigkeit der theoretischen Ansätze — die teilweise ja von anderen Disziplinen kommen — mitreflektieren, könnten wir uns leicht ein Kuckucksei ins eigene Nest legen.

M. Mitterauer: Zunächst möchte ich zu der Frage nach dem Verhältnis von „sozialwissenschaftlichen Theorien in der Geschichtswissenschaft" und „historischen Theorien in der Geschichtswissenschaft" Stellung nehmen. Ich meine, daß Theorien der systematischen Sozialwissenschaften, die an der Gegenwartsgesellschaft entwickelt wurden, im Prinzip nie völlig unverändert an historisches Material herangetragen werden können. Sie müssen den veränderten Bedingungen entsprechend modifiziert und angepaßt werden. Von einer Alternative: sozialwissenschaftliche oder historische Theorie kann man in diesem Sinn wohl nicht sprechen.

Unter den Theorien der systematischen Sozialwissenschaften, von deren Anwendung in der Sozial- und Wirtschaftsgeschichte hier die Rede war, dominieren solche der Soziologie bzw. der Ökonomie. Ich möchte demgegenüber auf zwei bisher wenig beachtete sozialwissenschaftliche Bereiche aufmerksam machen, deren theoretische Ansätze meiner Meinung nach für die Geschichtswissenschaft in besonderer Weise fruchtbar gemacht werden könnten. Der eine Bereich ist die Sozialgeographie. In Hinblick auf das durch die Entwicklung beider Wissenschaften bedingte enge Verhältnis von Geschichte und Geographie scheinen mir hier besonders günstige Transfermöglichkeiten gegeben. Für eine Theoretisierung der Sozial- und Wirtschaftsgeschichte von dieser Seite her ergäbe sich dabei eine starke Berücksichtigung räumlicher Aspekte, die in soziologischen Theorieansätzen mitunter etwas zu kurz kommen. Ich habe auf diese Problematik in meinem Referat im Zusammenhang mit der Besprechung des Systemrahmens von Schichtung hingewiesen, der in der soziologischen Stratifikationstheorie meiner Meinung nach zu wenig bedacht wird. Als Beispiel für einen sozialgeographischen Theorieansatz, dessen Übertragung in die historische Dimension besonders fruchtbar sein könnte, möchte ich die Zentralorttheorie nennen. Diesbezüglich liegen ja zum Teil schon sehr konkrete Erfahrungen vor.

Unter den soziologischen Theorien, deren Anwendung in der Geschichtswissenschaft diskutiert wird, stehen solche im Vordergrund, die sich mit Makrostrukturen bzw. umfassenden gesellschaftlichen Zusammenhängen beschäftigen. Demgegenüber sei auf die Möglichkeiten der Übernahme von Theorien und Modellen aus der Kleingruppenforschung verwiesen. So könnte etwa die Beschäftigung mit Herrschafts- und Abhängigkeitsverhältnissen in Kleingruppen, wie sie von Seite der noch sehr jungen Disziplin der Gruppendynamik erfolgt, gerade für eine emanzipatorisch engagierte sozialgeschichtliche Forschung interessante Anstöße bieten. Konkrete Anwendungsmöglichkeiten sehe ich etwa im Rahmen einer Sozialgeschichte der Familie.

Gegenstandsbezogene Theorien in der Geschichtswissenschaft: Schwierigkeiten und Ergebnisse der Diskussion

von Jürgen Kocka

Es versteht sich von selbst, daß die folgenden Bemerkungen von den Gesichtspunkten und Vorlieben des Schreibers geleitet und gefärbt werden, die ja in der vorhergehenden Diskussion teilweise bereits deutlich wurden. Dies im Auge zu behalten, ist um so wichtiger, als die große Heterogenität dieser Diskussion sehr verschiedenartige Zusammenfassungen zuläßt bzw. — anders ausgedrückt — sich der kurzen Zusammenfassung entzieht. Man mag also gern das folgende als weiteren Diskussionsbeitrag des dazu priviligierten Herausgebers lesen, wenn es auch vor allem als selektives Résumé in fünf Punkten gemeint ist.

1. Anfangs wurden für die Zwecke dieser Tagung Theorien umschrieben als „explizite und konsistente Begriffs- und Kategoriensysteme, die der Identifikation, Erschließung und Erklärung von bestimmten zu untersuchenden historischen Gegenständen dienen sollen und sich nicht hinreichend aus den Quellen ergeben, nicht aus diesen abgeleitet werden können“. Diese Definition reichte zwar aus, das Augenmerk auf gegenstandsbezogene Theorien und die Probleme ihrer Anwendung zu konzentrieren und andere geschichtstheoretische Probleme (wie Objektivität versus Subjektivität, Zeitstrukturen, etc.) i. a. auszugrenzen und nur soweit einzubeziehen, wie sie zur Erhellung der Anwendungsbedingungen gegenstandsbezogener Theorien beitragen. Doch zeigte es sich, daß diese noch sehr breite und unbestimmte Umschreibung nicht ausreichte, Einverständnis darüber zu erzielen, was es eigentlich heißt, „Theorien in der Geschichtswissenschaft zu verwenden“. In dieser Formulierung verstecken sich recht verschiedenartige Erkenntnisoperationen mit verschiedenen Zwecken, und verschiedene Diskussionsbeiträge hatten Unterschiedliches im Sinn, wenn sie von der „Erschließung“, von der „Entschlüsselung“ oder dem „Erfassen“ historischer Wirklichkeit mit Hilfe von Theorien sprachen. Diese mangelnde Übereinstimmung über die wünschenswerten Funktionen und damit über den Charakter von Theorien in der Geschichtswissenschaft dürfte die größte Schwierigkeit dieser Diskussion dargestellt haben; damit wiederholte sie aber nur einige der Schwierigkeiten in der allgemeinen Diskussion über diese Probleme; immerhin wurden diese Schwierigkeiten auch thematisiert und so ein Beitrag zur Abgrenzung der verschiedenartigen Bedeutungen von „Theorieverwendung in der Geschichtswissenschaft“ geleistet:

a) Theorien wurden als Mittel kausaler Erklärung historischer Wirklichkeit aufgefaßt und benutzt. Von den vorgestellten Ansätzen beanspruchte eindeutig der Property Rights-Ansatz, kausale Erklärung zu leisten, nämlich die Erklärung wirtschaftlicher Entwicklung durch institutionellen Wandel spezifischer Art (S. 140, 142). Doch auch die Anwendung der anderen Theorien geschah zum Teil und teilweise unbewußt mit dem Zweck der Kausalerklärung: Es ging im einen Fall um die Erklärung bestimmter als Modernisierung zusammengefaßter Veränderungen durch Auswirkungen der NS-Herrschaft, im anderen Fall hypostasierte die Theorie der „frühbürgerlichen Revolution" bestimmte soziale Konflikte als Ursachen von Reformation und Bauernkriegen — wie schwer überprüfbar und bestreitbar auch immer. Zu Recht wurde hinsichtlich dieser Funktion von Theorie immer wieder auf die Schwierigkeit hingewiesen, kausale Erklärung komplexer Veränderungen in der Geschichtswissenschaft strikt durchzuführen. In den Diskussionen über die Notwendigkeit und Grenzen kontra-faktischer Annahmen, über die Gewichtung von Indices und Elementen multi-kausaler Ursache-Wirkungs-Verhältnisse wurden die Schwierigkeiten der kausalen Zurechnung in der Geschichtswissenschaft immer wieder angerührt (etwa S. 44 f., 108 f., 156 f., 175 f.) und ein weiteres Mal demonstriert, daß nach den Kriterien der analytischen Wissenschaftstheorie die Geschichte weit davon entfernt ist, eine „science" zu sein (wenn Kausalerklärung mit Hilfe von Theorien deren Kern ausmacht). Gleichwohl bestritt niemand, daß Kausalerklärung mindestens *ein* wichtiges Ziel historischer Arbeit darstellt, und niemand bezweifelte, daß diese nur mit Hilfe nomologischen Wissens, und d. h. (falls expliziert und übers normale Alltagswissen hinausgehend) nur mit Hilfe von Theorien möglich ist. Die Fortsetzung dieser Diskussion müßte intensiv von den Ergebnissen über historische Erklärung im Umkreis der analytischen Wissenschaftstheorie Kenntnis nehmen.[1]

b) In der Art, wie die Referate Theorien verwandten und darüber diskutiert wurde, dominierten aber andere Funktionen von Theorie. Offenbar gibt es Arten der Erschließung historischer Wirklichkeit bzw. Arten der plausiblen Strukturierung des Quellenmaterials mit Hilfe von Theorien, die sich einerseits deutlich von der Erzählung als untheoretischer (oder doch ohne explizite, bewußte Theorien arbeitender) Strukturierung des Materials unterscheiden, andererseits aber nicht in Kausalerklärungen aufgehen oder nicht zu diesen vorstoßen, gleichwohl aber vom Leser und Zuhörer nicht per se als ungenügend, unfertig und unbefriedigend aufgefaßt werden. Besonders deutlich wurde dies an der vorgestellten Anwendung von Stratifikationstheorien auf mittelalterliche Wirklichkeit, an Mitterauers Referat, dem entsprechend von jenen, die den Zweck von Theorien ausschließlich oder primär in der Kausalerklärung sahen, vorgeworfen wurde, es habe kein Explanandum und sei eigentlich eher eine „Des-

1 Vgl. K. Acham, Analytische Geschichtsphilosophie. Eine kritische Einführung, München 1974.

kription nach Strukturmerkmalen“ als die „Verwendung einer Theorie“ (S. 44). Immer wieder wurde jedoch deutlich, daß häufig der Nutzen von Theorien in der geschichtswissenschaftlichen Arbeit in der Identifikation und Beschreibung sich verändernder Wirklichkeitselemente sowie in ihrer Verknüpfung und damit plausibler Strukturierung liegt, wobei diese Verknüpfung und Strukturierung nicht mit Kausalerklärung identisch ist (vgl. z. B. S. 114, 121). Vertreter eines strikten Theoriebegriffs im Sinne der analytischen Wissenschaftstheorie mögen dafür votieren, in diesen Fällen nicht von „Theorien“ zu sprechen — und in der Tat kam ja häufig in der Diskussion Zweifel darüber auf, ob man das, was man meinte, als „Theorie“ bezeichnen sollte (vgl. S. 44, 78 f., 81, 163). Doch es sollte klar sein, daß eben solche methodischen Leistungen so gearteter „Theorien“ — angesiedelt zwischen strikter Kausalerklärung und bloßer Narration — sehr häufig realisiert und gemeint werden, wenn es (jedenfalls hierzulande) um „Theorien in der Geschichtswissenschaft“ geht; und daß oft dieselben „Theorien“, die Kausalerklärung (zu) leisten (beanspruchen), zugleich solche anderen Strukturierungsleistungen vollbringen. Was diese nicht-kausalanalytische Erschließung von historischer Wirklichkeit mittels Theorien nun im einzelnen ist, welche logische Qualität sie besitzt und welchen Mechanismen sie folgt, dies müßte genauer geklärt werden, als es in den Diskussionen dieser Tagung geschah und als es manchem auf Kausalerklärung fixierten Vertreter der analytischen Wissenschaftstheorie nahe liegt. Sicher wird sich zeigen, daß diese nicht primär kausalanalytische Anwendung von Theorien in der Geschichtswissenschaft sehr verschiedenartige Operationen umfaßt, so etwa die theoretisch begründete Abgrenzung später und wohl auch anders zu untersuchender Phänomene und ihre vorläufige Klassifikation und Typologisierung (so besonders deutlich in Hüttenbergers Referat) sowie den Vergleich eines (möglichst in sich selbst Bewegung abbildenden) Modells (etwa einer als Modell verwandten Modernisierungstheorie oder eines Bürokratiemodells) mit der in den Quellen erkennbaren Realität, deren Elemente durch die Konfrontation mit dem Modell strukturiert, verknüpft, plausibel gemacht, „erfaßt“ und in einem sehr lockeren Sinn „erklärt“ werden, auch wenn sich zwischen Realität und Modell keine Identität, sondern ein bestimmbarer Abstand ergibt. (Hier hilft die Lehre vom Idealtypus und vom idealtypischen Gebrauch der Theorien weiter.)[2] Selbstverständlich wird durch solche Operationen Kausalerklärung weder geleistet noch überflüssig, sie müßte vielmehr — innerhalb der unter a) genannten Grenzen und Schwierigkeiten — mit diesen Operationen, die aber ihr eigenes Recht haben und nicht nur Vorbereitung der Kausalerklärung sind, so oft wie möglich verknüpft werden.

2 Dazu mit Literatur: J. Kocka, Theorien in der Sozial- und Gesellschaftsgeschichte, in dieser Zs., Jg. 1, 1975, S. 9—42, bes. S. 17—20.

c) Eine dritte Funktion von Theorien in der Geschichtswissenschaft wurde besonders von jenen gefordert, die sich gegen die Gefahr eines neuen „Theorienpositivismus“ wandten: Theorien sollen „Bedeutungsträger“ sein (S. 164 ff., 81, 172) und insofern systematisch konstruierte Brücken darstellen zwischen dem Untersuchungsgegenstand und einem gegenwärtigen Problem- und Kommunikationszusammenhang; sie sollen das zu untersuchende Phänomen in gegenwärtige Problem- und Kommunikationszusammenhänge einordnen, es auf gegenwärtige Resonanzböden beziehen, im Lichte gegenwärtiger Probleme und Interessen interpretieren, es insofern sowohl relevant wie plausibel machen. M. E. leisteten sämtliche Referate dies jedenfalls teilweise; gerade für die so stark kritisierte Modernisierungstheorie und ihre Anwendung auf den Nationalsozialismus kann man es in Anspruch nehmen (S. 111 f.). Diese Funktion von Theorien in der Geschichtswissenschaft wird sicherlich eher im Falle umgreifender, komplexer gesellschaftsgeschichtlicher Ansätze (wie im Falle des Historischen Materialismus oder der Modernisierungstheorie) zu erwarten und zu realisieren sein als im Falle eng begrenzter Partialtheorien; sie wird einerseits die Kausalerklärung nicht ersetzen, andererseits auch ohne diese geleistet werden können; sie scheint aber engstens mit den unter b) umrissenen Funktionen von Theorien verbunden zu sein (vielleicht so stark, daß diese nicht ohne jene diskutiert werden können).

Die weitere Diskussion dieser „Bedeutungsträger“-Funktion von Theorien in der Geschichtswissenschaft leitet schnell in die häufig besprochene Problematik des Verhältnisses von Erkenntnis und Interesse, von Norm und Analyse, von Theorie und Praxis über. Sie führt dann zwingend zu der Einsicht, daß gerade theoretisch verfahrende Geschichtswissenschaft in ihren Ausgangspunkten, Begriffen und Ergebnissen tief von den lebensweltlichen Zusammenhängen beeinflußt ist, in denen sie steht. Insbesondere bei der Diskussion des Referats über Modernisierung und Nationalsozialismus (S. 103, 107, 112 f.), aber auch in der Darstellung der Entwicklung des Property Rights-Ansatzes (S. 144—147) wie auch an anderen Stellen (S. 76, 162 f., 168 f., 173) wurde die Beeinflussung der Bildung umgreifender, komplexer, gesamtgesellschaftlicher Theorien durch praktische Bedürfnisse, Interessen und Wertungen deutlich, als unvermeidlich erkannt und unter gewissen Bedingungen als erkenntnisfördernd begrüßt.

Sicherlich ließen sich die den Theorien in der Geschichtswissenschaft angesonnenen Funktionen noch weiter differenzieren; überdies sollte man vielleicht deutlicher zwischen Theorien verschiedener Reichweite unterscheiden: zwischen solchen, die sich auf ganze Gesellschaften und ihre Veränderung beziehen und in den Diskussionen dieser Tagung besonders berücksichtigt wurden, sowie solchen, die der Erforschung von Teilbereichen und Teilproblemen dienen. Solche Differenzierungen — nach Funktionen und Reichweite — empfehlen sich, da viele Aussagen über gegenstandsbezogene Theorien und ihre Anwendung in die Geschichtswissenschaft möglicherweise ebenfalls danach differenziert werden müssen, auf welche Art von Theorie und welche Theoriefunktion sie sich beziehen.

2. Dies dürfte insbesondere für den zweiten Brennpunkt der Diskussion gelten, für die Frage nach den Kriterien der Angemessenheit von Theorien (vgl. zur Explikation dieser Frage oben S. 10 f., Punkte 2 bis 5). Explizit und implizit wurde eine Reihe von Kriterien angeführt, die zweifellos nicht alle zugleich erfüllt werden können und sich zum Teil auch widersprechen: Übereinstimmung mit den jeweiligen Erkenntniszielen (z. B. S. 166), Präzisions- und Explikationsgrad (insbesondere im Verhältnis der einzelnen Theorieelemente zueinander) (S. 52, 105, 138 f.), die Fähigkeit, den Gegenstand eng zu begrenzen und damit zu einer begrenzten, handhabbaren Anzahl von Variablen zu gelangen (S. 105 f., 110), andererseits Synthetisierungskraft und die Fähigkeit, den speziellen Gegenstand in seinem Kontext zu thematisieren, nicht zu viele möglicherweise wichtige Variablen vorweg auszuklammern (S. 111, 138 f., 147), Reichweite (S. 134), Ergänzbarkeit durch andere Theorien (S. 137), Operationalisierbarkeit, Stützbarkeit [und Zurückweisbarkeit] durch die Quellen (S. 153 f., 167), ein nicht allzu ungünstiges Verhältnis „von verbalem Aufwand und gewonnener Plausibilität“ (S. 73, ähnlich 103), Nähe zum Allgemeinverständnis (S. 52). Am ausführlichsten wurde die Frage nach Angemessenheitskriterien für Theorien und Begriffe hinsichtlich der historischen Distanz zwischen Realität und Theorie sowie hinsichtlich der wünschenswerten Abstraktionshöhe von Theorien diskutiert.

Vor allem im Zusammenhang der Referate von Mitterauer und Schulze, die sich mit weiter zurückliegenden Wirklichkeiten beschäftigten, stellte sich die Frage der Historizität der benutzten Theorien und damit die Frage, ob diese i. d. R. an Angemessenheit und Aufschlußkraft verlieren, je größer die historische Distanz zwischen der Entstehungssituation dieser Theorien (meist 19. und 20. Jahrhundert) und der mit ihrer Hilfe zu untersuchenden Wirklichkeit ist. Niemand vertrat die Forderung nach ausschließlicher oder auch nur vorwiegender Rückwendung zur Quellensprache und nach Verzicht auf gegenwartsgeprägte Begriffe und Theorien, und niemand war der Meinung, daß generell die quellennähere Begrifflichkeit einer modernen vorzuziehen sei. Die häufig ideologische Qualität der Forderung nach möglichst quellennahen Begriffen in der historischen Forschung wurde an einzelnen spätmittelalterlichen und frühneuzeitlichen Beispielen kritisiert (S. 74 f., 75 ff.); die Wünschbarkeit der Beschränkung auf quellennahe Sprache wurde unter Hinweis auf die Chancen theoretischer Zugriffe überzeugend bestritten. Doch wurde umgekehrt teils gezeigt, teils impliziert und wohl von niemandem bezweifelt, daß *bestimmte* gegenwartsgeprägte Begriffe und Theorien für die Untersuchung bestimmter weit entfernter und stark unterschiedener Wirklichkeiten zu generell, zu unspezifisch, nicht recht angemessen, jedenfalls weniger angemessen als andere und auch weniger angemessen als die Sprache und die Begriffe der untersuchten Zeit selbst sein können. Einerseits: Wenn bestimmte für die Entstehung der Theorie konstitutive und in sie eingehende Wirklichkeitsmomente in der zu untersuchenden Wirklichkeit (noch) fehlen, dürfte dies i. d. R. eine deutliche Grenze für die Aufschlußkraft dieser Theorie bedeuten, wenn sie zur Erkenntnis jener Wirklichkeit eingesetzt wird (vgl. die Hinweise auf den relativ fragmentarischen Charakter mittelalterlicher Gesellschaften und die dazu querliegenden Intentionen des Stratifikations- oder des Systembegriffs in Mitterauers Referat sowie S. 46 f., 53, 84 f.; oder S. 75 f. zum Klassenbegriff und zu seinen früher nicht gegebenen realen Bedingungen). Andererseits erweisen sich sehr abstrakte und deshalb in ihrer Geltung zeitlich nicht (oder kaum) eingeengte Begriffe und Theorien für die historische Analyse als zu wenig griffig, so daß ihre „Operationalisierung“ (Schulze) und Spezifizierung — vorgeschlagen wurde ihre Annäherung an und Auffüllung mit quellensprachlichen Elementen — nötig wird (vgl. mit Bezug auf den Begriff „Herrschaft“: S. 78, 85) — ein schwieriger, leicht zu Brüchen führender Prozeß, der am Beispiel des quellennahen Begriffs vom „gemeinen Mann“ kontrovers diskutiert wurde (S. 69 f., 74 f., 75, 83 f.).

Wie sich an solchen Überlegungen zeigte, muß die Wahl, die Bildung und die Modifizierung der die Untersuchung leitenden Theorien und Begriffe die Eigenarten des jeweiligen Untersuchungsgegenstandes in Rechnung stellen. Andererseits wurde ebenso deutlich, wie sehr die Wahl der Begriffe und Theorien zugleich von den jeweiligen Erkenntniszielen abhängt und bei gleichem Untersuchungsgegenstand sich mit diesen wandeln mag; vor allem am Zusammenhang zwischen gewählter Vergleichsspanne und nötiger Abstraktionshöhe wurde dies gezeigt (S. 81—83).

Bei zukünftigen Diskussionen über die zentrale Frage nach Kriterien der größeren oder geringeren Angemessenheit bzw. Unangemessenheit bestimmter Theorien zur Untersuchung bestimmter historischer Gegenstände scheint es mir dringend, nach Reichweite und Funktionen von Theorien in der Geschichtswissenschaft (s. unter 1 a) bis c)) zu differenzieren; die zeitliche Kluft zwischen Konzept und Wirklichkeit mag etwa die kausalanalytische oder die exakt beschreibende Kraft von Theorien beeinträchtigen, ihre Verwendung zur idealtypischen Konfrontation von Wirklichkeit und idealtypisch verwandter Theorie dagegen vielleicht nicht und schon gar nicht ihre „Bedeutungsträger“-Funktion.

3. Es mag mit der Zusammensetzung des Kreises zusammengehangen haben — die eingeladenen Kollegen aus der DDR waren nicht gekommen —, daß eher Weber als Marx Pate stand, wenn es um die Frage des Theorien-Eklektizismus ging (S. 79, 162 f., 167, 169 f.); keiner bestritt den notwendig selektiven Charakter angewandter Theorien und den notwendig partiellen Charakter selbst der gelungensten Synthesen (grundsätzlich S. 162); zwar bestand Konsens wohl auch darüber, daß gewisse

theoretische Zugriffe mit Bezug auf bestimmte Untersuchungsbereiche angemessener, erklärungskräftiger, umfassender sind als andere, doch niemand tischte eine Theorie auf, die den Anspruch erhoben hätte, komplementärer Ergänzungen durch andere Theorien nicht zu bedürfen oder doch alle anderen relevanten Theorien als Teile in sich selbst aufnehmen zu können. Vielmehr wurde immer wieder empfohlen, unterschiedliche, ja sogar miteinander unvereinbare Theorien nebeneinander oder komplementär zu verwenden, um besser erkennen und „mehr Totalität abdecken“ zu können als die Orientierung „an einem theoretischen Leitsektor“ oder auch als die traditionelle, nicht-theoretische Geschichtswissenschaft (bes. S. 79, 167, 169 f., 170). — Relativierungen dieser eklektizistischen Position wurden jedoch zumindest angedeutet: Die überzeugend und unwidersprochen geforderte Einbindung der verwendeten Theorien in gegenwärtige Problem- und Kommunikationszusammenhänge als Schutz vor der Gefahr eines neuen „Theorien-Positivismus“ (bes. S. 165 f., 172) hebt die Möglichkeit und Legitimität eklektischen Vorgehens zwar nicht auf, begrenzt sie m. E. jedoch; die unbestrittene Notwendigkeit, die durch Verwendung verschiedener Theorien gewonnenen Einsichten miteinander zu verknüpfen, statt sie additiv aneinanderzureihen oder inkonsistent nebeneinanderzustellen, verweist auf den Bedarf an jeweils übergreifenden, integrierenden theoretischen Zugriffen höherer Ordnung (S. 174).

4. Die Frage nach Ähnlichkeiten und Unterschieden zwischen systematischen Sozialwissenschaften und Geschichtswissenschaft, was das Verhältnis von Theorie und Empirie angeht, stellte einen weiteren Brennpunkt der Diskussion dar. Vergleicht man theoretisch arbeitende Geschichtswissenschaft und historisch informierte systematische Sozialwissenschaften — und nur darum ging es im Grunde —, dann erweist sich, wie ähnlich die Probleme, wie schwierig (und überflüssig) deutliche Abgrenzungen sind. Als besonders interessant sind in diesem Zusammenhang Tendenzen in der Nationalökonomie (besonders außerhalb Deutschlands) zu werten, die, wie Borchardts Referat ausführte, eine gewisse Rückwendung dieser Disziplin zu institutionellen, komplexeren und damit historischen Fragestellungen signalisieren (S. 144 ff.). — An möglichen Unterschieden zwischen einem systematisch-sozialwissenschaftlichen und einem geschichtswissenschaftlichen Theorie-Empirie-Verhältnis wurden vor allem diskutiert:

a) Den systematischen Sozialwissenschaften gehe es um Theoriekonstruktion, der Geschichtswissenschaft um Theorieanwendung (so für das Verhältnis zur Soziologie S. 159). Dagegen dürfte unter den anwesenden Historikern darüber Konsens bestanden haben, daß es in den seltensten Fällen angeht und ausreicht, von den systematischen Sozialwissenschaften entwickelte, fertige Theorien und Modelle einfach auszuleihen und für die geschichtswissenschaftliche Arbeit zu übernehmen. Zwar blieb die Frage der Genesis der zu verwendenden Theorien allzusehr am Rande der Diskussion, wie im Zusammenhang mit einer Warnung vor Zirkelschlüssen überzeugend kritisiert wurde (S. 174 f.), doch wurden die wünschenswerten Beiträge der Geschichtswissenschaft zur Theoriebildung und -modifikation wenigstens angedeutet: einmal die Überprüfung, Modifikation und vor allem Einschränkung (im Geltungsbereich) von angebotenen sozialwissenschaftlichen Theorien, am besten im historischen Vergleich (S. 104, aber s. S. 162); dann die Reformulierung sozialwissenschaftlicher Theorien zum Zwecke quellenangemessener Spezifizierung und um sie zur Wahrnehmung der „Bedeutungsträger"-Funktion fähiger zu machen; weiter die Bildung von Theorien als Ziele historischer Arbeit durch historische Arbeit selbst — doch blieb dies letztere noch äußerst vage (S. 53, 124, 170); als Beispiele hierfür können vielleicht gewisse Theorien des modernen Imperialismus gelten[3] oder eine historische Theorie politischer Parteiungen, wie sie neuerdings Christian Meier als Desiderat bestimmt und skizziert,[4] oder eine Theorie der Industrialisierung unter kapitalistischem Vorzeichen. Insgesamt wird die Unterscheidung Theoriekonstruktion—Theorieanwendung wohl nur einen graduellen Unterschied zwischen Geschichtswissenschaft und systematischen Sozialwissenschaften bezeichnen (zumal ja auch diese auf die Anwendung von Theorien nicht verzichten). Dasselbe dürfte wohl auch für den Singularitätsgrad der Untersuchungsgegenstände gelten, wie sie beiden Seiten eigen sind.

b) Die Rückbindung der Bildung und Verwendung von Theorien in einen gegenwartsbezogenen, perspektivischen, normativ und lebensweltlich vermittelten „Kommunikationszusammenhang zwischen Tradition und Gegenwart" (Mommsen) und die Verknüpfung der Theorien mit hermeneutischen Verfahren zur Entschlüsselung von Selbstverständnis, Intentionen und Handlungen der Zeitgenossen wurden überzeugend und unwidersprochen gefordert, von allen Referaten bis einem gewissen Grad auch versucht und von einzelnen Diskussionsrednern zugleich als Spezifikum geschichtswissenschaftlicher Theoriebehandlung bezeichnet (S. 165 f., 171 f.). Zu fragen ist aber, ob ähnliche Forderungen nicht auch jedenfalls an Teile der systematischen Sozialwissenschaften gerichtet werden können, gerichtet worden sind und dort auch zum Teil eingelöst werden.

c) Schließlich wurde in der spezifischen Orientierung der Theorien an Veränderung im zeitlichen Zusammenhang — um deren Erfassung es in der Geschichtswissenschaft primär geht — und damit in der Verknüpfung der verwandten Theorien mit narrativen Aussagen ein Spezifikum geschichtswissenschaftlicher Theorieanwendung gesehen. „So sehr diese Umkonstruktion [von sozialwissenschaftlichen Theorien zum Zwecke ge-

3 Vgl. H.-U. Wehler, Einleitung zu: ders. (Hg.), Imperialismus, Köln 1970 (1976²), S. 11—36.

4 Der Alltag des Historikers und die historische Theorie, in: H. M. Baumgartner u. J. Rüsen (Hg.), Seminar: Geschichte und Theorie. Umrisse einer Historik, Frankfurt 1976, S. 36—58, hier S. 39—44, 52 f.; vgl. auch oben die Bemerkung von Schluchter, S. 162.

schichtswissenschaftlicher Analyse unter besonderer Berücksichtigung der Zeitdimension] in der Forschungspraxis der Fall ist, so wenig ist sie jedoch auf der Ebene der Reflexion dieser Praxis bisher durchsichtig geworden" (Rüsen, S. 171). Hier sollte die weitere Diskussion fortfahren.[5]

5. Es lag natürlich an der Zusammensetzung des Kreises, daß theorieskeptische Stimmen, die von Theorieverwendung in der Geschichtswissenschaft mehr Nachteile als Vorteile erwarten, fehlten. Qualifikationen waren allerdings häufig, so die ja ohnehin häufige Warnung, über theoretisch-systematischen Zugriffen und gegenwartsgeprägten Konzeptionen nicht das hermeneutische Verstehen vergangener Intentionen und Handlungen zu vernachlässigen, sondern beide zu verknüpfen. An Gefahren und Nachteilen von Theorieanwendung wurde zum einen betont, daß die Konzentration auf eine Theorie leicht zu gewissen Einseitigkeiten und selbstbestätigenden Selektionen führen könne (S. 169, 176). Dagegen helfen wohl am ehesten: Einsicht in die Grenzen des jeweils gewählten Ansatzes, Offenlegung dieser Grenzen, komplementärer Theoriegebrauch mit Synthetisierungsabsicht, komparative Theoriendiskussion und vor allem: möglichst unbeschränkte Konkurrenz verschiedener Ansätze unter den Bedingungen freier Kritik. Flexibilität und Augenmaß müssen hinzukommen, um aus der jeweiligen Theorie kein Prokrustesbett der Erkenntnis, kein „Kuckucksei" (Schremmer) im Nest der Historie werden zu lassen, sondern sie als Motor der Erkenntnis nutzbar zu machen. — Zum andern wurde die Befürchtung formuliert, daß durch theoretische Orientierung hsitorische Arbeiten schwieriger mitteilbar und, zumindest für ein breiteres Publikum, weniger verständlich würden. Der Verzicht auf Jargon, auf jede, nicht unbedingt durch die Sache geforderte begriffliche Komplizierung und vielleicht auch das allmähliche Zurücktreten der theoretischen Sprache im Laufe der jeweiligen Darstellung (aber erst nach ihrer möglichst deutlichen, Überprüfung allererst ermöglichenden Explikation!) könnten diese sicher nicht aus der Luft gegriffene Gefahr verringern. Verständlicher Stil und gute Lesbarkeit bleiben auch für theoretisch argumentierende Geschichte ein wichtiges Ziel — gerade wenn man die sozialen Funktionen der Geschichtswissenschaft, ihre didaktische Dimension im weitesten Sinne[6] ernst nimmt. Soweit jedoch — was häufig der Fall ist — Abstraktionsniveau, gedanklich-sprachliche Subtilität und Entfernung von der Umgangssprache nur um den Preis größerer Ungenauigkeit oder Unüberprüfbarkeit zu vermeiden sind, so sollten sie in Kauf genommen werden. Die übrigen Vorteile theoretisch verfahrender Geschichtswissen-

5 Vgl. unten S. 205 ff. die Besprechung von Rüsens Aufsätzen durch H. Berding. So auch bereits W. Schulze, Soziologie und Geschichtswissenschaft. Einführung in die Probleme der Kooperation beider Wissenschaften, München 1974, S. 197—209.

6 Dazu vgl. die Ausführungen von K. E. Jeismann in: J. Rohlfes u. K. E. Jeismann (Hg.), Geschichtsunterricht. Inhalte und Ziele. Arbeitsergebnisse zweier Kommissionen, Stuttgart 1974, S. 106 ff.

schaft sind deutlich und groß genug, um diesen — weit reduzierbaren und keineswegs immer auftauchenden — Kommunikations-Nachteil wettzumachen.

„Nur allzu oft gewinnt man den Eindruck, die historische Praxis wäre heute kaum anders, wenn es die Theorie, und die historische Theorie wäre kaum anders, wenn es die heutige historische Praxis nicht gäbe.“[7] Das ist eine sehr pointierte, aber wohl keine völlig verzerrende Kennzeichnung des gegenwärtigen Zustands. Diesem indifferenten Nebeneinander von empirischer Geschichtswissenschaft und empiriefremder Geschichtstheorie (soweit es besteht) wollte das hier veröffentlichte Unternehmen ein wenig entgegenwirken, durch engste Verknüpfung konkreter Forschungsbeispiele mit theoretischer Diskussion und durch Konzentration auf gegenstandsbezogene Theorien und die Bedingungen, Chancen und Grenzen ihres Gebrauchs. Dieser Rückblick versuchte in selektiver Weise zu summieren, was dieses Unternehmen für die Theoriediskussion ergeben hat.

Doch: „The proof of the pudding is the eating“, und jedenfalls zum Teil rechtfertigt sich jede Theoriediskussion durch die Anstöße, die sie der Forschungspraxis vermittelt. Wieweit dies in den einzelnen Referaten, durch sie und in den Diskussionen geschah, ist hier nicht zu beurteilen. Daß es überhaupt nur zu einem kleinen Teil geschehen konnte, ist klar: Nicht die einzelnen Gegenstände standen im Mittelpunkt des Interesses, sondern sie dienten dem übergreifenden theoretisch-methodologischen Ziel; keine neuen, fertigen Forschungsarbeiten wurden hier vorgelegt, an denen Früchte (und Verkürzungen) theoretischer Ansätze am besten beobachtbar sind; es war überdies gebeten worden, Diskussionsbeiträge, die sich ausschließlich mit dem jeweiligen Gegenstand ohne expliziten Bezug auf die übergreifenden theoretischen Fragen befaßten, zu vermeiden: dies wurde jedenfalls in den vorliegenden schriftlichen Zusammenfassungen weitgehend befolgt. Die gebotene Kürze der Referate, die für Nicht-Spezialisten gehalten wurden, gab vor allem die Möglichkeit, die in der Theorieanwendung liegenden Chancen zur Synthetisierung, zur knappen, kontrollierten Zusammenfassung und damit die oft übersehene didaktische Chance von Theorie zu demonstrieren. Jedenfalls der Nicht-Spezialist wird dankbar begrüßen, mit Hilfe gegenwartsbezogener Zugriffe in spätmittelalterliche oder frühneuzeitliche Gesellschaftsgeschichte eingeführt zu werden. Wieweit aus solchen Synthesen und den damit gegebenen neuartigen Kombinationen bereits bekannter Einzelphänomene neue Fragen entwickelt, neue Themen konstituiert und neue bzw. präzisere Erkenntnisse auch für den Spezialisten ermöglicht werden, kann hier nicht verfolgt werden. Doch zeigten ja die Referate, vor allem in ihren problemgeschichtlichen Teilen, wie Theorien zur Neuentdeckung oder Wiederentdeckung

7 C. Meier, Der Alltag (wie Anm. 4), S. 36.

(Property Rights-Ansatz!) von Gegenstandsbereichen, zur Formulierung von neuen Fragen und zu neuer Forschung führen und so sich als Motor empirischer Kenntnis bewähren können. Auf diesen Teilgebieten zumindest sähe die historische Praxis ohne Theorien doch wohl etwas anders und sicher nicht besser aus.

ANHANG

Zur Theoriebedürftigkeit quantitativer Wirtschaftsgeschichte (am Beispiel der historischen Konjunkturforschung und ihrer Validitätsprobleme)

von Reinhard Spree

I.

Die vorstehenden Beiträge haben eindrucksvoll und an einzelnen Forschungsgegenständen verschiedene Funktionen der expliziten Einführung von Theorien in die historische Forschung dargestellt. Trotz dabei auftretender Schwierigkeiten wird die Nützlichkeit des Theoriebezugs historischer Arbeit hinreichend begründet. Die meisten Beiträge gehen aber offenbar nicht von der Theoriebedürftigkeit historischer Forschung im allgemeinen und in jedem Fall aus, während das ganz sicher für quantifizierende Untersuchungen gilt. In welchem Umfang und an welchen Punkten quantifizierende historische Forschung die ausdrückliche Einführung in sich stimmiger Begriffs- und Hypothesensysteme verlangt, ist vor allem im Rahmen der Diskussion um die sogenannte New Economic History herausgearbeitet worden.[1] Demnach erfüllen Theorien in quantifizierender Forschung einerseits natürlich dieselben Funktionen, die Kocka oben in der Zusammenfassung der Referate und Diskussionen aufgelistet hat: Hilfestellung bei der Identifikation von Problem- und Untersuchungsbereichen, bei der Klassifikation, Typologisierung und Strukturierung von untersuchten Realitätselementen, bei der gehaltvollen und sinnfälligen Beschreibung, beim Versuch der kausalen Erklärung.[2] Hinzu kommen aber andererseits als spezifische Anforderungen der Quantifizierung mindestens drei relativ problematische Arbeitsschritte, die die grundsätzliche Theoriebedürftigkeit dieser Art von Forschung begründen:

1 Vgl. z. B. W. O. Aydelotte, Quantification in History, in: American Historical Review, Bd. 71, 1966; L. E. Davis u. a., Aspects of Quantitative Research in Economic History, in: Journal of Economic History (JEH), Bd. 20, 1960; R. W. Fogel, The Reunification of Economic History with Economic Theory, in: American Economic Review (AER), P & P, Bd. 55, 1965; ders., Historiography and Retrospective Econometrics, in: History and Theory, Bd. 9, 1970; J. R. Meyer u. H. Conrad, Economic Theory, Statistical Inference, and Economic History, in: JEH, Bd. 17, 1957; D. C. North, Quantitative Research in American Economic History, in: AER, Bd. 53, 1963.

2 Vgl. den Beitrag von J. Kocka, oben, S. 178—188.

— Auswahl und Definition zu messender Variablen
— Ableitung gültiger Indikatoren
— Sicherung der systematischen, konsistenten und intersubjektiv nachvollziehbaren Interpretationsfähigkeit von Meßergebnissen.

Alle Vorteile der Quantifizierung (z. B. Präzisierung von Hypothesen über die Struktur des Gegenstandsbereichs, Ermöglichung von Aussagen über Art, Dauer und Stärke der Beziehungen zwischen Variablen bzw. Indikatoren, Chance zur Berechnung komplexer Maßzahlen und zum Einsatz statistischer Schlußverfahren, die insbesondere die Schätzung quellenmäßig nicht belegbarer Informationen zulassen) sind an die Bewältigung der drei genannten, aufs engste mit theoretischen Überlegungen verknüpften Arbeitsschritte gebunden. Zweifellos teilt die quantifizierende historische Forschung die so begründete Theoriebedürftigkeit mit jeder Art von empirischer Forschung. Allerdings stellen sich die angedeuteten und im folgenden noch konkreter abzuhandelnden Probleme im Zusammenhang mit Quantifizierung unabweisbar, während man sich in nicht quantifizierend verfahrenden empirischen Studien (wie in weiten Bereichen der traditionellen historischen Forschung) um ihre Lösung herummogeln zu können glaubt.

Obwohl die Theoriebedürftigkeit von Quantifizierung gerade im Rahmen der Wirtschaftsgeschichte während der letzten Jahre ausgiebig diskutiert und hinreichend verdeutlicht wurde und inzwischen eine Vielzahl einschlägiger Forschungsergebnisse vorliegt,[3] scheinen mir in derartigen Untersuchungen häufig Mängel aufzutreten, die besonders die Interpretationsfähigkeit von Messungen erheblich in Frage stellen. Die drei genannten Erfordernisse quantifizierender Forschung stehen nämlich in einem systematischen engen Zusammenhang, der in der Praxis leider oft auseinanderbricht, weil die Ableitung von Indikatoren nicht theoretisch kontrolliert vorgenommen wird. Auch wenn man die Begründung und Definition der Meßvariablen mit ausdrücklichem theoretischem Bezug vornimmt, ist die konsistente und intersubjektiv nachvollziehbare Interpretation von Meßergebnissen solange gefährdet, wie die Meßergebnisse mit Hilfe eines nicht validen[4] Indikators gewonnen werden.

Ich behaupte nun, daß es sich hierbei erstens um ein fundamentales Problem quantifizierender historischer Forschung handelt, weil diese fast

3 Vgl. die verschiedenen Reader aus dem Bereich der New Economic History, z. B. R. Andreano (Hg.), The New Economic History, New York 1970; R. W. Fogel u. S. Engermann (Hg.), The Reinterpretation of American Economic History, New York 1971; Purdue Faculty Papers in Economic History 1956—1966, Homewood, Ill., 1967; D. K. Rowney u. J. Q. Graham Jr. (Hg.), Quantitative History, Homewood, Ill., 1969; R. P. Swierenga (Hg.), Quantification in American History, New York 1970; P. Temin (Hg.), New Economic History, Harmondsworth 1973.

4 Der Validitätsbegriff wird unten in Abschnitt II erläutert. Vgl. generell zu dieser Problemsicht K. Kreppner, Zur Problematik des Messens in den Sozialwissenschaften, Stuttgart 1975, S. 12—15, 113 ff.

ausschließlich auf Messung mit Hilfe von Indikatoren angewiesen ist, daß zweitens selbst in einem hochentwickelten Bereich quantitativer Wirtschaftsgeschichte, der historischen Konjunkturforschung, auch bekannte Studien unter den angedeuteten Mängeln leiden und daß drittens die Lösung der Probleme gültiger Indikatorenableitung von der angemessenen theoretischen Konzeptualisierung des Gegenstandes abhängt. Ich will diese Thesen im folgenden anhand von Beispielen aus der historischen Konjunkturanalyse belegen, zuvor aber den benutzten Validitätsbegriff erläutern.

II.

Die quantifizierende historische Forschung hat es häufig mit Gegenständen zu tun, die sich der direkten Anschauung und Meßbarkeit entziehen, zumindest Messung im fundamentalen Sinne[5] als Zuordnung von Zahlen zu Gegenständen oder Ereignissen aufgrund abgesicherter Gesetzmäßigkeiten nicht zulassen. Die Bedeutung der quantifizierten Größen muß vielmehr von Fall zu Fall ausdrücklich begründet werden (z. B. durch Bezugnahme auf Alltagswissen und -erfahrung oder auf plausible Hypothesen) und beruht insofern auf Willensakten des betreffenden Forschers, die im Rahmen der einschlägigen Wissenschaft zu legitimieren sind, aber auch jederzeit wieder in Frage gestellt werden können. Der typische Fall dieses ‚measurement by fiat'[6] ist das Messen mit Hilfe von Indikatoren. Der als Quantifizierung bezeichnete Vorgang bezieht sich in diesen Fällen stets nur auf den Indikator, während dessen Verhältnis zu der Variablen, die auf diese Weise indirekt gemessen werden soll, nicht aus der Logik des Meßvorganges folgt und mit dessen erfolgreicher Durchführung evident ist, sondern der ausdrücklichen Klärung bedarf.

Messung mit Hilfe von Indikatoren findet grundsätzlich statt, wenn relativ komplexe Phänomene den Untersuchungsgegenstand bilden, z. B. soziale Schichtung oder Wachstum und Konjunktur. Nicht Schichtung oder das ökonomische Wachstum oder die Konjunktur werden gemessen, sondern Schichtindizes und Zeitreihen ökonomischer Variablen, von denen der Forscher glaubt annehmen zu dürfen, daß sie sein Konzept von Schichtung oder Wachstum bzw. Konjunktur in wesentlichen Aspekten hinreichend und zuverlässig repräsentieren. Die Notwendigkeit, angesichts komplexer Untersuchungsgegenstände mit Indikatoren messen zu müssen,

5 Zur Unterscheidung von fundamentalem, abgeleitetem und vereinbartem Messen (nach der unterschiedlichen Nähe des Meßvorgangs zum empirischen Objekt) vgl. ebd., S. 104—113; E. K. Scheuch u. H. Zehnpfennig, Skalierungsverfahren in der Sozialforschung, in: R. König (Hg.), Handbuch der empirischen Sozialforschung, Bd. 3 a, Stuttgart 1974[3], S. 98—102.

6 W. S. Torgerson, Theory and Methods of Scaling, New York 1958, S. 21 f.

teilt die historische quantifizierende Forschung natürlich mit der empirischen Sozialforschung ganz allgemein. Darüber hinaus ergeben sich für den Historiker oft weitere Situationen, in denen er mit Indikatoren zu arbeiten hat, während aktuelle empirische Forschung unter Umständen auch im fundamentalen Sinne messen könnte. Z. B. sind oft prinzipiell mögliche Beobachtungen im historisch untersuchten Zeitraum nicht vorgenommen worden (Ermittlung der Durchschnittseinkommen von Haushalten unterschiedlicher sozialer Herkunft oder der Wahlbereitschaft verschiedener Sozialgruppen). Ein anderer für den Historiker keineswegs seltener Fall ist der, daß die erforderlichen Informationen im Untersuchungszeitraum durchaus gesammelt wurden, die entsprechenden Unterlagen aber inzwischen weitgehend vernichtet sind (z. B. Notizen von Wirtschaftsunternehmen über Umsätze, gezahlte Löhne, Gewinne usw.). Vermutlich dürfte die Verwendung von Indikatoren der Normalfall des Messens in der historischen Forschung sein. Daraus folgt die Wichtigkeit der Ableitung gültiger Indikatoren, da andernfalls die Interpretierbarkeit der Meßergebnisse aus noch später zu spezifizierenden Gründen deutlich gefährdet ist.

Wie mit den Beispielen demonstriert, steht ein Indikator für jeweils nicht direkt (fundamental) meßbare Variablen im Rahmen eines zu explizierenden Begründungszusammenhangs.[7] Und zwar stellt jeder Indikator die Operationalisierung einer Variablen dar. Betrachtet man nun das Verhältnis zwischen einer Variablen und ihrer Operationalisierung im Hinblick auf deren jeweiligen semantischen Gehalt, so wird erwartet, daß eine möglichst weitgehende Übereinstimmung vorliegt. Die für wesentlich erachteten Merkmale (Designata) der Variablendefinition sollen in der Operationalisierung unverfälscht und vollständig enthalten sein. Man wünscht Übereinstimmung des Bedeutungsgehalts von Indikator und Indikandum.[8] Ja, man muß sie geradezu fordern, wenn die mit Hilfe des Indikators zu gewinnenden Meßergebnisse im Rahmen des durch die Variablen und ihre Beziehungen gegebenen Konzepts identifiziert und interpretiert werden sollen. Liegt volle Übereinstimmung zwischen Indikator und Indikandum (der eigentlich zu messenden Variablen) hinsichtlich des Bedeutungsgehalts

7 Vgl. Kreppner, S. 15. Vor Ableitung der Indikatoren müssen die Variablen eindeutig definiert und hinsichtlich ihres Zusammenhangs untereinander spezifiziert sein. Dies theoretische Relationensystem impliziert ein empirisches, dessen Struktur sich der quantifizierende Forscher möglichst vorab vergegenwärtigen sollte, da die Meßergebnisse darin ihren Platz finden müssen. Kreppner, S. 113—120; Scheuch u. Zehnpfennig, S. 168 ff.

8 Allerdings bedeutet die Überführung einer Nominaldefinition in eine operationale eine „Modifikation der semantischen Regeln“, so daß meist mehr oder weniger große Abweichungen in den Merkmalen von Indikandum (Nominaldefinition) und Indikator (Operationalisierung) vorliegen werden; Art und Ausmaß dieser Abweichungen sind zu ermitteln und zu kontrollieren. K.-D. Opp, Methodologie der Sozialwissenschaften, Reinbek bei Hamburg 1970, S. 152.

vor, spricht man von einem validen Indikator, während mehr oder weniger große Abweichungen des theoretisch relevanten semantischen Gehalts mangelnde Validität darstellen.[9]

Zetterberg hat unter Absehung von der Möglichkeit, daß Indikator und Indikandum keinerlei Merkmale mehr gemeinsam haben, drei typische Fälle von Validitätsmängeln unterschieden:[10]

1. Der Indikator mißt nur Teile des Indikandums, wird aber von diesem voll impliziert. (In Ausdrücken der Mengenlehre: Der Indikator ist eine Teilmenge des Indikandums.)
2. Der Indikator hat einen weiteren Inhalt als das Indikandum, deckt letzteres aber voll ab. (Das Indikandum ist Teilmenge des Indikators.)
3. Indikator wie Indikandum decken sich nur teilweise, beide umfassen zusätzliche, nicht-identische Merkmale. (Indikator und Indikandum verhalten sich zueinander wie zwei sich nur teilweise überschneidende Mengen.)

Wie gesagt, gefährden derartige Validitätsmängel die systematische, konsistente und intersubjektiv nachvollziehbare Interpretierbarkeit der Meßergebnisse. Das sei im folgenden kurz allgemein begründet.

In dem ersten von Zetterberg unterschiedenen Fall handelt es sich um fraktionelles Messen. Die mit Hilfe des Indikators erhobenen Daten sind durch Rückführung auf das vorab explizierte theoretische Konzept, in das das Indikandum eingebunden ist, interpretierbar, doch bilden sie das Konzept nur unvollständig und insofern verzerrt ab. Wird dieser Validitätsmangel des Indikators (bzw. der Indikatoren) nicht erkannt, besteht die Gefahr einer Konzeptreduzierung. Die empirischen Befunde vermitteln den Eindruck von Anschaulichkeit und Differenziertheit und lassen leicht die nicht operationalisierten und insofern nicht gemessenen Teile des Konzepts vergessen.

Im zweiten Fall deckt das theoretische Konzept nur Teile der erhobenen Daten ab, da das ‚Meßinstrument' (einzelne oder mehrere Indikatoren) zusätzliche Merkmale umfaßt. Daraus folgt, daß bestimmte Dimensionen des empirischen Befundes nicht auf das unterlegte Konzept rückbeziehbar sind. Es besteht die Gefahr der willkürlichen Zuordnung von Daten zu theoretischen Begriffen in zweierlei Hinsicht: Zum einen können die bei Erkenntnis des Validitätsmangels der Indikatoren nicht konsistent interpretierbaren Daten schlicht dennoch unter das theoretische Konzept sub-

9 Vgl. ders., S. 150; Scheuch u. Zehnpfennig, S. 102; C. Selltiz u. a., Research Methods in Social Relations, rev. Aufl., New York 1966, S. 154—166. Ich vernachlässige im folgenden die auf Guttman zurückgehende Unterscheidung von externer und interner Validität; vgl. L. Guttman, The Problem of Attitude and Opinion Measurement, in: S. A. Stouffer (Hg.), Measurement and Prediction, Bd. 4, New York 1950, S. 57 f. Wenn im folgenden von Validität die Rede ist, meine ich stets die interne. Die externe bezieht sich auf die empirische Qualität der Indikatoren.

10 Vgl. H. L. Zetterberg, On Theory and Verification in Sociology, Stockholm 1954, S. 37.

sumiert werden. Zum anderen lassen sich relativ willkürlich zusätzliche Konzepte heranziehen, die genau auf die fraglichen Daten (Dimensionen) zu ‚passen' scheinen. Die letztere Variante ist häufig bei Forschungen beobachtbar, die sich zu einem Eklektizismus ohne vorab dargestellten theoretischen Bezugsrahmen bekennen. In der historischen Forschung wird das als Suche nach denjenigen Erklärungen umschrieben, die die Quellen nahelegen. Die Interpretation der Daten wird dann leicht zufällig.

Im dritten Fall hat man es mit einer Kombination beider vorher erläuterten Typen von Validitätsmängeln zu tun: Die Meßergebnisse erbringen stets nur eine partielle Abbildung des theoretischen Konzepts und liegen zugleich teilweise außerhalb der Reichweite eben des Konzepts, das sie zu messen vorgeben. Die Gefahr der unbemerkten Konzeptreduktion verbindet sich mit der Gefahr der Subsumtion von Daten unter inadäquate Begriffe und des unkontrollierten Eklektizismus, d. h. der Willkürlichkeit von scheinbar empirisch fundierten Aussagen. Diese Validitätsmängel haben u. a. zur Folge, daß man immer wieder auf Studien trifft, die trotz gleichartiger Anlage zum selben Thema widersprüchliche Ergebnisse zeitigen.

Offensichtlich stellt die Inkaufnahme von Validitätsmängeln ein schwerwiegendes Problem quantifizierender historischer Forschung dar, das den Sinn von Quantifizierung, nämlich Differenzierung und Präzisierung von Aussagen, Ermöglichung statistischer Schlußverfahren usw., erheblich beeinträchtigt. Die folgenden Beispiele aus der historischen Konjunkturforschung mögen belegen, in welcher Form die definierten Mängel häufig auftreten und welche Bedeutung ihnen für abgeleitete Aussagen zukommt. Dabei behandele ich für jeden der oben schematisch dargestellten Typen von Validitätsmängeln der Kürze halber jeweils nur einen Fall.

III.

Ein interessantes Beispiel, in dem Autoren die mangelnde Validität eines Indikators selbst andeuten, liefern Hughes und Rosenberg.[11] Im Rahmen ihrer Untersuchung der Konjunkturzyklen in den USA vor 1860 argumentieren sie u. a. mit den Investitionsausgaben für den Eisenbahnbau. In Ermangelung entsprechender Daten benutzen sie als Indikator eine Reihe des Streckenwachstums. Den Autoren ist bewußt, daß die Reihe schon als solche unzuverlässig ist: Die Zunahme wird repräsentiert durch die jeweils neu eröffneten Teilstrecken (gemessen in Meilen) zum Zeitpunkt der Inbetriebnahme. Da in jedem Jahr unterschiedlich lange Teilstrecken

11 Vgl. J. R. T. Hughes u. N. Rosenberg, The United States Business Cycle before 1860: Some Problems of Interpretation, in: Economic History Review, Sec. Ser., Bd. 15, 1963. Hier zitiert nach dem Reprint in: Purdue Faculty Papers, S. 202 ff., bes. Fn. 31.

fertiggestellt wurden, gibt die Reihe das reale Wachstum der im Bau befindlichen Strecken verzerrt wieder. Außerdem fehlen Prüfungen hinsichtlich der Time-Lags zwischen tatsächlichem Streckenwachstum und Ausgabenentwicklung.

Darüber hinaus weist die Reihe weitere Merkmale auf, die ihre Indikatoreigenschaft für die Investitionsausgaben beeinträchtigen. Die Investitionsausgaben stellen das Produkt aus Streckenwachstum und tatsächlichen Baukosten pro Meile dar; letztere erfaßt der Indikator nicht. Die Kosten sind eine relativ komplexe Größe (Löhne, Materialkosten, Kapitalzins usw.), deren einzelne Bestandteile unterschiedliche Entwicklungen durchmachen können. Auch wenn sie sämtlich grob der durch das Streckenwachstum gespiegelten Konjunktur folgten, sind zumindest ihre Wachstumsraten unterschiedlich, so daß die Kosten erheblich stärker (z. B. in Boomphasen der Konjunktur), aber periodisch wiederum schwächer als die reale Strecke (z. B. in Rezessionsphasen) zunehmen können. Einzelne Kostenkomponenten dürften sogar eine antizyklische Bewegung aufweisen, meinen Hughes und Rosenberg. Wären also die im vorigen Abschnitt genannten Verzerrungen nicht gegeben, würde der Indikator dennoch die Entwicklung der Investitionsausgaben nicht gültig messen.

Einige dieser Merkmale ihres Indikators erwähnen die Autoren als empirische Mängel. Den Validitätsaspekt und seine Konsequenzen für die Interpretierbarkeit von Meßergebnissen übersehen sie jedoch. Man kann diese in zwei Schritten bzw. auf unterschiedlich abstrakten Ebenen angehen. Zum einen ist offensichtlich, daß es sich hier um einen Fall von fraktionellem oder partiellem Messen handelt: nur Teile des Indikandums (Investitionsausgaben) werden quantifiziert. Diese Teile können, die tatsächlich nicht gegebene Zuverlässigkeit des Indikators für das reale Streckenwachstum einmal unterstellt, im Rückgriff auf diejenigen Hypothesen, die den Verlauf des Indikandums beschreiben, interpretiert werden. Die Aussagen aber, die sich auf das vollständige Indikandum beziehen (Investitionsausgaben als Produkt aus realem Streckenwachstum und Baukosten pro Meile), werden durch den Indikatorverlauf nicht verifiziert oder konkretisiert und sind — streng genommen — als empirische gar nicht möglich. Die Hinweise der Autoren auf den Validitätsmangel des Indikators müßten dazu führen, auf ihn zu verzichten, denn im Konzept der Autoren haben nur die Investitionsausgaben als Variable einen angebbaren Aussagewert. Dieser bezieht sich auf Einkommens- und Anregungseffekte tatsächlich getätigter Ausgaben, d. h. vor allem auf die Kreislaufwirkung derselben, was sowohl die einigermaßen exakte Messung von Größenordnungen der finanziellen Transaktionen notwendig macht als auch ihre Terminierung. Selbst wenn also das reale Streckenwachstum in Bezug auf seine zeitliche und größenordnungsmäßige Entwicklung korrekt erfaßt wäre, würde es dennoch nur unter der Voraussetzung die vom theoretischen Konzept her erforderlichen Informationen liefern, daß Strekkenbau und finanzielle Transaktionen völlig synchron verliefen und darüber hinaus keine konjunkturellen Einflüsse auf die verschiedenen Kostenkomponenten stattgefunden hätten. Diese Voraussetzung ist wenig plausibel und würde darüber hinaus in erheblichem Umfange gerade das Phänomen verleugnen, nämlich die Konjunktur, das den eigentlichen Untersuchungsgegenstand bildet.

Damit sind die Auswirkungen des Validitätsmangels methodologisch und theoretisch beschrieben. Offen ist, welche empirischen Abweichungen vom ‚wahren' Verlauf der Investitionsausgaben zu erwarten sind. Vermutlich gehen sie in zweierlei Richtung: Einerseits wird der Indikator in Boomphasen eine zu niedrige Wachstumsrate aufweisen, in Depressionsphasen eine überhöhte. Andererseits, und das dürfte in Konjunkturuntersuchungen der entscheidende Aspekt sein, legt der Indikator eine falsche Terminierung der Konjunkturanstöße nahe, die von der tatsächlichen Ausgabenentwicklung ausgegangen sein könnten. Sowohl die von den Eisenbahninvestitionen mitgetragene konjunkturelle Abschwächung wie auch die konjunkturelle Belebung werden stets um ein bis zwei Jahre zu spät angezeigt.[12]

Wie man sieht, wirkt sich die Inkaufnahme eines Validitätsmangels bei einem zentralen Indikator, die zu fraktionellem Messen führt, ziemlich ‚handfest' aus. Was mit dem Begriff Konzeptreduktion noch so abstrakt beschrieben ist, daß es als läßliche Sünde erscheinen mag, kann in der Praxis zu historisch äußerst fragwürdigen Ergebnissen führen, die leider um so leichter zu ‚verkaufen' sind, als ein theoretisch plausibel erscheinendes Konzept für ihre Interpretation geltend gemacht wird. Deshalb ist es so wichtig zu prüfen, ob herangezogene Hypothesen und Konzepte überhaupt für das stehen können, was tatsächlich gemessen wird. Andererseits sind gerade im Fall fraktionellen Messens die Chancen im allgemeinen relativ gut, Richtung und Ausmaß von empirischen Verzerrungen durch Benutzung eines nicht validen Indikators abzuschätzen. Hilfskonstruktionen und Gegenrechnungen können eine erhebliche Verbesserung der Meßergebnisse bewirken. Für den Indikator Streckenwachstum sind solche von mehreren Autoren in den letzten Jahren erfolgreich durchgeführt worden.[13]

Obwohl der Historiker ziemlich oft, und wenn nur aus pragmatischen Gründen, auf die Konstruktion wirklich valider Indikatoren verzichten muß, bedeutet das doch keineswegs, nur die Wahl zwischen interpretatorischer Willkür oder empirischer Abstinenz zu haben. Alle Lösungsmöglich-

12 R. Spree, Analyse der Zyklizität des Wachstums der deutschen Wirtschaft von 1840 bis 1880, Diss. Berlin 1974, Kap. 4 (erscheint 1977 bei Duncker & Humblot, Berlin); R. Fremdling, Eisenbahnen und deutsches Wirtschaftswachstum 1840—1879, Dortmund 1975, S. 32, 150 ff.

13 Z. B. gelangten Fremdling und ich auf unterschiedlichen Wegen zu dem relativ gesicherten Ergebnis, daß die Investitionsausgaben schon ein bis zwei Jahre vor Inbetriebnahme der Streckenteile, d. h. bevor die Reihe des Streckenwachstums entsprechende Veränderungen zeigt, marktwirksam wurden; vgl. Anm. 12.

keiten dieses Problems setzen aber die ausdrückliche Validitätsprüfung voraus, und diese verlangt wiederum sowohl die Vorgabe als auch die Ausdifferenzierung des theoretischen Konzepts. Z. B. kann der Validitätsmangel im eben diskutierten Beispiel nur dann sicher beurteilt werden, wenn zunächst rückgefragt wird, welchen Platz das Indikandum im theoretischen Konzept hat, mit welchen anderen Variablen es systematisch in Beziehung stehen soll. Daraus folgt, welche Eigenschaften der Indikator vor allem haben muß, um in Bezug auf das Konzept als valide gelten zu können. Außerdem muß die das Indikandum bildende Variable selbst in ihre Komponenten zerlegt werden, um diejenigen auszumachen, die der Indikator nicht abbildet, und um dafür möglicherweise Hilfsgrößen, Schätzungen usw. einzuführen. In beiden Schritten erweist sich die Theoriebedürftigkeit quantitativer historischer Forschung.

IV.

Für den zweiten Typ von Validitätsmangel findet sich ein Beispiel bei Ames.[14] Sein Thema sind unterschiedliche Zyklenmuster des industriellen Wachstums der USA im Langzeitvergleich von 1860 bis zur Gegenwart. Besonders interessiert ihn die Frage, ob das Outputniveau der Nachkriegszeit im Vergleich zur Extrapolation des Trendwachstums zwischen 1860 und 1914 als hoch oder niedrig anzusehen sei. Um diese Frage beantworten zu können, muß der Maßstab, das Trendwachstum, definiert werden. Ames aber läßt offen, was Trend als theoretisches Konzept bedeuten soll. Vermutlich unterstellt er einen relativ undifferenzierten konventionellen Begriff. Demnach bringt der Trend die langfristig wirksamen Wachstumskräfte zum Ausdruck und glättet die kurzfristigen Zyklen. Kuznets begründet die Realität eines solchen in der Wirtschaftstheorie gängigen Trendbegriffs mit der Länge der Zeithorizonte der in wirtschaftlich relevanter Weise planenden Individuen, Gruppen und Institutionen.[15]
Ohne die theoretischen Implikationen seines Trendbegriffs darzulegen, ermittelt nun Ames den Trend der amerikanischen Industrieproduktion. Das geschieht in der Weise, daß er durch die Zeitreihe der Industrieproduktion eine Kurve legt, die den Schwankungen der Originalreihe nur wenig folgt, dagegen ihre langfristige Wachstumsrichtung veranschaulicht. Für die Trendkurve steht ihm eine Vielzahl alternativer mathematischer Funktionstypen zur Verfügung, die er nacheinander in Probeläufen mit Hilfe der Methode der kleinsten Quadrate an die Originalreihe anpaßt.

14 Vgl. E. Ames, Trends, Cycles, and Stagnation in U.S. Manufacturing since 1860, in: Oxford Economic Papers, Bd. 11, 1959; hier zitiert nach: Purdue Faculty Papers, S. 91—102.

15 Vgl. S. Kuznets, Modern Economic Growth. Rate, Structure, and Spread, New Haven 1966, S. 28.

Als Auswahl- bzw. Gütekriterium dient ihm die Größe der Varianz, d. h. die gemittelte Summe der quadrierten absoluten Abweichungen der einzelnen Reihenwerte vom jeweiligen berechneten Trendwert. Je kleiner diese Varianz, desto besser paßt sich die Trendkurve der Originalreihe an, ohne doch allen ihren Schwankungen zu folgen.

Das Auswahlkriterium ist rein formal, ohne ausgewiesenen Stellenwert im Trendkonzept. Auffällig ist vor allem, daß jede der in Betracht gezogenen Funktionen im Grunde das leistet, was der Trendbegriff fordert: die langfristige, einzelne Konjunkturzyklen überdauernde Wachstumsrichtung zu repräsentieren. Außerdem aber enthält jede solche Trendfunktion zusätzliche Elemente, nämlich die spezifische Form der einzelnen Alternativen, d. h. Annahmen über die Zahl und Zuordnung der den Kurventyp festlegenden Funktionsparameter. In dieser Hinsicht bietet das Trendkonzept, soweit expliziert, keinerlei Informationen. Der Indikator, welcher Funktionstyp auch immer ausgewählt wird, umfaßt also neben dem Indikandum weitere Merkmale. Insofern kann man nur den Langfristaspekt der benutzten Trendfunktionen mit Rückgriff auf das Konzept interpretieren. Die spezifische Form und deren Aussage haben keinerlei für die Studie von Ames definierten ökonomischen Sinn.

Der vorliegende Validitätsmangel entspricht dem oben skizzierten Typ 2. Die daraus resultierende Problematik besteht darin, daß eine beliebig große Zahl von Indikatoren eingeführt werden kann, zwischen denen nach theoretisch irrelevanten Kriterien (z. B. empirischen oder formalen) ausgewählt werden muß. Anderson spricht in diesem Zusammenhang davon, daß die Auswahl der Trendfunktion bei der auch von Ames praktizierten ‚analytischen Methode' stets der Willkür des Forschers überlassen bleibe.[16] Da bestimmte Merkmalsausprägungen der Konjunktur, z. B. Lage der Wendepunkte, Zahl und Länge der Zyklen, Größe der Amplituden, abhängig sind von der gewählten Trendfunktion, besteht aufgrund des verfahrensmäßig bedingten Validitätsmangels die Gefahr, daß empirische Ergebnisse theoretischen Begriffen subsumiert werden, deren Konsistenz in bezug auf das gemessene Konzept ungeprüft und unkontrollierbar ist. Es eröffnet sich die Möglichkeit relativ beliebiger Interpretation, da das interpretationsleitende Konzept im Vergleich zum Indikator und den entsprechenden Meßergebnissen zu eng ist und nicht alle Merkmale derselben abdeckt. Um zu verdeutlichen, wie die empirischen Konsequenzen aussehen können: Je nachdem welchen Trendtyp ich wähle (was nach Anderson stets mehr oder weniger im Belieben des Forschers liegt), verschieben sich möglicherweise die Umschlagpunkte der Konjunktur um mehrere Jahre, behauptet der historische Konjunkturforscher für denselben Zeitraum starke oder auch schwache Boom- bzw. Depressionsphasen, spricht er von

16 Vgl. O. Anderson, Probleme der statistischen Methodenlehre in den Sozialwissenschaften, Würzburg 1965[5], S. 174.

kurzen oder auch mittellangen Konjunkturphasen. Unter solchen Umständen scheint der Sinn des Quantifizierens wiederum zu schwinden.
Geht der historische Konjunkturforscher bei der Wahl des Trends wie Ames vor, zeigt sich ein eigentümliches Mißverhältnis: Der gewissen Nachlässigkeit bei der theoretischen Explikation des Trendbegriffs steht eine aufwendige Prozedur bei der Anpassung und Auswahl von Trendfunktionen gegenüber. Ich möchte nun nicht vorschlagen, das Validitätsproblem dieser Art dadurch zu lösen, daß man zu archaischeren Methoden der Trendbestimmung zurückkehrt, vielmehr sollte man die theoretischen Begründungen für das jeweilige Verfahren verbessern. Ein so nichtssagender Trendbegriff wie der oben angeführte, müßte durch ein differenzierteres, komplexeres Konzept ersetzt werden. Die von Ames praktizierte, unter Empirikern beliebte Methode des ‚best fit' produziert sozusagen notwendig Validitätsmängel des zweiten Typs und wird, besonders in der Geschichtswissenschaft angewandt, stets dem Vorwurf der Willkür ausgesetzt sein. Zweifellos zieht man sich mit der Konkretisierung und Ausdifferenzierung des Trendkonzepts weitere Kritiker heran: wenn man den Trend z. B. als Gleichgewichtswachstumsrate interpretiert oder als Wachstum bei ‚normaler' Kapazitätsauslastung. Derartige Trendbegriffe sind zwar theoretisch gehaltvoller, aber auch im gleichen Umfange angreifbarer. Das ist jedoch nur die Kehrseite erhöhter Transparenz und Nachvollziehbarkeit von Konzeptualisierungen und Interpretationen, die mit der Einführung von Theorie in die Geschichtswissenschaft angestrebt werden.

V.

Validitätsmängel des oben erläuterten dritten Typs finden sich häufig in Studien aus dem Bereich des National Bureau of Economic Research (abgekürzt: NBER).[17] Wenn es auch schon beinahe zur stehenden Rede geworden ist, in bezug auf seine Arbeiten von ‚theorielosem Messen' zu sprechen,[18] so ist diese Charakteristik doch zu rigide. Mir scheint jedenfalls, daß man die Definiton von Konjunktur als ‚Schwankungen der allgemeinen ökonomischen Aktivität', wie im Bereich der NBER-Forschung seit Jahrzehnten üblich,[19] zusammen mit den Erläuterungen für diese Begriffswahl als eine rudimentäre Theorie ansehen muß, besonders im Verhältnis zu einigen darauf bezogenen Indikatorvorschlägen. Der vielleicht

17 Vgl. A. F. Burns u. W. C. Mitchell, Measuring Business Cycles, New York 1947; I. Mintz, Dating Postwar Business Cycles. NBER, Occ. Paper, Nr. 107, New York 1969; G. H. Moore (Hg.), Business Cycle Indicators, Bd. 1, Princeton 1961, passim.

18 Vgl. T. Koopmans, Measurement without Theory, in: Review of Economics and Statistics, Bd. 29, 1947.

19 Vgl. z. B. A. F. Burns, Business Cycles: General, in: D. L. Sills (Hg.), International Encyclopedia of the Social Sciences, Bd. 2, o. O. 1968.

wichtigste besteht in der Konstruktion eines komplexen Konjunktur-Indikators auf der Basis mehrstufiger Diffusions-Indizes, die die durchschnittliche Konjunkturbewegung messen, indem sie den Anteil der Kontraktions- oder Expansionsbewegungen innerhalb einer Auswahl von konjunktursensiblen Zeitreihen festhalten.[20] Da sich jede gesamtwirtschaftliche Konjunkturbewegung aus dem partiellen Miteinander und Gegeneinander unterschiedlichster sektoraler, Branchen-, Produkt- wie auch regionaler Zyklen zusammensetzt, spricht Burns von der Konjunktur als dem „Konsensus spezifischer Zyklen".[21] Ein Referenz-Maß sollte deshalb die Überlagerung der verschiedenen gleichzeitigen Auf- und Abschwungsbewegungen formal spiegeln. Diesem Anspruch genügt der vom NBER entwickelte Diffusions-Index durch die Art seiner Konstruktion.

Vergleicht man den Gehalt des u. a. von Burns vertretenen Konjunkturkonzepts mit dem des zentralen Indikators (Diffusions-Index), so zeigt sich eine weitere Variante mangelhafter Validität. Der Indikator weist Merkmale auf, die nicht aus dem Konzept folgen, also auch nicht interpretierend auf dasselbe rückführbar sind. Z. B. glättet der Diffusions-Index kurzfristige Schwankungen aus und weist einen spezifischen Time-Lag gegenüber der Sozialproduktskurve auf.[22] Auch ist seine Bewegung natürlich stark davon abhängig, welche Reihen in die Auswahl einbezogen werden, die dem Diffusions-Index zugrunde liegt: Sind bestimmte Sektoren der Wirtschaft oder auch bestimmte Typen von Variablen, z. B. Mengenvariablen gegenüber Preisreihen, überrepräsentiert, so bestimmen sie auch im wesentlichen den Indikatorverlauf. Es fehlen theoretisch relevante Kriterien der Auswahl von statistischen Reihen, diese beruht vielmehr auf rein formalen Gesichtspunkten (Länge, Schwankungsintensität etc.).

Andererseits mißt der Indikator wiederum nicht alle Elemente des Konzepts. Insbesondere ist nicht erkennbar, was das Adjektiv ‚allgemein' im Konjunkturkonzept des NBER bedeutet und wie eine valide Operationalisierung desselben — eines für das Verständnis des NBER zentralen Begriffs — vorgenommen werden könnte. Der Indikator mißt in bezug auf den wahrscheinlichen Bedeutungsumfang des Konjunkturkonzepts stets zu eng oder zu einseitig. Ebenso sind die indizierten Wendepunkte der ‚allgemeinen ökonomischen Aktivität' aufgrund des Konzepts nicht interpretierbar, weil der Katalog denkbarer Erklärungen für Umschwünge nicht zu spezifizieren ist. Es liegt deshalb nahe, die durch den Diffusions-Index gelieferten Informationen schlicht dem allgemeinen Konjunkturbegriff un-

20 Zur Konstruktion und zu den Eigenschaften eines Diffusions-Index ausführlicher Spree, S. 87—100.

21 A. F. Burns, New Facts on Business Cycles, in: 30th Annual Report of the NBER, 1950; hier zitiert nach dem Reprint in: ders., The Business Cycle in a Changing World, New York 1969, S. 60.

22 Vgl. H. Theiler, Nicht-monetäre Indikatoren zur Bestimmung von Konjunkturtendenzen, Zürich 1971, S. 28.

terzuordnen und dessen empirischen Gehalt wiederum durch den Indikator und seine Konstruktionsregeln zu definieren. Das ist ein Musterfall der Konzeptreduzierung, der eine theoretisch fruchtbare, empirische Forschung erheblich behindert und die Interpretation bestimmter Indikatorverläufe aus Mangel an konzeptuellen Anknüpfungspunkten zur Suche nach ‚passenden' Hypothesen ex-post geraten läßt.

Um den empirischen Gehalt der Kritik an dem spezifischen Validitätsmangel des Diffusions-Index zu verdeutlichen: Der Index greift gegenüber dem Konzept notwendig zu kurz, ohne dennoch voll durch das Konzept abgedeckt zu sein. Der Index kann auf zehn, zwanzig, hundert oder auch tausend ökonomischen Zeitreihen basieren — niemals ist mit Sicherheit angebbar, ob er tatsächlich die ‚allgemeine' Konjunkturbewegung eingefangen hat. Vor allem innerhalb historischer Zusammenhänge ist es eine zentrale Frage, welche Sektoren oder Branchen schwergewichtig durch den Index erfaßt werden. Darf die Landwirtschaft zu einem bestimmten Zeitpunkt im Index dominieren, oder muß man von einem Primat industriewirtschaftlichen Wachstums ausgehen? Die Beantwortung dieser Frage setzt bestimmte Konzeptualisierungsleistungen voraus, die ein vorsichtiges Abwägen vorliegender empirischer Informationen gegenüber konjunkturtheoretischen Vorstellungen erfordern. Je nach dem Ausgang dieser Überlegungen wird man aber einen anders zusammengesetzten Index konstruieren, der unterschiedliche Ergebnisse zeitigen kann. Im einen Fall liefert er möglicherweise das Ergebnis einer engen Koppelung der gesamtwirtschaftlichen an die landwirtschaftliche Konjunktur; im anderen Fall wird er dagegen eine weitgehende Abkoppelung der gesamtwirtschaftlichen von der landwirtschaftlichen Konjunktur belegen können.[23] Der Indikator muß und kann auf das in dieser Weise ausdifferenzierte Konjunkturkonzept bezogen werden. Während also unter diesem Aspekt die bisher vom NBER benutzten Indikatoren ein zu globales Konzept nur fraktionell messen, sind wiederum die empirisch ermittelten Glättungs- und Verzögerungseigenschaften des Diffusions-Index durch das Konzept nicht abgedeckt. Sie stehen demnach beliebiger Interpretation offen und bieten Anlaß für einen Eklektizismus, der den oben dargelegten Funktionen einer theoretischen Konstituierung des Gegenstandes vor Ableitung der Indikatoren widerspricht.

23 Vgl. die widersprüchlichen Einschätzungen der wesentlichen Konjunkturdeterminanten zwischen 1840 und 1870 in Deutschland bei K. Borchardt, Wirtschaftliches Wachstum und Wechsellagen 1800—1914, in: W. Zorn (Hg.), Handbuch der deutschen Wirtschafts- und Sozialgeschichte, Bd. 2, Stuttgart 1976, S. 255, 259 f., Anm. 14; gegenüber Spree, Kap. 2 und 5, sowie Spree u. J. Bergmann, Die konjunkturelle Entwicklung der deutschen Wirtschaft 1840 bis 1864, in: H.-U. Wehler (Hg.), Sozialgeschichte Heute. Festschrift für Hans Rosenberg zum 70. Geburtstag, Göttingen 1974, S. 289, 299 ff., 318—321.

VI.

Die diskutierten Beispiele sind der historischen Konjunkturforschung entnommen, weil sich diese besonders frühzeitig der Notwendigkeit einer Arbeit mit Indikatoren bewußt war und inzwischen ein relativ hohes Theorie- und Methodenbewußtsein erreicht hat. Dennoch zeichnet sich diese Forschungsrichtung, wie auch die Beispiele verdeutlichen, dadurch aus, daß dem Aufwand an verengt methodologischer, im Grunde eher instrumenteller Arbeit keine hinreichende Bemühung um angemessene theoretische Begründung von Variablen, unterstellten Zusammenhängen und abgeleiteten Indikatoren entspricht. Dabei dürfte es sich in vielen Fällen um ein durchaus bewußt gehandhabtes Forschungsprinzip handeln, weil genügend Erfahrungen vorliegen, daß die Vorgabe differenzierter theoretischer Überlegungen allzu oft überhöhte Erklärungsansprüche weckt, die durch die verfügbaren Quellen und Daten nicht mehr eingelöst werden können. Je komplexer eine möglicherweise zur Verfügung stehende einschlägige Theorie und je abstrakter die von ihr angebotenen Kategorien, desto größer wird natürlich der Umfang der vor Eintritt in die eigentliche empirische Untersuchung zu leistenden Arbeiten an der Explikation von Vermittlungen zwischen den Kategorien des theoretischen Bezugsrahmens und den materialangemessenen Indikatoren.[24] Validitätsprüfungen der hier andeutungsweise vorgeführten Art müssen bei jedem einzelnen Indikator ansetzen und stellen den Test auf gelungene oder mißlungene konsistente Vermittlung zwischen Theorierahmen und Analyseinstrumenten dar.

Häufig wird empfohlen, Validitätsproblemen aus dem Wege zu gehen, indem man von vornherein in theoretischen Konzepten nur operationalisierte Begriffe verwendet. Für diese benötigt man dann keine Indikatoren.[25] Einem solchen Ansatz nähern sich die in den Abschnitten IV und V diskutierten Beispiele an. Wie dargelegt, sind aber auch unter diesen Umständen Validitätsmängel keineswegs immer ausgeschlossen, besonders dann nicht, wenn zwar nur Variable in schon operationalisierter Form eingeführt werden (z. B. der Trend als mathematischer Funktionstyp oder der gene-

24 Beispiele für die nicht bewältigten Schwierigkeiten, aus einer mit sehr abstrakten Kategorien arbeitenden, komplexen Theorie valide Indikatoren abzuleiten, finden sich häufig im Bereich der marxistischen Konjunkturforschung. Auch für neuere einschlägige Untersuchungen, innerhalb derer der Versuch relativ konsequent vorgenommen wird, die Beziehungen zwischen Kategorien der Arbeitswertlehre und den statistischen Begriffen der volkswirtschaftlichen Gesamtrechnung zu klären, läßt sich der Nachweis führen, daß die konstruierten Indikatoren in bezug auf die Wertkategorien nicht valide sind. Es zeigen sich ähnliche Interpretationsprobleme, wie oben in Abschnitt V am Beispiel der NBER-Studien dargestellt. Vgl. etwa E. Altvater u. a., Entwicklungsphasen und -tendenzen des Kapitalismus in Westdeutschland, in: Probleme des Klassenkampfs, Bd. 13 u. 16, 4. Jg., 1974, Nr. 2 u. 4.

25 Vgl. Opp, S. 156.

relle Konjunkturindikator als Diffusions-Index), der theoretische Kontext dieser Variablen aber im wesentlichen implizit bleibt. Es stellen sich dann zwangsläufig Lücken bei der Erklärung bestimmter Eigenschaften der instrumentell definierten Variablen ein und ebenso bei den mit ihrer Hilfe gewonnenen Ergebnissen.

Weiter ist zu bedenken, daß theoretische Entwürfe, die Nominaldefinitionen oder sogar undefinierte Begriffe enthalten, nicht nur häufig unpräzise und inkonsistent sind. Vielmehr sollte man auch sehen, daß sie einen Komplexitätsgrad aufweisen können, den operationalisierte Konzepte erst im fortgeschrittenen ‚Reifestadium' erreichen dürften. Um hohe Reichweite und interne Differenziertheit der Aussagen nicht vorschnell und in Unkenntnis erkaufter Verkürzungen bei den Dimensionen und Verluste bei der Erklärungskraft aufzugeben, müßte quantitative historische Forschung sowohl auf ‚theorieloses' Messen wie Konzeptreduzierung möglichst verzichten und sich nicht dadurch vom Bemühen um anspruchsvollere theoretische Konzeptualisierung des Gegenstandes abhalten lassen, daß eine Vielzahl operationalisierter Begriffe im Sinne von Instrumenten zur Verfügung steht. Besonders das Angebot von umfangreichen Standardprogrammen der Auswertung sozialwissenschaftlicher Daten im Rahmen der elektronischen Datenverarbeitung verführt leicht dazu, den eigenen Erklärungsrahmen auf den in diesen Programmen und ihren Variablendefinitionen latent angelegten zu beschränken. Über den verfügbar gemachten Varianten der Suche nach dem ‚best fit' einer Trendkurve durch Anpassung von im Programm schon vorgesehenen alternativen Kurventypen an eine Zeitreihe wird z. B. die Notwendigkeit vergessen, den theoretischen Gehalt einer spezifischen Trendannahme und ihren Stellenwert in einem ausgewiesenen Konjunkturkonzept darzustellen.

Außerdem scheint mir das Beispiel im Abschnitt III zu belegen, daß eine Ableitung valider Indikatoren bzw. die Kontrolle und Korrektur zunächst in Kauf genommener Validitätsmängel durch Gegenrechnungen und ergänzende Schätzungen eine Differenzierung des vorgegebenen Interpretationsrahmens verlangt, die bis zur Komponentenzerlegung jeder einzelnen Variablen, für die ein Indikator zu bilden ist, reicht. Der Mehraufwand an Konzeptualisierungsleistung (im Vergleich zu ‚theorielosem Messen' oder zur Beschränkung auf frei-hand in Beziehung gesetzte, schon operationalisierte Variablen) zahlt sich also — wenn diese saloppe Ausdrucksweise einmal erlaubt wird — durch Verbesserung der Indikatorvalidität, zumindest durch die Möglichkeit ihrer Überprüfung sowie durch erhöhte Stringenz und Konsistenz der Analyse bzw. Ergebnisinterpretation aus. Die historische Konjunkturforschung hat gerade in dieser Hinsicht in der Nachkriegszeit kaum Fortschritte gegenüber etwa den Leistungen von Spiethoff und Schumpeter[26] gemacht; sie hat sich vielmehr fast ausschließ-

26 Vgl. J. A. Schumpeter, Konjunkturzyklen, 2 Bde., Göttingen 1961; A. Spiethoff, Die wirtschaftlichen Wechsellagen, 2 Bde., Tübingen 1955; dazu die Würdigung

lich der Durchrechnung größerer Datenmengen verschrieben sowie der Verfeinerung ihrer Instrumente. Der Fortschritt dieser Teildisziplin wie der quantitativen historischen Forschung überhaupt hängt aber meines Erachtens nicht in erster Linie von der Verbesserung der Analyseinstrumente und der Bewältigung neuer bzw. umfangreicherer Datenmengen ab, die dann mehr oder weniger willkürlich interpretiert werden. Die Arbeit an den Instrumenten und der Rechenaufwand lohnen sich erst, wenn durch angemessene, auf größere Komplexität, Reichweite und Differenziertheit gerichtete Konzeptualisierungsbemühungen die Relevanz von Struktur- und Prozeßbeschreibungen sowie die Bedingungen der Möglichkeit kausaler Erklärungen sichergestellt sind. Bei quantitativer historischer Forschung wird sich im Rahmen dieses Forschungsprogramms die Validitätsprüfung der jeweils benutzten Indikatoren als Mittel der Erfolgskontrolle bewähren.

des letzteren durch K. Borchardt, Wandlungen des Konjunkturphänomens in den letzten hundert Jahren, München 1976 (Sitzungsberichte der Bayerischen Akademie der Wissenschaften, Philosophisch-Historische Klasse, Jg. 1976, H. 1), S. 19—32.

Selbstreflexion und Theoriengebrauch in der Geschichtswissenschaft

von Helmut Berding

Durch die Anwendung oder Bildung gegenstandsbezogener Theorien in der Praxis des Historikers wird das viel genannte Theoriedefizit in der Geschichtswissenschaft keineswegs behoben. Vielmehr wächst der Theoriebedarf, wenn sich die Praxis des Historikers verändert, wenn überlieferte Verfahrensweisen durch neue ergänzt, modifiziert oder ersetzt werden. Das Bedürfnis nach systematischer Aufklärung der von solchen Wandlungen in der Forschungspraxis nicht unberührt bleibenden theoretisch-methodologischen Grundlagen der Geschichtswissenschaft entsteht unmittelbar im Alltag des Historikers. Sobald er seine historischen Gegenstände — anders als in der Tradition des Historismus — mit Hilfe von expliziten und konsistenten Begriffs- und Kategoriensystemen zu identifizieren, erschließen und erklären versucht, stößt er auf eine Vielzahl neuer Fragen und Probleme: welche Funktion soll die von ihm verwendete gegenstandsbezogene Theorie erfüllen, ist sie dem Forschungsgegenstand und zugleich auch dem Erkenntnisziel angemessen, kann oder muß sie mit anderen Theorien bzw. Theoriestücken kombiniert werden, ist sie der „Operationalisierung" bedürftig und fähig, läßt sie sich mit den spezifisch geschichtswissenschaftlichen Forschungsabsichten und -methoden vereinbaren oder in der Darstellung mit der für die Geschichtsschreibung typischen narrativen Aussageform verknüpfen? Diese und andere Fragen, die in der Bielefelder Tagung über „Theorien in der Praxis des Historikers" die Diskussion beherrschten, machen schlagartig klar, daß der Geschichtswissenschaft neue theoretische Problemstellungen zugewachsen sind, die sie nicht einfach anderen Disziplinen zuweisen kann. Sie selber muß sich ihrer annehmen, sie bedarf einer Geschichtstheorie in einem umfassenden Sinne, wie sie aus der Tradition unter dem Namen „Historik" bekannt ist. Historik ist zu begreifen als eine „systematische Untersuchung der Theorien, Methoden und praktischen Absichten, die in konkreter Geschichtsforschung und Geschichtsschreibung wirksam sind". *Jörn Rüsen* hat im Rahmen einer so verstandenen Geschichtstheorie die Grundlagen der historischen Geschichtswissenschaft analysiert, er ist in der Auseinandersetzung mit der geschichtswissenschaftlichen Tradition zu einem kritisch erneuerten und erweiterten Historismus gelangt und hat schließlich ein Konzept vorgeschlagen, das „eine hinreichende Klärung des gegenwärtigen Status der Geschichtswissenschaft als historischer Sozialwissenschaft ermöglicht". Die Vorüberlegungen und Ergebnisse seiner Bemühungen um eine er-

neuerte Historik liegen nun in zwei fast gleichzeitig erschienenen Aufsatzsammlungen vor, die hier zur Diskussion gestellt werden sollen.[1]
Die beiden Bände enthalten insgesamt 14 Aufsätze, die zwischen 1968 und 1976 entstanden sind. In der Themenstellung sind die Beiträge sehr unterschiedlich; sie sind jedoch ausnahmslos von einem geschichtstheoretischen Interesse geleitet und insofern alle Mosaikstücke einer umfassend-systematischen Geschichtstheorie, deren Umrisse sich abzeichnen. Rüsens Aufsätze verfolgen bei aller Weite der Themenstellung und der zeitlichen Differenz ihrer Entstehung stets das Ziel, die wesentlichen Faktoren der historischen Erkenntnis — Interpretationsrahmen, Methoden, lebensweltlichen Zweck und Bildungsfunktion der historischen Wissenschaften — systematisch „in ihrem inneren und notwendigen Zusammenhang“[2] zu bestimmen. Diese Zielsetzung, die den geschichtstheoretischen Forschungen Rüsens Kontinuität und Einheit verleiht, erklärt auch ihre Komplexität und das hohe Reflexionsniveau. Seine Theorie der Geschichte hat ihren Ort zwischen der Geschichtswissenschaft und der Philosophie; sie verbindet Selbstreflexion der Geschichtswissenschaft mit philosophischer Analyse der historischen Erkenntnis.
Bei den fünf Aufsätzen, die im *Ästhetik-Band* zusammengefaßt sind, liegt der Schwerpunkt auf der philosophischen Analyse der historischen Erkenntnisse. Die Probleme der Historie als Fachdisziplin treten hier in den Hintergrund; das Moment der Selbstreflexion wird nur sekundär zur Geltung gebracht. Das gilt besonders für die ersten drei Beiträge, die kritisch an der Ästhetik Hegels anknüpfen: „Kunst, Gesellschaft, Bildung — Perspektiven ihres Zusammenhangs“; „Die Vernunft der Kunst — Hegels geschichtsphilosophische Analyse der Selbsttranszendierung des Ästhetischen in der modernen Welt“; „Ästhetik als Geschichtstheorie“. Für den fachspezifisch an Theorieproblemen interessierten Historiker haben diese Abhandlungen eine eher periphere Bedeutung. Die Ästhetik spielt zwar, wie Rüsen nachgewiesen hat, in der historistischen Geschichtskonzeption und Geschichtsschreibung eine durchaus wichtige Rolle; aber durch den breiten Raum, den sie bei Rüsen einnimmt, erhält sie einen Stellenwert, der ihr in der Geschichtswissenschaft nicht zukommt, wohl hingegen in der Kunst- und Literaturwissenschaft. Das diese Disziplinen kennzeichnende Spannungsverhältnisse von Ästhetik und Historik thematisiert Rüsen in den beiden letzten Beiträgen dieses Bandes: „Historismus und Ästhetik — Geschichtstheoretische Voraussetzungen der Kunstgeschichte“ und „Über

1 J. Rüsen, Ästhetik und Geschichte. Geschichtstheoretische Untersuchungen zum Begründungszusammenhang von Kunst, Gesellschaft und Wissenschaft, Stuttgart 1976 (J. B. Metzlersche Verlagsbuchhandlung); ders., Für eine erneuerte Historik. Studien zur Theorie der Geschichtswissenschaft, Stuttgart—Bad Cannstatt 1976 (Frommann-Holzboog, Kultur und Gesellschaft, Bd. 1). Künftig zitiert als „Ästhetik“ bzw. „Historik“. Zitate: Historik, S. 5.

2 Historik, S. 195.

einige Beziehungen zwischen Ästhetik, Historik und Didaktik". Die hier durchgeführten Analysen gehen auf die fachspezifischen Probleme der gegenwärtigen Kunst- und Literaturgeschichte ein und vergleichen sie mit analogen Erscheinungen in der Geschichtswissenschaft; dadurch wird, fächerübergreifend, der Bezug zu den konkreten Problemen der historischen Forschungspraxis hergestellt. Mit der Annäherung der Theorie an die Empirie schwinden die Kommunikationsprobleme, welche die vorher genannten Aufsätze mit ihrem hohen Abstraktionsgrad aufwerfen. Zugleich gewinnt in den zuletzt abgedruckten und später entstandenen Beiträgen der Gesichtspunkt des systematischen Zusammenhangs an Bedeutung.

Der *Historik-Band* unterscheidet sich vom Ästhetik-Band nicht durch abweichende Ansätze, wohl aber durch eine unterschiedliche Akzentuierung der in ihm zusammengestellten Arbeiten. Alle neun Aufsätze behandeln Theorieprobleme fachbezogen auf Geschichte als Wissenschaft. Mit den beiden in dieser Aufsatzsammlung enthaltenen Beiträgen zur Geschichtstheorie in historischer Perspektive knüpft Rüsen unmittelbar an seine Forschungen über Droysen an, die sich in einem Buch, einer Textedition und einer weiteren, in diesen Band nicht aufgenommenen Arbeit niedergeschlagen haben.[3] Der große Nachdruck, mit dem sich Rüsen um den wissenschaftsgeschichtlichen Aspekt der Geschichtstheorie bemüht, ist, anders als die Betonung der Ästhetik, vom eigenen Ansatz her theoretisch zwingend geboten. Die Geschichte der Geschichtswissenschaft wird systematisch in die Untersuchung der Grundlagen der Geschichtswissenschaft einbezogen.[4] Einen systematischen Stellenwert hat ferner die Klärung des Verhältnisses, „in dem die Geschichtswissenschaft zu ihren Nachbarwissenschaften, zur Philosophie und zu den weltanschaulichen Strömungen ihrer Zeit steht".[5] Diesem Problemkomplex sind mehrere Rezensionsaufsätze gewidmet, in denen der Verfasser seine Position präzisiert; er grenzt sie ab gegenüber einigen Vertretern der philosophischen Hermeneutik, des kritischen Rationalismus und des historischen Materialismus und liefert zugleich sachlich einen Beitrag zum Problem der historischen Objektivität. Ihm wendet Rüsen in der Aufsatzsammlung und an anderer Stelle[6] nicht

3 J. Rüsen, Begriffene Geschichte. Genesis und Begründung der Geschichtstheorie J. G. Droysens, Paderborn 1969; Johann Gustav Droysen, Texte zur Geschichtstheorie. Hg. von G. Birtsch und J. Rüsen, Göttingen 1972; J. Rüsen, Johann Gustav Droysen, in: H.-U. Wehler (Hg.), Deutsche Historiker II, Göttingen 1971, S. 7—23; zu Rüsens Auseinandersetzung mit dem Historismus vgl. ferner seinen Beitrag über Jacob Burckhardt in Bd. III der Deutschen Historiker, Göttingen 1972, S. 5—28.

4 Vgl. Historik, S. 12.

5 Ebd., S. 13.

6 J. Rüsen, Werturteilsstreit und Erkenntnisfortschritt. Skizzen zur Typologie des Objektivitätsproblems in der Geschichtswissenschaft, in: ders. (Hg.), Historische Objektivität. Mit Beiträgen von H. M. Baumgartner, K. G. Faber, J. Rüsen, A. Schaff, Göttingen 1975, S. 68—101.

zufällig seine besondere Aufmerksamkeit zu. Die Frage der historischen Objektivität ist von entscheidender Bedeutung für eine geschichtstheoretische Position, die „die Abhängigkeit der Geschichtswissenschaft von den politischen Tendenzen ihrer Zeit und ihre Rückwirkung auf die aktuelle Zweckbestimmung gesellschaftlicher Praxis“[7] als wesentliche Bestimmungsfaktoren historischer Erkenntnis betont und folglich der Analyse der lebensweltlichen Konstitution historischer Erkenntnis einen besonderen Rang zuweist. „Die Historik erschließt die Eigenart der historischen Erkenntnis, indem sie sie aus dem lebensweltlichen Verhältnis des Menschen zu seiner weltverändernden Praxis herleitet.“[8] Immer wieder weist Rüsen darauf hin, daß die Kriterien für die fachspezifische Rationalität oder die Besonderheiten der geschichtswissenschaftlichen Rationalität „sich nur bestimmen lassen, wenn man den Vorgang untersucht, in dem vor- und außerwissenschaftliches, alltägliches Denken und Handeln sich in wissenschaftliche Theorien und Methoden umsetzt.“[9] Aus diesem Grunde ist Geschichtstheorie unverzichtbar für die Explikation und Begründung der Fachspezifik von Geschichtswissenschaft; sie spielt eine wichtige Rolle auch für die fachkonforme Orientierung der Geschichtsdidaktik, „die ohne eine geschichtstheoretische Basis unmöglich ist“, die, allein gelassen, sich „in den Gefilden einer zweifelhaften Superwissenschaft verlieren“ würde.[10] Denn wenn die Didaktik vorwissenschaftliche allgemeine Lernziele formuliert und damit der Geschichtswissenschaft ihre Bildungsfunktion von außen vorschreibt, dann setzt sie sich in Widerspruch zur Geschichtsforschung. Sie würde von dieser nicht akzeptiert werden oder die Fachwissenschaft zur Preisgabe ihrer wissenschaftlichen Objektivität zwingen. Die Geschichtswissenschaft muß ihre Bildungsfunktion aus sich selbst heraus bestimmen; ihre lebensweltliche Zwecksetzung und Abhängigkeit müssen allerdings, um der historischen Erkenntnis einen wissenschaftlichen Rang zu garantieren, in einen Zusammenhang mit den geltenden Normen, Regeln oder Methoden der Forschung gestellt werden. Alle diese sich gegenseitig bedingenden Konstitutionsfaktoren der geschichtswissenschaftlichen Erkenntnis müssen nicht irgendwie, sondern in ihrem inneren und notwendigen Zusammenhang untersucht werden. Das Theoriedefizit stellt sich aus der Sicht Rüsens wesentlich als „Mangel an *Systematik* in der Selbstreflexion der Geschichtswissenschaft“ dar.[11] Auf die systematischen Zusammenhänge der Geschichtstheorie, auf die es Rüsen vordringlich ankommt, geht er am ausführlichsten in seinen beiden Aufsätzen „Für eine erneuerte Historik — Vorüberlegung zur Theorie der

7 Historik, S. 14.
8 Ebd., S. 39.
9 Ebd., S. 175.
10 J. Rüsen, Zum Verhältnis von Theorie und Didaktik der Geschichte, in: ebd., S. 165—181. Zitate: S. 172 u. 175.
11 Ebd., S. 204. Unterstreichung von mir.

Geschichtswissenschaft“ und über „Ursprung und Aufgabe der Historik“ ein. Schon im Titel klingt der programmatische Charakter an. Rüsen betont ausdrücklich, daß seine Bestimmung der Historik ein Desiderat bezeichnet, „die skizzierte Aufgabenstellung der Historik ... ist ... postulatorischer Art“.[12]

Nach diesem Überblick über den Inhalt der beiden Aufsatzsammlungen könnte man das geschichtstheoretische Konzept Rüsens als eine Geschichtstheorie in systematischer Absicht charakterisieren, die sich selber in einer nicht-systematischen Form präsentiert. Sie ist keine nach dem Vorbild Droysens oder etwa in Nachahmung Hedingers[13] systematisch aufgebaute und in Paragraphen gegliederte, also formal in sich geschlossene Enzyklopädie und Methodologie der historischen Wissenschaften. In formaler Hinsicht ist sie fragmentarisch, zusammengesetzt aus Einzelbeiträgen, die in zeitlicher Differenz und aus wechselnder Perspektive entstanden sind, die aber gleichwohl eine Einheit bilden. An innerer Systematik und Stringenz der Gedankenführung steht Rüsens geschichtstheoretisches Konzept keiner anderen Historik nach. Er weist ihr einen Aufgabenbereich zu, wie er umfassender nicht gedacht werden kann.

Der Versuch, die Kernthesen Rüsens herauszuarbeiten und ihre wichtigsten Grundzüge in einer knappen und verständlichen Weise darzustellen, bereitet nicht geringe Mühe. Die Schwierigkeiten liegen offenbar außer in der Darstellungsform auch inhaltlich im Konzept selber begründet; die Historik Rüsens ist ein Amalgam aus Erkenntnistheorie, Wissenschaftstheorie, Geschichtsphilosophie, Wissenschaftsgeschichte und Methodologie. Alle diese Elemente stehen in einem engen Bedingungszusammenhang, so daß keiner dieser Bestandteile aus der Theorie herausgebrochen werden kann. Ohne diesen umfassend-systematischen Zugriff wäre Geschichtstheorie ihrem Erkenntnisgegenstand und -ziel nicht angemessen. Den *Gegenstand* bezeichnet Rüsen in Anlehnung an Thomas S. Kuhn, dessen wissenschaftstheoretische und wissenschaftsgeschichtliche Untersuchungen über den Strukturwandel der Naturwissenschaften er auf die Geschichtswissenschaft überträgt, als „disziplinäre Matrix“ oder als „Paradigma“. Paradigma ist der innere Zusammenhang von lebensweltlicher Erkenntniskonstitution, Bezugsrahmen und Methode der Forschung und sozialer Funktion der Geschichtsschreibung ... das Paradigma, an dem die Eigenart der Geschichtswissenschaft hinsichtlich ihrer Voraussetzungen, Fragestellungen, Gegenstände, Methoden und Erkenntniszwecke ausgemacht wird, ist als Sachverhalt gegeben im konkreten geschichtlichen Dasein der Geschichtswissenschaft.[14] *Erkenntnisziel* der Geschichtstheorie ist die Bestimmung des Begründungszusammenhangs der Geschichtswis-

12 Ebd., S. 196.
13 H.-U. Hedinger, Subjektivität und Geschichtswissenschaft — Grundzüge einer Historik, Berlin 1969.
14 Historik, S. 44.

senschaft. Dieser könnte weder von der zu begründenden Fachdisziplin allein noch ohne sie erarbeitet werden. Somit ist Geschichtstheorie „gleichsam der Transmissionsriemen zwischen der Geschichtswissenschaft und der Philosophie“.[15] „Ihrer Reflexionsform nach ist sie einerseits angewandte kritische Philosophie, andererseits Selbstreflexion historischen Wissens.“[16] In die philosophische Analyse oder Selbstreflexion müssen alle Momente, die für die geschichtswissenschaftlich erarbeiteten historischen Erkenntnisse konstitutiv sind, einbezogen werden. *„Historik ist Paradigmaforschung.“*[17]

Der komplexe und auf Totalität abzielende Charakter des von Rüsen entworfenen geschichtstheoretischen Konzepts macht seine Überlegenheit aus. Es vermittelt wohl besser als jeder andere Ansatz einen Einblick in die Vielschichtigkeit der geschichtswissenschaftlichen Grundlagenprobleme. Die diagnostische Leistungsfähigkeit dieser Theorie ist kaum bestreitbar. Über ihre therapeutische Wirksamkeit dürften hingegen die Meinungen weit auseinandergehen. Theoretisch stellt sich die Frage, ob es überhaupt möglich ist, „das Prinzip darzulegen, aufgrund dessen verschiedenartige Interpretationsansätze und -hinsichten sich zu einer homogenen historischen Theorie synthetisieren lassen.“[18] Abgesehen von dieser prinzipiellen Theorieproblematik ergeben sich Kommunikationsschwierigkeiten sehr pragmatischer Art. Läßt sich von der Reflexionsebene, auf der Rüsen die metatheoretische Diskussion führt, eine Brücke schlagen hinüber zu der Reflexionsebene, auf der empirisch forschende Historiker ihre Auseinandersetzungen mit gegenstandsbezogenen Interpretationsproblemen austragen? Rüsen selber betont, daß die Geschichtstheorie „zur Lösung ihrer Aufgaben in einer von den Problemlösungsverfahren der empirisch-historischen Forschung grundsätzlich verschiedene Weise verfährt“ und daß sich „von ihren Problemstellungen her ... ihre relative (innerfachliche) Selbständigkeit zwingend“ ergibt.[19] Die Tendenz zur Verselbständigung der Theorie gewinnt in dem Maße an Kraft, in dem die theoretische Analyse, wie bei Rüsen, auf Wissenschaftstheorie, Erkenntnistheorie und Geschichtsphilosophie ausgreift und sich von der geschichtswissenschaftlichen Forschungspraxis entfernt. Eine praxislose Theorie, die sich einer theorielosen Praxis gegenüberstellt, ist jedoch prekär. Das betont auch Rüsen, der das in der Theorie liegende „kritische Potential von Reflexion als Triebkraft von Erkenntnisfortschritt“ in der Geschichtswissenschaft freisetzen möchte.[20] Um den Gefahren zu begegnen, die eine sich gegenüber

15 Ebd., S. 38.
16 Seminar: Geschichte und Theorie. Umrisse einer Historik. Hg. von H. M. Baumgartner u. J. Rüsen, Frankfurt 1976, S. 8 (Einleitung der Herausgeber).
17 Historik, S. 44.
18 Ebd., S. 118.
19 Ebd., S. 195.
20 Ebd., S. 184.

der empirischen Forschung verselbständigende Theorie „für den fachlich institutionalisierten Erkenntnisfortschritt“ bedeuten könnte, siedelt Rüsen die Geschichtstheorie als Subdisziplin innerhalb der Geschichtswissenschaft an. Er bezeichnet Historik als eine Theorie, die „nichts anderes thematisiert als die geltenden Normen, Regeln, Voraussetzungen und Absichten der fachwissenschaftlichen Forschung und Geschichtsschreibung. Es geht in der Historik also gar nicht darum, von einem übergeordneten Gesichtspunkt aus vorgegebene Formen und Inhalte der Geschichtswissenschaft zu destruieren und durch eine neue Geschichtsbetrachtung zu ersetzen, in der der Ertrag der bisherigen Geschichtsforschung und Geschichtsschreibung weder eingebracht noch im Sinne eines prüfbaren Erkenntnisfortschritts überholt wird. Im Gegenteil: ‚Historik‘ wählt ihren Standpunkt im Fache selber . . .“[21] Damit ihre Aussagen nicht den abstrakten Charakter annehmen, den sie in verselbständigten und empiriefernen Theorien leicht gewinnen, soll in der Geschichtstheorie Rüsens der Zusammenhang thematisch bleiben, „in dem die Theorie-Ebene der Geschichtswissenschaft mit derjenigen der konkreten Forschung und Geschichtsschreibung steht, und der Ausgriff der Theoretiker in Bereiche der Philosophie und anderer Wissenschaften wird an die Spezifik des Faches ‚Geschichte‘ zurückgekoppelt.“[22] Aus diesem Anspruch wird klar, daß Rüsen die in der Metatheorie liegenden Verselbständigungsgefahren und die sich daraus ergebenden Kommunikations- und Vermittlungsprobleme deutlich gesehen und zu vermeiden gesucht hat. Aber Metatheorie ist unvermeidbar im wesentlichen eine philosophische Analyse der historischen Erkenntnis in ihrer lebensweltlichen Konstitution. Probleme der Erkenntnistheorie, Wissenschaftstheorie und Geschichtsphilosophie stehen im Mittelpunkt.

Rüsen, der die Eigenart der historischen Erkenntnis im „lebensweltlichen Verhältnis des Menschen zu seiner weltverändernden Praxis“[23] begründet sieht, geht der Frage nach, wie sich von dieser Voraussetzung her Geschichte als Wissenschaft bestimmen lassen kann. In Anlehnung an Max Weber wird die Frage folgendermaßen präzisiert: „Wie kann eine Wissenschaft von der geschichtlich-gesellschaftlichen Welt des Menschen rational sein, d. h. zu intersubjektiv verbindlichen Erkenntnissen gelangen und zugleich diejenige Geschichtlichkeit des menschlichen Handelns und Denkens im Blick behalten, die ihre Erkenntnis von vor- und außerwissenschaftlichen Lebensvollzügen in hohem Maße abhängig macht?“[24] Wenn sich die Historik diesem erkenntnis- und wissenschaftstheoretischen Problem zuwendet, stößt sie auf eine Reihe von in der Gegenwart diskutierten alternativen Modellen wissenschaftlicher Erkenntnis z. B. aus der kritischen Sozialwissenschaft (Habermas, Albert) oder aus der Philosophie (Dantos

21 Ebd., S. 11.
22 Ebd., S. 184.
23 Ebd., S. 39.
24 Ebd., S. 133.

Logik narrativer Erklärung und ihre transzendentalphilosophische Weiterführung durch Baumgartner). Rüsen, der gegen alle diese Modelle bestimmte Einwände[25] erhebt, stellt die These auf, daß sich ohne Geschichtsphilosophie keine Kriterien dafür angeben lassen, welcher Erkenntnis- oder Wissenschaftstheorie der Vorzug zu geben sei. Geschichtsphilosophie, „die einen allgemeinen Bezugsrahmen der historischen Interpretation aufstellt und dabei Kategorien zur Bestimmung des geschichtlichen Lebens im ganzen ... entwickelt“, ist somit unerläßlich. Deshalb schreitet die Historik „von der Methodologie der historischen Wissenschaften über eine erkenntnistheoretische Analyse der historischen Objektivität zur Geschichtsphilosophie fort, die die Geschichte als Lebenswelt thematisiert“.[26] Geschichtsphilosophie, die den „Leitfaden“ jeder Geschichtsschreibung abgebe und innerwissenschaftlich eine regulative Funktion habe, beruhe auf praktischer Vernunfterkenntnis.[27]

Der aus den außer- und vorwissenschaftlichen Bedingungen historischer Erkenntnis hergeleitete Vorgriff auf geschichtliche Totalität ist nach Rüsen ein wesentlicher Bestimmungsfaktor jeglicher Theoriebildung. Alle Theorien haben einen Bedeutungsgehalt im Sinne Max Webers. Das gilt sowohl für Theorien über geschichtliche Sachverhalte (zum Beispiel Theorien des Faschismus, Theorien des Feudalismus oder Theorien über die Entwicklung des modernen Kapitalismus) wie auch für Geschichtstheorie als Metatheorie, als Reflexion der Geschichtswissenschaft über sich selbst. Rüsen hält es für unmöglich, die Objekt- und Meta-Ebene der historischen Erkenntnis streng zu scheiden und auf diese Weise Historik von Geschichtsphilosophie freizuhalten.[28] Darin unterscheidet er sich von der transzentalphilosophischen Geschichtstheorie, die von einer fundamentalen Differenz zwischen Lebenswelt und Geschichte ausgeht.[29] Gegen die von Max Weber verwendete neukantianische Erkenntnistheorie und gegen die von H. M. Baumgartner entfaltete Theorie der historischen Kontinuität als einer narrativen Konstruktion hält Rüsen daran fest, daß die Frage nach *der* Geschichte nicht obsolet geworden ist, daß die Geschichte nicht in ein Chaos unzählig vieler möglicher Geschichten zerfällt, denen der Historiker erst einen Sinn einstiften müsse,[30] wenngleich die „grundlegende Einsicht“ Webers gültig bleibe: *„Die historischen Erkenntnisgegenstände sind durch den lebendigen, gegenwärtigen Vollzug von Geschichte konstituiert, und diese Konstitution muß bei der theoretischen Selbstbestimmung der Geschichtswissenschaft berücksichtigt werden, weil sie Vorentscheidungen*

25 Ebd., S. 39.
26 Ebd., S. 155.
27 Ebd., S. 159.
28 Ebd., S. 93.
29 Vgl. H. M. Baumgartner, Thesen zur Grundlegung einer transzendentalen Historik, in: Seminar (vgl. Anm. 16), S. 274—304. Vgl. ferner ders., Kontinuität und Geschichte. Zur Kritik und Metakritik der historischen Vernunft, Frankfurt 1972.
30 Rüsen, Werturteilsstreit, S. 94.

über Auswahl und Gebrauch der Begriffe, Theorien und Methoden historischer Forschung enthält."[31] Trotz oder gerade wegen dieser lebensweltlichen Verankerung der historischen Erkenntnis beharrt Rüsen auf der Notwendigkeit von Geschichtsphilosophie. Ohne sie würde die historische Erkenntnis einer schrankenlosen Relativität anheimfallen. Das bedeutete die Preisgabe dessen, worauf es Rüsen eigentlich ankommt: Objektivität im Sinne von intersubjektiver Überprüfbarkeit. Sie kann nicht erreicht werden durch die Zuflucht zu außerhalb der Geschichte liegenden Normen oder zu Fixpunkten, die dem geschichtlichen Wandel enthoben sind. Die Erkenntnisleistungen der Subjektivität sind nicht anthropologisch oder transzendentalphilosophisch zureichend bestimmbar, sie sind immer zugleich auch konkret historisch handlungsbezogen, müssen also mit dem geschichtlichen Wandel zusammengedacht werden. Sonst kommt es zu anthropologischen oder „transzendentalen Reduktionen" und nicht zur Beförderung intersubjektiv geltender historischer Erkenntnis. „Es gibt keine ahistorische Wissenschaft vom Menschen, nach deren Resultat die historische Erkenntnis reguliert werden könnte." Dies kann nur innerwissenschaftlich geschehen; die Geschichtswissenschaft selber muß den allgemeinen Bezugsrahmen entwickeln und begründen. Sie muß die Aufgabe mit übernehmen, die in der Tradition die Geschichtsphilosophie für sich in Anspruch genommen hat.[32]

Die Historik verhält sich zur Geschichtsphilosophie sowohl kritisch wie auch positiv. „Die Kritik richtet sich gegen jeden Versuch, die Geschichte als ganze so zu erkennen, wie die Geschichtswissenschaft sie nur partiell erkennt."[33] Im einzelnen brauchen die erkenntnis- und ideologiekritischen Argumente, mit denen Rüsen der traditionellen idealistischen und der materialistischen Geschichtsphilosophie entgegentritt, hier nicht aufgegriffen zu werden. Aber die Bestimmung des positiven Verhältnisses von Historik und Geschichtsphilosophie bedarf der Präzisierung, weil die Geschichtsphilosophie im Konzept Rüsens einen entscheidenden Stellenwert hat.

Wieso macht die Historik *geschichtsphilosophisch* aus, „was Geschichte als lebensweltlicher Boden des Erkenntnissubjektes eigentlich ist"?[34] Nach Rüsen entspringen aus der lebensweltlichen Erfahrung allgemeine Annahmen über die wirklichen Voraussetzungen aller Menschengeschichte, von denen die Geschichtsschreibung auszugehen hat. In seiner Auseinandersetzung mit den Marx-Interpretationen von A. Schmidt und H. Fleischer gibt Rüsen ein konkretes Bild für solche allgemeinen geschichtsphilosophischen Annahmen, die der historischen Erkenntnis als geeigneter Leitfaden dienen können. Er nennt die von Marx und Engels in der

31 Ebd., S. 84.
32 Historik, S. 158 u. S. 161.
33 Ebd., S. 155.
34 Ebd.

„Deutschen Ideologie“ formulierten Voraussetzungen des geschichtlichen Lebens. „Die erste Voraussetzung aller Menschengeschichte ist natürlich die Existenz lebendiger menschlicher Individuen ... Alle Geschichtsschreibung muß von diesen natürlichen Grundlagen und ihrer Modifikation im Lauf der Geschichte durch die Aktion der Menschen ausgehen ... es wird von den wirklichen tätigen Menschen ausgegangen und aus ihrem wirklichen Lebensprozeß auch die Entwicklung der ideologischen Reflexe und Echos dieses Lebensprozesses dargestellt.“[35] Diesem für historische Erkenntnis konstitutiven Totalitätsvorgriff verleiht Rüsen die Bedeutung einer praktischen Handlungs- und Erkenntnismaxime, auf die er historisches Denken überhaupt verpflichtet: „den Menschen über seine Verstrickung in Geschichte planmäßig aufzuklären und durch Erkenntnis seine praktische Absicht zu bekräftigen, zwangshafte Handlungsbedingungen durch Handeln zu überwinden.“[36] Zumindest in formaler Hinsicht läßt sich nach Rüsen diese Aufgabenbestimmung der Geschichtswissenschaft mit der praktischen Vernunftabsicht des Historismus und des Marxismus identifizieren, die sich beide „jenseits der Freund-Feind-Konstellation von ‚bürgerlicher‘ und ‚marxistischer‘ Geschichtswissenschaft“ an diesem Punkte treffen. „Für die Historik bedeutet dies, daß der Leitfaden der historischen Rekonstruktion menschlicher Vergangenheit sich ergibt aus der allgemeinen Intention geschichtlich Handelnder, sich im Modus gegenseitiger Anerkennung zu vergesellschaften. Diese Intention läßt sich der historischen Erkenntnis zugrundelegen. Deren Verbindlichkeit bemißt sich daran, wie sie sich dem Leitfaden zwangloser Intersubjektivität handelnder Subjekte verschreibt.“[37]

Die Verbindlichkeit einer solchen kritischen Geschichtswissenschaft in emanzipatorischer Absicht bemißt sich allerdings auch noch daran, ob die zu ihrer Begründung entworfene Historik die praktische Vernunftabsicht theoretisch einwandfrei in den gesamten Begründungszusammenhang einfügen kann. Konkret stellt sich die Frage, ob sich Rüsen in einen unauflösbaren theoretischen Zirkel begeben oder das von vielen Theoretikern für unlösbar gehaltene Grundproblem bewältigt hat: die historische Ableitung einer Handlungsmaxime, die zugleich als Prinzip historischer Erkenntnis gedacht werden kann. Rüsen hat gegen das geschichtstheoretische Konzept von D. Groh den Einwand erhoben, daß darin nicht aufgezeigt werde, „wie das antizipierte und das vergangene Handeln zu einer und derselben Geschichte vermittelt sind (und zwar zu einer Geschichte, von der man aufzeigen kann, daß sie sich nicht nur wirklich ereignet hat, sondern jetzt und hier sich ereignet, sonst wäre die Antizipation eine ahistorische Utopie, die zur Rekonstruktion wirklicher Vergangenheit

35 Vgl. ebd., S. 154—63. Das z. T. im Text von Rüsen wiedergegebene Zitat aus der Deutschen Ideologie ist entnommen: MEW, Bd. 3, S. 20 u. S. 26.
36 Historik, S. 163.
37 Ebd., S. 159 f.

nicht taugt)."[38] Diese Kritik würde auf Rüsen selber zurückfallen, wenn es ihm nicht gelungen sein sollte, die seinem Konzept zugrundeliegende emanzipatorische Absicht mit der Geschichte zu vermitteln. Diesen Versuch unternimmt er im wissenschaftsgeschichtlichen Teil seiner Historik, der nun zu betrachten sein wird.

Der Wissenschaftsgeschichte hat Rüsen seit seinem Droysen-Buch immer große systematische Bedeutung beigemessen. Einen neuen Akzent haben seine Analysen der geschichtlich gegebenen Veränderung in Theoriebildung und Selbstreflexion der Geschichtswissenschaft durch die Rezeption der Kuhnschen Thesen vom Paradigmawechsel erhalten.[39] Dies wird besonders deutlich an dem 1975 entstandenen Aufsatz „Der Strukturwandel der Geschichtswissenschaft und die Aufgabe der Historik".[40] In ihm entwirft Rüsen ein abstraktes Modell von der „disziplinären Matrix" der Geschichtswissenschaft. Mit Hilfe dieses Modells charakterisiert er das historistische und das nachhistoristische Paradigma, um durch den Vergleich neue Gesichtspunkte für den Funktionswandel der Historik zu gewinnen.

Jede „disziplinäre Matrix" besteht — so die typologisierende Interpretation Rüsens — aus drei Hauptteilen. 1. Der Theoriefaktor: Hiermit sind die allgemeinen Annahmen gemeint über das, was Geschichte eigentlich ist. Diese Annahmen sind dem Historiker mit der empirischen Überlieferung der Vergangenheit als Bezugsrahmen gegeben. Der Interpretationsrahmen legt fest, worauf es eigentlich ankommt, was der Historiker wissen will. 2. Der Methodenfaktor: Gemeint sind die allgemeinen Regeln, die darüber bestimmen, wie der Interpretationsrahmen ausgefüllt wird. Durch die Beachtung der Regeln wird historische Erkenntnis überprüfbar, und Überprüfbarkeit ist eine notwendige Bedingung von Objektivität. 3. Der Faktor der lebensweltlichen Voraussetzungen und Absichten: Gemeint sind die aus der vor- und außerwissenschaftlichen Sphäre gesellschaftlichen Lebens entspringenden „erkenntnisleitenden Interessen". Sie wirken „innerwissenschaftlich strukturierend" und binden die fachspezifische Forschung an vorwissenschaftliche Erfahrung und Absichten. Rüsen bringt diese drei Faktoren in einen inneren Zusammenhang: „Aufgrund ihrer lebensweltlichen Voraussetzungen und Absichten nimmt die Geschichtswissenschaft allgemeine vor- und außerwissenschaftliche Erfahrungen von gesellschaftlichem Wandel auf. Sie verarbeitet sie in einen allgemeinen Geschichtsbegriff, der als Bezugsrahmen der historischen Forschung und als Leitfaden der Geschichtsschreibung ausgearbeitet wird. Der Bezugsrahmen wiederum entscheidet darüber, nach welchen Methoden seine Inhalte aus den em-

38 Ästhetik, S. 117. Vgl. dazu D. Groh, Kritische Geschichtswissenschaft in emanzipatorischer Absicht, Stuttgart 1973.

39 Vgl. Th. S. Kuhn, The Structure of Scientific Revolution, Chicago 1970² (dt.: Die Struktur wissenschaftlicher Revolutionen, Frankfurt 1967).

40 Historik, S. 45—54. Die folgenden referierenden Ausführungen lehnen sich eng an die Formulierungen Rüsens an.

pirischen Befunden menschlicher Vergangenheit gewonnen werden. Umgekehrt ist schon die Regularität des Umgangs mit der Überlieferung ein wesentlicher Gesichtspunkt bei der Erstellung des Bezugsrahmens, und dieser wiederum wirkt, durch methodische Forschung empirisch gehaltvoll geworden, durch Geschichtsschreibung auf die Lebenswelt zurück, deren Erfahrungen in ihm verarbeitet werden.“[41]

Mit diesem „Bestimmungsmodell von Geschichtswissenschaft“ interpretiert Rüsen die noch im Gange befindlichen Veränderungen in der Geschichtswissenschaft, die man „als Wandel der Historie von einer verstehenden Geisteswissenschaft zu einer historischen Sozialwissenschaft bezeichnen könnte“.[42] Zu den wichtigsten Ursachen für die Veränderung der „disziplinären Matrix“ zählt Rüsen die Ausbreitung des sich industriell entfaltenden Kapitalismus, der sich den bewährten hermeneutischen Interpretationsmechanismen der Geschichtswissenschaft nicht fügt; das Aufkommen der systematischen Sozialwissenschaften, die sich in Konkurrenz zur Geschichtswissenschaft ebenfalls um die Erklärung historischer Phänomene bemühen; die Ergebnisse der modernen Wissenschaftstheorie, weil sie Kriterien für Wissenschaftlichkeit aufstellt, die sich mit dem traditionellen Selbstverständnis der Geschichtswissenschaft nicht unmittelbar vereinbaren lassen; die Herausforderung durch den Marxismus, dessen Theorie der geschichtlichen Totalität den traditionell vorgegebenen Interpretationsrahmen der historischen Forschung und ihre Methoden problematisiert oder gar ideologiekritisch zerstört.[43] Aus allen diesen Gründen ist das Paradigma des Historismus, der seinerseits die Aufklärungshistorie abgelöst hatte, ins Wanken geraten.

Rüsen charakterisiert das historische Paradigma in den angedeuteten Hinsichten folgendermaßen: 1. Der historischen Konzeption von Wissenschaft lag ein Geschichtsbegriff zugrunde, der die Geschichte vor aller Konsultation durch die empirische Forschung als einen kontinuierlichen Prozeß kultureller Selbsthervorbringung des gattungsspezifischen menschlichen Geistes auffaßte. 2. Ein weiteres Kennzeichen der historistischen Konzeption von Geschichtswissenschaft war die Methode des Verstehens. In Form geregelten Sinnverstehens ermittelte der Historiker aus der überlieferten Vergangenheit die „Ideen“, das heißt in moderner Sprache: die Intentionalität des Handelns. 3. Indem die Geschichtswissenschaft auf diese Weise die menschliche Vergangenheit auf den Generalnenner eines Kulturkontinuums brachte, also in der Form eines zeitlich erstreckten inneren Sinnzusammenhangs erinnerte, ist sie charakterisiert durch die lebensweltliche Absicht, die Zwecksetzungen gegenwärtiger gesellschaftlicher Praxis an einer gesamtgesellschaftlichen Sinnbestimmung zu orientieren. 4. Den inneren Zusammenhang der so skizzierten Hauptteile des historischen Para-

41 Ebd., S. 48.
42 Ebd., S. 46.
43 Ebd., S. 50 f., 93, 172.

digmas erläutert Rüsen am Begriff der Bildung, dem in seiner Geschichtstheorie eine entscheidende Bedeutung zukommt. Bildung meint, daß die historische Erkenntnis als ein wichtiges Moment des aktuellen Geschehens selbst anzusehen ist. „Die hermeneutischen Sinnentwürfe des Historikers werden durch bestimmte geistige Leistungen hervorgebracht, und dabei konstituiert sich das Verhältnis des Menschen zu sich selbst und zu seiner Welt als *historisches*. Derselbe Geist, der hier erkennend wirkt, wirkt andererseits in den Zwecksetzungen handelnder und leidender Menschen als „Idee" und konstituiert die durch Handeln und Leiden bewirkten Weltveränderungen als *geschichtliche* (im Sinne der erwähnten Kulturkontinuität)."[44] Anders gewendet heißt das: seit dem Historismus wird die Eigenart der historischen Erkenntnis darin gesehen, daß sie selbst ein Moment ihres Gegenstandes, der Geschichte als eines Bildungsprozesses ist, von dem sie abhängt und auf den sie zurückwirkt. Aus eben diesem Grunde bezieht Rüsen, über die Konzeption Kuhns hinausgehend, den außer- und vorwissenschaftlichen Bereich der Lebenswelt in die „disziplinäre Matrix" von Geschichtswissenschaft ein. Das gilt auch für die Erklärung des Paradigmawandels. Ausdrücklich weist Rüsen darauf hin, daß die Sprengkraft des sich industriell entwickelnden Kapitalismus nicht zureichend aus seiner Ausbreitung im Gegenstandsbereich erklärt werden könne. Seine Bedeutung für die Veränderungen in der Geschichtswissenschaft liege auch darin begründet, daß der Industriekapitalismus der dominierende Inhalt vor- und außerwissenschaftlicher, also lebensweltlicher Erfahrung ist. Wenn sich im Subjektbereich, in der erkennenden Historie, die konstitutiven Erkenntnisfaktoren verändern, dann muß sich das auf den Objektbereich, auf die erkannte Geschichte, auswirken. Sie muß unter anderem deshalb stets wieder umgeschrieben werden, weil der Zusammenhang zwischen erkennender Historie und erkannter Geschichte unauflösbar ist. Der Historismus, der dies begriffen hat, wird durch seine eigene Logik über sich hinausgetrieben, er wird durch eine nachhistoristische Geschichtswissenschaft abgelöst, die Rüsen wieder in vier Hinsichten kennzeichnet.

1. Die nachhistorische Geschichtswissenschaft revidiert die überlieferten geschichtsphilosophischen Grundannahmen sowohl in inhaltlicher wie in formaler Hinsicht. Inhaltlich bezieht sie die Intentionalität menschlichen Handelns auf nicht-intentionale Bedingungsfaktoren. Die moderne Geschichtswissenschaft geht also von der metatheoretischen Voraussetzung aus, daß die Menschen von den materiellen Lebensbedingungen, die sie geschaffen haben, abhängig sind. Rüsen sieht darin eine Erweiterung und Vertiefung der Auffassung von der geschichtlichen Qualität, die der zeitlichen Abfolge menschlichen Handelns und Leidens als Inbegriff des historisch Erkennbaren zukommt.[45] Formal besteht die Veränderung darin,

44 Ebd., S. 50.
45 Ebd., S. 51.

daß die geschichtsphilosophischen Annahmen über die Triebkräfte der Geschichte in sehr viel höherem Maße expliziert werden als in der historistischen Geschichtswissenschaft. 2. Die nachhistoristische Geschichtswissenschaft erweitert ihre Methode durch die Einführung generalisierend-erklärender Verfahren. Das Moment der (idealtypischen) Konstruktion gewinnt an Bedeutung. Das methodische Arsenal der systematischen Sozialwissenschaften findet Verwendung auch in der Historie. 3. Die nachhistoristische Geschichtswissenschaft ist lebensweltlich daran interessiert, die Bedingungszusammenhänge des gesellschaftlichen Handelns zu erforschen. Sie tut dies mit der Absicht, gegenwärtiges Handeln von dem Systemzwang seiner gewordenen Bedingungen zu befreien, „den der Historismus als Kulturkontinuität tradierte".[46] 4. Mit solcher Absicht setzt nach der Auffassung Rüsens die nachhistoristische Geschichtswissenschaft die Bildungsanstrengungen des Historismus fort, allerdings in einer qualitativ veränderten Weise. Neben der Intentionalität rücken auch die (materiellen) Handlungsbedingungen in die Betrachtung ein.

Mit dem Paradigmawechsel verändert sich die Funktion der Historik. Die wichtigsten Merkmale dieses Funktionswandels zeigt Rüsen an den drei von ihm typologisch dargestellten Erscheinungsformen der systematischen Selbstreflexion in der Geschichtswissenschaft auf. Ist, wie lange Zeit im Historismus, das Paradigma unangefochten, dann führt Historik in die disziplinäre Arbeit ein. Sie stellt deren Aufbau, Methoden, leitende Hinsichten und Zusammenhang mit anderen Wissenschaften systematisch dar. Historik dient vornehmlich der didaktischen Professionalisierung des Nachwuchses; sie tritt zumeist auf als Einführung in das Studium der Geschichte, in der das normativ vorgegebene Paradigma der Geschichtswissenschaft positiv zur Darstellung gelangt. Eine tiefgreifende Umwandlung erfährt die Historik dann, wenn die Geschichtswissenschaft in eine Grundlagenkrise gerät. Es entsteht eine ausgedehnte Kontroversliteratur theoretischer Art, in der sich der Paradigmaverlust anzeigt. Der Historik ist das, was sie als Fachspezifikum der Geschichtswissenschaft darzustellen hat, nicht mehr normativ vorgegeben, sondern als normierungsbedürftig aufgegeben. Damit verliert die didaktische Absicht zur Verstärkung des Paradigmas an Bedeutung; an die Stelle der affirmativen tritt eine kritische Funktion. Die Grundlagen der Geschichtsforschung und Geschichtsschreibung, die an Geltungskraft eingebüßt haben, werden problematisiert. Die Historik übernimmt eine Begründungsfunktion. Ob sie dann das gegebene Paradigma von Geschichtswissenschaft defensiv zu behaupten oder kritisch zu verändern trachtet, entscheidet sich am Kriterium der Begründbarkeit der in eine Krise geratenen Grundanschauungen von Geschichtswissenschaft. Dabei bezieht die Historik das geschichtswissenschaftliche Paradigma auf vor- und außerfachliche Theorien, sie läßt philosophische und weltanschauliche

46 Ebd., S. 52.

Theoreme und Erkenntnisse anderer Wissenschaften in sie einströmen, um auf diese Weise zur Rekonstruktion der geschichtswissenschaftlichen Fachspezifik beizutragen. Hieraus ergeben sich weitreichende Folgen. Die Historik, die die bloß traditionelle Geltung der inneren und äußeren Organisation der fachspezifischen Erkenntnisleistung durch einen ausgearbeiteten Begründungszusammenhang ersetzt, verändert damit sowohl die Geschichtswissenschaft wie auch ihren eigenen Status.
Das besondere Kennzeichen des Paradigmawechsels der Geschichtswissenschaft von der verstehenden Geisteswissenschaft zur historischen Sozialwissenschaft ist das Eindringen sozialwissenschaftlicher Begriffe, Methoden und Theorien in die konkrete historische Forschungsarbeit. Diese unmittelbar in der Erkenntnispraxis wirksamen Theorieelemente machen die empirische Forschungsarbeit des Historikers theoretischer, sie konfrontieren ihn also ständig mit Theorieproblemen, so daß der Historik neue Aufgaben übertragen werden. Erstens verlagert sich deren Aufgabe von der didaktischen Professionalisierung des Nachwuchses auf die theoretische Professionalisierung der Forscher. Außerdem verknüpfen sich die ursprünglich metatheoretischen Theorie-Leistungen der Historik aufs engste mit denjenigen Theorie-Leistungen, die durch die Bildung oder Anwendung gegenstandsbezogener Theorien in konkreten Forschungen erbracht werden. Hieraus zieht Rüsen die Konsequenz, daß die von Fachwissenschaftlern betriebene Selbstreflexion nicht nur, wie bei Max Weber und auch noch bei Thomas S. Kuhn, als „Krankenbericht" aufgefaßt werden dürfe, der nach der Gesundung des Patienten, also während der „normalen" Entwicklung der Wissenschaft, keine Bedeutung mehr hat. Vielmehr sei „eine gesteigerte Selbstreflexion in Form einer weiterdifferenzierten Arbeitsteilung das dauernde Ergebnis des krisenhaften Wandels ... Soll der mit Hilfe einer gesteigerten Selbstreflexion kontrolliert vollzogene Paradigmawechsel nicht bloß andeuten, daß die historische Erkenntnis anders, sondern ... besser geworden ist, dann muß die krisenhaft errungene Selbständigkeit der Historik auf Dauer gestellt werden; dann ist die Historik selbst ein Moment des Erkenntnisfortschritts geworden: Die historische Forschung und die Geschichtsschreibung bleiben an Begründungs- und Reflexionsleistungen gebunden, die die Geschichtswissenschaft zu einer kontrollierten Selbstveränderung befähigen."[47] Rüsen bezeichnet, wie schon angedeutet, die auf Dauer gestellte gesteigerte Selbstreflexion der Geschichtswissenschaft durch Historik als eine vorwegnehmende Bestimmung postulatorischer Art, als „Skizze einer Möglichkeit", die „zur Erhöhung der Wahrscheinlichkeit" von Erkenntnisfortschritt beitragen soll.[48] In dieser Formulierung kommt erneut die Schwierigkeit zum Ausdruck, die darin besteht, die Fortschrittsfähigkeit historischer Erkenntnis theoretisch widerspruchsfrei auszumachen.

47 Ebd., S. 196.
48 Ebd.

Rüsen hat mit überzeugenden Argumenten die Schwächen des historischen Geschichtsbegriffs aufgewiesen und zugleich ebenfalls überzeugend dargelegt, daß die von Georg G. Iggers vorgeschlagene „Restitution der Aufklärung“ nicht geeignet ist, den Historismus zu überwinden.[49] Von welcher Position aus ist es dann aber möglich, überprüfbare Theorien über die geschichtliche Entwicklung und damit ein Rationalitätenkriterium für den zu verwendenden Interpretationsrahmen zu gewinnen? Grundsätzlich müßte gezeigt werden können, daß historische Erkenntnis von Prinzipien abhängig ist, die zugleich Prinzipien der geschichtlichen Wirklichkeit selber sind. „Die Historik kann zeigen, daß die Normen, denen sich der Historiker als Wissenschaftler verpflichtet, auch Faktoren der geschichtlichen Wirklichkeit sind.“[50] Hierfür bietet, wie Rüsen in seiner Theorie vom Paradigmawechsel darzulegen versucht hat, die Wissenschaftsgeschichte genügend Anhaltspunkte. Zur weiteren Begründung dieser These greift Rüsen auf die „Wissenschaftslehre“ von Max Weber zurück, an der er das Problem der Fortschrittsfähigkeit von historischer Erkenntnis erläutert.

Max Weber habe auf die Frage nach der Möglichkeit von Erkenntnisfortschritt „eine explizite negative und eine implizite positive Antwort gegeben“.[51] Er habe ausdrücklich dargelegt, daß historische Forschung nur anders werden und ihre Veränderung nicht nach einem durchgehenden Maßstab als Fortschrittsprozeß bestimmt werden kann. Begründet hat Max Weber diese Feststellung mit der Abhängigkeit der historischen Erkenntnis von wechselnden Zweckbestimmungen aus der vorwissenschaftlichen Sphäre, von der unausgesetzten Wandelbarkeit der konkreten Gesichtspunkte. Es gibt also für die historische Erkenntnis keinen Fixpunkt im irrationalen Wandel der Bedeutungssysteme und auch keinen Haltepunkt außerhalb der Geschichte. Und doch redet Weber, wie Rüsen zeigt, von Fortschritten in der Wissenschaft. Weber selber habe durch seine „Kritik der Begriffsbildung“ das Rationalitätspotential der Kulturwissenschaft verbessert, z. B. durch die Einführung von Idealtypen. Die Geschichtswissenschaft, die sich dieses neuen theoretischen Instrumentariums methodisch bedient, ist nicht nur anders, sie ist auch besser geworden. In dem Maße, in dem die Verwendung expliziter Theorien und Methoden die Ergebnisse der historischen Forschung überprüfbarer macht, wächst ihre intersubjektive Geltung; der Spielraum für die Beliebigkeit historischer Aussagen wird eingeengt. Diesem als Fortschritt bestimmbaren Wandel im Erkenntnisbereich entspricht im Objektbereich die von Max Weber aufgewiesene universalgeschichtliche

49 Zu Rüsens Kritik an Iggers vgl.: ebd., S. 114—131. — G. G. Iggers, Deutsche Geschichtswissenschaft. Eine Kritik der traditionellen Geschichtsauffassung von Herder bis zur Gegenwart, München 1972². Inzwischen hat Iggers, ebenfalls in Anlehnung an Th. S. Kuhn, seine Historismus-Kritik präzisiert: ders., New Directions in European Historiography, Middletown/Conn. 1975. Vgl. dazu meine Rezension in: HZ 223, 1976.

50 Ästhetik, S. 109.

51 Rüsen, Werturteilsstreit, S. 89.

Entzauberung und Rationalisierung aller Lebensbezüge. Die geschichtstheoretische Verbindung beider Ebenen läßt „den Erkenntnisfortschritt der Geschichtswissenschaft so konkret begreifen, wie lebensweltliche und gegenständliche Geschichte in ihm vermittelt sind.“[52]
Wenn man diesen Satz Rüsens auf sein eigenes geschichtstheoretisches Konzept bezieht, kann man sagen, daß sich sein theoretischer Anspruch danach beurteilen läßt, wie nun jene Vermittlung zwischen „lebensweltlicher und gegenständlicher Geschichte“ gelungen ist. Ihrem Anspruch nach soll die Historik eine in sich stimmige, umfassend-systematische Theorie sein, die das Prinzip darlegt, aufgrund dessen verschiedenartige Interpretationsansätze sich synthetisieren und heterogene Methodensätze sich homogenisieren lassen. Einlösbar ist eine solche Theorieleistung, die gegenstandsbezogene Theorien und Forschungsmethoden mit Hilfe einer Metatheorie in einen theoretisch begründbaren Zusammenhang bringt, nur dann, wenn das eigentliche Kernstück dieser Theorie selber theoretisch fundierbar ist: die Vermittlung von lebensweltlicher und gegenständlicher, von erkennender und erkannter Geschichte zu einem homogenen Kontinuum. Nach den strengen Regeln der transzendentalen Logik ist das grundsätzlich nicht möglich; an ihr gemessen hat sich Rüsen in einen theoretischen Zirkel begeben; „die von ihm nahegelegte Einheit von Geschichte und Geschichtlichkeit des lebensweltlichen Daseins bleibt ... in ihrem theoretischen Gehalt problematisch“. Die Leugnung dieser Einheit bleibt allerdings, wie Rüsen sehr deutlich gemacht hat, auch problematisch, weil dann die Geschichtstheorie zu wenig zur Bewältigung der konkreten Probleme in der aktuellen Geschichtswissenschaft beitragen kann. Sie müßte ihren Anspruch aufgeben, Rationalitätskriterien zur Lösung der in der Forschungspraxis auftretenden Fragen bei der Anwendung und Integration von gegenstandsbezogenen Theorien anzugeben. Sie wüßte, wie Rüsen kritisch gegen den transzendentalphilosophischen Ansatz geltend macht, „nicht zu sagen, worin denn eigentlich das Rationalitätsplus besteht, das sie durch Verwendung expliziter Theorien über die Narration traditioneller Geschichtsschreibung hinaus sich zu eigen machen will.“[53] Rüsen hat aus diesem Dilemma einen Ausweg gesucht. Weil die ausführliche Auseinandersetzung mit der transzendentalphilosophischen Kritik noch aussteht, ist nicht klar erkennbar, wie dieser Ausweg im Hinblick auf die theoretische Geltung des Konzepts beurteilt werden kann. Anders gewendet lautet die Frage: ist das geschichtstheoretische Konzept Rüsens theoretisch schlüssig und begründbar, oder schlägt Rüsen, hinter seinen eigenen Anspruch zurückfallend, auf der meta-theoretischen Ebene den Knoten in derselben Weise durch, wie es — so der kritische Hinweis Rüsens — zum Beispiel Wehler auf der Ebene der gegenstandsbezogenen Theorien im konkreten

52 Ebd., S. 90.
53 H. M. Baumgartner, Thesen, S. 291. Rüsens Kritik an der narrativen bzw. transzendentalphilosophischen Geschichtstheorie: Historik, S. 39.

Forschungsprozeß tut: „durch eine eklektische Verwendung heterogener Theorien".[54] Aus pragmatischer Perspektive wäre gegen ein solches Verfahren nichts einzuwenden. Rüsen konzentriert allerdings seine ganze Anstrengung auf die Entfaltung einer umfassenden homogenen Theorie, die den eklektizistischen Theoriengebrauch zu überwinden trachtet. Das hindert ihn nicht, von einem „forschungspraktisch ... fruchtbaren Eklektizismus in der Wahl der Methoden und Bezugsrahmen" zu sprechen;[55] er nennt die in der Praxis zumeist durch ein eklektisches Verfahren hergestellte Verbindung zweier heterogener Vorgehensweisen (der systemischen Sozialwissenschaften und der Geschichtswissenschaft) einen unbestreitbaren Fortschritt gegenüber der traditionellen, fast nur geisteswissenschaftlich-hermeneutisch verfahrenden Geschichtswissenschaft. Einen unbestreitbaren Fortschritt stellt auch das geschichtstheoretische Konzept Rüsens dar, das „eine wissenschaftstheoretische Vermittlung der verschiedenen Forschungsansätze"[56] anstrebt. Das zu diesem Zweck entworfene „Modell der allgemeinen Erkenntnisregulation in der Geschichtswissenschaft"[57] bietet den Vorteil, daß es einige der wichtigsten Probleme des Theoriengebrauchs in der gegenwärtigen Forschungspraxis thematisiert. Über die Nützlichkeit und Wirksamkeit eines solchen „Modells" im Bereich der historischen Forschung kann — so Rüsen selber — „auf der Ebene der Theorie nicht allein entschieden werden; die Forschungspraxis ist ein notwendiger Prüfstein."[58] Auf ihre Ebene muß die Selbstreflexion übertragbar, die Theorie muß auf die Probleme der aktuellen Geschichtswissenschaft beziehbar sein. Rüsen hat in dem von ihm aufgestellten Aufgabenkatalog der gegenwärtigen Historik eine Reihe von Hinweisen auf die forschungspraktische Relevanz seines geschichtstheoretischen Konzepts gegeben. Auffällig ist der programmatische und der allgemeine Charakter seiner Ausführungen. Rüsen nimmt auch solche Theorieaufgaben in seinen Katalog auf, denen er bereits in ausführlichen Abhandlungen nachgegangen ist. Das betrifft zum Beispiel Katalogpositionen wie diese: „Die Historik (muß) die erkenntnisleitenden Interessen der Geschichtswissenschaft präzisieren." „Es geht darum, den lebensweltlichen Erfahrungsschub theoretisch reflektiert zu verarbeiten, der das Paradigma des Historismus fragwürdig gemacht hat."[59] Diese Themen gehören zum Inhalt des bisherigen geschichtstheoretischen Denkens von Rüsen. An seine Ergebnisse wird die weitere geschichtstheoretische Arbeit anzuknüpfen haben. Andere Theorieleistungen hingegen sind zu Recht in einer postulatorischen Form bezeichnet worden. Auch hier seien einige Beispiele genannt: „Die methodologische Aufgabe

54 Historik, S. 118.
55 Ebd., S. 143.
56 Ebd., S. 180.
57 Ebd., S. 197.
58 Ebd., S. 182 f.
59 Ebd., S. 205 u. 207.

der Historik besteht darin, hermeneutische und analytische Methoden schlüssig miteinander zu vermitteln."[60] Erläuternd fügt Rüsen hinzu, daß die Historik das explanatorische Potential der traditionellen Hermeneutik auszuarbeiten und durch Einführung des Elementes der Konstruktion zu erhöhen habe; auf diese Weise ließe sich die verstehende Methode ohne Bruch um die generalisierenden Verfahren erweitern. Darin in der Tat geht es in der Geschichte als historischer Sozialwissenschaft. Welchen Nutzen die Forschungspraxis aus der Geschichtstheorie bei der Bewältigung dieses prinzipiell als lösbar hingestellten Problems ziehen kann, hängt von dem Grad der Konkretheit ab, mit dem die Diskussion geführt wird. Die Ausführungen Rüsens bleiben recht allgemein. Dasselbe gilt für zwei andere Probleme, die bei der Anwendung gegenstandsbezogener Theorien in der historischen Forschung auftauchen. Einmal geht es um die „Vereinbarkeit und wechselseitige Befruchtung von Erzählung und Analyse".[61] Rüsen gibt zu, daß dieses Problem bislang wenig befriedigend gelöst worden ist und daß eine positive Bestimmung des Verhältnisses von erzählender Darstellung und systematischer Analyse zu den wichtigsten Aufgaben der Historik zähle. „Historiographie ist . . . nur möglich in der Form, daß eine narrative Vergegenwärtigung konkreter Handlungsabläufe auf der einen Seite und eine systematisierende Bestimmung von deren Bedingungen auf der anderen Seite miteinander vermittelt werden."[62] Nachdem Rüsen die Dringlichkeit des Problems betont hat, gibt er die „allgemeine Voraussetzung seiner Lösung" an: die systematische Analyse materieller Handlungsbedingungen müsse sich so in Darstellung niederschlagen, daß die analysierten Bedingungen grundsätzlich auf Handlungsintentionen bezogen bleiben. In diesem Zusammenhang steht der bezeichnende Nebensatz: „wie immer dieses Problem praktisch gelöst werden mag".[63] Er könnte ein Indiz sein für die hier ganz pragmatisch gemeinte Schwierigkeit, die Theorie, die immer nach Vermittlung verlangt, mit der Praxis zu vermitteln. Ähnliche Schwierigkeiten stellen sich auch noch bei anderen von Rüsen behandelten Problemen ein. Er legt dar, daß „die zeitliche Qualifikation menschlichen Handelns, aufgrund deren es geschichtlich ist . . ., durch Erzählung nicht mehr hinreichend dargestellt werden (kann). Sie muß begrifflich-systematisch als Veränderung im nicht-intentionalen Bedingungszusammenhang des Handelns rekonstruiert und von derjenigen Zeit analytisch abgehoben werden, die einer sinnhaften Bestimmung durch die Handelnden fähig ist."[64] In einer Anmerkung hierzu kritisiert Rüsen Wehlers Vorschlag, „mit einem groben Zeitraster von Zeitabläufen verschiedener Dauer zu arbeiten". Dieser Vorschlag sei zwar einleuchtend,

60 Ebd., S. 206.
61 Ästhetik, S. 115.
62 Ebd., S. 116.
63 Ebd., S. 117.
64 Ebd., S. 116.

doch er bleibe bei einer bloßen Abgrenzung von vier Zeitbereichen stehen. Nach Rüsen „muß der Zusammenhang dieser Zeiten auf der Ebene einer geschichtstheoretischen Reflexion ebenso allgemein erarbeitet werden, wie er in der Geschichtsschreibung jeweils konkret hergestellt wird".[65] Wie diese Theorieleistung erbracht werden und welchen Nutzen sie für die Forschungspraxis haben könnte, müßte noch deutlich gemacht werden. Dasselbe gilt schließlich für die wiederholt von Rüsen erhobene Forderung, sozialwissenschaftliche Theorien zu historisieren. Hierin sieht Rüsen eines der fundamentalsten Theorieprobleme der Geschichtswissenschaft. Er formuliert so: „Wie lassen sich sozialwissenschaftliche Theorien historisieren, d. h. so umformulieren, daß sie einerseits ihren Erklärungswert aufgrund ihrer Zeitindifferenz, d. h. ihrer Geltung für zeitlich differente Ereignisse, behalten, andererseits aber zugleich präzise Angaben darüber ermöglichen, worin eigentlich die zeitliche Differenz menschlicher Handlungen inhaltlich besteht?"[66]

An den genannten Beispielen dürfte deutlich geworden sein, daß sich manchmal nur schwer eine Brücke schlagen läßt von der Reflexionsebene der Meta-Theorie zur Reflexionsebene der mit gegenstandsbezogenen Theorien arbeitenden empirischen Forschungspraxis. Zum Teil handelt es sich gewiß um Kommunikationsprobleme, die abgebaut werden können. Zum Teil jedoch dürften dem Wechsel von einer Reflexionsebene zur anderen nicht ausräumbare Hindernisse im Wege stehen. Von allen möglichen Konsequenzen, die aus dieser Beobachtung gezogen werden könnten, wäre mit Sicherheit die bequemste am wenigsten vertretbar: die Trennung von Theorie und Empirie. Die historische Forschung ist mehr denn je auf Historik angewiesen. Diese muß auf die Gebiete der Philosophie und Wissenschaftstheorie ausgreifen, sie kann nur in relativer Selbständigkeit ihre spezifische Aufgabe wahrnehmen: die systematische Untersuchung der Theorien, Methoden und praktischen Absichten, die in konkreter Geschichtsforschung und Geschichtsschreibung wirksam sind. Hierzu hat Rüsen mit bemerkenswerter Kompetenz einen bedeutsamen Beitrag geleistet.

65 Ebd. — Rüsen bezieht sich auf H.-U. Wehler, Hg., Geschichte und Soziologie, Köln 1972, S. 16.

66 Ästhetik, S. 114 f.

Verzeichnis der Tagungsteilnehmer

Prof. Dr. Karl Acham, Universität Graz
Prof. Dr. Klaus v. Beyme, Universität Heidelberg
Prof. Dr. Knut Borchardt, Universität München
Prof. Dr. Rudolf Braun, Universität Zürich
Prof. Dr. Dietrich Geyer, Universität Tübingen
Prof. Dr. Karin Hausen, Freie Universität Berlin
Dr. Winfried Hellmann, Vandenhoeck & Ruprecht Verlag, Göttingen
Prof. Dr. Ernst Hinrichs, Universität Oldenburg
Dr. Carl-L. Holtfrerich, Freie Universität Berlin
Prof. Dr. Peter Hüttenberger, Universität Düsseldorf
Prof. Dr. Jürgen Kocka, Universität Bielefeld
Prof. Dr. Reinhart Koselleck, Universität Bielefeld
Prof. Dr. Wolf Lepenies, Freie Universität Berlin
Prof. Dr. Wolfgang Mager, Universität Bielefeld
Dr. Horst Matzerath, Freie Universität Berlin
Dr. Hans Medick, Max-Planck-Institut für Geschichte, Göttingen
Prof. Dr. Wolfgang Mommsen, Universität Düsseldorf
Prof. Dr. Michael Mitterauer, Universität Wien
Prof. Dr. Eiji Ohno, Universität Kyoto
Prof. Dr. Dietmar Petzina, Universität Bochum
Dr. Falk Pingel, Universität Bielefeld
Prof. Dr. Hans-Jürgen Puhle, Universität Münster
Prof. Dr. Reinhard Rürup, Freie Universität Berlin
Prof. Dr. Jörn Rüsen, Universität Bochum
Dr. Heinrich Rüthing, Universität Bielefeld
Dr. Thilo Sarrazin, Bundesministerium der Finanzen, Bonn
Dr. Heinz Schilling, Universität Bielefeld
Prof. Dr. Wolfgang Schluchter, Universität Heidelberg
Prof. Dr. Eckart Schremmer, Universität Heidelberg
Prof. Dr. Winfried Schulze, Freie Universität Berlin
Prof. Dr. Shulamit Volkov, Universität Tel Aviv
Prof. Dr. Hans-Ulrich Wehler, Universität Bielefeld
Prof. Dr. Heinrich August Winkler, Universität Freiburg

Helmut Berding · Bibliographie zur Geschichtstheorie
1977. Etwa 250 Seiten, Kunststoff. (Arbeitsbücher zur modernen Geschichte 4 / Uni-Taschenbücher)

Hans-Ulrich Wehler · Bibliographie zum Imperialismus
1977. XII, 65 Seiten, Kunststoff. (Arbeitsbücher zur modernen Geschichte 3 / Uni-Taschenbücher / UTB 684)

Hans-Ulrich Wehler · Bibliographie zur modernen deutschen Sozialgeschichte (18.—20. Jahrhundert)
1976. XII, 269 Seiten, Kunststoff. (Arbeitsbücher zur modernen Geschichte 1 / Uni-Taschenbücher / UTB 620)

Hans-Ulrich Wehler · Bibliographie zur modernen deutschen Wirtschaftsgeschichte (18.—20. Jahrhundert)
1976. XII, 242 Seiten, Kunststoff. (Arbeitsbücher zur modernen Geschichte 2 / Uni-Taschenbücher / UTB 621)

Hans-Ulrich Wehler · Modernisierungstheorie und Geschichte
1975. 85 Seiten, kartoniert. (Kleine Vandenhoeck-Reihe 1407)

Johann Gustav Droysen · Texte zur Geschichtstheorie
Mit ungedruckten Materialien zur „Historik". Herausgegeben von Günter Birtsch und Jörn Rüsen. 1972. 92 Seiten, kartoniert. (Kleine Vandenhoeck-Reihe 366/368)

Historische Sozialwissenschaft
Beiträge zur Einführung in die Forschungspraxis. Mit Beiträgen von Karin Hausen, Arthur E. Imhof, Wolf Lepenies, Peter Lundgreen. Herausgegeben von **Reinhard Rürup**. 1977. 162 Seiten, kartoniert. (Kleine Vandenhoeck-Reihe 1431)

Jürgen Kocka · Angestellte zwischen Faschismus und Demokratie
Zur politischen Sozialgeschichte der Angestellten: USA 1890–1940 im internationalen Vergleich. 1977. Etwa 520 Seiten, Paperback. (Kritische Studien zur Geschichtswissenschaft 25)

Jürgen Kocka · Klassengesellschaft im Krieg
Deutsche Sozialgeschichte 1914–1918. 1973. X, 230 Seiten, Paperback. (Kritische Studien zur Geschichtswissenschaft 8)

Jürgen Kocka · Unternehmer in der deutschen Industrialisierung
1975. 173 Seiten, kartoniert. (Kleine Vandenhoeck-Reihe 1412)

VANDENHOECK & RUPRECHT IN GÖTTINGEN UND ZÜRICH

GESCHICHTE UND GESELLSCHAFT
Zeitschrift für Historische Sozialwissenschaft

Beiheft 2:

200 Jahre amerikanische Revolution und moderne Revolutionsforschung

Herausgegeben von **Hans-Ulrich Wehler.** 1976. 288 Seiten, kartoniert.

INHALT: Vorbemerkung / *Hans Christoph Schröder,* Die amerikanische und die englische Revolution in vergleichender Perspektive / *Heide Gerstenberger,* Revolution und Staatsgründung / *Hermann Wellenreuther,* „The Wisdom to Secure the Entire Aboslute and Immediate Dependency of the Colonies": Überlegungen zum Verhältnis zwischen der Krone und den englischen Kolonien in Nordamerika, 1689–1776 / *Dirk Hoerder,* Vom korporativen zum liberalen Eigentumsbegriff: Ein Element der amerikanischen Revolution / *Horst Dippel,* Die Wirkung der amerikanischen Revolution auf Deutschland und Frankreich / *Georg P. Meyer,* Revolutionstheorien. Ein kritischer Überblick in historischer Absicht / *Heinz Schilling,* Der Aufstand der Niederlande: Bürgerliche Revolution oder Elitenkonflikt? / *Elisabeth Fehrenbach,* Deutschland und die Französische Revolution / *Jürgen Bergmann,* Ökonomische Voraussetzungen der Revolution von 1848. Zur Krise von 1845 bis 1848 in Deutschland.

Beiheft 1:

Der Deutsche Bauernkrieg 1524-1526

Herausgegeben von **Hans-Ulrich Wehler.** 1975. 357 Seiten, kartoniert.

INHALT: *Heide Wunder,* Zur Mentalität aufständischer Bauern. Möglichkeiten der Zusammenarbeit von Geschichtswissenschaft und Anthropologie, dargestellt am Beispiel des Samländer Bauernaufstandes von 1525 / *John C. Stalnaker,* Auf dem Wege zu einer sozialgeschichtlichen Interpretation des Deutschen Bauernkrieges 1524–1526 / *Rudolf Endres,* Zur sozialökonomischen Lage und sozialpsychischen Einstellung des „Gemeinen Mannes". Der Kloster- und Burgensturm in Franken 1525 / *Rainer Postel,* Zur Sozialgeschichte Niedersachsens in der Zeit des Bauernkrieges / *Helmut Buszello,* Gemeinde, Territorium und Reich in den politischen Programmen des Deutschen Bauernkrieges 1524/25 / *Thomas S. Sea,* Schwäbischer Bund und Bauernkrieg: Bestrafung und Pazifikation / *Jürgen Bücking,* Der „Bauernkrieg" in den habsburgischen Ländern als sozialer Systemkonflikt, 1524–1526 / *Heinz Schilling,* Aufstandsbewegungen in der stadtbürgerlichen Gesellschaft des Alten Reichs. Die Vorgeschichte des Münsteraner Täuferreichs 1525–1534 / *Otthein Rammstedt,* Stadtunruhen 1525 / *Winfried Schulze,* Die veränderte Bedeutung sozialer Konflikte im 16. und 17. Jahrhundert / *Franklin Kopitzsch* und *Rainer Wohlfeil,* Neue Forschungen zur Geschichte des Deutschen Bauernkrieges.

Für Abonnenten der Zeitschrift gilt jeweils ein Sonderpreis.

VANDENHOECK & RUPRECHT IN GÖTTINGEN UND ZÜRICH

[illegible] Jahre amerikanische Revolution und moderne Verfassungsentwicklung

[illegible]

Der deutsche Bauernkrieg 1524–1526

[illegible]